广东改革开放40年研究丛书

广东社会体制改革40年

Guangdong Shehui Tizhi Gaige 40 Nian

刘小敏　梁理文　张桂金　等　著

·广州·

版权所有　翻印必究

图书在版编目（CIP）数据

广东社会体制改革40年/刘小敏，梁理文，张桂金等著.—广州：中山大学出版社，2018.12

（广东改革开放40年研究丛书）

ISBN 978 - 7 - 306 - 06504 - 9

Ⅰ. ①广… Ⅱ. ①刘…②梁…③张… Ⅲ. ①体制改革—研究—广东 Ⅳ. ①D676.5

中国版本图书馆 CIP 数据核字（2018）第 278019 号

出 版 人：	王天琪
责任编辑：	陈　芳
封面设计：	林绵华
版式设计：	林绵华
责任校对：	罗梓鸿
责任技编：	何雅涛
出版发行：	中山大学出版社
电　　话：	编辑部 020 - 84110771，84111997，84110779，84113349
	发行部 020 - 84111998，84111981，84111160
地　　址：	广州市新港西路 135 号
邮　　编：	510275　　传　　真：020 - 84036565
网　　址：	http://www.zsup.com.cn　　E-mail:zdcbs@mail.sysu.edu.cn
印 刷 者：	广州家联印刷有限公司
规　　格：	787mm×1092mm　1/16　22 印张　372 千字
版次印次：	2018 年 12 月第 1 版　2018 年 12 月第 1 次印刷
定　　价：	96.00 元

如发现本书因印装质量影响阅读，请与出版社发行部联系调换

广东改革开放40年研究丛书

主　任　傅　华

副主任　蒋　斌　宋珊萍

委　员　（按姓氏笔画排序）

丁晋清　王天琪　王　珺　石佑启

卢晓中　刘小敏　李宗桂　张小欣

陈天祥　陈金龙　周林生　陶一桃

隋广军　彭壁玉　曾云敏　曾祥效

创造让世界刮目相看的新的更大奇迹

——"广东改革开放40年研究丛书"总序

中国的改革开放走过了40年的伟大历程。在改革开放40周年的关键时刻，习近平总书记亲临广东视察并发表重要讲话，这是广东改革发展史上具有里程碑意义的大事、喜事。总书记充分肯定广东改革开放40年来所取得的巨大成就，并提出了深化改革开放、推动高质量发展、提高发展平衡性和协调性、加强党的领导和党的建设等方面的工作要求，为广东新时代改革开放再出发进一步指明了前进方向，提供了根本遵循。深入学习宣传贯彻习近平总书记视察广东重要讲话精神，系统总结、科学概括广东改革开放40年的成就、经验和启示，对于激励全省人民高举新时代改革开放旗帜，弘扬敢闯敢试、敢为人先的改革精神，以更坚定的信心、更有力的举措把改革开放不断推向深入，创造让世界刮目相看的新的更大奇迹，具有重要意义。

第一，研究广东改革开放，要系统总结广东改革开放40年的伟大成就，增强改革不停顿、开放不止步的信心和决心。

广东是中国改革开放的排头兵、先行地、实验区，在改革开放和现代化建设中始终走在全国前列，取得了举世瞩目的辉煌成就，展现了改革开放的磅礴伟力。

实现了从一个经济比较落后的农业省份向全国第一经济大省的历史性跨越。改革开放40年，是广东经济发展最具活力的40年，是广东经济总量连上新台阶、实现历史性跨越的40年。40年来，广东坚持以经济建设为中心，锐意推进改革，全力扩大开放，适应、把握、引领经济发展新常态，坚定不移地推进经济结构战略性调整，经济持续快速健康发展。1978—2017年，广东GDP从185.85亿元增加到89879.23亿元，增长约482.6倍，占全国的10.9%。1989年以来，广东GDP总量连续29年稳居全国首位，成为中国第一经济大省。经济总量先后超越新加坡、中国香港和台湾地区，

2017年超过全球第 13 大经济体澳大利亚，进一步逼近"亚洲四小龙"中经济总量最大的韩国，处于世界中上等收入国家水平。

实现了从计划经济体制向社会主义市场经济体制的历史性变革。改革开放 40 年，是广东始终坚持社会主义市场经济改革方向、深入推进经济体制改革的 40 年，是广东社会主义市场经济体制逐步建立和完善的 40 年。40 年来，广东从率先创办经济特区，率先引进"三来一补"、创办"三资"企业，率先进行价格改革，率先进行金融体制改革，率先实行产权制度改革，到率先探索行政审批制度改革，率先实施政府部门权责清单、市场准入负面清单和企业投资项目清单管理，率先推进供给侧结构性改革，等等，在建立和完善社会主义市场经济体制方面走在全国前列，极大地解放和发展了社会生产力，同时在经济、政治、文化、社会和生态文明建设领域的改革也取得了重大进展。

实现了从封闭半封闭到全方位开放的历史性转折。改革开放 40 年，是广东积极把握全球化机遇、纵深推进对外开放的 40 年，是广东充分利用国际国内两个市场、两种资源加快发展的 40 年。开放已经成为广东的鲜明标识。40 年来，广东始终坚持对内、对外开放，以开放促改革、促发展。从创办经济特区、开放沿海港口城市、实施外引内联策略、推进与港澳地区和内地省市区的区域经济合作，到大力实施"走出去"战略、深度参与"一带一路"建设、以欧美发达国家为重点提升利用外资水平、举全省之力建设粤港澳大湾区，广东开放的大门越开越大，逐步形成了全方位、多层次、宽领域、高水平的对外开放新格局。

实现了由要素驱动向创新驱动的历史性变化。改革开放 40 年，是广东发展动力由依靠资源和低成本劳动力等要素投入转向创新驱动的 40 年，是广东经济发展向更高级阶段迈进的 40 年。改革开放以来，广东人民以坚强的志气与骨气不断增强自主创新能力和实力，把创新发展主动权牢牢掌握在自己手中。从改革开放初期，广东以科技成果交流会、技术交易会等方式培育技术市场，成立中国第一个国家级高科技产业集聚的工业园区——深圳科技工业园，到实施科教兴粤战略、建设科技强省、构建创新型广东和珠江三角洲国家自主创新示范区，广东不断聚集创新驱动"软实力"，区域创新综合能力排名跃居全国第一。2017 年，全省研发经费支出超过 2 300 亿元，居全国第一，占地区生产总值比重达 2.65%；国家级高新技术企业 3 万家，跃居全国第一；高新技术产品产值达 6.7 万亿元。有效发明专利量及专利综合实力连续多年居全国首位。

实现了从温饱向全面小康迈进的历史性飞跃。改革开放40年,是全省居民共享改革发展成果、生活水平显著提高的40年,是全省人民生活从温饱不足向全面小康迈进的40年。1978—2017年,全省城镇居民、农村居民人均可支配收入分别增长了98倍和81倍,从根本上改变了改革开放前物资短缺的经济状况,民众的衣食住行得到极大改善,居民收入水平和消费能力快速提升。此外,推进基本公共服务均等化,惠及全民的公共服务体系进一步建立;加大底线民生保障资金投入力度,社会保障事业持续推进;加快脱贫攻坚步伐,努力把贫困地区短板变成"潜力板",不断提高人民生活水平,满足人民对美好生活的新期盼。

实现了生态环境由问题不少向逐步改善的历史性转变。改革开放40年,是广东对生态环境认识发生深刻变化的40年,是广东生态环境治理力度不断加大的40年,是广东环境质量由问题不少转向逐步改善的40年。广东牢固树立"绿水青山就是金山银山"的理念,坚决守住生态环境保护底线,全力打好污染防治攻坚战,生态环境持续改善。全省空气质量近3年连续稳定达标,大江大河水质明显改善,土壤污染防治扎实推进。新一轮绿化广东大行动不断深入,绿道、古驿道、美丽海湾建设等重点生态工程顺利推进,森林公园达1 373个、湿地公园达203个、国家森林城市达7个,全省森林覆盖率提高到59.08%。

40年来,广东充分利用毗邻港澳的地理优势,大力推进粤港澳合作,率先基本实现粤港澳服务贸易自由化,全面启动粤港澳大湾区建设,对香港、澳门顺利回归祖国并保持长期繁荣稳定、更好地融入国家发展大局发挥了重要作用,为彰显"一国两制"伟大构想的成功实践做出了积极贡献。作为中国先发展起来的区域之一,广东十分注重推动国家区域协调发展战略的实施,加大力度支持革命老区、民族地区、边疆地区、贫困地区加快发展,对口支援新疆、西藏、四川等地取得显著成效,为促进全国各地区共同发展、共享改革成果做出了积极贡献。

第二,研究广东改革开放,要深入总结广东改革开放40年的经验和启示,厚植改革再出发的底气和锐气。

改革开放40年来,广东在坚持和发展中国特色社会主义事业中积极探索、大胆实践,不仅取得了辉煌成就,而且积累了宝贵经验。总结好改革开放的经验和启示,不仅是对40年艰辛探索和实践的最好庆祝,而且能为新时代推进中国特色社会主义伟大事业提供强大动力。40年来,广东经济社会发展之所以能取得历史性成就、发生历史性变革,最根本的原因就在于党中央的正确领导和对广东工作的高度重视、亲切关怀。改革开放以来，党中央始终鼓励广东大胆探索、大胆实践。特别是进入新时代以来，每到重要节点和关键时期，习近平总书记都及时为广东把舵定向，为广东发展注入强大动力。2012年12月，总书记在党的十八大后首次离京视察就到了广东，做出"三个定位、两个率先"的重要指示。2014年3月，总书记参加第十二届全国人大第二次会议广东代表团审议，要求广东在全面深化改革中走在前列，努力交出物质文明和精神文明两份好答卷。2017年4月，总书记对广东工作做出重要批示，对广东提出了"四个坚持、三个支撑、两个走在前列"要求。2018年3月7日，总书记参加第十三届全国人大第一次会议广东代表团审议并发表重要讲话，嘱咐广东要做到"四个走在全国前列"、当好"两个重要窗口"。2018年10月，在改革开放40周年之际，习近平总书记再次亲临广东视察指导并发表重要讲话，要求广东高举新时代改革开放旗帜，以更坚定的信心、更有力的措施把改革开放不断推向深入，提出了深化改革开放、推动高质量发展、提高发展平衡性和协调性、加强党的领导和党的建设四项重要要求，为新时代广东改革发展指明了前进方向，提供了根本遵循。广东时刻牢记习近平总书记和党中央的嘱托，结合广东实际创造性地贯彻落实党的路线、方针、政策，自觉做习近平新时代中国特色社会主义思想的坚定信仰者、忠实践行者，努力为全国的改革开放探索道路、积累经验、做出贡献。

坚持中国特色社会主义方向，使改革开放始终沿着正确方向前进。我们的改革开放是有方向、有立场、有原则的，不论怎么改革、怎么开放，都始终要坚持中国特色社会主义方向不动摇。在改革开放实践中，广东始终保持"不畏浮云遮望眼"的清醒和"任凭风浪起，稳坐钓鱼船"的定力，牢牢把握改革正确方向，在涉及道路、理论、制度等根本性问题上，在大是大非面前，立场坚定、旗帜鲜明，确保广东改革开放既不走封闭僵化的老路，也不走改旗易帜的邪路，在根本性问题上不犯颠覆性错误，使改革开放始终沿着正确方向前进。

坚持解放思想、实事求是，以思想大解放引领改革大突破。解放思想是正确行动的先导。改革开放的过程就是思想解放的过程，没有思想大解放，就不会有改革大突破。广东坚持一切从实际出发，求真务实，求新思变，不断破除思想观念上的障碍，积极将解放思想形成的共识转化为政策、措施、制度和法规。坚持解放思想和实事求是的有机统一，一切从国情省情出发、从实际出发，既总结国内成功做法又借鉴国外有益经验，既大胆探索又脚踏

创造让世界刮目相看的新的更大奇迹

实地,敢闯敢干,大胆实践,多出可复制、可推广的新鲜经验,为全国改革提供有益借鉴。

坚持聚焦以推动高质量发展为重点的体制机制创新,不断解放和发展社会生产力。改革开放就是要破除制约生产力发展的制度藩篱,建立充满生机和活力的体制机制。改革每到一个新的历史关头,必须在破除体制机制弊端、调整深层次利益格局上不断啃下"硬骨头"。近年来,广东坚决贯彻新发展理念,着眼于推动经济高质量发展,不断推进体制机制创新。例如,坚持以深化科技创新改革为重点,加快构建推动经济高质量发展的体制机制;坚持以深化营商环境综合改革为重点,加快转变政府职能;坚持以粤港澳大湾区建设合作体制机制创新为重点,加快形成全面开放新格局;坚持以构建"一核一带一区"区域发展格局为重点,完善城乡区域协调发展体制机制;坚持以城乡社区治理体系为重点,加快营造共建共治共享社会治理格局,奋力开创广东深化改革发展新局面。

坚持"两手抓、两手都要硬",更好地满足人民精神文化生活新期待。只有物质文明建设和精神文明建设都搞好、国家物质力量和精神力量都增强、人民物质生活和精神生活都改善、综合国力和国民素质都提高,中国特色社会主义事业才能顺利推向前进。广东高度重视精神文明建设,坚持"两手抓、两手都要硬",坚定文化自信、增强文化自觉,守护好精神家园、丰富人民精神生活;深入宣传贯彻习近平新时代中国特色社会主义思想,大力培育和践行社会主义核心价值观,深化中国特色社会主义和中国梦宣传教育,教育引导广大干部群众特别是青少年坚定理想信念,培养担当民族复兴大任的时代新人;积极选树模范典型,大力弘扬以爱国主义为核心的民族精神和以改革创新为核心的时代精神;深入开展全域精神文明创建活动,不断提升人民文明素养和社会文明程度;大力补齐文化事业短板,高质量发展文化产业,不断增强文化软实力,更好地满足人民精神文化生活新期待。

坚持以人民为中心的根本立场,把为人民谋幸福作为检验改革成效的根本标准。改革开放是亿万人民自己的事业,人民是推动改革开放的主体力量。没有人民的支持和参与,任何改革都不可能取得成功。广东始终坚持以人民为中心的发展思想,坚持把人民对美好生活的向往作为奋斗目标,坚持人民主体地位,发挥群众首创精神,紧紧依靠人民推动改革开放,依靠人民创造历史伟业;始终坚持发展为了人民、发展依靠人民、发展成果由人民共享,让改革发展成果更好地惠及广大人民群众,让群众切身感受到改革开放的红利;始终坚持从人民群众普遍关注、反映强烈、反复出现的民生问题入手,紧紧盯住群众反映的难点、痛点、堵点,集中发力,着力解决人民群众关心的现实利益问题,不断增强人民群众获得感、幸福感、安全感。

坚持科学的改革方法论,注重改革的系统性、整体性、协同性。只有坚持科学方法论,才能确保改革开放蹄疾步稳、平稳有序地推进。广东坚持以改革开放的眼光看待改革开放,充分认识改革开放的时代性、体系性、全局性问题,注重改革开放的系统性、整体性、协同性。注重整体推进和重点突破相促进相结合,既全面推进经济、政治、文化、社会、生态文明、党的建设等诸多领域改革,确保各项改革举措相互促进、良性互动、协同配合,又突出抓改革的重点领域和关键环节,发挥重点领域"牵一发而动全身"、关键环节"一子落而满盘活"的作用;注重加强顶层设计,和"摸着石头过河"的改革方法相结合,既发挥"摸着石头过河"的基础性和探索性作用,又发挥加强顶层设计的全面性和决定性作用;注重改革与开放的融合推进,使各项举措协同配套、同向前进,推动改革与开放相互融合、相互促进、相得益彰;注重处理好改革发展与稳定之间的关系,自觉把握好改革的力度、发展的速度和社会可承受的程度,把不断改善人民生活作为处理改革发展与稳定关系的重要结合点,在保持社会稳定中推进改革发展,在推进改革发展中促进社会稳定,进而实现推动经济社会持续健康发展。

坚持和加强党的领导,不断提高党把方向、谋大局、定政策、促改革的能力。中国特色社会主义最本质的特征是中国共产党的领导,中国特色社会主义制度的最大优势是中国共产党的领导。坚持党的领导,是改革开放的"定盘星"和"压舱石"。40年来,广东改革开放之所以能够战胜各种风险和挑战,取得举世瞩目的成就,最根本的原因就在于坚持党的领导。什么时候重视党的领导、加强党的建设,什么时候就能战胜困难、夺取胜利;什么时候轻视党的领导、漠视党的领导,什么时候就会经历曲折、遭受挫折。广东坚持用习近平新时代中国特色社会主义思想武装头脑,增强"四个意识",坚定"四个自信",做到"两个坚决维护",始终在思想上、政治上、行动上同以习近平同志为核心的党中央保持高度一致;注重加强党的政治建设,坚持党对一切工作的领导,不断增强党的政治领导力、思想引领力、群众组织力、社会号召力,提高党把方向、谋大局、定政策、促改革的能力和定力,确保党总揽全局、协调各方。

第三,研究广东改革开放,要积极开展战略性、前瞻性研究,为改革开放再出发提供理论支撑和学术支持。

改革开放是广东的根和魂。在改革开放40周年的重要历史节点,习近平总书记再次来到广东,向世界宣示中国改革不停顿、开放不止步的坚定决心。习近平总书记视察广东重要讲话,是习近平新时代中国特色社会主义思想的理论逻辑和实践逻辑在广东的展开和具体化,是我们高举新时代改革开放旗帜、以新担当新作为把广东改革开放不断推向深入的行动纲领,是我们走好新时代改革开放之路的强大思想武器。学习贯彻落实习近平总书记视察广东重要讲话精神,是当前和今后一个时期全省社会科学理论界的头等大事和首要政治任务。社会科学工作者应发挥优势,充分认识总书记重要讲话精神的重大政治意义、现实意义和深远历史意义,以高度的政治责任感和历史使命感,深入开展研究阐释,引领和推动全省学习宣传贯彻工作往深里走、往实里走、往心里走。

加强对重大理论和现实问题的研究,为改革开放再出发提供理论支撑。要弘扬广东社会科学工作者"务实、前沿、创新"的优良传统,增强脚力、眼力、脑力、笔力,围绕如何坚决贯彻总书记关于深化改革开放的重要指示要求,坚定不移地用好改革开放"关键一招",书写好粤港澳大湾区建设这篇大文章,引领带动改革开放不断实现新突破;如何坚决贯彻总书记关于推动高质量发展的重要指示要求,坚定不移地推动经济发展质量变革、效率变革、动力变革;如何坚决贯彻总书记关于提高发展平衡性和协调性的重要指示要求,坚定不移地推进城乡、区域、物质文明和精神文明协调发展与法治建设;如何坚决贯彻总书记关于加强党的领导和党的建设的重要指示要求,坚定不移地把全省各级党组织锻造得更加坚强有力、推动各级党组织全面进步全面过硬;等等,开展前瞻性、战略性、储备性研究,推出一批高质量研究成果,为省委、省政府推进全面深化改革开放出谋划策,当好思想库、智囊团。

加强改革精神研究,为改革开放再出发提供精神动力。广东改革开放40年波澜壮阔的伟大实践,不仅打下了坚实的物质基础,也留下了弥足珍贵的精神财富,这就是敢闯敢试、敢为人先的改革精神。这种精神是在广东改革开放创造性实践中激发出来的,它是一种解放思想、大胆探索、勇于创造的思想观念,是一种不甘落后、奋勇争先、追求进步的责任感和使命感,是一种坚韧不拔、自强不息、锐意进取的精神状态。当前,改革已经进入攻坚期和深水区,剩下的都是难啃的硬骨头,更需要弘扬改革精神才能攻坚克难,必须把这种精神发扬光大。社会科学工作者要继续研究、宣传、阐释好改革精神,激励全省广大党员干部把改革开放的旗帜举得更高更稳,续写广东改革开放再出发的新篇章。

加强对广东优秀传统文化和革命精神的研究，为改革开放再出发提振精气神。总书记在视察广东重要讲话中引用广东的历史典故激励我们担当作为，讲到虎门销烟等重大历史事件，讲到洪秀全、文天祥等历史名人，讲到广东的光荣革命传统，讲到毛泽东、周恩来等一大批曾在广东工作生活的我们党老一辈领导人，以此鞭策我们学习革命先辈、古圣先贤。广大社会科学工作者要加强对广东优秀传统文化和革命精神的研究，激励全省人民将其传承好弘扬好，并化作新时代敢于担当的勇气、奋发图强的志气、再创新局的锐气，创造无愧于时代、无愧于人民的新业绩。

广东有辉煌的过去、美好的现在，一定有灿烂的未来。这次出版的"广东改革开放40年研究丛书"（14本），对广东改革开放40年巨大成就、实践经验和未来前进方向等问题进行了系统总结和深入研究，内容涵盖总论、经济、政治、文化、社会、生态文明、教育、科技、依法治省、区域协调、对外开放、经济特区、海外华侨华人、从严治党14个方面，为全面深入研究广东改革开放做了大量有益工作，迈出了重要一步。在隆重庆祝改革开放40周年之际，希望全社会高度重视广东改革开放问题的研究，希望有更多的专家学者和实际工作者积极投身到广东改革开放问题的研究中去，自觉承担起"举旗帜、聚民心、育新人、兴文化、展形象"的使命任务，推出更多有思想见筋骨的精品力作，为推动广东实现"四个走在全国前列"、当好"两个重要窗口"，推动习近平新时代中国特色社会主义思想在广东大地落地生根、结出丰硕成果提供理论支撑和学术支持。

"广东改革开放40年研究丛书"编委会
2018年11月22日

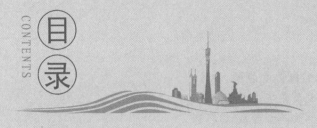

目录

总论编

第一章 广东社会体制改革宏观环境分析 /3
 一、道路指引：领导的殷切期望 /3
 二、理论指导：旗帜的恒久召唤 /10
 三、制度安排：国家的伟力支撑 /17

第二章 广东社会体制改革历史进程回眸 /23
 一、1978—1991 年：披荆斩棘，破冰开局 /23
 二、1991—2007 年：披星戴月，转型重构 /28
 三、2007—2018 年：攻坚克难，全面深化 /33

第三章 广东社会体制改革总体成效评说 /41
 一、成就前所未有 /41
 二、经验弥足珍贵 /48
 三、未来任重道远 /58

民生编

第四章 广东劳动就业体制改革 /69
 一、劳动就业体制改革发展历程 /69
 二、劳动就业体制改革经验成效 /86
 三、劳动就业体制改革未来前瞻 /98

第五章 广东收入分配体制改革 /108
　　一、收入分配体制改革发展历程 /108
　　二、收入分配体制改革经验成效 /116
　　三、收入分配体制改革未来前瞻 /121

第六章 广东社会保障体制改革 /128
　　一、社会保障体制改革发展历程 /128
　　二、社会保障体制改革经验成效 /140
　　三、社会保障体制改革未来前瞻 /146

第七章 广东扶贫攻坚体制改革 /155
　　一、扶贫攻坚体制改革发展历程 /155
　　二、扶贫攻坚体制改革经验成效 /164
　　三、扶贫攻坚体制改革未来前瞻 /175

第八章 广东健康卫生体制改革 /182
　　一、健康卫生体制改革发展历程 /182
　　二、健康卫生体制改革经验成效 /195
　　三、健康卫生体制改革未来前瞻 /204

治理编

第九章 广东社会治理体制改革 /217
　　一、社会治理体制改革发展历程 /217
　　二、社会治理体制改革经验成效 /231
　　三、社会治理体制改革未来前瞻 /239

第十章 广东人口治理体制改革 /244
　　一、人口治理体制改革发展历程 /244
　　二、人口治理体制改革经验成效 /252
　　三、人口治理体制改革未来前瞻 /260

第十一章 广东社会安全体制改革 /272
　　一、社会安全体制改革发展历程 /272
　　二、社会安全体制改革经验成效 /295
　　三、社会安全体制改革未来前瞻 /301

第十二章 广东社会稳定体制改革 /308
　　一、社会稳定体制改革发展历程 /308
　　二、社会稳定体制改革经验成效 /320
　　三、社会稳定体制改革未来前瞻 /325

后　记 /331

总论编

第一章 广东社会体制改革宏观环境分析

广东40年社会体制改革成就显著,这与广东具有独到的历史、地理、人文优势[①],善于借鉴国际社会以及兄弟省、自治区、市的有益成果密不可分。但更为重要的是,广东40年社会体制改革有中国特色社会主义的道路指引、理论指导和制度安排。正因为有了中国特色社会主义的道路指引、理论指导和制度安排,广东在社会体制改革各方面的探索中才有了敢为人先、开放兼容的福气、底气、信心和力量。这是广东40年社会体制改革之所以取得成功的最为重要和最为关键的原因。有鉴于此,本章谨首先从道路指引、理论指导和制度安排3个方面就广东40年社会体制改革做简要分析。

一、道路指引:领导的殷切期望

广东40年社会体制改革中,最为重要和最为关键的因素是,有党中央对广东工作的高度重视和大力支持。限于篇幅,这里仅就中央领导人在改革开放40年来对广东社会体制改革的殷切期望做简要的回顾。

(一)杀出一条血路,改善人民生活

改革开放强国之路、社会主义现代化建设之路,都是中国特色社会主义道路的题中应有之义。邓小平是中国特色社会主义道路的主要开创者,

---

① 看历史,广东曾是中国海上丝绸之路的最早发祥地、商品经济的最早萌芽地和对外通商的最早集散地,曾是民族工业发展的摇篮和资产阶级民主革命的大本营;看地理,广东在今日中国虽然属于土地资源最少的地区之一,但大陆岸线最长,水资源高于全国平均水平,海洋资源十分丰富,是稀有金属和有色金属之乡;看人文,广东是现在中国常住人口最多的省份、民族成分齐全的省份、海外华侨华人最多的省份,具有长期形成的敢为人先、开放兼容的人文精神。

也是"中国社会主义改革开放和现代化建设的总设计师"①。在邓小平的指引下,广东在改革开放之路上得以先行一步。

1. 为开路者壮胆

1979年1月,邓小平曾经在一份关于香港厂商要求在广州开设工厂的来信摘报上批示:"这种事,我看广东可以放手干。"4月,在中央工作会议上听取中共广东省委主要负责人汇报时,他插话说:"广东、福建实行特殊政策,利用华侨资金、技术,包括设厂,这样搞不会变成资本主义……如果广东、福建两省八千万人先富起来,没有什么坏处。"会议期间,在听取中共广东省委主要负责人关于深圳、珠海、汕头在区域命名问题上的专题汇报时,他不假思索地表态:"还是叫特区好,陕甘宁开始就叫特区嘛!中央没有钱,可以给些政策,你们自己去搞,杀出一条血路来。"②

2. 为先行者加油

邓小平还曾多次亲临广东视察和指导工作③。1982年1月底至2月初,他视察广东时曾就广东实行特殊政策、灵活措施与试办经济特区问题表态:"你们觉得好就继续办下去。"1984年1月底至2月初,他视察广东后曾欣然题词:"深圳的发展和经验证明,我们建立经济特区的政策是正确的。""珠海经济特区好。"④1992年1月他视察广东时,强调"不改善人民生活,只能是死路一条",强调"看准了的,就大胆地试,大胆地闯",要求广东"不仅经济要上去,社会秩序、社会风气也要搞好"。⑤

3. 对广东的厚望

可见,邓小平一直对广东寄予厚望,期待广东大胆改革改善人民生

---

① 习近平:《在纪念邓小平同志诞辰110周年座谈会上的讲话》,载《人民日报》2014年8月21日第2版。

② 宋毅军:《邓小平和习仲勋在广东改革开放前后》,载《红岩春秋》2014年第9期。

③ 这里的"多次",没有算1977年11月的那一次,因为改革开放40年从1978年12月党的十一届三中全会算起。1977年11月邓小平在广州视察期间,就十分关心人民生活的改善。他认为当时广东人逃往香港的问题严重,主要是因为生活不好,差距太大,是政策有问题;只有生产生活搞好了,才能解决逃港问题。他还提出了改革农村分配制度,减轻农民负担等主张。这次视察,事实上在一定程度上拉开了广东40年社会体制改革的序幕。

④ 谢苗枫:《南海之滨辟新路 东方风来满眼春》,载《南方日报》2016年6月29日第A06版。

⑤ 邓小平:《邓小平文选》(第3卷),人民出版社1993年版,第370、372、378页。

活,优化社会秩序、社会风气。他的批示,开吸引外资①共建民生之先河;他的插话,开启了由部分人先富起来,经先富带后富最终走向共同富裕的发展道路;他一锤定音和充满期待的表态,给予了广东改革开放先行一步的勇气与力量;他视察广东期间,更是给了广东社会体制改革以极大的鞭策。邓小平的厚望,对1978年党的十一届三中全会以来广东包括社会体制改革在内的全部改革开放和社会主义现代化建设,都是重要的指引。

(二)关注人民利益,促进社会和谐

江泽民从1989年6月至2002年11月担任中共中央总书记,胡锦涛从2002年11月至2012年11月担任中共中央总书记。江泽民2000年2月首次提出"三个代表"②重要思想,胡锦涛2003年4月科学发展思想的萌发③,都是在广东。在江泽民、胡锦涛的指引下,广东在改革开放之路上得以继续先行一步。

1. 希望广东更上一层楼

1990年6月,江泽民视察广东时,曾在广州南华西街和退休老人亲切交谈,了解他们晚年的生活情况。1994年6月,他在广东把经济特区的发展经验总结为,胆子要大,步子要稳,理论与实际相结合,借鉴与独创相统一,努力形成和发展经济特区的中国特色、中国风格、中国气派。1998年3月,在第九届全国人民代表大会第一次会议广东代表团全体会议上,

---

① 根据中华人民共和国商务部令2018年第6号《外商投资企业设立及变更备案管理暂行办法》第三十三条:"香港特别行政区、澳门特别行政区、台湾地区投资者投资不涉及国家规定实施准入特别管理措施的,参照本办法办理。"香港、澳门、台湾地区投资企业不属于外商投资企业,但参照外商投资企业管理。因此,本书中有关对外开放的阐述例如"外商""外资"等等,涉及香港、澳门、台湾地区投资的内容,是基于参照外商投资企业的角度来进行表述的。

② 江泽民指出:"我们党所以赢得人民的拥护,是因为我们党在革命、建设、改革的各个历史时期,总是代表着中国先进生产力的发展要求,代表着中国先进文化的前进方向,代表着中国最广大人民的根本利益,并通过制定正确的路线方针政策,为实现国家和人民的根本利益而不懈奋斗。"江泽民:《江泽民文选》(第3卷),人民出版社2006年版,第2页。

③ 有媒体称"胡锦涛在广东首提科学发展观思想"。但从当前已经公开的资料来看,2003年4月胡锦涛在广东视察时提出的观点,只能称为科学发展思想的萌发。3个月后在全国防治非典型性肺炎工作会议上,胡锦涛所强调的仍然是发展绝不只是指经济增长,要更好地坚持全面发展、协调发展、可持续的发展观。直到8月底9月初,胡锦涛在江西考察时才明确指出,要牢固树立全面发展、协调发展、可持续发展的科学发展观。准确地说,这时才能算是首提科学发展观思想。

他要求广东增创新优势，更上一层楼。1999年3月，在参加第九届全国人民代表大会第二次会议广东代表团审议时，他期望广东不断推进社会主义物质文明和精神文明建设，朝着在全国率先基本实现现代化的目标而努力奋斗。2000年2月，他在视察广东时提出要致富思源、富而思进，强调全党同志的一切工作"都是为了实现好、维护好、发展好人民的利益"，主张研究解决好"如何加强对流动人口中的党员和进入各类非公有制单位的党员、干部的教育管理，发挥他们的作用"等新情况、新问题。①

2. 希望广东当好排头兵

2003年4月，胡锦涛到广东视察，曾在广州市东山区东湖街社区服务中心调研，现场询问办事的群众对服务质量和效率满不满意；曾在广东省疾病预防控制中心考察，就防治非典型性肺炎（以下简称"非典"）工作与医务人员亲切交谈；曾明确要求广东加快发展、率先发展、协调发展，切实做好关心群众生产生活的工作，努力在社会主义物质文明、政治文明、精神文明建设方面都交出优异的答卷。2004年12月，他视察广东时强调，必须坚持以科学发展观统领经济社会发展全局，确保经济社会发展沿着正确的方向前进。2009年12月，他视察广东时强调，要扎实推进保障和改善民生工作，切实解决人民最关心最直接最现实的利益问题，在惠民生上见到更大成效；要扎实推进社会管理体制建设，确保社会和谐安定。2010年9月，他在深圳经济特区建立30周年庆祝大会上强调，要继续促进社会和谐，努力为推动科学发展营造良好社会环境。2011年8月，他在出席深圳第二十六届世界大学生夏季运动会开幕式前后视察广东，明确要求广东进一步推进以改善民生为重点的社会建设，切实当好推动科学发展、促进社会和谐的排头兵。②

3. 社会体制改革的期许

可见，江泽民、胡锦涛一直对广东充满希望，期许广东更好地关注人民利益，促进社会和谐。他们在广东视察时，都高度关注民生保障工作与社会管理工作。江泽民肯定经济特区的发展经验，激励广东增创新优势，率先基本实现现代化，激励广东致富思源、富而思进，强调"三个代表"，主张加强对流动党员和非公有制单位党员的管理并发挥其作用，在不同程

---

① 江泽民：《江泽民文选》（第3卷），人民出版社2006年版，第3页。
② 参见《当好排头兵，为中国改革再领航》，载《南方日报》2011年8月17日第2版。

度上具有保障和改善民生、加强社会管理的内涵，都是为了更好地实现、维护和发展人民的利益；胡锦涛要求广东以科学发展观统领经济社会发展全局，扎实推进保障和改善民生工作，扎实推进社会管理体制建设，确保社会和谐安定，都是为了促进社会和谐。关注人民利益，促进社会和谐，迫切需要持续推进作为保障和改善民生关键路径的社会体制改革。这就表明，江泽民、胡锦涛给予广东的鼓励与鞭策，对广东在1990年党的十三届六中全会以来或2002年党的十六大以来包括社会体制改革在内的全部改革开放和社会主义现代化道路，都是重要的指引。

（三）共建共治共享，走在全国前列

习近平2012年11月担任中共中央总书记后，视察地方的第一站就是广东。党的十八大以来，他对广东的工作十分关心，多次发表重要讲话，做出重要批示、指示。在习近平的指引下，广东在改革开放之路上，一直奋力走在全国前列。

1. 莅粤时的关怀与期待

2012年12月，习近平莅临广东，考察了深圳渔民村党群服务中心和居委会，激励渔民用勤劳的双手创造更幸福的生活；前往佛山市顺德区黄龙村，考察基层党建，慰问了困难群众。他在听取广东工作汇报之后强调，要坚定不移地走改革开放的强国之路，做到改革不停顿、开放不止步。他希望广东要努力成为发展中国特色社会主义的排头兵、深化改革开放的先行地、探索科学发展的实验区，为率先全面建成小康社会、率先基本实现社会主义现代化而奋斗。广东将此希望概括为"三个定位，两个率先"。他还希望广东全面深化经济体制改革，继续深化行政体制改革，加强和创新社会管理。① 他指出，"要尊重人民首创精神，最大限度集中群众智慧，把党内外一切可以团结的力量广泛团结起来，把国内外一切可以调动的积极因素充分调动起来，汇合成推进改革开放的强大力量"②；必须统筹抓好经济社会发展，更加注重改革的系统性、整体性、协同性；在发展经济的基础上不断提高人民生活水平，是党和国家一切工作的根本目

---

① 参见胡键、岳宗《改革不停顿　开放不止步——习近平总书记考察广东纪实》，载《南方日报》2012年12月13日第A01版。

② 中共中央文献研究室编：《习近平关于全面深化改革论述摘编》，中央文献出版社2014年版，第31～32页。

的；老百姓对美好生活的追求，就是我们的努力方向。①

2018年10月，习近平再次莅临广东。在珠海调研时，他指出要深入发掘中医药宝库中的精华，让中医药走向世界；在清远调研时，他指出城乡区域发展不平衡是广东高质量发展的最大短板，要努力把短板变成"潜力板"，加快脱贫致富，推动乡村全面振兴，希望乡亲们生活越来越幸福；在深圳调研时，他指出要坚持以人民为中心，把更多资源、服务、管理放到社区，为居民提供精准化、精细化服务，坚持依靠居民、依法有序组织居民群众参与社区治理，实现人人参与、人人尽力、人人共享；在广州调研时，他指出城市规划和建设要高度重视历史文化保护，要突出地方特色，注重人居环境改善，让城市留下记忆，让人们记住乡愁。他在听取广东工作汇报之后对广东各项工作给予肯定，同时强调要深化改革开放，推动高质量发展，提高发展平衡性和协调性，加强党的领导和党的建设。在谈到提高发展平衡性和协调性时，他不仅强调要加快推动乡村振兴，加快形成区域协调发展新格局，而且强调要全面推进法治建设，提高社会治理智能化、科学化、精准化水平。②

2. 在京时的批示与指示

2014年3月，习近平参加第十二届全国人民代表大会第二次会议广东代表团审议。他谈到，要关心大学生村官的工作生活，包括婚恋问题，给他们创造条件扎根基层、实现梦想。他指出，我们生长的时代是一个令人激动的时代。面临改革大潮，我们要做改革的弄潮儿，要有强烈的历史担当精神。革命战争年代冲锋陷阵、英勇献身，现在，就是要勇于改革、善于改革。他希望广东继续在全面深化改革中走在前列，继续发扬敢为人先的精神，勇于先行先试，大胆实践探索，协同推进各领域改革。③ 2017年4月，习近平对广东工作做出重要批示，充分肯定党的十八大以来广东的工作，希望广东坚持党的领导、坚持中国特色社会主义、坚持新发展理念、坚持改革开放，为全国推进供给侧结构性改革、实施创新驱动发展战

---

① 参见胡春华《聚合改革正能量 增创发展新优势——深入学习贯彻习近平同志考察广东重要讲话精神》，载《人民日报》2013年10月17日第7版。

② 参见《高举新时代改革开放旗帜 把改革开放不断推向深入》，载《人民日报》2018年10月26日第1版。

③ 参见胡键、辛均庆、赵杨、岳宗《希望广东继续在全面深化改革中走在前列——习近平参加广东代表团审议侧记》，载《南方日报》2014年3月7日第A01版。

略、构建开放型经济新体制提供支撑,努力在全面建成小康社会、加快建设社会主义现代化新征程上走在前列。① 广东人将此概括为"四个坚持,三个支撑,两个走在前列"。

2018年3月7日,在参加第十三届全国人民代表大会第一次会议广东代表团审议时,习近平曾谈到,农村发展和城市化应该相得益彰、相辅相成;在现代化进程中,要给所有需要帮助的人提供关爱和帮助,千方百计为群众排忧解难。他说,广东是改革开放的排头兵、先行地、实验区,在中国改革开放和社会主义现代化建设大局中具有十分重要的地位和作用。他充分肯定党的十八大以来广东的工作,要求广东的同志们进一步解放思想、改革创新,真抓实干、奋发进取,以新的更大作为开创广东工作新局面,在构建推动经济高质量发展体制机制、建设现代化经济体系、形成全面开放新格局、营造共建共治共享社会治理格局上走在全国前列,并明确指出广东既是向世界展示我国改革开放成就的重要窗口,也是国际社会观察我国改革开放的重要窗口。广东人将此概括为"四个走在全国前列""两个重要窗口"。习近平提出,要创新社会治理体制,把资源、服务、管理放到基层,把基层治理同基层党建结合起来,拓展外来人口参与社会治理的途径和方式,加快形成社会治理人人参与、人人尽责的良好局面;要坚持在法治轨道上统筹社会力量、平衡社会利益、调节社会关系、规范社会行为、化解社会矛盾,以良法促发展、保善治,确保社会在深刻变革中既生机勃勃又井然有序。②

3. 社会体制改革的重托

可见,习近平一直对广东委以重托,寄予殷切期望,期待广东全面深化社会体制改革。他2012年视察广东的谈话,就饱含了对民生的深切关怀;所发表的重要讲话,就提出了丰富的社会体制改革思想并充满了对广东全面深化社会体制改革的期待。他2014年在全国人大会议广东代表团审议时的谈话和重要讲话,同样饱含了对民生的深切关怀,而且对广东提出了继续在全面深化改革中走在前列的要求,为广东协同推进各领域改革加油鼓劲,注入了极其强大的精神力量。他2017年对广东工作做出的重

---

① 参见《习近平总书记对广东工作作出重要批示》,载《南方日报》2017年4月12日第A01版。
② 参见《习近平李克强栗战书汪洋王沪宁赵乐际韩正分别参加全国人大会议一些代表团审议》,载《人民日报》2018年3月8日第1版。

要批示，要求广东努力在全面建成小康社会、加快建设社会主义现代化新征程上走在前列，也包括了在全面深化以保障和改善民生、加强和创新社会治理为主要内容的社会体制改革中走在前列。他2018年在全国人大会议广东代表团审议时的谈话和重要讲话，再度表现了对民生的深切关怀，再度肯定了广东的地位和作用，明确要求广东在营造共建共治共享社会治理格局上走在全国前列，并对广东全面深化社会体制改革提出了更为具体、实在的要求。他2018年视察广东的谈话，就城市治理、社区治理、乡村振兴、区域协调、中医药发展等与社会体制改革密切相关的内容提出了精辟的见解；所发表的重要讲话，不仅再度肯定了广东的工作，而且明确了广东提高发展平衡性和协调性的努力方向，为广东高举新时代改革开放旗帜，把社会体制改革不断推向深入提供了行动指南。这就表明，习近平给予广东的鼓励与鞭策，对2012年党的十八大步入新时代以来广东包括社会体制改革在内的全部改革开放事业具有极其重要的指导意义。

二、理论指导：旗帜的恒久召唤

广东40年社会体制改革理论环境中，最为重要和最为关键的因素是，有马克思列宁主义、毛泽东思想、邓小平理论、"三个代表"重要思想、科学发展观、习近平新时代中国特色社会主义思想的理论指导。这里主要就中国特色社会主义理论旗帜对广东40年社会体制改革的恒久召唤做简要介绍，当然也会适度兼顾国内外的其他理论。

（一）社会改革理论

究竟什么是社会？什么是社会改革或社会体制改革？在当下是错综复杂、众说纷纭的问题。这里主要遵循中国特色社会主义理论发展的基本逻辑，探究中国特色社会主义理论中的社会改革理论。

1. 3个层次的社会概念

中国改革开放40年来坚持和发展马克思主义社会形态理论、社会有机体理论，大致形成了范畴由抽象到具象的3个层次的社会概念。

一是"大社会"，指由物质生活、精神生活及其相互关系共同构成的社会有机体，即社会建设既包括物质文明建设也包括精神文明建设，社会学包括物质社会学和意识社会学，其理由是所有文明成果都是人类社会所创造的成果①；或指与自然界相对而言的整个人类社会，即社会建设主要是指精神文明建设，其理由是物质文明是改造自然界的物质成果，精神文明是改造人类社会的精神成果②。1980年，邓小平强调不但要有高度的物质文明，而且要有高度的精神文明；1982年，党的十二大做出了在建设高度的物质文明的同时努力建设高度的社会主义精神文明的战略部署。这一概念主要在中国强调物质文明、精神文明建设一起抓的时代条件下使用。

二是"中社会"，指由经济、政治、文化等方面生活及其相互关系共同构成的社会有机体。1986年，党的十二届六中全会提出了中国社会主义现代化建设以经济建设为中心，坚定不移地进行经济体制改革，坚定不移地进行政治体制改革，坚定不移地加强精神文明建设，并且使这几个方面互相配合，互相促进的总体布局；1997年，党的十五大确立了党在社会主义初级阶段建设有中国特色社会主义的经济、政治、文化的基本纲领；2002年，党的十六大提出了中国特色社会主义经济、政治、文化全面发展的全面建设小康社会的目标。"中社会"概念主要在中国强调经济、政治、文化建设"三位一体"③的时代条件下使用。

三是"小社会"，指由民生保障与社会治理及其相互关系共同构成的社会有机体。2007年，党的十七大明确提出，要按照中国特色社会主义事业总体布局，全面推进经济建设、政治建设、文化建设、社会建设；2012年，党的十八大明确提出全面落实经济建设、政治建设、文化建设、社会建设、生态文明建设"五位一体"总体布局；2017年，党的十九大明确提出统筹推进"五位一体"总体布局。"小社会"概念主要在中国强调经济、政治、文化和社会建设"四位一体"或经济、政治、文化、社会

---

① 至今仍持这种观点的人，在当下语境下，一般已将"大社会"定义域内的社会建设扩展为包括"五位一体"语境下的经济、政治、文化、社会建设和生态文明建设。

② 改革开放之前的国民经济计划（十年规划）或统计公报，在改革开放之后改称为国民经济和社会发展计划（十年规划）或国民经济和社会发展统计公报并一直延续至今，大抵就属于这种理解的结果。至今仍持这种观点的人，在当下语境下，一般已将"大社会"定义域内的社会建设扩展为包括"五位一体"语境下的政治、文化、社会建设，但不包括都属于改造自然界活动的经济建设和生态文明建设。

③ 这一阶段的后期出现了"三位一体"的提法，"三个代表"就属于"三位一体"语境。但这一阶段的前期尚无"三位一体"的提法。

建设和生态文明建设"五位一体"的时代条件下使用。①

2. 社会体制改革的内涵

社会学认为,"社会是由人群组成的一种特殊形态的群体形式,是相当数量的人按照一定的规范发生相互联系的生活共同体"②。在当代中国,"社会"主要有以上3个层次的概念范畴。改革则通常指对不合时宜的旧有事物做局部的或根本性的调整。社会改革或广义的社会体制改革是指对社会系统不合时宜的理念、制度、结构、范式等做局部的或根本性的调整。狭义的社会体制改革主要指对社会系统不合时宜的组织结构体系和政策法规制度做局部的或根本性的调整。因为严格地说,理念属于思想理论,范式属于运行机制。人们常将体制、机制并称,就是基于对体制狭义的理解。现在一般在做整体论述时使用社会体制改革的广义,在做具体性论述时可以使用社会体制改革的狭义;而且对不同具体领域的社会体制改革的论述,大体也是如此。③

党的十七大报告社会建设部分的标题是"加快推进以改善民生为重点的社会建设",党的十八大报告社会建设部分的标题是"在改善民生和创新管理中加强社会建设",党的十九大报告社会建设部分的标题是"提高保障和改善民生水平,加强和创新社会治理"。从党的十七大到党的十九大的总体布局,也都充分表明社会体制改革必须与其他各方面的体制改革协同配套,统筹推进。研究改革开放以来的中央文献特别是党的十七大至党的十九大的相关文献,大致可以认为,社会改革或社会体制改革,是由互相联系的民生保障体制改革和社会治理体制改革共同构成,并与经济、政治、文化、生态体制改革协同推进的系统工程。

3. 社会改革理论的价值

邓小平说,"改革是中国的第二次革命"④;江泽民说,"实行改革开放是社会主义中国的强国之路"⑤;胡锦涛强调,"加强社会建设,必须加

---

① 必须指出的是,上述时代条件的区分不是绝对的,无论是"大社会"还是"中社会"概念,现在都仍然有不同程度的运用。如在"社会主义""经济社会发展""和谐社会"等提法中,运用的就是"大社会"或"中社会"的概念。本著作主要从当下语境出发使用"小社会"概念,但偶尔也会涉及"大社会"或"中社会"概念。
② 傅治平:《和谐社会导论》,人民出版社2005年版,第18页。
③ 本著作对社会体制改革及各个不同具体领域的社会体制改革的论述,均循此惯例。
④ 邓小平:《邓小平文选》(第3卷),人民出版社1993年版,第113页。
⑤ 江泽民:《江泽民文选》(第2卷),人民出版社2006年版,第254页。

快推进社会体制改革"①;习近平进一步强调,要全面深化"经济、政治、文化、社会、生态文明各领域改革"②。以上论述表明,社会改革或社会体制改革理论在中国改革开放40年来意义重大。尽管改革开放40年来社会概念的内涵经历了一个日益具象化的演变过程,但与上述定义域大致相当的社会改革或社会体制改革,一直在不同程度上进行。因此,社会改革或社会体制改革理论,是广东40年社会体制改革的总的指导思想和行动指南。

(二) 民生保障理论

什么是民生?什么是民生保障?这些相对来说是当下争议较少、比较容易达成共识的问题。这里在简要介绍先贤先哲观点的基础上,继续遵循中国特色社会主义理论发展的基本逻辑,探究中国特色社会主义理论中的社会改革理论。

1. 民生保障的基本概念

《左传·宣公十二年》中,有"民生在勤,勤则不匮"③之说,当时的"民生"大致是指百姓之生计。《辞海》中把"民生"解释为"人民的生计"④。孙中山先生在《民生主义》一文中说:"民生就是人民的生活,社会的生存,国民的生计,群众的生命。"⑤现在从社会学的角度看,所谓民生,主要是指民众的生存生活状态,其中最基本的就是人民的衣食住行、生老病死。当然,民众的基本发展机会、基本发展能力、基本权益保护状况、幸福指数,以及公正的法治环境、安全的社会环境、良好的生态环境等,同样也是民生的重要内容。"保障"在中国古代是指保护、防卫或起保护、防卫作用的事物,这一语义保持至今,现在主要是指保护生命、财产、权利等,使之不受侵犯和破坏。⑥也可以说,是指用保护、防卫等手段与起保护、防卫作用的事物共同构成的支撑体系。所以,民生保

---

① 胡锦涛:《胡锦涛文选》(第3卷),人民出版社2016年版,第640页。
② 习近平:《关于〈中共中央关于全面深化改革若干重大问题的决定〉的说明》,载《人民日报》2013年11月16日第1版。
③ 王仁铭译注:《春秋左传》,远方出版社2004年版,第89页。
④ 夏征农主编:《辞海》,上海辞书出版社1999年版,第516页。
⑤ 黄彦校订:《孙中山选集》,人民出版社1981年版,第802页。
⑥ 参见中国社会科学院语言研究所词典编辑室编《现代汉语词典》,商务印书馆2016年版,第47页。

障,简单地说,就是保障人民的生活,或维护好、实现好、发展好人民的利益。必须指出的是,虽然保障民生与改善民生在语义上是有区别的,但不能简单地认为保障是低层次的,改善是高层次的。保障有不能降低水平的意思,但也蕴含着保障不充分时需要提高水平的诉求;改善有使之从好到更好的意思,但也有使之从不好到好的意思。由于改善民生也可以理解为更好地保障民生,这里将保障和改善民生简称为保障民生。

2. 民生保障理论的内涵

民生保障理论,在本著作的定义域内,就是指保障和改善民生的理论。习近平坚持和发展中国特色社会主义理论,对民生保障理论做了系统、深刻的论述。他强调"增进民生福祉是发展的根本目的",主张"多谋民生之利、多解民生之忧,在发展中补齐民生短板、促进社会公平正义,在幼有所育、学有所教、劳有所得、病有所医、老有所养、住有所居、弱有所扶上不断取得新进展,深入开展脱贫攻坚,保证全体人民在共建共享发展中有更多获得感,不断促进人的全面发展、全体人民共同富裕",并把"坚持在发展中保障和改善民生"视为"新时代坚持和发展中国特色社会主义的基本方略"之一。① 研究党的十七大至党的十九届三中全会的相关文献,大致可以认为,民生保障主要应做好教育②就业、收入分配、社会保障、扶贫攻坚、健康卫生等工作,应与社会治理协同推进,并致力于实现经济社会发展良性循环、人口资源环境持续发展、社会建设与政治和文化建设的协调发展。

3. 民生保障理论的价值

先贤先哲认为,"民为邦本,本固邦宁"③,"民生就是政治的中心,就是经济的中心和种种历史活动的中心"④;马克思主义经典作家强调,"无产阶级的运动是绝大多数人的,为绝大多数人谋利益的独立的运

---

① 参见习近平《决胜全面建成小康社会 夺取新时代中国特色社会主义伟大胜利——在中国共产党第十九次全国代表大会上的报告》,人民出版社2017年版,第23～26页。

② 鉴于广东改革开放40年研究丛书中对教育体制改革已有专著专题研究,为避免重复研究,本著作所探讨的社会体制改革,除个别与教育直接相关的章节外,其他部分基本上未涉及教育体制改革。

③ 顾迁注译:《尚书》,中州古籍出版社2010年版,第75页。

④ 黄彦校订:《孙中山选集》(下卷),人民出版社1981年版,第825页。

动"①,"共同劳动的成果""应该归全体劳动者享受"②,要注意"一切群众的实际生活问题"③。改革开放以来,中国特色社会主义理论汲取人类社会文明成果,坚持和发展马克思列宁主义、毛泽东思想,从"发展才是硬道理"④"最大多数人的利益是最紧要和最具有决定性的因素"⑤"科学发展观核心是以人为本"⑥"坚持在发展中保障和改善民生"⑦等多个视角,对民生保障寄予重大关切。以上论述表明,民生保障理论在中国改革开放40年来意义重大。民生保障是中国改革开放40年来不同环境下的社会建设的重点工程,是社会治理的根本目的。民生保障理论是广东40年民生保障体制改革领域具体的指导思想和行动指南,也是民生保障体制改革与社会治理体制改革以及整个社会体制与经济、政治、文化、生态体制进行配套改革的重要遵循。

(三) 社会治理理论

中国特色社会主义社会治理理论,是坚持和发展中国特色社会主义社会管理理论的产物,也是时代条件变化和中国国情变化的产物。现在中国坚持以人民为中心的发展思想,既需要法治条件下的德治和扁平化治理,也需要在党的领导下完善共建共治共享的社会治理格局。

1. 社会治理理论的渊源

1989 年,世界银行在讨论非洲发展的报告中首次提出现代意义上的"治理"⑧ 概念。20 世纪 90 年代至今,国际社会逐渐出现了以现代治理替代传统管理的治道变革,其中一种较具代表性的观点是,"作为社会控制

---

① 中共中央马克思恩格斯列宁斯大林著作编译局编译:《马克思恩格斯选集》(第1卷),人民出版社2012年版,第411页。
② 中共中央马克思恩格斯列宁斯大林著作编译局编译:《列宁全集》(第7卷),人民出版社1986年版,第112页。
③ 毛泽东:《毛泽东选集》(第1卷),人民出版社1991年版,第136～137页。
④ 邓小平:《邓小平文选》(第3卷),人民出版社1993年版,第377页。
⑤ 江泽民:《江泽民文选》(第3卷),人民出版社2006年版,第280页。
⑥ 胡锦涛:《胡锦涛文选》(第3卷),人民出版社2016年版,第96页。
⑦ 习近平:《决胜全面建成小康社会 夺取新时代中国特色社会主义伟大胜利——在中国共产党第十九次全国代表大会上的报告》,人民出版社2017年版,第23页。
⑧ M. J. Blackie. *Sub–Saharan Africa*: *from Crisis to Sustainable Growth*: *A Long-Term Perspective Study*, Washington, DC.: World Bank, 1989, p.60.

体系的治理,指的是政府与民间、公共部门与私人部门之间的合作与互动"①。2013年,顺应时代的变化特别是中国国情的变化,党的十八届三中全会用现代社会治理概念取代传统社会管理概念,党的十八届五中全会明确提出构建全民共建共享的社会治理格局,党的十九大又进一步提出打造共建共治共享的社会治理格局。

2. 社会治理理论的内涵

习近平指出:"治理和管理一字之差,体现的是系统治理、依法治理、源头治理、综合施策。"②他强调,"打造共建共治共享的社会治理格局",必须"完善党委领导、政府负责、社会协同、公众参与、法治保障的社会治理体制""实现政府治理和社会调节、居民自治良性互动"③;"坚持在发展中保障和改善民生",必须"建设平安中国,加强和创新社会治理,维护社会和谐稳定,确保国家长治久安、人民安居乐业"④。研究改革开放以来的中央文献特别是党的十八届三中全会以来的相关文献,大致可以认为,社会治理主要应抓好城镇治理、乡村治理、社区治理、人口治理、社会稳定、社会安全等工作,应与民生保障协同推进,并致力于实现经济社会发展良性循环、人口资源环境持续发展、社会建设与政治和文化建设的协调发展。

3. 社会治理理论的价值

中国特色社会主义理论一直从不同视角强调社会管理或社会治理。例如,邓小平曾强调"稳定压倒一切"⑤,江泽民曾强调"我们党的最大政治优势是密切联系群众"⑥,胡锦涛曾强调"加强和创新社会管理""提高社会管理科学化水平"⑦,习近平曾强调"打造共建共治共享的社会治理

---

① R. A. W. Rhodes. "The New Governance: Governing Without Government", *Political Studies*, 1996, No. 4, pp. 652 – 657.

② 中共中央文献研究室编:《习近平关于全面建成小康社会论述摘编》,中央文献出版社2016年版,第142页。

③ 习近平:《决胜全面建成小康社会 夺取新时代中国特色社会主义伟大胜利——在中国共产党第十九次全国代表大会上的报告》,人民出版社2017年版,第49页。

④ 习近平:《决胜全面建成小康社会 夺取新时代中国特色社会主义伟大胜利——在中国共产党第十九次全国代表大会上的报告》,人民出版社2017年版,第23页。

⑤ 邓小平:《邓小平文选》(第3卷),人民出版社1993年版,第331页。

⑥ 江泽民:《江泽民文选》(第3卷),人民出版社2006年版,第572页。

⑦ 胡锦涛:《胡锦涛文选》(第3卷),人民出版社2016年版,第499页。

格局"①。以上情况表明，从社会管理到社会治理，在中国改革开放40年中意义重大。从社会管理到社会治理，是中国改革开放40年来不同环境下的社会建设的重要任务，是民生保障的主要路径。从社会管理走向社会治理的理论，是广东40年社会管理或社会治理体制改革领域具体的指导思想和行动指南，也是社会管理或社会治理体制改革与民生保障体制改革以及整个社会体制与经济、政治、文化、生态体制进行配套改革的重要遵循。

三、制度安排：国家的伟力支撑

广东40年社会体制改革制度环境中，最为重要和最为关键的因素是，有中国特色社会主义的制度安排。这里主要就国家层面制度安排对广东40年社会体制改革的伟力支撑做简要介绍。

（一）社会保障制度

社会保障就是社会向社会成员提供基本生活保障。在当代中国，社会保障大致是指在中国共产党领导下，在中央人民政府主导下由社会各界向社会成员特别是困难群体所提供的生活保障。社会保障制度既有特惠性也有普惠性，是重要的民生保障制度。

1. 已经出台的制度

改革开放以来，国家出台或修订后出台的社会保障制度主要有《中华人民共和国妇女儿童权益保障法》（1992年）、《中华人民共和国劳动法》（1994年）、《农村社会保障体系建设指导方案》（1996年）、《城市居民最低生活保障条例》（1999年）、《关于进一步加强城市居民最低生活保障工作的通知》（2001年）、《城镇最低收入家庭廉租住房管理办法》《关于建立新型农村合作医疗制度的意见》（2003年）、《中华人民共和国就业促进法》《中华人民共和国劳动争议调解仲裁法》《中华人民共和国劳动合同法》（2007年）、《中华人民共和国残疾人保障法》（2008年）、《中华人民共和国社会保险法》（2010年）、《关于开展城乡居民大病保险工作的指导意见》（2012年）、《关于建立统一的城乡居民基本养老保险制度的意见》

---

① 习近平：《决胜全面建成小康社会　夺取新时代中国特色社会主义伟大胜利——在中国共产党第十九次全国代表大会上的报告》，人民出版社2017年版，第49页。

（2014年）、《关于整合城乡居民基本医疗保险制度的意见》（2016年）、《"十三五"推进基本公共服务均等化规划》（2017年）等。

2. 制度的主要内涵

研究相关制度特别是作为全局性制度安排的党的十九大报告，当下中国的社会保障包括以下4个方面的主要内容。一是社会保险。社会保险，是使劳动者在因年老、失业、患病、工伤、生育等原因减少或丧失劳动收入时能从社会获得经济补偿和物质帮助以保障其基本生活。根据《中华人民共和国劳动法》的规定，社会保险项目主要包括养老保险、失业保险、医疗保险、工伤保险和生育保险。二是社会救济或社会救助。社会救济，指国家和社会对生活在贫困线以下的低收入者或者遭受灾害的生活困难者提供无偿帮助，提供城乡最低生活保障和临时救济。社会救助，是社会成员从社会获得的特惠性质的社会支持、社会拯救与社会帮助，主要包括生活救助、医疗救助、急难救助和灾害救助。三是社会福利、慈善事业、优抚安置。广义的社会福利，是指国家为改善和提高全体社会成员的物质生活和精神生活所提供的福利津贴、福利设施和社会服务的总称。狭义的社会福利，是指国家向老人、儿童、残疾人等社会中需要给予特殊关心的人群提供的必要的生活保障。慈善事业是在政府的倡导或帮助、扶持下，由民间的团体和个人自愿组织与开展活动的、对社会中遇到灾难或不幸的人，不求回报地实施救助的一种无私的支持与奉献的事业。优抚安置，是指国家对从事特殊工作者及其家属，如军人及其亲属予以优待、抚恤、安置。四是商业保险和住房保障。商业保险，是指通过订立保险合同运营、由专门的保险企业经营，以营利为目的的保险形式。① 住房保障即指对人有所居的保障。在当下，村民可在集体划分的宅基地上自行建房；市民中高收入者可面向市场购买商品住房，中低收入者可购买经济适用住房，最低收入者可租住政府提供的廉租房。

3. 当下的制度安排

根据2017年党的十九大精神，当前社会保障总的制度安排，就是按照兜底线、织密网、建机制的要求，全面建成覆盖全民、城乡统筹、权责

---

① 商业保险的概念虽然未出现在2017年党的十九大报告的论述社会保障的制度安排中，但2007年党的十七大报告曾经指出，要以社会保险、社会救助、社会福利为基础，以基本养老、基本医疗、最低生活保障制度为重点，以慈善事业、商业保险为补充，加快完善社会保障体系。事实上，自2007年党的十七大至今，中国商业保险制度的建设一直没有停步。

清晰、保障适度、可持续的多层次社会保障体系。要全面实施全民参保计划；完善城镇职工基本养老保险和城乡居民基本养老保险制度，尽快实现养老保险全国统筹；完善统一的城乡居民基本医疗保险制度和大病保险制度；完善失业、工伤保险制度；建立全国统一的社会保险公共服务平台。要统筹城乡社会救助体系，完善最低生活保障制度；坚持男女平等基本国策，保障妇女儿童合法权益；完善社会救助、社会福利、慈善事业、优抚安置等制度，健全农村留守儿童和妇女、老年人关爱服务体系；发展残疾人事业，加强残疾康复服务；加快建立多主体供给、多渠道保障、租购并举的住房制度，让全体人民住有所居。

（二）扶贫攻坚制度

扶贫攻坚即扶持贫困家庭和困难群众，攻克贫困难题。扶贫攻坚制度也是重要的民生保障制度。广东虽然是中国当下经济总量最大的省份，但长期以来，广东在城乡差距、地区差距、群体差距方面，一直是当下中国的一个缩影。这就有必要重点探究国家层面的扶贫攻坚制度。

1. 已经出台的制度

改革开放以来，国家出台的扶贫攻坚制度主要有《关于帮助贫困地区尽快改变面貌的通知》（1984年）、《国家八七扶贫攻坚计划》[①]（1994年）、《中国农村扶贫开发纲要（2001—2010年）》（2001年）、《关于创新机制扎实推进农村扶贫开发工作的意见》（2013年）、《建立精准扶贫工作机制实施方案》（2014年）、《中共中央国务院关于打赢脱贫攻坚战的决定》（2015年）、《脱贫攻坚责任制实施办法》《"十三五"脱贫攻坚规划》（2016年）、《关于广泛引导和动员社会组织参与脱贫攻坚的通知》（2017年）、《生态扶贫工作方案》（2018年）等。

2. 制度的基本要求

研究习近平新时代中国特色社会主义理论指导下形成的相关制度，当下中国的扶贫攻坚主要有以下3个方面的基本要求。一是把握目标重点。扶贫的目标是：到2020年，稳定实现农村贫困人口不愁吃、不愁穿，义

---

① "八七"的含义是：对当时全国农村8 000万贫困人口的温饱问题，力争用7年左右的时间（从1994年到2000年）基本解决。参见国务院《国家八七扶贫攻坚计划》（摘要），载《老区建设》1994年第12期。

务教育、基本医疗和住房安全有保障；实现贫困地区农民人均可支配收入增长幅度高于全国平均水平，基本公共服务主要领域指标接近全国平均水平；确保我国现行标准下农村贫困人口实现脱贫，贫困县全部摘帽，解决区域性整体贫困。扶贫的重点是农村，特别是农村的革命老区、民族地区、边疆地区、连片特困地区的贫困群众。二是精准扶贫脱贫。要注重扶持对象精准、项目安排精准、资金使用精准、措施到户精准、因村派人精准、脱贫成效精准"六个精准"，要实现发展生产脱贫一批、易地搬迁脱贫一批、生态补偿脱贫一批、发展教育脱贫一批、社会保障兜底一批"五个一批"。三是奋力决战决胜。要坚持加强领导是根本、把握精准是要义、增加投入是保障、各方参与是合力、群众参与是基础"五个是"，坚持扶贫工作必须务实、脱贫过程必须扎实、脱贫结果必须真实"三个实"，坚持强化领导责任、强化资金投入、强化部门协同、强化东西协作、强化社会合力、强化基层活力、强化任务落实"七个强化"，要从合理确定脱贫目标、加大投入支持力度、集中优势兵力打攻坚战、区域发展必须围绕精准扶贫发力、加大各方帮扶力度、加大内生动力培育力度、加大组织领导力度、加强检查督查8个方面破解深度贫困。

3. 当下的制度安排

根据2017年党的十九大精神，当前，打赢脱贫攻坚战的总的制度安排，就是动员全党全国全社会力量，坚持精准扶贫、精准脱贫，坚持中央统筹省负总责市县抓落实的工作机制，强化党政一把手负总责的责任制，坚持大扶贫格局，注重扶贫同扶志、扶智相结合，深入实施东西部扶贫协作，重点攻克深度贫困地区脱贫任务，确保到2020年中国现行标准下农村贫困人口实现脱贫，贫困县全部摘帽，解决区域性整体贫困，做到脱真贫、真脱贫。

（三）移民治理制度

移民，是指主动或被动地异地流动迁徙并暂时性或永久性异地定居的人员，通常包括国内移民与国际移民。2018年党的十九届三中全会后设立的国家移民管理局主要管理国际移民事务。这里主要指国内移民中的主动移民，即当下实际生活中所称的流动人口或农民工。之所以重点探讨这方面的制度，主要是因为广东在改革开放以来虽然也有国际移民，但一直是中国聚集国内移民即流动人口或农民工最多的省份，移民治理制度堪称广东社会治理制度的"晴雨表"。

1. 已经出台的制度

改革开放以来,国家出台或修订后出台的移民治理制度主要有《关于农民进入集镇落户问题的通知》(1984年)、《国营企业招用工人的暂行规定》(1986年)、《关于农村劳动力跨省流动就业的暂行规定》(1994年)、《关于加强流动人口管理工作的意见》(1995年)、《关于小城镇户籍管理制度改革试点方案》《关于进一步做好组织民工有序流动工作的意见》(1997年)、《关于做好农村富余劳动力流动就业工作的意见》(2000年)、《关于做好农民进城务工就业管理和服务工作的通知》(2003年)、《关于农民工参加工伤保险有关问题的通知》《建设领域农民工工资支付管理暂行办法》《关于进一步做好改善农民进城就业环境工作的通知》(2004年)、《关于解决农民工问题的若干意见》(2006年)、《关于切实做好当前农民工工作的通知》(2008年)、《关于进一步做好农民工培训工作的指导意见》(2010年)、《关于积极稳妥推进户籍管理制度改革的通知》(2011年)、《国家新型城镇化规划(2014—2020年)》《关于进一步推进户籍制度改革的意见》《关于进一步做好为农民工服务工作的意见》(2014年)、《关于深入推进新型城镇化建设的若干意见》(2016年)、《关于加强农村留守老年人关爱服务工作的意见》《拖欠农民工工资"黑名单"管理暂行办法》(2017年)等。

2. 制度的内在要求

研究相关制度及当下的现实状况,当下中国的移民治理主要有以下3个方面的内在要求。一是优化移民的基本条件。要全面深化城乡户籍制度改革,提升流动迁移许可认同,注重流动迁移分流引导,夯实流动迁移支撑平台;要全面深化乡村振兴制度改革,确保移民在家乡的合法权益,解放束缚在土地上的劳动力,探求空心化乡村的重构新路;要全面深化家眷关爱制度改革,关爱流浪、留守以及随迁的老人、配偶和儿童。二是优化移民的公共服务。要实现平等就业,改进职业教育,拓展技能培训,遏制就业歧视;要强化社会保障,全面普及基本社会保险,彰显社会救助、社会福利,强化薪酬保障、住房保障;要拓展其他服务,持续拓展基本公共服务均等化,拓展政治保障与文化保障服务,拓展公共卫生与计划生育服务。三是优化移民的属地治理。要全员全程全域掌控源头,全员化完善居住登记,全过程实施动态观测,全地域落实网格责任;要管治自治共治突破难点，以管治维护社区治安，以自治强化公众参与，以共治建构社区和谐；要法治德治善治统筹兼顾，优化立法执法司法彰显社会公正，完善伦理道德规则增强社会团结；实现共建共治共享增强社会活力。

3. 当下的制度安排

根据2017年党的十九大精神，当前与移民治理关系较大的制度安排有：要深化农村土地制度改革，完善承包地所有权、承包权、经营权"三权"分置制度，第二轮土地承包到期后再延长30年；深化农村集体产权制度改革，保障农民财产权益；发展多种形式适度规模经营，实现小农户和现代农业发展有机衔接；支持和鼓励农民就业创业，拓宽增收渠道；以城市群为主体构建大中小城市和小城镇协调发展的城镇格局，加快农业转移人口市民化；厉行法治，推进科学立法、严格执法、公正司法、全民守法；健全学生资助制度，使绝大多数城乡新增劳动力接受高中阶段教育、更多接受高等教育；促进农民工多渠道就业创业，构建和谐劳动关系；加快推进基本公共服务均等化，缩小收入分配差距；健全农村留守儿童和妇女、老年人关爱服务体系，让全体人民住有所居；打造共建共治共享的社会治理格局，提高社会治理社会化、法治化、智能化、专业化水平；坚决遏制重特大安全事故；加快社会治安防控体系建设，保护人民人身权、财产权、人格权；加强社会心理服务体系建设，培育自尊自信、理性平和、积极向上的社会心态。

第二章 广东社会体制改革历史进程回眸

广东40年社会体制改革的历程大抵可划分为3个阶段。一是1978年12月至1991年1月,大致可称之为"大社会"语境下广东社会体制改革的披荆斩棘、破冰开局阶段;二是1991年1月至2007年11月,大致可称之为"中社会"语境下广东社会体制改革的披星戴月、转型重构阶段;三是2007年11月至2018年以来,大致可称之为"小社会"语境下广东社会体制改革的攻坚克难、全面深化阶段。从社会体制改革视角来看,不仅3个阶段都有阶段性特色,而且在每个阶段的不同时期,也都具有突出的亮点。

一、1978—1991年:披荆斩棘,破冰开局

从1978年12月至1991年1月,广东大致处于"大社会"语境下,"社会"的概念范畴与当下不尽一致。但这并不意味着这一阶段不存在本著作社会体制改革定义域之内的先行探索,相反,此时广东社会体制改革进入了披荆斩棘、破冰开局阶段。这一阶段广东在社会体制改革方面的初步尝试,大致可分为3个时期。

(一)1978年12月至1980年11月

这一时期主要有两方面的突出亮点,并且有一定的成果。

1. 拨乱反正

主要是从思想路线、政治路线、组织路线上拨乱反正。1979年春,中共广东省委常委扩大会议以及广东层层召开的务虚会、举办的学习班,激励人们解放思想、实事求是,在改革开放中先行一步、披荆斩棘;省委常委扩大会议后,省委领导分赴各地传达贯彻党的十一届三中全会精神,

落实把党和国家的工作重点转移到社会主义现代化建设上来的战略决策，从促进生产力发展等角度启动了保障和改善民生的工作；与此同时，平反冤假错案弘扬公平正义，大约解决了 20 万人的历史遗留问题①，从源头上改善了社会管理。1979 年出台或批转的拨乱反正的重要文件，主要有《关于全省全部摘掉右派分子帽子工作会议的情况报告》《关于落实党对民族资产阶级若干政策问题的意见》《关于落实干部政策的情况和意见》《关于进一步抓紧抓好落实原国民党起义、投诚人员政策的意见》等。这些都为广东社会体制改革破冰开局奠定了坚实的基础。

2. 敢为人先

主要是在改革开放中敢为人先。这一时期在改革中注意充分调动农村广大干部群众的积极性，扩大企业的经营自主权，在开放中注意发挥广东毗邻港澳、华侨众多的优势，调动华侨建设侨乡的积极性，积极引进外资等②，可以说是广东改革开放后共建共治共享的最早探索。1979 年出台或批转的社会领域的重要文件，主要有《关于整顿社会治安秩序进一步发展安定团结大好形势的通知》《关于加强青少年教育的决定》《关于安置城镇待业人员工作情况的报告》《关于开展法制宣传教育活动的通知》等。1980 年 2 月出台的《广东省计划生育条例》不仅是广东制定的第一部地方性法规，而且是中国的第一部计划生育地方性法规。这是广东在改革开放 40 年中社会体制改革破冰开局的最早尝试。

3. 成果简述

这一时期社会发展有一定成果。1980 年，广东地区生产总值（以下简称 GDP）为 249.65 亿元，比 1978 年 185.85 亿元增长 34.33%；人均 GDP 为 481 元，比 1978 年 370 元增长 30.00%；城镇常住居民人均可支配收入 472.57 元，比 1978 年 412.13 元增长约 14.67%；农村常住居民人均可支配收入 274.37 元，比 1978 年 193.25 元增长约 41.98%。③ 从以上数据可知，这一时期，城镇农村常住居民人均可支配收入比由 1978 年的

---

① 参见石静莹《习仲勋：为广东改革开放奠基》，载《南方》2016 年第 7 期。
② 参见陈弘君《习仲勋：广东改革开放事业的主要开创者》，载《红广角》2012 年第 10 期，第 15～19、22 页。
③ 基础数据来源为广东省统计局、国家统计局广东调查总队编《广东统计年鉴 2017》，中国统计出版社 2017 年版，第 42、54、282 页；广东省统计局编《广东社会统计年鉴 2016》，中国统计出版社 2016 年版，第 11 页。

2.13∶1下降到1.72∶1。① 从1954年到1978年，广东全省共发生偷渡外逃56.6万人次，逃出14.68万人。但到这一时期，广东全面推广家庭联产承包责任制，农民生活得到很大改善：1980年全省的粮食产量，在1979年增产21亿斤的基础上，又增产了11亿斤；农村开始出现盖新房子多、购置耕牛农具多、重视科学种田多的"三多"新气象。自此，"逃港风"几乎销声匿迹。② 研究发现，按照本章的分期方法，这一时期最终的城乡收入比迄今为止仍是广东改革开放后各个时期中的最低点。换言之，这个时期是改革开放后广东城乡收入差距最小的时期。

（二）1980年11月至1985年7月

这一时期主要有两方面的突出亮点，并且有一定的成果。

1. 利国利民

早在1981年，为加快提高农民生活水平，中共广东省委就旗帜鲜明地为后来在全国引起轩然大波的陈志雄承包鱼塘一事③鸣锣开道，明确批示有条件的地方可以依照试行。同时明确指出，用足用好中央给予广东的特殊政策、灵活措施，对于国于民确实有利的事，如果从现有文件上找不到根据，可以试点，在试点中允许突破现有规定，并及时总结经验。强调利国利民，不仅为经济体制改革注入了勇气和力量，也蕴含了保障和改善民生的要求。这一时期，广东已着手对企业办保险体制进行改革（1983年），在部分地方试行国营和城镇集体企业固定职工退休费由社会统筹，并提出《关于农民自理口粮到集镇落户的意见》（1984年），出台《广东省保护妇女儿童合法权益的若干规定》《关于改革劳动工资管理体制的意见》（1985年）等民生保障方面的政策法规。这些做法都是改革开放后广东与经济体制改革配套的民生保障体制改革破冰开局的社会化尝试，特别是开启了广东改革开放后打破移民严控型管理坚冰的最早探索。

---

① 在本著作中，所有前面已加注的基础数据在后面再出现时，均不再重复加注。
② 参见谷梁《习仲勋主政广东的历史功绩：改革开放天下先》，载《红广角》2011年第11期。
③ 1979年至1981年，广东省肇庆地区高要县沙浦公社（今肇庆鼎湖区沙浦镇）农民陈志雄雇工承包集体鱼塘和水田497亩（1亩约为666.67平方米），任仲夷在中共广东省委《参阅件》上明确做出了支持性的批示。但因在"雇工算不算剥削"问题上存在认识分歧，从1981年5月29日至8月30日，《人民日报》开辟专栏就"怎样看待陈志雄承包鱼塘问题"进行了为期3个月的全国性大讨论，刊载了21篇来信和讨论文章。最后，中央领导对其承包方法和经营方式给予肯定，讨论结束。

2. 破冰开局

当时广东先后确立的《关于在对外开放中加强反腐蚀斗争的决定》（1980 年）、《关于禁止贩毒、吸毒的暂行规定》《关于取缔非法刊物和非法组织的决定》《关于取缔嫖宿、卖淫活动的暂行规定》（1981 年）、《关于禁止赌博的处罚条例》（1982 年）、《关于继续深入进行严厉打击刑事犯罪活动的决议》（1984 年）等政策法规，就为改革开放后广东社会体制改革进一步破冰开局奠定了良好的基础。

3. 成果简述

这一时期社会发展有一定成果。1985 年，广东 GDP 为 577.38 亿元，比 1980 年 249.65 亿元增长 1.31 倍；人均 GDP 为 1 026 元，比 1980 年 481 元增长 1.13 倍；城镇常住居民人均可支配收入 954.12 元，比 1980 年 472.57 元增长 1.02 倍；农村常住居民人均可支配收入 495.31 元，比 1980 年 274.37 元增长 80.53%。① 这一时期对陈志雄承包鱼塘的明确支持，也产生了重要的社会影响。这一时期，私营企业虽暂无名分，但无论在广东还是在全国均已开始破土而出，悄然生长。② 仅说陈志雄所在的高要县，到 1987 年时，第二、三产业的专业户就已达 26 000 户，占全县农户的 10% 以上，年经营额 10 万元以上的达 2 万户。与 1980 年相比，高要的社会总产值翻了两番多，工农业总产值也接近翻两番。③

（三）1985 年 7 月至 1991 年 1 月

这一时期主要有两方面的突出亮点，并且有一定的成果。

---

① 基础数据来源为广东省统计局、国家统计局广东调查总队编《广东统计年鉴2017》，中国统计出版社 2017 年版，第 42、54、282 页；广东省统计局编《广东社会统计年鉴2016》，中国统计出版社 2016 年版，第 11 页。

② 到 1987 年党的十三大召开和 1988 年《中华人民共和国宪法修正案》通过，私营企业发展才有了较好的政策空间；到 1988 年，才实现了私营企业合法化。但在 1989 年，就有学者称，据不完全统计，广东省私营企业已超过 1.5 万户（吴铁远、饶日嘉：《从广东私营经济的发展，看组织民间企业家公会的必要性》，载《中国工商》1989 年第 5 期，第 28～29 页）。再查年鉴发现，1989 年年末，全国正式注册登记的私营企业有 9.05 万户，投资者 21 万人，雇工 164 万人，注册资金 84.47 亿元，总产值达到 97.4 亿元［中华全国工商业联合会、香港经济导报社、中国民（私）营经济研究会：《中国私营经济年鉴（1978—1993）》，香港经济导报社 1994 年版，第 98 页］。

③ 参见李鉴坤、钟扬、冯泽波、朱芷君《解放思想，搞活经济——简桂华忆高要县委支持陈志雄承包鱼塘的过程》，载《肇庆党史》2014 年年刊（总第 81 期）。

1. 扶贫济困

当时广东每年都召开一次山区工作会议,制定了扶持乡镇企业发展的优惠政策,努力引领山区干部群众走治山致富的道路;积极尝试民生保障体制改革,这一时期内广东先后出台了《关于扶持农村贫困户治穷致富的意见》(1987年)、《广东省劳动安全卫生条例》(1988年)、《广东省青少年保护条例》《广东省临时工养老保险办法》(1989年)、《广东农村2000年人人享有卫生保健发展规划》(1990年)、《广东省维护老年人合法权益条例》(1991年)等政策法规。这些是当时的工作重点,现在看来应该是改革开放以后共享发展最早的重点探索。

2. 统筹发展

统筹经济社会发展,主要表现在省内农村剩余劳动力先被允许就近向乡镇企业流动,后被允许向城市流动或跨区域流动;国内农村剩余劳动力也被允许跨省区流动进入广东。进一步解冻移民严控型管理坚冰,启动国内、省内农村剩余劳动力进入广东城市、城镇的民工潮,对广东的经济社会发展产生了重大的影响。当然,也不是放任自流。1988年颁发的《广东省劳务市场管理规定》,就是全国首个省级规范劳动力市场的规章。统筹社会内部的发展,主要表现在广东及时出台了《关于加强城市环境综合整治的决定》(1987年)、《广东省社会团体登记管理规定》(1988年)等政策规定。这些举措,现在看来也应该是广东改革开放后共建共治的较早探索。总的来说,到1991年年初,广东社会体制改革实现了良好的开局。

3. 成果简述

这一时期社会发展有一定成果。在1989年GDP开始跃居全国第一[①]的基础上,1990年,广东GDP为1 559.03亿元,比1985年577.38亿元增长1.70倍;人均GDP为2 484元,比1985年1 026元增长1.42倍;城镇常住居民人均可支配收入2 303.15元,比1985年954.12元增长1.41倍;农村常住居民人均可支配收入1 043.03元,比1985年495.31元增长1.11倍。[②]那时尚没有生态文明的提法,因此,统筹人口资源环境发展,也是统筹经济社会发展的重要内容。这一时期在这方面也有显著的成果。

---

① 参见黄应来《广东城镇化水平接近70%》,载《南方日报》2013年11月12日第A01版。
② 基础数据来源为广东省统计局、国家统计局广东调查总队编《广东统计年鉴2017》,中国统计出版社2017年版,第42、54、282页;广东省统计局编《广东社会统计年鉴2016》,中国统计出版社2016年版,第11页。

1985年11月,广东对全省发出了"五年消灭荒山,十年绿化广东大地"的号召;到1991年3月,广东被国务院授予了"全国荒山造林绿化第一省"的荣誉称号。①

二、1991—2007年:披星戴月,转型重构

从1991年1月至2007年11月,广东大致处于"中社会"语境下,"社会"的概念范畴与当下仍然不尽一致。但这并不意味着这一阶段不存在本著作社会体制改革定义域之内的持续探索。相反,此时广东社会体制改革进入了披星戴月、转型重构阶段。以广东主政领导的更替为线索,这一阶段广东在社会体制改革方面的进一步探索,大致可以分为3个时期。

(一) 1991年1月至1998年2月

这一时期主要有两方面的突出亮点,并且有一定的成果。

1. 促进发展

时任中共广东省委书记谢非说:"只要在繁荣的珠江三角洲旁边,还存在着大块尚未脱贫的山区,甚至连温饱也未解决的'寒极',我们就不能说广东进入了小康阶段;即使全省按人均计算达到小康,也不能宣布全省进入小康。"② 这一时期,广东对珠江三角洲(以下简称"珠三角")地区与山区这两头和东西两翼实施分类指导,掀起了建设珠三角大经济区和扶贫开发两大热潮,先后出台了《关于加快山区脱贫致富步伐若干问题的决定》(1991年)、《广东省沿海与山区对口扶持规则》(1994年)、《广东省特困县脱贫考评办法》(1996年) 等政策,极大地促进了民生保障事业的发展。到1998年1月,在全省基本消除绝对贫困新闻发布会上,广东省人民政府宣布:1997年广东省基本解决绝对贫困人口温饱的目标已经胜利实现,提前3年完成《国家八七扶贫攻坚计划》的任务。这一时期,广东还先后出台了《广东省维护老年人合法权益条例》(1991年)、《广东省社会养老保险制度改革方案》(1992年)、《广东省乡镇企业劳动保护规定》《广东省职工社会养老保险暂行规定》(1993年)、《广东省企业职工劳动权益保障规定》《广东省城镇房屋租赁条例》(1994年)、《广东省分

---

① 参见陈枫《不绿化广东死不瞑目》,载《南方日报》2008年12月16日第A04版。
② 陈枫:《牢记小平嘱托奋起"追龙"》,载《南方日报》2008年12月16日第A04版。

散按比例安排残疾人就业规定》（1995年）等政策法规，并于1997年在全国率先将与人民群众利益密切相关的法规草案，在报纸、政府网站等公共媒体公开征求群众意见和诉求。可见，发展是硬道理，只有披星戴月、夜以继日加快发展，在民生保障领域有更多的共建共治共享的探索，才能"不断提高人民生活水平，促进社会全面繁荣进步"①。

2. 维护稳定

1993年，广东首次提出依法治省。1996年，广东出台《关于进一步加强依法治省工作的决定》，在全国率先成立依法治省工作领导小组，并由中共广东省委书记谢非亲自担任组长。这一时期，广东出台的维护稳定的政策主要有《广东省城镇个人建造住宅管理规定》《关于加强计划生育工作严格控制人口增长的决定》《广东省社会治安综合治理五年规划》（1991年）、《广东省戒毒所管理办法》《关于大力开展禁毒、禁赌斗争的通知》《广东省惩处黑社会组织活动规定》（1993年）、《关于在全省开展反盗窃机动车专项斗争的意见》《关于正确处理人民内部矛盾维护社会稳定的意见》《广东省出租屋暂住人员治安管理规定》（1994年）等。从这时开始，受"入粤民工潮"以排山倒海之势迅速发展，广东资源承载力和社会治安亮起红灯等因素的影响，广东还开启由过紧或过松的社会管理体制向宽猛相济的社会管理体制的转型重构。1991年，广东牵头建立了全国首个省际劳务合作组织华南省际劳务协作组织，共同组织、管理跨省流动劳动力；1996年，中国华南劳动力市场信息网全面开通，成为国家级三大区域劳动力市场信息网之一。可见，稳定压倒一切。只有在促进物质文明建设的同时也高度重视精神文明建设和民主法制建设，才能有效地维护社会稳定。

3. 成果简述

这一时期社会发展有一定成果。1997年，广东GDP为7 774.53亿元，比1990年1 559.03亿元增长3.99倍；人均GDP为10 130元，首次突破万元大关，比1990年2 484元增长3.08倍；城镇常住居民人均可支配收入8 561.71元，比1990年2 303.15元增长2.72倍；农村常住居民人均可

---

① 谢非：《广东改革开放探索》，中共中央党校出版社1998年版，第29页。

支配收入3 467.69元,比1990年1 043.03元增长2.32倍。① 1992年,广东省人民政府设立社会保险委员会,成立社会保险局,统一管理城镇与农村的养老、工伤、生育、医疗、失业保险,在全国率先建立了面向全社会的统一的社会保险体系。到20世纪90年代末,广东的财产、人寿保险费收入以及保险深度和密度,均居全国首位。

(二) 1998年2月至2002年11月

这一时期主要有两方面的突出亮点,并且有一定的成果。

1. 增创优势

这一时期,广东努力增创社会发展新优势。世纪之交,世界深刻变化。中共广东省委处变不惊,形成了"大发展、小困难,小发展、大困难,不发展、更困难"的共识,坚持"不争论、不刮风、不埋怨,有什么问题解决什么问题"的方针。② 这一时期,广东努力建设珠三角经济区,加快粤东粤西两翼和山区发展,加快脱贫奔康步伐;出台《关于进一步做好国有企业下岗职工基本生活保障和再就业工作的决定》《广东省母婴保健管理条例》《广东省社会养老保险条例》《广东省社会工伤保险条例》《关于加大扶贫开发力度,加快贫困县脱贫奔康步伐的意见》(1998年)、《广东省分散按比例安排残疾人就业办法》(2000年)、《关于建立和完善农村合作医疗保障制度议案的实施办法》《广东省失业保险条例》《关于取消对外出或外来务工人员收费的通知》(2002年)等相关政策法规。这些做法进一步改善了人民生活,当时珠三角地区实现初步富裕,全省人民生活水平总体进入小康;居民最低生活保障工作有效开展,住房难、就医难、打官司难、子女入学难等突出难题得到缓解;就业局势稳定,医疗卫生事业持续发展,成功承办了第九届全国运动会,群众性体育活动蓬勃开展。这些继续披星戴月加快社会发展的探索,对广东后来走向共享发展具有重要意义。

---

① 基础数据来源为广东省统计局、国家统计局广东调查总队编《广东统计年鉴2017》,中国统计出版社2017年版,第42、54、282页;广东省统计局编《广东社会统计年鉴2016》,中国统计出版社2016年版,第11页。

② 参见张鹏、赵佳月《关闭窗口公司走向市场信用》,载《南方日报》2008年12月16日第A04版。

2. 优化环境

当时中共广东省委强调优化环境，包括"提高社会管理水平""提高依法治省水平""提高社会信用水平"等。① 这一时期，广东出台的相关政策法规有《广东省青年志愿服务条例》《广东省法律援助条例》《关于坚决扫除"黄赌毒"社会丑恶现象的意见》（1999 年）、《广东省流动人员租赁房屋治安管理规定》《广东省工会劳动法律监督条例》（2000 年）、《关于进一步开展法制宣传教育的决议》（2001 年）、《广东省安全生产条例》（2002 年）等。由这些政策法规可以看出，当时广东的社会管理体制延续了前期宽猛相济的转型重构探索。当时强化社会治安综合治理，严厉打击刑事犯罪活动，加强了同敌对势力和"法轮功"邪教组织的斗争，进一步完善扫除"黄赌毒"的工作责任制及外来人口管理办法，有效地维护了安定团结的良好局面。

3. 成果简述

这一时期社会发展有一定成果。2000 年，广东 GDP 为 10 741.25 亿元，首次突破万亿元大关；2001 年，城镇常住居民人均可支配收入 10 415.19 元，首次突破万元大关。在此基础上，2002 年，广东 GDP 达 13 502.42 亿元，比 1997 年 7 774.53 亿元增长 73.68%；人均 GDP 为 15 365 元，比 1997 年 10 130 元增长 51.68%；城镇常住居民人均可支配收入 11 137.20 元，比 1997 年 8 561.71 元增长 30.08%；农村常住居民人均可支配收入 3 911.91 元，比 1997 年 3 467.69 元增长 12.81%。② 2002 年年末，全省在岗职工年平均工资 17 500 元，全省城乡居民最低生活保障人数达 86.8 万人，企业养老保险、失业保险、医疗保险、工伤保险、生育保险参保人数，分别达 1 082.9 万人、890.2 万人、717.7 万人、1 049.9 万人、258.7 万人。③

---

① 李长春：《以"三个代表"重要思想为指导加快率先基本实现社会主义现代化——在中国共产党广东省第九次代表大会上的报告》，载《南方日报》2002 年 5 月 21 日第 A01 版。

② 基础数据来源为广东省统计局、国家统计局广东调查总队《广东统计年鉴 2017》，中国统计出版社 2017 年版，第 42、54、282 页；广东省统计局编《广东社会统计年鉴 2016》，中国统计出版社 2016 年版，第 11 页。

③ 参见田丰、王经纶、刘小敏主编《广东社会与文化发展蓝皮书·2003》，广东经济出版社 2003 年版，第 526 页。

（三）2002年11月至2007年11月

这一时期主要有两方面的突出亮点，并且有一定的成果。

1. 加快发展

这一时期，广东注重加快社会发展。2004年，广东在全国率先实现了财政供养农村五保①对象，在全国率先出台《广东省"零就业家庭"就业援助办法》，创立"零就业家庭"就业援助制度；2006年，广东在全国首创退役士兵免费职业技能培训；2007年，广东出台《关于解决社会保障若干问题的意见》，将原有社会保障体系中的空白点和盲点都纳入社会保障大网。这一时期，广东出台的相关政策法规还有《广东省爱国卫生工作条例》（2003年）、《广东省社会保险基金监督条例》（2004年）、《关于建设中医药强省的决定》《关于促进粤东地区加快经济社会发展的若干意见》（2006年）、《广东省扶助残疾人办法》《关于建立城镇居民基本医疗保险制度的实施意见》（2007年）等。这些政策法规是广东社会发展水平在转型重构阶段迈上新台阶的重要标志。

2. 增进和谐

这一时期广东注重促进社会和谐。2005年，广东出台了《关于构建和谐广东的若干意见》，强调正确处理新时期社会矛盾，有效维护社会和谐；2007年，广东通过《广东省食品安全条例》，这是国内首部专门、系统的食品安全法规。这一时期，广东出台的较重要的促进社会和谐的政策法规有《广东省突发公共卫生事件应急办法》（2003年）、《广东省社会保险基金监督条例》（2004年）、《广东省工资支付条例》《广东省红十字会条例》（2005年）、《关于充分发挥工会在构建和谐广东中作用的意见》《关于发挥行业协会商会作用的决定》《广东省法律援助条例》《广东省预防未成年人犯罪条例》（2006年）、《关于建立城镇居民基本医疗保险制度的实施意见》（2007年）等。这些做法标志着广东经过否定之否定的实践，在确认宽猛相济社会管理体制的基础上，进一步认识到了无论是"宽"还是"猛"，都需要把握好度和分寸。到2007年，广东在更高的境

---

① 1994年1月，国务院公布施行《农村五保供养工作条例》，规定五保供养的主要内容是保吃、保穿、保住、保医、保葬（孤儿保教），供养标准为当地村民一般生活水平，所需经费和实物从村提留或者乡统筹费中列支。

界上总体完成了对宽猛相济社会管理体制的转型重构。

3. 成果简述

这一时期社会发展有一定成果。2004年，广东人均GDP达20 876元，首次突破2万元大关；2005年，广东GDP达22 557.37亿元，首次突破2万亿元大关。在此基础上，2007年，广东GDP达31 777.01亿元，首次突破3万亿元大关，比2002年13 502.42亿元增长1.35倍；人均GDP为33 272元，首次突破3万元大关，比2002年15 365元增长1.17倍；城镇常住居民人均可支配收入17 699.30元，比2002年11 137.20元增长58.92%；农村常住居民人均可支配收入5 624.04元，比2002年3 911.91元增长43.77%。① 到2007年，广东全省参加基本养老、医疗、失业、工伤保险人数和各项社会保险基金累计结余，均居全国首位；全省农民工参加医疗和工伤保险人数，分别占全国农民工参保人数的50%和45%。②

三、2007—2018年：攻坚克难，全面深化

从2007年11月至2018年，广东大致处于"小社会"语境下，"社会"的概念范畴与当下大体一致。此时广东社会体制改革进入了攻坚克难、全面深化阶段。改革开放40年广东社会体制改革的不懈探索，在这一阶段表现最为突出。以广东主政领导的更替为线索，这一阶段广东在社会体制改革方面的不断深化，大致可分为3个时期。

（一）2007年11月至2012年12月

这一时期主要有两方面的突出亮点，并且有一定的成果。

1. 增进福祉

"发展必须惠及民生幸福"，中共广东省委明确提出"建设幸福广东"③。2009年，广东出台了增进民生福祉的纲领性文件《广东省基本公

---

① 基础数据来源为广东省统计局、国家统计局广东调查总队编《广东统计年鉴2017》，中国统计出版社2017年版，第42、54、282页；广东省统计局编《广东社会统计年鉴2016》，中国统计出版社2016年版，第11页。
② 参见刘小敏《广东社会建设宏观思考》，见刘小敏等《社会建设理论与实务研究》，世界图书出版广东有限公司2011年版，第15～28页。
③ 汪洋：《坚持社会主义市场经济的改革方向　加快转型升级　建设幸福广东——在中国共产党广东省第十一次代表大会上的报告》，载《南方日报》2012年5月16日第A01版。

共服务均等化规划纲要（2009—2020年）》，首次在国内将公共教育、公共卫生、公共文化体育、公共交通、生活保障、住房保障、就业保障、医疗保障等一并纳入基本公共服务范围，明确了底线均等的原则；2011年，广东出台了以增进民生福祉为核心的纲领性文件《关于加强社会建设的决定》；2012年，又出台实施了《深入推进基本公共服务均等化综合改革工作方案（2012—2014年）》。这方面较重要的政策法规，还有《关于切实解决城镇低收入家庭住房困难的实施意见》《关于推进农村经济社会协调发展加快农民共同富裕步伐的意见》《广东省职工生育保险规定》《广东省未成年人保护条例》（2008年）、《关于促进粤东地区实现"五年大变化"的指导意见》《关于促进粤西地区振兴发展的指导意见》《关于加快残疾人事业发展的决定》（2009年）、《广东省农村扶贫开发实施意见》（2012年）等。这些攻坚克难、增进民生福祉的举措，在实践中也取得了城乡区域发展差距有所缩小、城乡居民收入稳步提高等比较显著的成效。

2. **创新管理**

这一时期广东重视创新社会管理。中共广东省委、广东省人民政府强调，各级党委政府一定要顺应网络社会发展的特点和规律，以开放的视野、平等的心态、法治的理念对待和推进网络社会建设。[①] 这一时期积极开展基层社会管理体制改革，积极培育发展社会组织等，卓有成效。创新社会管理出台的政策法规，主要有《广东省计算机信息系统安全保护条例》（2007年）、《关于进一步发展志愿服务事业的意见》《广东省流动人口服务管理条例》（2009年）、《广东省突发事件应对条例》（2010年）、《关于进一步加强安全生产工作的意见》（2011年）、《关于进一步培育发展和规范管理社会组织的方案》《关于构建和谐劳动关系的意见》（2012年）等。在创新社会管理进程中，平安是幸福的第一要素，尤其重视创建平安广东，强调创建平安广东需要社会方方面面、全省人民群众的广泛参与，实现共创共建共享；要与建设幸福广东结合起来。[②] 正是沿着这样的思路，2012年，广东制定了《关于全面创建平安广东的意见》和《创建平安广东行动计划》，明确了创建平安广东工作的指导思想、总体目标、工作任务和行动步骤，启动了全民共同创建平安广东的进程。总的来看，

---

① 参见张鹏、赵佳月《邀请网友当面"拍砖"》，载《南方日报》2008年12月16日第A04版。
② 参见《平安是百姓之福为政之责》，载《南方日报》2012年10月9日第A01版。

广东增进福祉、创新管理的相关见解以及广东的相关实践,标志着广东社会体制改革探索已步入攻坚克难、全面深化阶段,对广东在"四位一体"语境下实现社会建设领域的共建共治共享具有开创性意义。

3. 成果简述

这一时期社会发展有一定成果。2009 年,广东城镇常住居民人均可支配收入 21 574.712 元,首次突破 2 万元大关。2010 年,广东 GDP 达 46 036.25 亿元,首次突破 4 万亿元大关;人均 GDP 达 44 758 元,首次突破 4 万元大关。2011 年,广东 GDP 达 53 246.18 亿元,首次突破 5 万亿元大关;人均 GDP 达 50 842 元,首次突破 5 万元大关。在此基础上,2012 年,广东 GDP 达 57 147.75 亿元,比 2007 年 31 777.01 亿元增长 79.84%;人均 GDP 为 54 171 元,比 2007 年 33 272 元增长 62.81%;城镇常住居民人均可支配收入 30 226.71 元,首次突破 3 万元大关,比 2007 年 17 699.30 元增长 70.78%;农村常住居民人均可支配收入 10 542.84 元,首次突破万元大关,比 2007 年 5 624.04 元增长 84.76%。①

(二) 2012 年 12 月至 2017 年 10 月

这一时期主要有两方面的突出亮点,并且有一定的成果。

1. **民生优先**

广东政府"坚持民生优先"②。这一时期,广东珠三角地区对口帮扶粤东西北地区工作机制逐步完善,粤东西北地区振兴发展实现新跨越;突出抓好底线民生,城乡最低生活保障、农村特困供养等多项底线民生保障水平跃居全国前列;办好民生实事,基本公共服务均等化扎实推进,人民群众得到更多实惠。这一时期,民生保障领域出台的政策法规主要有《广东省劳动保障监察条例》(2012 年)、《关于进一步促进粤东西北地区振兴发展的决定》《广东省城乡居民社会养老保险实施办法》(2013 年)、《关于促进新型城镇化发展的意见》(2014 年)、《广东省华侨权益保护条例》

---

① 基础数据来源为广东省统计局、国家统计局广东调查总队编《广东统计年鉴 2017》,中国统计出版社 2017 年版,第 42、54、282 页;广东省统计局编《广东社会统计年鉴 2016》,中国统计出版社 2016 年版,第 11 页。

② 胡春华:《深入贯彻习近平总书记治国理政新理念新思想新战略 努力在全面建成小康社会加快建设社会主义现代化新征程上走在前列——在中国共产党广东省第十二次代表大会上的报告》,载《南方日报》2017 年 5 月 31 日第 A02 ~ A03 版。

(2015年)、《关于新时期精准扶贫精准脱贫三年①攻坚的实施意见》(2016年)、《广东省脱贫攻坚责任制实施细则》《广东省流动人口服务管理条例》《广东省社会救助条例》(2017年)等。这些做法,进一步拓展了共享广东的建设。

2. 守土尽责

中共广东省委同时强调坚持守土有责、守土尽责,采取有力措施维护社会稳定。② 2015年率先出台的《广东省政府网站考评办法》,建立全省政府网站考核评价机制,被国务院办公厅作为典型在全国推广。这一时期广东切实维护国家政治安全,主动排查化解社会矛盾纠纷,集中开展基层突出问题专项治理,发挥法治的引领规范作用,严厉打击刑事犯罪,社会大局和谐稳定。这一时期,社会治理领域出台的政策法规主要有《广东省法治政府建设指标体系(试行)》(2013年)、《关于进一步加强少年儿童和少先队工作的意见》(2014年)、《广东省社会力量参与救灾促进条例》《进一步深化司法体制和社会体制改革的实施方案》《关于进一步推进我省户籍制度改革的实施意见》《关于深入推进农村社区建设试点工作的实施意见》(2015年)、《关于深入推进城市执法体制改革改进城市管理工作的实施意见》(2016年)、《广东省信访工作责任制实施细则》《广东省全民禁毒工程实施意见(2017—2019年)》《广东省反恐怖主义工作责任制实施细则》《广东省反恐怖预警响应与规定》(2017年)等。这些做法是打造共建共治共享社会治理格局的有益探索。

3. 成果简述

这一时期社会发展有一定成果。2013年,广东GDP达62 474.79亿元,首次突破6万亿元大关;2014年,广东人均GDP达63 469元,首次突破6万元大关;2015年,广东GDP达72 812.55亿元,首次突破7万亿元大关;2016年,广东人均GDP达72 787元,首次突破7万元大关。在此基础上,2017年,广东GDP为89 879.23亿元,首次突破8万亿元大关,比2012年57 147.75亿元增长57.28%;人均GDP为80 472元,首次突破8万元大关,比2012年54 171元增长48.55%;城镇常住居民人均可

---

① "三年"指2016年至2018年。

② 参见徐林、岳宗《扎实做好维护社会稳定各项工作 为党的十九大胜利召开营造良好环境》,载《南方日报》2017年7月13日第A01版。

支配收入40 975.10元，首次突破4万元大关，比2012年30 226.71元增长35.50%；农村常住居民人均可支配收入15 779.70元，比2012年10 542.84元增长49.67%。[1] 2013年至2017年，居民人均可支配收入年均增长9.2%；城镇新增就业人口累计775.6万人，约占全国的1/9；208万相对贫困人口实现脱贫。[2] 值得一提的是，2015年国家扶贫标准提升至2 855元，按购买力平价方法计算，相当于每天2.2美元，高于1.9美元的国际极端贫困标准。而广东农村贫困人口脱贫标准已提高至年人均可支配收入4 000元（2014年不变价），高于国家扶贫标准以及联合国国际极端贫困标准。[3] 到2017年，广东已经基本消除绝对贫困。

（三）2017年10月至2018年

这一时期主要有两方面的突出亮点，并且有初步的成果。

1. 不忘初心

2017年11月7日，中共广东省委书记李希在深圳调研时指出，要重点解决发展不平衡不充分问题，下大力提高保障和改善民生水平[4]；11日在揭阳调研时指出，要坚持问题导向补短板、强弱项，不断增强人民群众的幸福感[5]；14日在梅州调研时指出，要凝聚起磅礴力量，坚决打赢脱贫攻坚战[6]；12月12日在省市人大常委会主任座谈会上指出，立法要立百姓拥护的法，要切实强化监督，确保国家机关及其工作人员把人民赋予的

---

[1] 基础数据来源为广东省统计局、国家统计局广东调查总队编《2017年广东国民经济和社会发展统计公报》，载《南方日报》2018年3月2日第A08～A09版；广东省统计局、国家统计局广东调查总队编《广东统计年鉴2017》，中国统计出版社2017年版，第42、54、282页；广东省统计局编《广东社会统计年鉴2016》，中国统计出版社2016年版，第11页。

[2] 参见马兴瑞《政府工作报告——2018年1月25日在广东省第十三届人民代表大会第一次会议上》，载《南方日报》2018年2月2日第A03版。

[3] 参见汤凯锋、胡新科等《完善精准扶贫政策支持体系 确保全面打赢脱贫攻坚战》，载《南方日报》2016年3月30日第A09版。

[4] 参见徐林、岳宗《以习近平新时代中国特色社会主义思想为指引，在加快建设社会主义现代化新征程上走在前列》，载《南方日报》2017年11月8日第A01版。

[5] 参见徐林、岳宗《深入学习宣传贯彻十九大精神 全面从严治党优化营商环境实现新的发展》，载《南方日报》2017年11月12日第A01版。

[6] 参见徐林、岳宗《铭记光辉历史传承红色基因 以习近平新时代中国特色社会主义思想作为一切工作的根本指引 开创梅州发展新局面》，载《南方日报》2017年11月16日第A01版。

权力真正用来为人民谋福祉①。这一时期广东对保障和改善民生一直十分重视。2017年11月27日，中共广东省委十二届二次全会审议通过了《中共广东省委关于持续深入学习宣传贯彻党的十九大精神推动习近平新时代中国特色社会主义思想在南粤大地落地生根结出丰硕成果的决定》，强调为人民谋幸福的根本宗旨和初心没有变，满足人民群众美好生活需要的内涵和方式变了，加大投入力度，优化公共产品和服务供给，不断提升人民群众的幸福感和获得感。②2018年1月3日，中共广东省委十二届三次全会强调，以习近平新时代中国特色社会主义思想统领广东一切工作，奋力开创改革发展新局，要大力实施乡村振兴战略，持之以恒推动区域协调发展，促进经济社会持续健康发展，不断提高保障和改善民生水平，切实做好教育、就业、社会保障、医疗、住房等民生领域重点工作，让全省人民获得感、幸福感、安全感更加充实、更有保障、更可持续。③此后，中共广东省委全面深化改革领导小组对完善义务教育资源均衡配置机制、住房保障制度改革、医疗联合体建设以及开展公立医疗机构薪酬制度专项改革试点、探索建立年薪制和协议工资制等多种模式的岗位绩效工资制度、实行院长目标年薪制等做出了具体的部署。

2. 创新治理

这一时期广东对营造共建共治共享社会治理格局一直十分重视。2017年11月27日，中共广东省委十二届二次全会强调，要继续把改革开放作为广东发展的关键一招，继承和弘扬敢为人先的改革精神，在贯彻落实中央改革部署、推动改革落地生效上走在前列④。12月，中共广东省委全面深化改革领导小组审议通过《广东"数字政府"改革建设方案》，部署了

---

① 参见徐林、岳宗《持续深入学习宣传贯彻党的十九大精神　扎扎实实推动新时代人大工作再上新台阶》，载《南方日报》2017年12月13日第A01版。

② 参见徐林、岳宗《以习近平新时代中国特色社会主义思想统领广东一切工作　认真组织开展"大学习、深调研、真落实"活动　推动十九大精神学习宣传贯彻往深里走往实里抓》，载《南方日报》2017年11月28日第A01版。

③ 参见徐林、吴哲、岳宗、符信《全面贯彻习近平新时代中国特色社会主义思想和党的十九大精神　奋力开创广东发展新局　以实际行动迎接改革开放40周年》，载《南方日报》2018年1月4日第A01版。

④ 参见徐林、岳宗《以习近平新时代中国特色社会主义思想统领广东一切工作　认真组织开展"大学习、深调研、真落实"活动　推动十九大精神学习宣传贯彻往深里走往实里抓》，载《南方日报》2017年11月28日第A01版。

基层社会治理创新等工作[①]。2018年1月,中共广东省委十二届三次全会强调,以习近平新时代中国特色社会主义思想统领广东一切工作,奋力开创改革发展新局,要大力加强民主法治建设,扎实推进全面依法治省,营造团结和谐、心情舒畅的政治环境和遵法守法、公平公正的社会氛围;深入推进平安广东建设,牢固树立总体国家安全观,重拳打击违法犯罪,加强和创新社会治理,把广东建设成为全国最安全稳定的地区。[②] 2月,正式印发《关于落实党的十九大精神实施重大改革任务的通知》,部署了"信用广东"平台建设、"数字政府"改革建设、新城乡社区治理、全面落实司法责任制等改革任务。[③] 3月,中共广东省委常委会召开扩大会议,会议指出,要在营造共建共治共享社会治理格局上走在全国前列,深入推进平安广东、法治广东建设,加强和创新社会治理,努力把广东打造成全国最安全稳定、最公平公正、法治环境最好的地区之一,让人民群众的获得感、幸福感、安全感更加充实、更有保障、更可持续。[④] 4月,又部署开展创新城乡社区治理专项改革试点,年内制定社区议事制度和工作清单,建立多元参与的社区治理机制。[⑤] 6月,中共广东省委十二届四次全会进一步要求把维护国家政治安全放在首位,深入推进平安广东法治广东建设,打赢扫黑除恶专项斗争,推动社会治理重心向基层下移,引导社区群众有序参与管理社区自治事务,形成上下贯通的治理体系。[⑥] 8月,为推动中共广东省委《关于在营造共建共治共享社会治理格局上走在全国前列的行动方案》落地见效,中共广东省委政法委印发《关于在营造共建共治共享社会治理格局上走在全国前列实践创新项目实施方案》,部署启动

---

① 参见李赫、谢庆裕、卢轶《对全面深化改革进行再动员再部署》,载《南方日报》2017年12月4日第A04版。

② 参见徐林、吴哲、岳宗、符信《全面贯彻习近平新时代中国特色社会主义思想和党的十九大精神 奋力开创广东发展新局 以实际行动迎接改革开放40周年》,载《南方日报》2018年1月4日第A01版。

③ 参见卢轶、郭金有《广东推出实施18项重大改革任务》,载《南方日报》2018年2月8日第A02版。

④ 参见徐林、岳宗《牢记总书记殷殷嘱托奋力实现"四个走在全国前列"》,载《南方日报》2018年3月22日第A01版。

⑤ 参见卢轶、李凤祥、郭金有《新部署8项综合改革和专项改革试点》,载《南方日报》2018年4月8日第A01版。

⑥ 参见《中国共产党广东省第十二届委员会第四次全体会议决议》,载《羊城晚报》2018年6月10日第A03版。

了全省 21 个首批实践创新项目。① 以上情况表明,"改革开放只有进行时、没有完成时"②,包括民生保障体制改革和社会体制改革在内的社会体制改革当下仍处于攻坚克难、全面深化阶段,而且将处在全面深化的砥砺奋进之路上。

3. 成果简述

到 2018 年 10 月本著作完成为止,这一时期体现社会发展的量化成果还难以全面统计。但至少就保障和改善民生而言,成效已初步显现。2018 年上半年,广东居民收入继续保持平稳增长态势,广东居民人均可支配收入 18 709 元,增长 8.3%,扣除价格因素影响后的农村居民人均可支配收入实际增速高于城镇居民 0.9 个百分点。③ 另有媒体报道,到 2018 年 4 月,广东全省 21 个地级以上市均出台了医疗联合体实施方案,全省已建成多层次多形式医疗联合体 349 个,能够为解决广东资源分布不均衡、发展不充分问题发挥积极作用。④ 在社会治理方面,也有媒体报道,2018 年前 4 个月,广东全省刑事立案数同比下降 12.4%,刑拘、逮捕犯罪嫌疑人分别比上年同期上升 16.1% 和 13%,群众安全感和满意度不断提升。⑤

---

① 参见祁雷、粤政宣《推动广东社会治理整体工作走在全国前列》,载《南方日报》2018 年 8 月 9 日第 A02 版。

② 习近平:《关于〈中共中央关于全面深化改革若干重大问题的决定〉的说明》,载《人民日报》2013 年 11 月 16 日第 1 版。

③ 参见黄应来、王丽莹、严洁《上半年广东 GDP 同比增长 7.1%》,载《南方日报》2018 年 7 月 21 日第 A03 版。

④ 参见卢轶、郭金有《广东推出实施 18 项重大改革任务》,载《南方日报》2018 年 2 月 8 日第 A02 版。

⑤ 参见赵杨、汤凯锋、李强等《社会治理格局:走出共建共治共享新路》,载《南方日报》2018 年 6 月 7 日第 A06 版。

第三章 广东社会体制改革总体成效评说

在第一章,我们分析了广东40年社会体制改革取得成功的根本原因,在第二章展示了广东40年社会体制改革砥砺奋进的历史进程,那么,本章作为总论部分的最后一章,将对广东40年社会体制改革的总体成效进行评说。第一章、第二章与第三章大致遵循为什么、是什么、怎么样的行文逻辑,是为了给未来广东乃至全国的社会体制改革走向全面深化提供启迪。本章主要有3个方面的内容:广东40年社会体制改革成就前所未有、广东40年社会体制改革经验弥足珍贵、广东新时代社会体制改革仍然任重道远。

一、成就前所未有

广东40年社会体制改革的成就是前所未有的。在国内进行纵横比较,整体推进走在全国前列。① 在省内进行横向比较,百舸争流各地亮点纷呈;在省内进行纵向比较,砥砺奋进终见旭日东升。鉴于下面各章会论及民生保障体制改革、社会治理体制改革各个不同具体领域的成效,为避免内容上的重复,这里主要展示广东40年社会体制配套改革的总体成效。

---

① 如第一章所述,2014年3月,习近平参加十二届全国人大二次会议广东代表团审议时曾说希望广东继续在全面深化改革中走在前列。这里使用"继续"二字,意味着习近平肯定了广东过去在全面深化改革中是走在前列的;这里的"全面深化改革",理所当然也包括了社会体制改革。当然,总书记的话是对广东的鞭策和鼓励,广东不可自以为是,必须深刻认识广东社会体制改革中也存在某些不足,甚至在个别环节仍落后于全国平均水平。但说广东40年社会体制改革总体上走在全国前列,还是言之成理的。

（一）整体推进：外部配套改革走在前列

外部配套改革的面上成效集中表现在社会体制与经济体制配套改革水乳交融，但也与社会体制和经济、政治、文化体制的配套改革紧密相连。

1. 改革系统工程中的社会体制改革

最基本的民生需要是保障物质生活的需要，广东城乡居民人均可支配收入水平稳步上升，就是改革系统工程中社会体制改革的根本性成就。第二章已经分阶段展示过这方面的量化成果。再把改革开放40年连接起来看，2017年，广东城镇常住居民人均可支配收入40 975.10元，是1978年412.13元的99.42倍；农村常住居民人均可支配收入15 779.70元，是1978年193.25元的81.65倍。恩格尔系数是食品支出总额占个人消费支出总额的比重，比例越小说明人民富裕程度越高，生活水平越高，也是反映社会体制改革成就的根本性指标。2017年，全省城镇居民恩格尔系数为32.16%，比1978年66.6%下降34.44个百分点；农村居民恩格尔系数为40.18%，比1978年61.7%下降21.52个百分点。① 这就从根本上表明，广东40年改革系统工程中的社会体制改革，在民生保障体制改革是否与经济、政治、文化、生态体制改革协调推进方面，已经取得了前所未有的巨大成功。

共建共治共享是社会治理体制改革的关键所在，也是经济、政治、文化、生态等各方面体制改革共同的关键所在。第二章已经在不同程度上分阶段展示过这方面的具体情况。再把改革开放40年连接起来看，40年来，广东始终毫不动摇地坚持中国共产党的领导，坚持各级政府的责任担当，坚持中国共产党的群众路线，依法治省水平长期在全国名列前茅。步入新时代以来，广东社会组织总量已在全国名列前茅，城市治理、农村治理、社区治理、人口治理以及维护都取得了丰硕成果，在维护国家安全、社会稳定方面做出了重大贡献，良法善治、共建共治共享的社会治理格局已经初具雏形。这就从关键点上表明，广东40年改革系统工程中的社会体制改革，在社会治理体制改革是否与经济、政治、文化、生态体制改革协调

---

① 基础数据来源为广东省统计局、国家统计局广东调查总队编《2017年广东国民经济和社会发展统计公报》，载《南方日报》2018年3月2日第A08～A09版；广东省统计局编《广东社会统计年鉴2016》，中国统计出版社2016年版，第11～12页。

推进方面，也已经取得了前所未有的巨大成功。

2. 社会体制与经济体制的配套改革

社会体制与经济体制的配套改革，是社会体制外部配套改革的重中之重。从省内纵向比较来看，2017 年，广东的 GDP 已增加到 89 879.23 亿元，是 1978 年 185.85 亿元的 483.61 倍，人均 GDP 已增加到 80 472 元，是 1978 年 370 元的 217.49 倍。从国内纵横比较来看，1978 年时，全国 GDP 为 3 678.7 亿元，广东 GDP 仅占全国 GDP 的 5.05%；全国人均 GDP 为 385 元，广东人均 GDP 低于全国人均水平 4.05%。[1] 1978 年时，广东的 GDP 居江苏、山东、上海、辽宁之后，居全国第 5 位[2]；人均 GDP 居全国第 12 位[3]。到 2017 年，广东的 GDP 已占全国 827 122 亿元的 10.9%[4]，并连续 29 年位居全国首位[5]，人均 GDP 也已超出全国平均水平 59 502 元的 35.24%[6]，并长期位居全国前列[7]。不仅 GDP 领先，广东财政总收入等多项主要指标在全国均连续多年列居第一。按照世界银行制定的国家与地区收入水平划分标准，广东已达到中等偏上、接近高收入国家或地区水平。可见，从主要经济指标来看，广东社会体制与经济体制的配套改革，确实取得了巨大的成功。

3. 社会体制与其他体制的配套改革

就社会体制与政治体制的配套改革而言，改革开放以来，广东在全国

---

[1] 基础数据来源为中华人民共和国国家统计局编《中国统计年鉴 2017》，中国统计出版社 2017 年版，第 4 页。

[2] 参见马建强《广东经济发展与全国对比分析》，载《广东经济》2013 年第 3 期。

[3] 未查到权威发布数据。有研究者称，如将 1978 年隶属于广东、尚未建省的海南的数据单列，则广东 1978 年的人均 GDP 位列上海、北京、天津、辽宁、黑龙江、江苏、青海、吉林、海南、西藏、宁夏之后，在全国居第 12 位。此数据准确与否尚未可知，仅供参考。

[4] 基础数据来源为广东省统计局、国家统计局广东调查总队编《2017 年广东国民经济和社会发展统计公报》，载《南方日报》2018 年 3 月 2 日第 A08～A09 版；中华人民共和国国家统计局编《中华人民共和国 2017 年国民经济和社会发展统计公报》，载《人民日报》2018 年 3 月 1 日第 10 版。

[5] 参见马兴瑞《政府工作报告——2018 年 1 月 25 日在广东省第十三届人民代表大会第一次会议上》，载《南方日报》2018 年 2 月 2 日第 A03 版。

[6] 基础数据来源为中华人民共和国国家统计局编《中华人民共和国 2017 年国民经济和社会发展统计公报》，载《人民日报》2018 年 3 月 1 日第 10 版。

[7] 尚未查到权威发布数据。有研究者称，广东 2017 年的人均 GDP 位列北京、上海、天津、江苏、浙江、福建之后，在全国居第 7 位；自 1980 年以来，广东人均 GDP 长期在全国前 8 名之内徘徊，较多年份处于第 4 名至第 7 名之间。这些数据准确与否尚未可知，仅供参考。

最早建立省一级的立法听证制度、监督听证制度、人大代表政协委员直通车制度、政治协商规程、行政听证制度、政务公开制度、政府新闻发言人制度、信访督查专员制度、村委会换届选举观察员制度；广东在全国率先进行政府行政审批制度改革和立审分离、再审申诉、主动执行的审判执行工作改革，率先出台政府采购、社会信用体系建设等措施；广东还在全国早早设立法律援助中心、法官遴选委员会等机构。曾有媒体报道，由于坚持科学立法、民主立法，广东地方性立法数量为全国最多，属于先行性、试验性、自主性的立法超过总数的一半。① 可见，这些都是与社会体制改革密切相关的共建共治共享的探索。

就社会体制与文化体制的配套改革而言，改革开放破冰开局阶段，大众文化伴随南风北上席卷全国；转型重构阶段，广东报业在全国独占鳌头，图书影视精品蜚声全国；改革开放全面深化阶段，从文化大省走向文化强省，文化产业发展、公共文化服务、网络文化建设、对外文化交流无不亮点纷呈、如火如荼，走在全国前列。这些既是保障和改善文化民生的成效，也包含着与社会体制改革密切相关的共建共治共享的探索。

就社会体制与生态体制的配套改革而言，广东碳强度指标保持全国先进水平，珠三角大气 PM2.5 浓度在国家重点防控区中率先稳定达标，超额完成国家下达的节能减排目标任务，单位 GDP 能耗保持在全国先进行列，完成了国家大气污染防治终期考核目标。② 这些优化人居环境的成效中，同样包含着与社会体制改革密切相关的共建共治共享的探索。

（二）百舸争流：内部配套改革亮点纷呈

内部配套改革的成效，是指社会体制改革内部民生保障体制与社会治理体制配套改革的成效。从面上来说，广东长期坚持民生保障与社会管理或社会治理一起抓，自 2011 年出台《关于加强社会建设的决定》以来，民生保障体制改革与社会管理或社会治理体制改革更是从内容到形式上都具有更强的系统性和协同性。在全省各地，内部配套改革可谓亮点纷呈，这里仅举 3 个典型范例。

---

① 参见邓新建、罗耀贤《创造依法治省的"广东模式"——对话广东省人大常委会主任欧广源》，载《法制日报》2009 年 4 月 22 日第 9 版。

② 参见马兴瑞《政府工作报告——2018 年 1 月 25 日在广东省第十三届人民代表大会第一次会议上》，载《南方日报》2018 年 2 月 2 日第 A03 版。

总论编

1. 广州城市治理中坚持以人民为中心

一个迄今为止尚未变更的事实是，在中国经济实力最强的"超一线城市"中，广州房价一直相对较低。广州房价相对较低，当然有多种因素影响，但最根本的原因，是广州在城市治理中采取了市区多中心分布以及广佛同城等缓释高房价压力的战略举措。房价与人民日益增长的美好生活需要息息相关，党的十八大以来，广州在城市治理中一直坚持以人民为中心。

广州市属各区都推行了党代表、人大代表、政协委员联系基层制度；广州大学城建立校地共建机制，不少高校开展了校园治理专项行动；广州开展"万人行"等活动广泛发动群众，得以跻身于全国首批生活垃圾分类示范城市，荣获中国城市可持续发展范例奖。广州市区各级执法部门公开行政执法相关数据，开全国之先河；广州市相关职能部门每月公布河涌污染贡献榜；广州市天河区群防群治，城中村出现了由"丑小鸭"变"白天鹅"的华丽转身。广州政府网提供"一站式"服务，全市供电、供水、燃气供应、公共交通以及促进来穗人员社会融入等公共服务，为美丽花城精心养护数百千米的空中花廊①，推出"明厨亮灶"遍全城项目，长者饭堂覆盖全市城乡②等，均得到了市民和传媒的普遍好评；在联合国开发计划署的《2016年中国城市可持续发展报告：衡量生态投入与人类发展》中，广州人类发展指数排名居中国首位③。

概括广州城市治理的成效，本质就是坚持以人民为中心，打造共建共治共享的城市治理格局。这无疑是把民生保障与社会治理融为一体的典型范例。

2. 深圳龙岗推出"社区民生大盘菜"项目

2016年6月，深圳龙岗2015年推出的"社区民生大盆菜"项目入选国家民政部2015年度中国社区治理十大创新成果。"民生大盆菜"，其名称创意来自当地客家百姓逢年过节一起做"大盆菜"、分享美味佳肴的习俗。"大盆菜"里不仅有山珍海味，也有萝卜青菜，能够最大限度满足众人的需求。

---

① 参见朱伟良、隋紫萱《羊城天桥"空中花廊"惊艳朋友圈》，载《南方日报》2016年10月21日第GC03版。

② 参见罗艾桦《广州长者饭堂覆盖全市城乡》，载《人民日报》2018年3月31日第1版。

③ 参见王诗堃《人类发展指数广州全国居首》，载《南方都市报》2016年12月2日第AA03版。

推出"社区民生大盆菜"项目后,曾有387位居民联名提出改造燃气管道的需求,项目获得居民议事会全票通过。经专家评审后,龙岗区财政局在15个工作日内完成了50万元公共管道建设拨款。居民们也打消了疑虑,在10天内自筹了近300万元,用于自家管道的改造。最终,从居民提议到施工完成,只花了75天。截至2016年6月,"社区民生大盆菜"推动实施项目5批共4 111个,投入资金5.3亿元;累计修缮道路超过4万平方米,建设维修文体广场27个;举办各类教育培训及讲座2 409场;开展文艺晚会、体育竞赛及青少年、老年人活动1 748场,参加人数近12万人次;采购文化用品28 210件,便民利民设备4 578件。①

该项目的创新点就在于通过区、街道、社区三级联动,实现了由单打独斗的责任制向政府主导下与人民群众进行民生共建的转变,实现了由刚性管理的命令制向政府主导下与社会力量进行民生共治的转变,实现了由我给你吃的配给制向政府主导下走向民生共享的转变,打造了共建共治共享的社会治理格局。这无疑也是把民生保障与社会治理融为一体的典型范例。

3. 东莞突出融入与服务创新移民治理

东莞是广东聚集国内移民即异地务工人员较多的大市,现有常住人口中非户籍人口占比超过七成。2016年年初,在中国新闻社、《民主与法制》杂志社和中国网联合举办的第二届城市民生建设与民生保障论坛暨全国社会治理创新经验交流会上,东莞荣获"全国社会治理优秀城市"称号。

在共建方面,东莞曾出台系列文件,率先在异地商会内部建立异地务工人员社会组织,实行异地务工人员积分入户和随迁子女积分入学,将他们纳入社会保障体系,引领他们共同投入东莞的社会建设;根据服务地域半径或包括异地务工人员在内的服务人口,建设了一批社区政务服务中心,作为镇街设置在村(社区)的服务平台。在共治方面,东莞积极推进优秀异地务工人员参与社区治理的工作,鼓励异地务工人员聚居的小区实行自治;不断提高异地务工人员党代表、人大代表和政协委员比例,加大从优秀异地务工人员中录用公务员和选聘领导干部的力度。在共享方面,

---

① 参见严圣禾、靳昊、党文婷《一盆热气腾腾的"民生大盆菜"》,载《光明日报》2016年6月27日第11版。

东莞将在莞的异地务工人员纳入基本公共服务均等化范畴；规定异地务工人员在东莞有稳定工作，连续就业6个月以上的，失业后可办理失业登记，享受免费的职业介绍、技能培训补贴等优惠政策。①

东莞的上述做法，归结起来就是致力于营造"人人参与、人人尽责"的氛围，始终坚持"多元共治"的思路，牢固确立"管理就是服务"的理念，推动异地务工人员融入。② 换言之，就是与移民一起构建共建共治共享的社会治理格局。这无疑也是把民生保障与社会治理融为一体的典型范例。

（三）砥砺奋进：攻坚克难终见旭日东升

外部或内部配套改革的重点和难点，都在于如何遏制城乡、区域、群体差距不断扩大的趋势。改革开放以来特别是步入攻坚克难、全面深化改革阶段以来，广东在这方面的不懈努力也已初见成效，可谓砥砺奋进、攻坚克难，终见旭日东升。

1. 城乡居民收入差距逐步缩小

根据第二章城乡居民人均可支配收入计算，广东自1980年创造了城乡居民人均可支配收入比的最低点之后，自1980年至2007年的城乡居民人均可支配收入比一路攀升，1985年为1.93:1，1990年为2.21:1，1997年为2.47:1，2002年为2.85:1，2007年达到3.15:1的最高点。此后两个时期逐步下降，2012年下降到2.87:1，2017年下降到2.60:1。这就表明，广东社会体制改革进入攻坚克难、全面深化阶段以来，在惠农富农、乡村振兴等政策支持下，城乡居民人均可支配收入比总体上已呈逐步缩小的发展趋势。

2. 区域居民收入差距逐步缩小

改革开放以来，广东经历了一部分地区先富起来，珠三角地区率先发展的历史阶段；时至今日，珠三角地区仍然无可非议地充当着广东经济社会发展的先锋队。但是，现在已进入先富带动后富最终实现共同富裕的历史阶段，广东已比过去更加重视加快粤东西北地区的发展，并且也已初见

---

① 参见靳延明《东莞异地务工人员可享失业待遇》，载《南方日报》2014年7月10日第A07版。
② 参见郭文君《积极推进社会治理创新和现代化》，载《南方日报》2018年4月12日第DC02版。

成效。自2009年起，粤东西北地区的发展速度就已开始超越珠三角地区；2010年至2015年，粤东西北地区与珠三角地区之间的区域经济发展差异系数，已从0.68降至0.66；2011年至2015年，粤东西北地区GDP年均增长9.7%，比珠三角地区年均增长8.7%高一个百分点。① 在最低生活保障、财政转移支付等政策支持下，粤东西北地区不仅已基本消除绝对贫困，而且也在民生保障领域迅速发展，在一定程度上缩小了与珠三角地区的居民收入差距。

3. 群体居民收入差距逐步缩小

自从2002年党的十六大提出扩大中等收入者比重，特别是党的十七大强调加强社会建设以来，广东一直致力于橄榄型社会建设。到2015年，广东低收入群体占比为46.78%，比2005年61.83%下降了15.05个百分点；中等收入群体占比为27.07%，比2005年20.69%上升了6.38个百分点；高收入群体占比为26.15%，比2005年17.48%上升了8.67个百分点。② 尽管高收入群体占比也有所增加，但低收入群体占比下降幅度较大，总体趋势上正在朝橄榄型社会迈进，群体之间的收入差距总体上也是呈逐步缩小的发展趋势。

二、经验弥足珍贵

广东的社会体制改革在取得前所未有的成就的同时，也积累了弥足珍贵的经验。这些经验，大致可从3个方面来总结，即把促进社会公正视为核心价值，把保障改善民生视为重点内容，把创新社会治理视为关键路径。

（一）核心价值：促进社会公正

党的十八届三中全会明确指出，必须以促进社会公平正义、增进人民福祉为出发点和落脚点全面深化改革。习近平强调，要"把促进社会公平正义作为核心价值追求"③。广东40年社会体制改革最核心的经验，就是

---

① 参见黄应来、王文森、严洁《广东区域经济发展差距缩小》，载《南方日报》2016年2月2日第A03版。

② 参见蒋斌、王珺《广东2035发展趋势与战略研究》，社会科学文献出版社2018年版，第585页。

③ 习近平：《习近平谈治国理政》，外文出版社2014年版，第147页。

总论编

只有坚持情系人民、实事求是，胸怀全局、开明兼容，高瞻远瞩、开拓创新，才能确保无愧初心，不辱使命，走在前列，真正彰显社会体制改革促进社会公正的核心价值。

1. 要情系人民、实事求是，确保无愧初心

所谓情系人民，就是要始终坚持以人民为中心，做到为了人民，依靠人民，发展成果由人民共享，不断提高保障和改善民生的水平，努力营造共建共治共享社会治理格局；所谓实事求是，就是要始终坚持从实际出发，深刻把握世情、国情、省情，坚决贯彻落实国家制定的路线、方针、政策，并结合实际创造性地推进社会体制改革；所谓无愧初心，就是要始终坚持为人民谋幸福。

情系人民是促进社会公正、无愧初心的检验尺度。李希入职广东，在瞻仰党的三大会址纪念馆后强调，要传承红色基因，不忘初心，带领全省人民创造更加幸福美好的生活。① 广东 40 年来社会体制改革的标志性成效，是广东居民收入不断提高，恩格尔系数不断下降，城乡、区域、群体收入差别开始缩小，共建共治共享的社会治理格局初具雏形。这些成效表明广东为人民谋幸福做出了力所能及的贡献，把促进社会公正工作提升到了一个更高更新的平台，总体上无愧初心。

实事求是是促进社会公正、无愧初心的坚实基础。2003 年春节前后，广东在全国首先受到传染性非典型性肺炎疫情的袭击。以钟南山院士为代表的广东人尊重科学，实事求是，用鲜血和生命探索总结出了一套防治非典的宝贵经验，创造了病死率全球最低的纪录，受到国内社会各界的普遍赞誉，受到世界卫生组织的高度赞扬，《纽约时报》《华尔街日报》《朝日新闻》《联合早报》及美联社、法新社等国外媒体组成的外国记者联合采访团曾到粤参观访问。这便彰显了实事求是的价值。2008 年，时任国务院总理的温家宝到广东视察时也曾总结过广东改革开放和现代化建设实践中积累的弥足珍贵的 5 条经验，其中两条就是：坚持从实际出发，始终立足社会主义初级阶段的基本国情，注重结合本地实际和不同发展阶段特点，提出发展思路、推进各项改革；坚持发挥中央、地方两个积极性，既服从全局利益，认真执行中央的方针政策，又发挥自身优势，积极探索实

---

① 参见徐林、岳宗《贯彻习近平总书记重要指示 不忘初心牢记使命永远奋斗》，载《南方日报》2017 年 11 月 3 日第 A01 版。

践，尊重群众的首创精神。① 总的来说，40 年的实践无数次证明，只有从实际出发脚踏实地地砥砺奋进，不断地解决新问题，迎接新挑战，夺取新胜利，广东才能总体上无愧初心，才能够在更高的平台上开始追求更高境界的社会公正。

2. 要胸怀全局、开明兼容，确保不辱使命

所谓胸怀全局，就是要有强烈的政治意识、大局意识、核心意识、看齐意识，坚持中国共产党的领导，坚定不移地走中国特色社会主义道路，坚持中国特色社会主义理论体系，坚持中国特色社会主义制度，坚决贯彻执行中央的路线方针政策，坚定不移地全面深化广东的社会体制改革；所谓开明兼容，就是要善于学习兄弟省、自治区、市的有益经验，自觉传承中华民族一切有益的文明成果，大胆借鉴人类社会一切有益的文明成果，坚定不移地创新优化广东的社会体制；所谓不辱使命，就是要始终为民族谋复兴。

胸怀全局是促进社会公正、不辱使命的重要标志。广东 40 年来的改革之所以取得成功，最根本的原因是中国特色社会主义道路、理论、制度等使广东激活了传统的人文优势。第一章曾重点探讨过国家层面对广东的道路指引、理论指导和制度支撑。广东人也一直有强烈的感恩心态。例如，2008 年 5 月四川汶川发生 8 级大地震后，至 7 月止，广东抗震救灾累计捐款捐物就高达 56 亿元，捐赠款物数量位居全国第一，占海内外全部捐赠总量的 1/10。② 又据中民慈善捐助信息中心发布的《2014 年度中国慈善捐助报告》，到 2014 年，广东已连续 4 年捐赠量位居中国首位。③ 如果广东不常怀感恩之心，感恩领导人的关怀，感恩中央及所属各部门的扶持，感恩兄弟省、自治区、市的支持，感恩港澳台同胞、海外华侨华人和国际友人的支持，以优异的成就回报国家，回报中华民族，促进人类社会文明进步，广东就不是公正的广东，就辜负了沉甸甸的历史责任。

开明兼容是促进社会公正、不辱使命的必备条件。广东 40 年来的改革之所以取得成功，还与中国特色社会主义道路、理论、制度等使广东激活了传统的地缘优势密切相关。广东濒临南海，毗邻港澳，是全国最大的

---

① 参见胡键、岳宗《改革正攻坚 创新赢未来》，载《南方日报》2008 年 7 月 22 日第 A04 版。
② 参见刘小敏《广东人的特质与企业家精神培育》，载《羊城晚报》2009 年 1 月 13 日第 A6 版。
③ 参见杜啸天《粤连续 4 年捐赠量居全国首位》，载《南方日报》2015 年 9 月 20 日第 A04 版。

侨乡。改革开放后，正因为有了这样的优势，广东才能领全国风气之先。正是因为吸纳了全国最多的异地务工人员前来共建广东，广东才有今天的繁荣；正是因为能够最早学习借鉴境外的成功经验并成功地进行了本土化移植和创造性转换，广东的社会工作、志愿服务工作发展才能够在全国一马当先。这就表明，开明兼容是广东促进社会公正、不辱使命的构成要件。

3. 要高瞻远瞩、开拓创新，确保走在前列

所谓高瞻远瞩，就是要目光远大，站得高，看得远，站在坚持和发展中国特色社会主义的战略高度，以瞄准全面建成小康社会、实现社会主义现代化和中华民族伟大复兴中国梦的战略眼光，以促进人类社会文明进步的战略视野，为社会体制改革开辟前进道路；所谓开拓创新，就是要有胆有识，开拓进取，敢于推陈出新、革故鼎新、借鉴更新、超越换新，与时俱进地创造社会体制的新规制、新范式；所谓走在前列，就是广东的社会体制改革要走在全国前列，特别是在打造共建共治共享社会治理格局上走在全国前列。

高瞻远瞩是促进社会公正、走在前列的重要前提。习近平曾引述过清人陈澹然的一句经典名言："自古不谋万世者，不足谋一时；不谋全局者，不足谋一域。"[①] 40年来，广东的社会体制改革之所以能够对促进社会公正发挥重大作用，总体上走在全国前列，就是因为广东能够在党中央的激励下勇立时代潮头高瞻远瞩，奋力推进社会体制改革。正如习近平2018年10月视察广东时所强调的，广东40年发展历程充分证明，改革开放是党和人民大踏步赶上时代的重要法宝，是坚持和发展中国特色社会主义的必由之路。[②]

开拓创新是促进社会公正、走在前列的根本动力。改革开放后，从广东的地缘优势等出发，国家给了广东特殊政策、灵活措施的尚方宝剑，广东开拓创新一往无前。2008年，温家宝到广东视察时总结过广东改革开放和现代化建设实践中积累的弥足珍贵的5条经验，第一条就是：以解放思想引领改革开放，坚持"不争论，大胆地试，大胆地闯"，不断冲破不

---

① 习近平：《习近平谈治国理政》，外文出版社2014年版，第89页。
② 参见《高举新时代改革开放旗帜　把改革开放不断推向深入》，载《人民日报》2018年10月26日第1版。

合时宜的观念束缚,不断消除阻碍生产力发展的体制障碍。① 2018年4月8日,李希在全省全面深化改革工作会议上强调,要以改革开放40周年为新起点,高扬改革旗帜,焕发当年"敢为天下先"的改革勇气和精神,奋力开创新时代广东深化改革发展新局面。② 这就表明,开拓创新正是40年来广东社会体制改革最根本的动力源;没有不断地开拓创新,广东就不可能使促进社会公正的工作不断迈上新的台阶,就不可能有40年来社会体制改革总体上走在全国前列的光辉成就。

(二)重点内容:保障改善民生

习近平明确指出:"人民对美好生活的向往,就是我们的奋斗目标。"③ 广东40年社会体制改革最重要的经验,就是只有坚持在发展中保障和改善民生,坚持抓住最直接最现实的利益问题,坚持关注多层次新发生的民生需求,才能有效地落实不断提高保障和改善民生水平的重点任务。

1. 要坚持在发展中保障和改善民生

40年来,广东一直把改革与发展紧密结合起来,通过发展的办法保障人民生活,不断提高人民生活水平。40年来,广东改革发展的全部实践,充分证明了坚持在发展中保障和改善民生,是广东在民生保障方面所得到的根本经验。如何在发展中保障和改善民生?广东也有具体的经验。

要正确处理各种关系。一方面,要正确处理改革、开放、发展、稳定的关系。2008年,温家宝到广东视察时总结过广东改革开放和现代化建设实践30年中积累的弥足珍贵的5条经验,前面已引用过3条。另外两条就是:坚持改革和开放相互推动,通过深化改革,为开放提供动力和良好环境,在对外开放中,为改革提供新的思路和借鉴;坚持把改革开放的力度、发展的速度与社会可承受的程度统一起来,在稳定中推进改革开放、加快发展,以发展促进稳定。④ 从党的十八大以来的实践来看,还可以补充的是,正确处理改革、开放、发展、稳定的关系,重在实现经济发

---

① 参见胡键、岳宗《改革正攻坚　创新赢未来》,载《南方日报》2008年7月22日第A01版。
② 参见徐林、吴哲、岳宗、符信《深入学习贯彻习近平总书记重要讲话精神　奋力开创新时代广东深化改革发展新局面》,载《南方日报》2018年4月9日第A01版。
③ 习近平:《习近平谈治国理政》,外文出版社2014年版,第4页。
④ 参见胡键、岳宗《改革正攻坚　创新赢未来》,载《南方日报》2008年7月22日第A01版。

展和民生改善的良性循环,正确处理好"做大蛋糕"和"分好蛋糕"的关系。另一方面,要正确处理社会体制改革同经济、政治、文化、生态体制改革的关系,正确处理社会体制改革内部民生保障体制改革和社会治理体制改革的关系。这方面的成效,本章前面已经用整整一节来展示,这里不再引证。

要在做到尽力而为的同时注意量力而行。例如,中央已经确定了"到2020年"使"1亿左右农业转移人口和其他常住人口在城镇落户"① 的目标。广东则明确提出:到2020年,努力实现1 300万左右的农业转移人口和其他常住人口在广东省城镇落户。② 这意味着广东要承担全国13%的农业转移人口和其他常住人口落户城镇的任务。这一比例远高于广东人口、面积在全国的占比,而且也高于2015年广东GDP在全国的占比。显然,这是广东在改善民生方面尽力而为的佐证。同时,尽管GDP居全国第一,但迄今为止仍然是城乡、区域差距较大的省份,所以广东也一直注意量力而行,在粤东西北地区尤其如此。总之,广东40年社会体制改革的实践充分证明,只有根据不同地区的经济发展和财力状况逐步提高人民生活水平,才能脚踏实地一步一个脚印地抓好民生工作。

2. 要抓住最直接最现实的利益问题

2017年11月3日,李希在广州调研时曾强调,要坚持以人民为中心的发展思想,紧紧抓住人民群众最关心最直接最现实的问题。③ 40年来,广东在保障和改善民生的过程中,一直关注并注意切实解决好人民群众最关心最直接最现实的问题。广东40年的实践充分证明,只有扎扎实实解决好人民群众最关心最直接最现实的问题,才能不断增强人民群众的获得感,赢得民心。

抓住人民群众最关心最直接最现实的利益问题,从广东40年的实践来看,既要突出重点,也要统筹兼顾。一方面,要重点完善基本公共服务体系,特别是解决好就业难收入低、住房难住房贵、看病难看病贵等热点

---

① 中华人民共和国国务院:《国务院关于进一步推进户籍制度改革的意见》,载《城市规划通讯》2014年第15期,第1~3页。
② 参见洪奕宜、曾祥龙、张敦亚《2020年1 300万人口落户广东城镇》,载《南方日报》2015年7月8日第A04版。
③ 参见徐林、岳宗《深入学习贯彻党的十九大精神 发挥好中心城市引领带动作用》,载《南方日报》2017年11月4日第A01版。

难点问题，保障群众基本生活，回应各种最急迫的民生关切。另一方面，要不断加快社会事业发展，全面深化劳动就业、收入分配、社会保障、健康卫生等方面的体制改革，保障群众的普遍性需求。鉴于这些内容下面各章将展开专题探讨，这里不再赘述。

3. 要关注多层次新产生的民生需求

近年来，随着经济社会发展水平的不断提高，广东在民生领域遇到了不少新情况新问题。广东应对新情况新问题的办法，就是关注多层次新产生的民生需求。只有关注多层次新产生的民生需求，才能不断增强更多的人民群众更持久的获得感，赢得更广泛更持久的民心，使共同富裕的道路越走越宽广。从广东近年的实践来看，关注多层次新产生的民生需求，也应考虑突出重点和统筹兼顾。

一方面，要继续坚持底线思维保障底线民生。广东在党的十八大前就明确提出要解决基本民生、底线民生、热点民生问题，最早推行"规划到户、责任到人"扶贫开发新模式，在全国率先设立省级的"广东扶贫济困日"[①]。广东40年来一直都在努力形成和完善城乡一体、全省统筹、常住人口均等的底线公平保障机制，重点解决好市民与村民之间、珠三角地区居民与粤东西北地区居民之间、本省户籍居民与外来异地务工常住居民之间权利的底线公平问题，特别关注困难群众。另一方面，绝对不要忽略新发生的民生诉求。40年来特别是近年来的实践已经充分表明，要努力缓和、缩小群体、阶层之间的对立，尽可能广泛开辟不同群体、阶层之间沟通与联结的通道，做到既重点关爱和减少低收入群体，也努力扩大中等收入群体，正面激励高收入群体，鼓励社会各界人士积极投身于社会服务和社会治理之中。总之，保障和改善民生是一项浩大的工程，必须锲而不舍，群策群力，实干苦干，持之以恒，努力保障实现好人民群众对美好生活日益增长的需要与向往。

（三）关键路径：创新社会治理

民生工作和社会治理工作是社会建设的两大根本任务[②]。创新社会治

---

① 2010年6月30日，"广东扶贫济困日"活动首次开展。国家第一个扶贫日是2014年10月17日。

② 参见中共中央宣传部编《习近平总书记系列重要讲话读本（2016年版）》，学习出版社、人民出版社2016年版，第212页。

理是关键路径,不仅维护国家安全和社会稳定需要创新社会治理,民生保障的各个领域都需要创新社会治理提供强力支撑。鉴于维护国家安全和社会稳定的问题后面都设有专章论述,这里主要从社会化、法治化、科学化3个角度总结广东40年创新社会治理的经验。

1. 力求社会化,打造共建共治共享的格局

提高社会治理社会化水平,就要完善党委领导、政府负责、社会协同、公众参与的社会治理体制,打造共建共治共享的社会治理格局。40年来,广东在这方面进行了不懈的努力。这里再以在党的十八大以前经济社会发展水平相对较低的肇庆市端州区调研所获取的情况为例,来说明广东在这方面3个鲜明的特点。

第一,坚持党委领导、政府负责一直是广东的根本原则。端州始终把党建工作作为加强和创新社会管理的"龙头工程"来抓,形成了以区委为核心,以街道党工委为纽带,以社区党支部为重点,以党小组为支点,以党员为主体,以党员志愿者为骨干的城区党组织社会管理网络。他们在区直有关单位和各街道建立统一规范的党代表工作室,在各街道设立党员服务中心和社区党员工作站,搭建了党组织引领其他社会组织共同开展社会管理并为之服务的综合平台。端州政府部门深化行政体制改革,推进简政强镇事权改革,推行电子政务和网上办公等,也为老百姓办了不少实事好事。例如2010年,投入460万元基本完成了小街小巷整治目标任务;全区新增经济适用住房140套,在建208套,新增廉租住房39套;城乡1 531户4 048名最低生活保障对象实现应保尽保,被征地农民养老保障参保率95.06%,强制性参保率100%,新型农村合作医疗(以下简称"新农合")继续保持参合率100%;全区登记失业率控制在2.26%;投入超过60万元建立区应急管理信息平台,全年火灾事故"零伤亡"。①

第二,坚持共建共治一直是广东的不懈追求。早在2005年,端州就开展了共建共治的探索,广东省驻肇庆市单位、肇庆市直单位、端州区直单位、端州区新经济组织、端州区新社会组织等在端州辖区内普遍与基层社区结对联动,共同开展基层党的建设、社区建设以及基层社会管理与服务。到2009年,端州全区所有社区纳入了结对共建范围,共有375个省

---

① 参见广东省社会工作学会课题组《肇庆端州:社会管理创新实证研究》,载《亚太经济时报》2011年8月18日"亚太广角"版。

驻肇单位、市直和区直单位参与活动。到 2011 年年初，端州通过整合资源，为社区提供各类活动场所 4.8 万平方米，解决办公用房 26 处，建筑面积 3 900 平方米，添置社区办公设备 6 740 件，支持社区管理服务经费 2 441 万元，为社区办好事实事 6 668 件。2010 年首次"广东扶贫济困日"捐助活动中，端州就接收社会各界捐款（含认捐）1 308 万元。①

第三，坚持全民共享一直是广东的努力方向。端州搭建党组织服务党员、党员服务群众综合平台，打造了党员责任岗、党员帮带就业、心连心互助金等特色品牌；形成了区级志愿者联合会、街道志愿者服务分队（分会）、社区志愿服务站三级服务网络。端州还选拔 41 名党员大学生挂任社区党组织副书记兼志愿服务站副站长，志愿服务实现社区全覆盖；同时，实施科教、文体、法律、卫生、治安、劳动保障、环境整治"七进社区"工程，设置综合服务大厅和群众接访室、图书阅览室、健身娱乐室、星光老人之家、警务室、计划生育服务室、文化活动室等功能室，服务由较单一的"扶危济困"向多领域、多项目延伸，形成了较完善的社区民生服务体系。②

2. 力求法治化，注重综合治理与源头治理

所谓法治化，就是要加强法治保障，运用法治思维和法治方式化解社会矛盾；所谓综合治理，就是要强化道德约束，规范社会行为，调节利益关系，协调社会关系，解决社会问题；所谓源头治理，就是要标本兼治、重在治本，健全基层服务治理平台，及时反映和协调人民群众各方面各层次利益诉求。40 年来，广东在法治化、综合治理、源头治理方面都有不凡的表现。

在法治化方面，广州就在全国率先出台了《井盖设施建设技术规范》等地方性技术规范，颁布实施了《城市容貌规范》等多个规范性文件；相关职能部门依法治理交通、养犬、噪音、电信诈骗等城市问题，白云区重拳出击整治难点街，越秀区依法依规治理"非洲村"，都使城市顽症得到有效治理；广州舆论监督等在社会治理中的作用日益明显，人民群众对城市环境的满意度显著提升，蓝天白云、绿草如茵、鸟语花香正在成为广州

---

① 参见广东省社会工作学会课题组《肇庆端州：社会管理创新实证研究》，载《亚太经济时报》2011 年 8 月 18 日"亚太广角"版。
② 参见广东省社会工作学会课题组《肇庆端州：社会管理创新实证研究》，载《亚太经济时报》2011 年 8 月 18 日"亚太广角"版。

总论编

常态。

在综合治理方面,广州在创建干净整洁平安有序城市的过程中,就致力于培育自尊自信、理性平和、积极向上的社会心态,让群众自觉关注公共卫生、社会治安等问题,被中央传媒誉之为"温情城市"①;从化区结合创建文明示范街、严管路、文明广场等综合治理温泉景区,成效显著。

在源头治理方面,肇庆市端州区不仅尽力以各种方式把区、街道各个部门以及辖区内各机关企事业单位的关怀送进社区,而且从社区办公活动场所、网络平台建设等入手,建立健全各种社区工作制度,加强社区工作人员队伍建设,把社区各种传统组织以及新建立的组织的作用发挥到极致,坚持关口前移,努力把矛盾化解在基层,创造了全区90.9%的社区被评为省平安和谐社区的可喜成绩。②

3. 力求科学化,实现智能化、专业化、精细化

法治化与综合治理、源头治理含义不尽相同,但科学化则是对智能化、专业化、精细化等的概括性表述,是指要适应信息社会发展的需要,适应专业分工日益细化的需要,相信科学,尊重科学,与时俱进,实行智能化、专业化、精细化等方面的社会治理。40年来特别是党的十八大以来,广东在智能化、专业化、精细化治理方面都有不凡的表现。

在智能化方面,广州在建立基础数据库和形成监控调度指挥、执法等业务系统的基础上,已基本建成城市智慧综合治理平台;广州相关职能部门大都已开通公众网站、微信号或微博,不少部门能够及时公开信息、解读政策或回应热点舆情;"互联网+交通"用大数据治堵深受好评,广州地铁、白云机场、广州天气等公众微信号或微博现在均深得受众青睐。

在专业化方面,广州相关职能部门能够吸纳国内外高校科研机构组建研究联盟,曾多次组织专家学者与实际工作者联合召开城市治理专题研讨会,多次实行课题招标组织开展多个项目的科技攻关;相关媒体也主动组织专业评估并每年发布《广州城市治理榜》。这些专业化运作均促进了城市治理水平的不断提升。

在精细化方面,广州全市各街镇已持续多年开展政府购买社会工作服

---

① 参见徐金鹏、马晓澄《广州创新社会治理建"温情城市"》,载《新华每日电讯》2016年10月12日第3版。

② 参见广东省社会工作学会课题组《肇庆端州:社会管理创新实证研究》,载《亚太经济时报》2011年8月18日"亚太广角"版。

务，各级政府从体制机制到资金投入都对社会工作给予了大力支持；广州的社会工作起步早、力度大，服务成效走在全国前列，曾得到国家民政部领导的充分肯定；广州市的社会工作服务精细化程度高，对优化城市治理发挥了重要作用。

三、未来任重道远

广东社会体制改革40年前所未有的成就、弥足珍贵的经验，都已经载入史册。展望未来，广东在充满信心，立志响应中央号召在社会体制改革特别是营造共建共治共享社会治理格局上走在全国前列的同时，也要清醒和充分地认识到，广东未来一段时期全面深化社会体制改革，仍然将面对不少突出问题，遭遇不少瓶颈制约。有鉴于此，这里谨在简要分析突出问题、瓶颈制约的基础上提出不成熟的对策建议。

（一）突出问题：差距、短缺与风险

广东未来一段时期将要面对的突出问题，有历史长期形成的难题，也有现实中解决不到位的问题，还有未来可能出现的新问题。这里主要探讨3个方面的突出问题。

1. 城乡、区域群体收入依然差距较大

尽管近年来从总体上初步遏制了城乡、区域居民收入差距扩大的趋势，但从两端的绝对值来看，广东现在城乡、区域收入依然差距较大。到2017年，广东仍有23个县（市、区）农民收入低于全国平均水平；粤东西北地区居民的人均可支配收入，还不到珠三角的一半。① 群体收入差距也一样。从前文所述的2015年的数据来看，广东低收入群体占比为46.78%，中等收入群体占比为27.07%，高收入群体占比为26.15%，与"两头小、中间大"的橄榄型社会仍有较大的差距。从绝对值来看，2016年广东按低、中等偏下、中等、中等偏上、高收入五等分分组的全体常住居民人均可支配收入，低收入户为9 544.65元，高收入户为68 599.33元，后者是前者的7.19倍。②

---

① 参见马兴瑞《政府工作报告——2018年1月25日在广东省第十三届人民代表大会第一次会议上》，载《南方日报》2018年2月2日第A03版。
② 参见广东省统计局、国家统计局广东调查总队编《广东统计年鉴2017》，中国统计出版社2017年版，第276页。

值得注意的是，在全国范围内比较，广东的城乡、区域、群体收入差距也大于部分省、自治区、市，与 GDP 总量连续 29 年位居全国首位的状况大相径庭。

2. 公共服务供给依然相对短缺

在社会建设范畴之内，公共服务一般包括保障民生需求的教育、就业、居民收入分配、社会保障、住房保障和健康卫生的公共服务，以及保障安全需要的公共安全、消费安全和国防安全等领域的公共服务。从广义上说，还包括文化体育等领域的公共服务，以及与人民生活环境紧密关联的交通、通信、公用设施、环境保护等领域的公共服务。广东的公共服务供给水平不高，与城乡、区域、群体收入依然差距较大紧密联系。

一是农村民生欠账依旧较多。相关调查结果显示，接近 70% 的农民认为农村增收困难，农村基础设施不足，看病难看病贵。调研对象反映，现在乡村医生不仅人数比较少，而且大部分是原来的赤脚医生，有医师资格的人少。二是不同地区推进基本公共服务均等化的能力不一致。对于欠发达地区来说，即使有中央、省的补助资金，自身也难以提供规定的配套资金，这就会导致基本公共服务均等化难以实质性推进。三是流动人口的民生诉求难以真正满足。广东流动人口超过 3 000 万。尽管近年通过积分入户、积分入学、积分享受公租房等让部分流动人口享受到部分基本公共服务，但由于农民工市民化成本分担机制尚未建立起来，现在仍有大量流动人口多方面的服务需求得不到满足。[①]

值得注意的是，在全国范围内比较，广东的公共服务供给相对短缺问题也比部分省、自治区、市突出。一方面，基本公共服务供给仍有个别指标低于全国平均水平；另一方面，中高端公共服务供给相对短缺现象也比部分省、自治区、市更加严重。

3. 社会矛盾化解依然存在潜在风险

伴随着经济特别是金融、外贸等方面的波动，利益纠纷在所难免；新城区城镇化进程中，征地补偿、拆迁安置中的利益纠纷在所难免；广东对外交流频繁，敌对势力的渗透、颠覆、破坏，黑恶势力抬头，刑事犯罪猖獗，都必须未雨绸缪地加以防范；附着于户籍制度之上的制度障碍以及其

---

① 参见广东省社会科学院编《广东省经济社会发展报告（2017）》，广东人民出版社 2017 年版，第 172 页。

他方面的社会排斥,将伴随着劳动者维权意识增强而激化矛盾,过去特定条件下,广东的流动人口群体性事件就曾一度频发。

现在广东的社会治安形势依然严峻复杂,电信网络诈骗等新型犯罪打击难度增大;安全生产形势不容乐观,高危行业和易发事故的领域多、潜在风险大,落实企业主体责任仍不到位;食品安全监管仍存在薄弱环节,距离"吃得放心"要求还有差距。① 总的来看,在人均收入不断提高的情况下,公众对社会安全、网络安全、生产安全、食品安全等的要求会越来越高,这些也都属于社会矛盾化解的潜在风险。

总的来看,未来广东的经济社会发展要继续走在全国前列,就难免会先遇到不少新情况、新问题、新矛盾。

(二) 瓶颈制约:惰性、困境与错位

上述存在的瓶颈制约问题既有客观上的历史惰性、现实困境的掣肘,也有主观上管治错位的影响。这些瓶颈制约共同作用,必将在不同程度上引发城乡、区域、群体收入差距扩大或缩小的拉锯战,引发公共服务拓展或提升的争夺战,引发社会矛盾张力削弱或增强的持久战。这里主要探讨3个方面的瓶颈制约。

1. 结构惰性的强力桎梏

结构惰性,在广东主要是指社会结构即历史上长期形成的城乡之间、珠江三角洲地区和粤东西北地区之间、本地户籍人口和异地务工常住人口之间的3个二元结构,具有极大的历史惰性。与户籍人口城镇化率内涵不同的常住人口城镇化率虚高,流动人口"未市民化""半市民化"现象的存在,个别新生"土豪"眷恋农村户口的"逆城镇化"现象,城中村大量存在违规用地、违法建设等历史遗留问题,棚户区、城中村改造滞后,背街小巷环境脏乱差,都是这种结构惰性的直观或扭曲的表现形式。广东当然也还有自然结构方面的结构惰性。如广东人均资源的占有率在很多方面低于全国平均水平,环境污染较严重,历史欠账多,治理成本大,无疑也将加大广东的社会压力。

上述情况都属于客观环境的制约因素。要彻底解决这些问题,需要一

---

① 参见马兴瑞《政府工作报告——2018年1月25日在广东省第十三届人民代表大会第一次会议上》,载《南方日报》2018年2月2日第A03版。

个历史的过程。全面深化社会体制改革，将只有进行时，没有完成时。

2. 深水困境的严峻挑战

有学者指出，由于前一时期改革所累积的矛盾和问题相互交织、不断爆发，继续改革面临的阻力和困难空前加大："摸着石头过河"的路径依赖遇到挑战；既得利益者"捆绑改革"呈隐形化趋势；单边受益"曲高和寡"可能使改革陷入停滞不前的漩涡；各种喧嚣干扰可能导致改革决策迷失；各种力量整合空前困难；容易产生"按下葫芦浮起瓢"的联动效应，甚至产生因微小变化长期影响全局的蝴蝶效应。[①]

当下广东正处于社会体制改革的攻坚期、深水区。改革开放40年来，广东经济社会发展的成就在一定时期内、一定程度上抑制了社会矛盾的爆发，但长期沉淀下来的深层次问题也为社会矛盾的凸显积聚了势能。社会体制改革的全面深化需要民生为先、民生为重、民生为本，把新增财力向困难群众倾斜，向农村倾斜，向基层倾斜，向社会事业倾斜，这必然遭遇社会公正理念缺乏者的冷漠响应甚至隐性抵制。再加上获得感的互相攀比会导致部分人放大自身的弱势心态，这就会导致全面深化改革必然要比以往的改革成本更大、代价更大、阵痛更剧烈。

上述情况都属于客观规律的制约因素。要彻底解决这些问题，也需要一个历史的过程。全面深化社会体制改革，将永远在路上。

3. 管治错位的不良影响

"治理"一词古已有之，传统中的治理就是管理、统治或管治的意思。尽管现代治理多强调合作型的共治或自主型的自治，但即便在西方，传统的治理理念或治理方式到现在也一直在发挥作用。[②] 在今日广东，维护国家安全，打击刑事犯罪活动，雷霆扫毒，扫黑除恶，在共治、自治发挥作用的同时重点采取严控型的管治方式，就无可非议。但是，如果管治用错了地方，在现实生活中就会产生不良影响甚至激发矛盾。

在现实生活中管治错位的表现主要包括：个别地方无视人民群众的利益，对历史遗留问题和源头性问题视而不见，互相推诿，并且仍然习惯于

---

① 参见康来云《新一轮改革的"深水效应"及其突破路径》，载《学习论坛》2014年第6期，第51～53页。

② 参见刘小敏、张桂金《西方劳务移民社会治理研究》，载《社会发展研究》2015年第1期，第209～233页。

行政命令，治理下沉只将责任下沉，资源与权利均不下沉，而且动不动要"一票否决"，导致社区干部苦不堪言；个别地方不相信社会力量，习惯于采取体制内运作的方式，不断要求追加财力、物力、人力，或者无原则地姑息迁就，息事宁人，"花钱买平安"，或者庸人自扰捕风捉影草木皆兵，或者不分青红皂白匆忙定性并动用警力围追堵截，最终只落得个"维稳维稳，越维越不稳"的结果；个别地方把维护人民群众合法权益与维护社会稳定对立起来，不愿意花大力气从源头上化解人民内部矛盾，甚至把针对少数刑事犯罪分子的管治方式运用于全部异地务工人员，排斥异地务工人员参与共治、自治并对其实行监控型管理。

上述因素都属于主观方面的制约因素。这些错位现象，只要引起高度重视并下大力气去改变，在新时代就一定能够做到不复存在。这应该是未来广东全面深化社会体制改革的一个非常重要的努力方向。

（三）对策建议：营造共建、共治与共享的社会治理格局

共建即共同建设，共治即共同治理，共享即共同享有发展成果。共建共治共享是社会治理体制改革的根本内容，也是民生保障体制改革的关键路径。针对上述突出问题和瓶颈制约，广东进一步全面深化社会体制改革的必由之路只能是共建共治共享。广东社会体制改革40年的经验表明，共建共治共享需要不断提高社会治理的社会化、法治化、科学化水平，这些内容这里不再重复。这里只就共建共治共享要注意的其他问题补充3个方面的对策建议。

1. 精英带头实现全员服务治理理性化

所谓理性化，就是要反对凭感情冲动办事，善于以理智、平和的心态指导自己的行动。理性化作为西方步入现代化轨道的扳道器，现在总体上已经成为西方居于主导地位的精神支柱。在中国，习近平也强调，要"加强社会心理服务体系建设，培育自尊自信、理性平和、积极向上的社会心态"[①]。那么，在未来广东打造共建共治共享格局，应该如何实现全员服务治理理性化？

要坚持党委领导、政府负责，发挥精英表率作用。一方面，要坚持党

---

① 习近平：《决胜全面建成小康社会　夺取新时代中国特色社会主义伟大胜利——在中国共产党第十九次全国代表大会上的报告》，人民出版社2017年版，第49页。

委领导、政府负责。坚持党的领导既是中国的历史文化传统，也是当代中国的政治优势、制度优势；既是中国特色社会主义最本质的特征，也是中国特色的共建共治共享的最根本的前提。坚持政府负责，是由全球范围内社会治理的基本格局所决定的，世界银行的相关报告就曾发出忠告："如果没有有效的政府，经济的、社会的和可持续的发展是不可能的，有效的政府——而不是小政府——是经济社会发展的关键。"① 另一方面，要发挥精英的表率作用。如果社会精英不讲理性，就没有任何理由苛求平民百姓讲理性；实现全员服务治理理性化，应该从发挥精英讲理性的表率作用开始。无论是机关干部、企业家，还是文化名流、社会名流，都要始终忠于国家、忠于人民，实事求是、勇于担当，遵纪守法，胸怀坦荡。

要坚持社会协同、公众参与，培育大众理性心态。一方面，要坚持社会协同、公众参与。中国是实行人民民主专政的社会主义国家，中华人民共和国的一切权力属于人民。党和国家的利益与人民群众的利益是融为一体的，坚持社会协同、公众参与，实现共建共治共享，是加强和创新社会治理的关键所在，事关未来广东的盛衰成败。这就要充分发挥人大、政协、法院、检察院、民主党派、工会、共青团、妇联等机关团体的独特作用，加大对社会组织和群众性基层自治组织的扶持力度，激发公众参与热情。另一方面，要培育大众理性心态。要培育平等、真实、诚恳和可沟通为原则的交往理性，引导大众遏制非理性的极端言论和行为，及时改正自己违反理性出现的缺点和错误，见贤思齐，积极参与服务治理，并形成与党委政府的良性互动。

2. 聚焦源头实现全域服务治理扁平化

所谓扁平化，就是将管辖层级较多的宝塔状的组织形式转变为管辖幅度较大的扁平状的组织形式。广东早在2011年就曾开展扁平化改革试点，如在部分城市撤销街道，实行市、区、社区"两级政府、三级管理"体制；在东莞市、中山市撤镇改区或并镇建区，区下不再设街道，实行区、社区"一级政府、两级管理"体制；在部分县的城镇探索"县—社区"管理模式。② 实践证明，扁平化服务治理管辖层级较少，能够降低服务治

---

① 世界银行《1997年世界发展报告》编写组编著：《1997年世界发展报告——变革世界中的政府》，蔡秋生等译，中国财政经济出版社1997年版，第17～18页。

② 参见李宜春《扁平化与社会治理体制创新》，载《中共青岛市委党校、青岛行政学院学报》2014年第3期。

理成本，提高服务治理效率，提高服务治理决策的速度和准确性，有利于快速从源头上发现问题、解决问题；管辖幅度较大，不可能再依赖体制内的严控型管治，有利于激发全社会活力，发挥共建共治共享的优势。

在未来广东打造共建共治共享格局，应该如何实现全域服务治理扁平化？一是要把服务治理下沉社区与服务治理责权利相统一结合起来。党的十九届三中全会强调，为构建简约高效的基层管理体制，基层政权机构要实行扁平化和网格化管理，推动治理重心下移，尽可能把资源、服务、管理放到基层，使基层有人有权有物，保证基层事情基层办、基层权力给基层、基层事情有人办；要推进直接服务民生的公共事业部门改革，改进服务方式，最大限度方便群众。① 未来广东应该根据党的十九届三中全会精神，进一步全面深化服务治理扁平化的基层民生保障体制和社会治理体制改革。二是要把社区基层服务治理全覆盖与维权维稳相统一结合起来。一方面，要实现社区基层服务治理全地域覆盖。广东 2014 年起在全省全面推进律师担任村（社区）法律顾问工作。到 2018 年 5 月，已有 25 996 个村（社区）实现一村（社区）一法律顾问全覆盖，② 基本实现了全省村（社区）法律顾问全覆盖。另外，广东在党的十八大前就已开始网格化服务管理工作。到 2017 年 9 月，除从化区的农村地区外，广州市 11 个区已划分了 18 516 个标准基础网格。③ 在未来的广东城镇，应在过去实践的基础上进一步拓展完善社区法律服务机制和社区网格化服务治理机制，并建立健全市、区、街道（镇）三级辖域内不同社区之间的联动机制。广东的乡村地区地域辽阔，地貌错综复杂，网格化是否推广应视具体情况而定。实现社区基层服务治理全地域覆盖，要注意建立城乡一体化的统筹机制，努力使城镇社区包括企事业单位、机关学校社区服务治理工作向乡村辐射和延伸；要注意建立区域协同合作统筹机制，既要提升珠三角地区的基层服务治理水平，也要珠三角地区对口帮扶带动粤东西北地区提升基层服务治理水平；此外，还要注意统筹好省内外、境内外、国内外社会事务。另

---

① 参见《中共中央关于深化党和国家机构改革的决定》，载《人民日报》2018 年 3 月 5 日第 3 版。

② 参见赵杨、汤凯锋、李强等《社会治理格局：走出共建共治共享新路》，载《南方日报》2018 年 6 月 7 日第 A06 版。

③ 参见张璐瑶《中心＋网格化＋信息化，让群众更有安全感》，载《羊城晚报》2017 年 9 月 12 日第 A06G 版。

一方面,要实现维权与维稳相统一。所谓维权,指的是依法维护人民群众的合法权益;所谓维稳,指的是维护社会大局的和谐稳定。维稳与维权的关系,本质上就是改革、发展和稳定的关系。习近平强调:"从人民内部和社会一般意义上说,维权是维稳的基础,维稳的实质是维权。"① 所以,在社区治理中,从源头上化解社会矛盾,"要处理好维稳和维权的关系,要把群众合理合法的利益诉求解决好"②。

3. 动态追踪实现全程服务治理常态化

所谓常态化,就是指要让某项工作成为一种正常的状态,使之习以为常。习近平就曾主张聚焦群众反映强烈的突出问题,狠抓城市管理顽症治理,加强城市常态化管理。③ 共建共治共享常态化,就是指要使服务治理工作成为一种正常的状态。全程服务治理常态化意义重大。只有实现全程服务治理常态化,才能在全员服务治理理性化、全域服务治理扁平化的基础上,杜绝"头痛医头、脚痛医脚""三天打鱼、两天晒网"或"一曝十寒"等现象,不让社会体制改革留下任何维度的盲点与空白,持之以恒、坚持不懈地真正提高保障和改善民生水平、加强和创新社会治理。

在未来广东打造共建共治共享格局,应该如何实现全程服务治理常态化?一是要完善全过程动态服务治理体制。为把广东建设成为全国最安全稳定、最公平公正、法治环境最好的地区之一,一方面,要建立健全大联动组织领导体制。建议广东进一步建立健全民生保障、社会治理大联动的联席会议制度,由各级党委"一把手"担任召集人,相关分管领导担任副召集人,将会议秘书处设在各级党委办公厅(室)或政法委等职能部门。联席会议可由召集人或副召集人召集,分定期或不定期召开两种情形。建立联席会议制度,旨在使民生保障体制改革和社会治理体制改革形成坚强有力的组织领导体系,形成快速联动的反应机制。另一方面,要建立健全大贯通层级责任体系。各级政府除了要坚持过去按层级签订责任书、责任包干到人、严格实行责任追究等行之有效的做法以外,还要明确层级内相关行政领导以及各层级之间的职能分工,避免人力、物力、财力资源的浪

---

① 中共中央文献研究室编:《习近平关于全面建成小康社会论述摘编》,中央文献出版社2016年版,第139页。
② 习近平:《习近平谈治国理政》,外文出版社2014年版,第148页。
③ 参见新华社记者《推进中国上海自由贸易试验区建设加强和创新特大城市社会治理》,载《人民日报》2014年3月6日第1版。

费和同级、上下级之间的推诿扯皮；要坚决前移社会矛盾化解关口，把工作的重心和重点放在基层，扎实推进人民来访接待厅建设，加强城乡社区警务、群防群治等基层基础建设，健全打防管控一体化的社会治安防控体系，建设平安广东。二是要完善全过程动态服务治理机制。要注意尽可能地解决好历史遗留问题，尽量不要把历史上残留的矛盾留给未来去解决；要注意建立健全矛盾风险预警机制，通过科学的数据监测和定性分析对可能出现的重大事变进行事前预警，做好防范以及及时化解矛盾冲突的充分准备，使应急管理、风险管理在危机到来之前的预警工作更有成效；要注意随时随地地解决好现实生活中正在发生的各种新矛盾、新问题，非万不得已不要把现在的矛盾留给未来；要对矛盾化解的效果进行跟踪反馈和评估，实施全程跟踪、全程监督，总结经验教训，找出矛盾发生发展的规律，为新矛盾的预警提供借鉴。

民生编

第四章 广东劳动就业体制改革

习近平在党的十九大报告中指出，就业是最大的民生。要坚持就业优先战略和积极就业政策，实现更高质量和更充分就业。广东是中国人口第一大省，劳动力资源丰富，就业问题始终是广东省经济社会发展面临的核心问题。1978年，党的十一届三中全会做出了全党工作重心转移的战略决策。改革开放的序幕被拉开，中国开始由计划经济向市场经济转型。广东作为改革开放的前沿阵地，伴随着改革开放的推进，改革旧的就业制度则成为历史必然，市场机制在劳动就业方面所起作用越来越大。中共广东省委、广东省人民政府历来高度重视就业工作，始终把扩大就业放在经济社会发展的突出位置上，在全面贯彻落实国家积极的就业政策的基础上，努力改善创业和就业环境，不断深化劳动就业体制改革，有效缓解了广东省的就业矛盾。在这个改革过程中，如何寻找改革的突破口？广东又是如何实践和创新这些改革的呢？广东劳动就业体制改革取得了怎样的成效和经验？就业体制改革进行到现在又面临哪些新的挑战？未来广东如何在劳动就业体制改革上先行一步？这些是本章要回答的问题。

一、劳动就业体制改革发展历程

广东在民生就业上所取得的成就，离不开国家关于就业制度的改革，离不开历年中共广东省委、广东省人民政府的努力工作。回顾广东就业体制改革的历程，广东就业体制改革根据时代的需要，与市场经济的发展相匹配，大致经历了3个阶段。

（一）筑基：1978—1992年

从1978年年底党的十一届三中全会召开到1992年10月党的十四大

召开，中国的就业制度开始从传统的体制内计划调控逐渐过渡到体制内计划调控与体制外市场调节相结合的阶段。① 广东的改革开放以渐进改革为基本特征，"摸着石头过河"是当时改革的实际状况。受社会经济体制的影响，就业制度也呈现出双轨制的特征：既有受计划行政控制的一面，也有受市场自由调节的一面。此外就业制度改革呈现出"一增一减"的特征：不断缩小行政控制范围，不断扩大市场作用的范围。因此，在改革过程中呈现出新旧交替、两种体制并存的状态。② 这一时期，广东以改革"统包统配"就业制度、实行"三结合"就业方针为突破口，率先培育劳务市场。③

1. 实行"三结合"的就业方针

20世纪70年代末，中国受城市人口增长过快、"文化大革命"招收的1 300万农民工滞留城市、知识青年返城④等因素的影响，城镇出现了严重的"待业"问题。由于在"文化大革命"时期，职工正常的退休、退职被中止，到"文化大革命"结束时，企业职工应退而未退者有200多万人，机关、事业单位职工60多万人。⑤ 为了缓解就业压力，职工退休退职、子女顶替参加工作开始作为缓解城镇青年就业压力的手段在全国范围内实行。1978年6月，国务院颁发了《关于安置老弱病残干部的暂行办法》和《关于工人退休、退职的暂行办法》，大力推进干部、工人的退休工作，规定工人退休、退职后，本人可以继续享受公费医疗待遇；退休工人易地安家的，一般由原工作单位一次发给150元的安家补助费，从大中城市到农村安家的，发给300元；退职易地安家的，可以发给相当于本人两个月标准工资的安家补助费。自1978年至1983年，全国办理退休、退职的职工共有1 220万人，其中子女顶替900多万人，占退休退职人数的80%。⑥ 1978年年末广东省总人口数量为5 064.15万人，1978年广东全

---

① 参见邵风涛《中国经济转型期就业制度的回顾与评析》，载《中国劳动》2009年第2期。
② 参见宋玉军《中国劳动就业制度改革与发展》，合肥工业大学出版社2012年版，第99～100页。
③ 参见陈斯毅《广东劳动就业体制改革与创新》，中山大学出版社2017年版，第1页。
④ 参见邵风涛《中国经济转型期就业制度研究》，人民出版社2009年版，第114～115页。
⑤ 参见何玉长《当代中国社会制度的变迁》，河北大学出版社2004年版，第106页。
⑥ 参见《当代中国》丛书编辑部《当代中国的劳动力管理》，中国社会科学出版社1990年版，第152页。

省城镇登记失业率5.6%,1979年高达7%左右。中共广东省委、广东省人民政府按照中央指示精神,执行"退休退职""子女顶替"政策,仅广州市在1976年至1980年,累计顶替83 095人,其中知青43 489人,占总数的52.3%。①

面对严重的就业压力,仅靠退休退职和子女顶替无疑不是根本出路。为此,全国范围内开展了实践和理论的探索。在实践方面,北京、上海、广州、天津等地采取了组织集体所有制和各种生产服务事业来广开就业门路的做法。在理论探索方面,开展了广开生产和就业门路的讨论。1979年10月4日,邓小平在中央召开的讨论1980年国民经济计划座谈会的讲话中,强调解决城镇青年就业问题。他指出:"落实政策问题,就业问题,上山下乡知识青年回城市问题,这些都是社会、政治问题,主要还是从经济角度来解决。经济不发展,这些问题永远不能解决。"② "总之,要用经济办法解决政治问题、社会问题。要广开门路,多想办法,千方百计,解决问题。"③ 解决就业问题的根本办法还是发展生产,广开就业门路;而要广开就业门路,重要的一条是要改变劳动管理制度。在理论和实践的积极探索以及体制环境的变化下,解决城镇就业问题的思路逐渐清晰。1980年8月,中共中央在北京召开全国劳动就业工作会议,提出了"三结合"的就业方针,即在全国统筹规划和指导下,实行劳动部门介绍就业、志愿组织起来就业和自谋职业相结合的"三结合"就业方针④。

"三结合"就业方针的主要内容是扶持集体经济的发展、扶持和鼓励待业从业人员从事个体经营、举办劳动服务公司、调整产业结构扩大就业容量。在"三结合"就业方针指导下,多年积累的知青就业问题基本得以解决,首次突破了"统包统配"的就业制度框架,开辟了多元化就业新景象,在就业领域引入市场机制,成为中国市场导向型就业体制改革的开

---

① 参见广州市地方志编纂委员会编《广州市志》卷九(上),广州出版社1999年版,第278页。
② 邓小平:《邓小平文选》(第2卷),人民出版社1994年版,第195页。
③ 邓小平:《邓小平文选》(第2卷),人民出版社1994年版,第196页。
④ 通过调整所有制结构和产业结构,鼓励青年组织起来发展劳动服务公司,以及自谋职业、创办个体经济和私营企业等措施,城镇就业工作取得了突破性的进展,1985年,我国城镇就业问题进一步缓解,城镇登记失业率从1978年的5.3%下降到了1.8%,创历史最低。参见国家统计局人口和就业统计司编《中国人口和就业统计年鉴2017》,中国统计出版社2017年版,第26~27页。

端。广东作为改革开放的先行地,在实行"三结合"就业方针上也是走在全国前列,通过数年的扎实推进,有效地解决了城镇劳动力的就业难问题。1991年、1992年登记失业人数分别为66.60万人、67.50万人;1991年实现再就业人员44.44万人,1992年实现再就业人员49.16万人。(见表4-1)"三结合"就业方针不仅解决了当时广东严重的城镇的失业问题,更重要的是有力地推动了广东省市场经济的发育,改变了人们的就业观念,促进了广东省集体经济、个体经济和私营经济等多种所有制经济的发展。1980年,广东省城镇个体劳动者实现就业人数10.96万人,到1992年实现个体就业人数76.37万人,私营企业实现就业人数26.21万人。此外,城镇集体经济实现就业人数逐步上升,从1980年的163.43万人,上升到1991年的216.86万人,1992年则有所下降,为216.57万人。(见表4-2)

表4-1 1978年至1992年劳动人口的就业状况

单位:万人

人口与劳动力	1978年	1980年	1985年	1990年	1991年	1992年
年底总人口	5 064.15	5 227.67	5 655.60	6 246.32	6 348.95	6 463.17
劳动力资源总数	—	—	—	—	3 842.50	3 894.37
年底社会劳动者人数	2 275.95	2 367.78	2 731.11	3 118.10	3 259.20	3 367.21
其他劳动力	—	—	—	—	426.90	451.37
城镇待业人员	—	—	—	—	66.60	67.50
城镇待业人员再就业	—	—	34.94	42.84	44.44	49.16

数据来源:广东省统计局编《广东统计年鉴1993》,中国统计出版社1993年版,第139～142页。

表4-2 社会劳动者人数

单位：万人

项目		1980年	1985年	1990年	1991年	1992年	1992年比1991年增长百分比/%
社会劳动者人数		2 367.78	2 731.11	3 118.10	3 259.20	3 367.21	3.30
按单位类型划分	全民所有制单位人数	400.19	449.40	528.13	544.55	559.71	2.80
	城镇集体所有制单位人数	163.43	203.32	207.62	216.86	216.57	-0.13
	其他各种所有制单位人数	—	8.10	49.74	66.17	81.84	23.70
	农村社会劳动者人数	1 793.20	2 038.60	2 264.67	2 290.41	2 336.13	2.00
	城镇私营企业从业人数	—	—	—	19.58	26.21	33.90
	城镇个体劳动者人数	10.96	31.69	67.94	68.23	76.37	11.90
	其他	—	—	—	53.40	70.38	31.80
按产业划分	第一产业	1 673.57	1 646.82	1 651.71	1 645.25	1 594.32	-3.10
	第二产业	404.80	614.52	848.37	932.76	1 024.98	9.90
	第三产业	289.41	469.77	618.02	681.19	747.91	9.80

注：农村乡（社）劳动者已扣除外出做临时工人数；1980年农村乡（社）劳动者的个体户调整到个体劳动者中；个体劳动者含城镇和农村个体劳动者；社会劳动者的其他是指只在场的家庭承包的小农场劳动的非职工人数。资料来源：广东省统计局编《广东统计年鉴1993》，中国统计出版社1993年版，第141页。

2. 劳动合同制度的初步实行

随着劳动就业体制改革的深入，到20世纪80年代中期，"子女顶替"制度难以为继，也违背择优录取和社会公平原则。1980年，广东率先对僵化的固定用工制度进行改革，试行劳动合同制。1982年，深圳经济特区开始在新招工人中实行劳动合同制。1983年，广东在清远试点的基础上在全省范围内推广劳动合同制。1986年7月，国务院发布《国营企业实行劳动合同制暂行规定》。同年9月，广东省根据规定颁布了《广东省国营企业实行劳动合同制实施细则》，明确规定，实施细则适用于广东省的国营企业和中央、部队、外省驻粤的国营企业，规定国营企业从社会上招用工人，统一实行劳动合同制；劳动合同制工人在职期间，除享受国务院颁布《国营企业实行劳动合同制暂行规定》第三条的权利外，在参加工会、升学、服兵役、前往国外或港澳探亲或定居等方面，也应与原固定工同等对待。1988年后，广东省又将劳动合同制的实施范围扩大到中外合资、中外合作、外商独资"三资企业"。广东省颁布《广东省政府关于颁布劳动制度改革四个实施细则的通知》，通知明确规定，废止"子女顶替"制度，对于因工死亡或因工致残完全丧失能力的职工，可照顾吸收其一名符合招工条件的子女当合同制工人。这些相关的制度规定，其最大特点是体制内的就业也开始偏向依靠市场机制来提高效率，例如通过考核与择优录取的招工办法、可辞退违纪职工以及把工资与经济效益密切联系起来。1990年12月8日，劳动部发出《关于继续贯彻执行〈国营企业招用工人暂行规定〉的通知》，指出搞"内招""顶替"不仅违背《国营企业招用工人暂行规定》的基本原则，不利于企业选用合格人才，影响职工队伍素质的提高和人员结构的合理化，而且会形成企业内部亲缘关系复杂，给企业管理带来困难；对违反招工原则搞"内招""顶替"的，要进行批评教育并予以制止和纠正。① 自此，"子女顶替"制度退出历史舞台，合同制开始逐渐兴起。

3. 改革工资、劳动保险等制度

为打破平均主义、增强劳动力市场流动性，广东省在国内率先进行了一系列探索实践。一是率先改革工资制度。过去国家直接控制工资分配，企业没有自主权，这就导致工人们吃"大锅饭"，干多干少一个样。针对这种弊病，广东率先改革了企业工资计划管理体制，取消了指令性工资计划，采取与"工效"挂钩和工资总额包干等措施，对国家与企业的工资分

---

① 参见王爱云《试析中华人民共和国历史上的子女顶替就业制度》，载《中共党史研究》2009年第6期。

配关系进行了初步探索,逐步建立了由企业经济效益决定工资总量增长的收入分配机制。① 二是改革劳动保险制度,建立了以社会统筹为特征的社会劳动保险体系。改革职工退休养老保险制度,自1980年始,广东对劳动合同制工人实行社会养老保险制度,随后覆盖到国有企业的固定职工、临时工以及集体企业、"三资企业"和部分乡镇企业、私营企业职工;建立职工待业保险制度,1986年,广东省在全省国有企业和部分集体企业建立了职工待业保险制度,随后把待业保险范围扩大到各类企业职工;改革企业工伤保险制度,1990年,东莞、深圳率先进行职工工伤保险制度改革试点。1992年1月,广东省人民政府颁布《广东省企业职工社会工伤保险规定》,广东因此成为全国第一个由省级政府立规开展工伤保险的省份。社会劳动保险制度的建立,促进了劳动力的就业流动。② 三是建立人才服务制度。最早的人才市场是20世纪80年代初以"星期六工程师"的初级形式出现的,它对当时珠江三角洲乡镇企业的发展起了积极作用。人才的流动对传统的人才部门(单位)所有制和"统包统配"的人事制度带来很大冲击。1983年,广东省人事部门率先成立全国首家人才流动服务机构,随后各市县政府人事部门人才流动服务机构也相继成立。1987年4月20日,全国第一个劳务市场——广州市越秀区劳务市场开业。1988年,广州市越秀区将劳务市场规模化,形成职业介绍所。接着,全省开展了形式多样的劳务交流活动,把市场机制引入了劳动就业领域,创造了劳资双方互相选择的渠道。

(二) 发展:1993—2002年

从1992年10月党的十四大召开到2002年年底,是中国就业制度市场化逐渐走向成熟的时期。随着改革开放的逐步深入,广东在这一时期的就业面临着国企改制下的职工下岗与再就业、就业总量矛盾尖锐、就业结构性矛盾突出、外省劳动力入粤人数剧增、农村剩余劳动力大规模向城市转移等突出的就业问题。中共广东省委、广东省人民政府和有关部门启动多项再就业工程,落实下岗失业人员再就业的各项优惠政策,努力开发新的就业岗位,多渠道、多形式安置下岗失业人员和新增长劳动力,有效控

---

① 参见陈斯毅《广东劳动就业体制改革与创新》,中山大学出版社2017年版,第43~44页。
② 参见陈斯毅《广东劳动就业体制改革与创新》,中山大学出版社2017年版,第44页。

制了失业率。这一阶段广东就业和再就业取得显著成效,成为全国再就业率最高和失业率最低的省份之一。①

1. 下海潮、大中专毕业生与就业

1992年1月19日至23日,邓小平赴南方视察并发表了重要谈话,推动中国掀起新一轮改革开放的热潮。1992年,大批在政府机构、科研院所工作的知识分子受南方谈话的影响,纷纷以辞职或者停薪留职的方式下海创业。广东作为中国改革的先行地,在这一时期也有大量体制内精英下海创业,形成了一股前所未有的开公司潮,对活跃经济、带动就业起到了不可估量的作用。大中专院校毕业生经历了从毕业分配到自主择业的转变。1993年2月13日,中共中央、国务院发布了《中国教育改革和发展纲要》,该纲要强调改革的目标是多数自主就业,少数国家分配,改变"统包统分""包当干部"的做法。该纲要指出,在招生、收费和毕业生就业制度的改革上,一是通过国家任务计划和调节性计划相结合的过渡,进一步促进新的招生宏观调控机制的建立;二是通过公费和自费双轨并存的过渡和并轨改革的推进,进一步确立大学生缴费上学制度;三是通过供需见面和一定范围内双向选择的过渡,进一步促进毕业生面向人才市场、自主择业新就业制度的建立。1996年,人事部规定毕业生通过人才市场在多种所有制范围内自主择业,可以从事专业技术工作、管理工作,也可在其他岗位上工作。② 1997年,高校全面扩招,大学生人数激增;2000年,全面停止了包分配制度,教育部要求从2000年起停止使用《全国普通高等学校毕业生就业派遣报到证》和《全国毕业研究生就业派遣报到证》,启用《全国普通高等学校本专科毕业生就业报到证》和《全国毕业研究生就业报到证》。2001年,首届扩招后的大学毕业生走向劳动力市场,社会一时难以吸纳如此众多的毕业生,部分大学生开始面临失业。③ 此外,应届大学生基层培养锻炼制度开始实行。1999年,广东省决定采取推荐与考试考察相结合的办法进行,每年从高等院校选调一批优秀应届

---

① 参见丁元、杜富荣、周树高《论广东就业形势与解决就业问题的对策》,载《经济学动态》2003年第11期。

② 参见人事部《国家不包分配大专以上毕业生择业暂行办法》,载《中国职工教育》1996年第4期。

③ 参见罗建河《我国大学生就业政策的"去身份化"过程分析》,载《教育发展研究》2017年第19期。

大学毕业生到乡镇工作,进行培养锻炼。针对中专生,广东省改革中专毕业生分配派遣制度,按分类管理原则建立新的就业制度,从2001年起,广东省不再签发《中等专业学校毕业生分配报到证》,中专毕业生就业按机关、事业单位、企业3类实行分类管理;严格控制外省生源的中专毕业生来粤就业。

2. 实施积极就业政策

1993年至2002年,随着国有企业改革和城镇集体经济的改革,广东省国有单位就业人数从563.63万人减少到382.91万人,下降了32.06%;城镇集体单位就业人数从199.99万人减少到82.81万人,下降了58.59%(见表4-3)。无疑,在转轨过程中国有单位和集体单位下岗职工增加,面对这一严峻的就业形势,为帮扶就业,广东省采取了以下积极的就业政策。

表4-3 广东省就业人员年末人数(1993—2002年)

单位:万人

年份	就业人员年末人数	城镇单位就业人员年末人数				镇私营企业就业人员年末人数	城镇个体就业人员年末人数
		总计	国有单位	城镇集体单位	其他单位		
1993	3 433.91	877.16	563.63	199.99	113.54	39.51	191.30
1994	3 493.15	901.57	568.80	202.86	129.91	58.22	209.90
1995	3 551.20	931.58	565.48	204.12	161.98	76.00	168.90
1996	3 641.30	920.55	565.68	193.24	161.63	89.40	241.76
1997	3 701.90	912.74	556.56	181.44	174.74	105.80	250.71
1998	3 783.87	897.97	521.34	161.50	215.13	126.42	265.08
1999	3 796.32	793.54	449.87	122.70	220.97	132.95	268.00
2000	3 989.32	759.22	425.52	105.97	227.73	161.73	278.40
2001	4 058.63	737.12	400.12	91.33	245.67	182.09	280.71
2002	4 134.37	751.23	382.91	82.81	285.51	303.07	295.68

数据来源:广东省统计局、国家统计局广东调查总队编《广东统计年鉴2017》,中国统计出版社2017年版,第92页。1993年及以前"城镇单位就业人员"为"城镇单位职工人数"。

一是针对下岗职工和失业人员的政策优惠。广东各级政府在中共广东省委、广东省人民政府的领导下,结合本地的经济发展情况,制定和落实优惠政策,多渠道分流安置下岗职工和失业人员,鼓励、扶持企业下岗职工从事个体经营,鼓励下岗职工和失业人员参与劳务输出、鼓励国有企业内部挖潜安置下岗职工。广东还积极贯彻落实国家多部门联合下发的《关于实施"巾帼社区服务工程"推动社区建设和下岗女工再就业工作的意见》的精神,扩大再就业渠道,鼓励和引导下岗女工从事与居民生活密切相关的社区服务工作,大力发展家庭服务业,组织下岗女工开展小学生和儿童接送、婴幼儿照料等工作;规定了下岗女工从事社区服务业享受免征营业税的范围、时间及审批办法。

二是保障随军家属就业的政策优惠。政策规定,对为安置随军家属就业而新开办的企业,自领取税务登记证之日起,3年内免征营业税、企业所得税;对从事个体经营的随军家属,自领取税务登记证之日起,3年内免征营业税和个人所得税;享受税收优惠政策的企业,随军家属必须占企业总人数的60%(含)以上,并有军(含)以上政治和后勤机关出具的证明;随军家属必须有师以上政治机关出具的可以表明其身份的证明,但税务部门应进行相应的审查认定。①

三是多种积极措施推动下岗失业人员再就业。为适应并轨步伐加快和失业人员增加的趋势,广东省逐步把再就业培训的工作重点转移到培训失业人员上;进一步配合国企改革,提高下岗、失业人员的创业能力,开展创业培训。与此同时,根据国家有关文件精神,开展就业援助行动,包括上门咨询和政策援助、职业指导援助、就业信息和岗位援助、技能培训援助、社会保险关系接续援助、劳动保障事务代理援助、生活保障援助和特困群体援助等;② 针对困难职工,落实"一帮一"援助计划和措施,积极实施岗位援助和补助就业计划等③。2001年,广东各地围绕中央和省关于推进社区建设的部署和扩大就业的要求,把发展社区服务、促进社区就业

---

① 参见《财政部、国家税务总局关于随军家属就业有关税收政策的通知》,载《涉外税务》2001年第1期。

② 参见国家劳动和社会保障部《关于开展再就业援助行动的通知》,载《中国劳动保障》2001年第7期。

③ 参见《广东省劳动和社会保障厅关于切实做好就业困难群体就业和再就业工作的通知》,载《创业者》2002年第5期。

列入当地经济和社会发展以及社区建设的总体规划,大力开发社区就业岗位;给国企下岗职工、失业人员和破产需安置人员、低保失业人员颁发《再就业优惠证》,对失业再就业人员实施税收优惠政策。

四是积极解决残疾人的就业问题。2000年,为解决残疾人就业难问题、减轻残疾人家庭负担,促进社会稳定,广东省第九届人民代表大会常务委员会第十九次会议审议通过了《广东省分散按比例安排残疾人就业办法》,并于当年10月1日起正式施行。办法规定:各地要将《广东省分散按比例安排残疾人就业办法》纳入当地普法教育规划,加强宣传工作,转变观念,提高依法按比例安排残疾人就业的认识,切实维护残疾人劳动权利。

五是发展人才市场。1995年,广州市根据中共中央组织部和国家人事部《加快培育和发展我国人才市场的意见》的通知精神,成立了国家级的人才市场——南方人才市场,建成了人才资源配置和人事服务的市场体系。1996年5月8日,中国南方人才市场频道正式开播,以服务企业和广大求职者。①

3. 制定就业有关的法律法规

广东省的劳动合同制综合改革工作,始于1991年在佛山、茂名等市、县进行的试点;1993年10月在总结试点经验的基础上,在全省各市、县逐步推广。为了进一步把竞争机制引入企业劳动人事管理,促进劳动力合理流动和配置,推动企业转换经营机制,加快建立现代企业制度,根据《中华人民共和国劳动法》(以下简称《劳动法》)的规定,广东省决定在企业中全面实行劳动合同制。1994年9月30日,广东省人民政府发布《广东省人民政府关于企业全面实行劳动合同制的通知》,通知规定:凡在我省境内的各类企业、个体经济组织与其现有职工(含干部、固定工、合同工、临时工等,以下统称企业职工)和新增职工,均应在平等自愿、协商一致的基础上,以书面形式签订劳动合同,确立劳动关系。劳动合同的内容、期限以及变更和解除劳动合同的条件等,要符合《劳动法》和国家的有关规定。劳动合同订立后,由当地劳动行政部门鉴证。劳动合同的无效,由当地劳动争议仲裁委员会或者人民法院确认。

---

① 参见曹福兴《磨砺奋进 只为傲立潮头——中国南方人才市场改革发展十五周年纪实》,载《中国人才》2011年第3期。

这一通知特别强调经济特区、开放城市、珠三角各市县要先走一步。1995年，广东省人民政府批准实施《广东省劳动合同管理规定》。1996年，广东省第八届人民代表大会常务委员会第二十二次会议通过了《广东省企业集体合同条例》，1997年省人大常委会又批准了《广州市劳动合同管理规定》等地方法规。这些法规、规章，对劳动合同的订立、鉴证、变更、履行、解除、终止、违约责任和经济补偿等有关劳动合同管理的各个主要环节都做了明确规定。为了保证国家和省有关劳动合同法规、规章的贯彻落实，1998年劳动厅又报省政府批准执行重新修订的《广东省违反招用工人规定处理暂行办法》，强调一定要按规定招用工并在30日内依法签订劳动合同，对违反者除责令改正外，还给予罚款等行政处罚。1999年4月，广东省第九届人民代表大会常务委员会第九次会议审议通过了《广东省流动人员劳动就业管理条例》，对流动人口的劳动合同管理也做出了明确规定。此外，广州、深圳、揭阳、佛山等市也先后出台了有关劳动合同的规章政策，使劳动合同管理逐步走上法制化、规范化的道路。1999年年末，广东国有企业和集体企业签订劳动合同职工379.4万人，合同签订率达93%；非公有制企业和个体工商户从业人员签订劳动合同有636.5万人，合同签订率达75.6%。[①] 在涉外就业方面，2000年，广东省根据国家和省的有关规定并结合广东省外商常驻机构就业服务行业的特点，制定了《广东省外企就业服务行业雇员劳动合同》文本；同年，为保障境外就业人群的权益，广东省积极落实原劳动和社会保障部办公厅、司法部办公厅发布的《关于境外就业和对外劳务合作人员职业资格证书办理公证等有关问题的通知》，完善了境外就业和对外劳务合作人员职业资格证书办理政策。

（三）深化：2003—2018年

伴随着国有企业改革与就业体制改革以及产业结构调整与升级，广东乃至全国范围内的就业压力不断提升，结构性就业问题日渐突出。党的十六大强调就业是民生之本，并首次将充分就业列为宏观调控的目标之一。党的十八大提出推动实现更高质量的就业，实施就业优先战略和更加积极的就业政策，并把实现就业更加充分作为全面建成小康社会的重要目标，进一步明确了劳动者自主就业、市场调节就业、政府促进就业和鼓励创业

---

① 参见陈晓晖《广东劳动领域改革的制度性突破》，载《创业者》2000年第7期。

的就业方针。党的十八大以后，中共广东省委、广东省人民政府在全面贯彻落实积极的就业政策的基础上，努力改善创业和就业环境，不断深化劳动就业体制改革。

1. 实施积极的就业促进政策

2008年1月1日正式实施的《中华人民共和国就业促进法》（以下简称《就业促进法》）是中华人民共和国成立以来第一部专门规范就业促进的重要法律。广东将积极贯彻落实国务院《关于做好当前经济形势下就业工作的通知》与实施《关于进一步做好促进就业工作的通知》《关于鼓励创业带动就业工作的意见》《关于促进普通高等学校毕业生就业工作的通知》《转发省劳动保障厅关于切实做好当前农民工稳定就业工作意见的通知》《关于印发"南粤春暖行动"工作方案的通知》等文件结合起来。之后，广东结合本省具体实际就业形势，于2010年1月1日正式实施《广东省实施〈中华人民共和国就业促进法〉办法》。首先，要求政府通过职业激励机制实现劳动者可以获得不同产业的职业技能培训，减少自身条件的人力资本投资费用，实现劳动力能够在产业之间以低流动成本得到有效配置，满足广东省产业结构升级需要；其次，通过管理劳动力市场秩序、免费公共就业服务、规范就业中介机构、反就业歧视措施、补贴与减免激励机制减少劳动者和用人单位在劳动力市场实现就业与招聘过程中的风险与不确定性，使就业过程中外部环境的交易费用有效缩减；再次，加强用人单位对员工的职业技能培训责任，确保用人单位在产业升级当中有充分的资金投入员工自身条件的人力资本投资，具有升级产业的职业技能，实现劳动力在产业之间转换成本和持续发展成本的减少。

2015年2月，广东省人民政府出台《关于进一步促进创业带动就业的意见》，从弘扬创业精神、降低创业门槛、加大扶持补贴力度、改进补贴发放方式、提升服务能力和水平等方面提出政策举措。随后省政府出台了《关于进一步做好新形势下就业创业工作的实施意见》，提出将就业创业工作纳入政绩考核、建立经济发展与就业良性互动机制、鼓励科技人员离岗创业、加强公共就业创业服务体系建设等政策举措。在推动创业带动就业方面，中共广东省委、广东省人民政府极力营造更优市场准入环境，通过简政放权、放管结合、优化服务改革，激发创业创新活力。2015年，共青团广东省委发布《广东青年创业就业蓝皮书2015》，总结了广东青年创新创业的实践。同年广东开展青年创新创业大赛，14个入围项目直接在"青创版"挂牌("青创版"是由共青团广东省委和广州股权交易中心共同发起并创立的青年创新创业综合金融服务平台,主要服务于在读及毕业5年内的青年大学生的创新创业项目和企业,在全国尚属首次,旨在更广泛推动资本市场服务青年创新创业)。① 除了出台相关的制度和政策外,广东省就业相关部门深入基层,积极开展就业帮扶活动。例如,2015年广东省人力资源社会保障部门继续实施离校未就业毕业生就业促进计划,组织开展"一企一岗·互济共赢"活动;继续实施春运、春风和南粤春暖专项活动,全省举办异地务工人员专场招聘会1 962场,提供岗位257.4万个,帮助72万人次达成就业意向。② 2017年,广东省人民政府转发国务院《关于做好当前和今后一段时期就业创业工作意见的通知》,指出广东省将实施更加积极的就业政策。

2. 重点人群的促进就业工作改革

广东省特别重视解决重点群体的就业问题,各级各部门紧紧围绕社会政策要托底的政策思路,通过加强就业援助,强化对灵活就业、新就业形态的扶持,加大再就业支持力度,托底帮扶就业困难人员,搞好职业技能培训,完善就业服务体系,落实好援企稳岗、社保补贴、税费减免等政策和措施,有力帮扶了就业重点和难点人群的就业。

首先是针对高校毕业生群体,在省级层面出台了一系列高校毕业生就业政策文本,内容涵盖拓展就业岗位、就业指导、基层就业、西部计划、创业扶持、就业见习、招考录用、应征入伍、暂缓就业、就业派遣、权益维护、社会保障、就业援助、就业失业登记等多方面。①鼓励创业,2003年已在政策文本中提出要奖励和支持高校毕业生自主创业,但扶持力度有限,直到2009年自主创业受到特别的重视,之后广东省出台了一系列有关高校毕业生自主创业的扶持政策,扶持力度明显加大。③ ②拓展就业渠道。广东省先后制定了引导和鼓动高校毕业生的"三支一扶"(支教、支

---

① 参见广东年鉴编纂委员会编《广东年鉴2016》,广东年鉴社2016年版,第320页。
② 参见广东年鉴编纂委员会编《广东年鉴2016》,广东年鉴社2016年版,第323页。
③ 仅2011年,广东省就开发大学生创业项目1 150个,扶持4 092名大学生实现创业;启动党员创业技能培训项目,从全省3 409个贫困村中培训2万名有创业愿望或需求的党员;全省建成国家级创业培训定点机构54个、创业孵化基地298个,培训创业教师1 000名;全省成功创业12.8万人,带动就业55.7万人,广州、深圳、中山、肇庆4市通过国家级创业型城市创建中期评估。参见广东年鉴编纂委员会编《广东年鉴2012》,广东年鉴社2012年版,第409页。

农、支医和扶贫）计划、"大学生村官"计划、"大学生志愿服务西部计划"、"山区计划"、农村从教上岗退费计划、鼓励高校毕业生应征入伍服义务兵役政策、鼓励重大科研项目带动就业政策、政府开发公共管理和社会服务性岗位政策、实施乡镇卫生院从医上岗退费项目政策、鼓励各类用人单位吸纳毕业生政策等一系列拓宽大学生就业的计划和政策。③提升就业创业能力。2002年，广东省教育厅要求各高校要设立独立的毕业生就业指导服务机构；2004年，推行学业证书和职业资格证书并重的制度；2006年，提出要开设职业生涯规划课程并纳入教学计划制定"高职毕业生职业资格培训工程"实施办法，对尚未落实工作岗位的高职毕业生，组织开展职业技能培训，对参加培训并考核鉴定合格的高职毕业生，可适当减收职业技能鉴定费，所需成本费用可向当地政府财政部门申请补贴。2009年4月，广东省人民政府办公厅下发《关于促进普通高等学校毕业生就业工作的通知》文件，对广东省实施就业见习计划进行部署。2010年1月，经广东省人大常委会通过，颁发了《广东省高等学校学生实习与毕业生就业见习条例》。④做好就业援助。毕业半年后仍未就业并有就业愿望的高校毕业生可到劳动保障部门进行失业登记，对登记失业的高校毕业生纳入公益性岗位安置范围，并为他们提供各项免费就业服务。2013年6月，广东省人民政府办公厅转发国务院办公厅《关于做好2013年全国普通高等学校毕业生就业工作的通知》，全年发放各项补贴5 285.6万元，惠及高校毕业生2.82万人次。① 全省人力资源社会保障部门通过实施离校未就业高校毕业生就业促进计划、举办"一企一岗"等各类招聘服务活动、招募"三支一扶"大学生、组织高校毕业生参加就业见习等方式，解决好高校毕业生就业问题。2013年年底，全省应届高校毕业生就业率98%，居全国前列。②

二是扶持就业困难人员就业。广东首创城镇"零就业家庭"就业援助制度。2003年12月，广州市原东山区首创"零就业家庭"就业援助模式。通过总结提升，2004年广东省印发《广东省"零就业家庭"就业援

---

① 广东年鉴编纂委员会编《广东年鉴2014》，广东年鉴社2014年版，第290页。
② 2014年，广东省组织培训转移农村劳动力68.4万人，其中培训中级工以上劳动力9.3万人，比上年增长34.8%，培训高级工以上农村劳动力3.1万人，增长47.6%。全年全省转移就业85.7万人，农村富余劳动力基本实现向第二、第三产业转移就业。参见广东年鉴编纂委员会编《广东年鉴2014》，广东年鉴社2014年版，第290页。

助办法》，在全国率先建立了"零就业家庭"就业援助制度，这一模式被推荐为2006年中国就业十件大事之一，写入党的十六届六中全会《中共中央关于构建社会主义和谐社会若干重大问题的决定》和党的十七大报告。实施当年，共帮助6 106户"零就业家庭"的8 788名下岗失业人员实现再就业。① 2009年，广东省人民政府办公厅出台《关于鼓励创业带动就业工作的意见》，要求各地方政府通过提供资金扶持、税收优惠、创业服务等各种优惠措施，鼓励就业困难人员、大中专和技校毕业生、复员退役军人、农民创业和海外留学人员回国创业。该意见出台后，经过各地的积极落实，取得了良好的效果。截至2012年，全省建成创业孵化基地345个，入驻企业2.53万家。全省认定创业培训机构83家，培训创业培训讲师1 258名，扶持创业12.96万人，带动就业53.81万人。②

三是首创被征地农民就业保障制度。2006年，广东省人民政府办公厅印发《关于做好被征地农民就业培训和社会保障工作的通知》，通知将城市规划区内（含县城、镇政府所在地），失去全部或大部分农用地成为城市居民的人员；城市规划区外，经依法批准征收或征用土地后，人均耕地面积低于所在县（市、区）人均耕地面积的1/3的人员纳入帮扶范围。之后，广东省在全省范围内开展了对失地农民的就业帮扶行动，其中对城市规划区内的被征地农民，将其纳入城镇就业服务体系和失业登记管理制度，使其享受与城镇居民统一的公共就业服务和有关促进就业再就业扶持政策，为其提供免费的职业技能培训和技能鉴定服务；对城市规划区外的被征地农民，则统一纳入广东省百万农村青年技能培训工程，实行一次性全免费技能培训鉴定和转移就业服务。

3. 完善相关就业配套制度

首先是职业教育制度逐渐完善起来。从2003年起，广东技工教育进入跨越式发展阶段，实现了"八项全国第一""两个全国首创"，即技工学校年招生数、在校生总数、校均在校生数、毕业生就业率、技能鉴定人数、教学科研成果、全国性技能竞赛获奖名次和奖牌数目、高技能人才培养量全国第一，全国首创技工学校智力扶贫工程和技工学校退役士兵免费

---

① 参见广东年鉴编纂委员会编《广东年鉴2008》，广东年鉴社2008年版，第499页。
② 参见广东年鉴编纂委员会编《广东年鉴2013》，广东年鉴社2013年版，第397页。

职业技能培训工程。① 一是退役士兵职业技能培训工程。2006 年 2 月，不分城乡、免费安排退役士兵接受 2 年以上职业技能培训，拉开了广东全面实施退役士兵职业技能培训的序幕。2007 年 3 月 1 日，全省承担退役士兵职业技能培训任务的技工学校、中等职业技术学校同时隆重举行开学仪式，城乡退役士兵走进学堂免费接受职业技能培训。二是智力扶贫工程正式实施并纳入制度化、规范化轨道。2002 年，中共广东省委、广东省人民政府出台《关于加快山区发展的决定》明确提出，从 2002 年至 2007 年，省财政安排资金用于每年资助贫困家庭子女接受技校教育。三是率先建立农村劳动力技能培训普惠制度。在总结智力扶贫、百万农村青年技能培训工程等农村劳动力培训工作的基础上，广东省劳动保障部门系统推出全民职业技能提升、一户一技能、农民工技能提升培训三大计划，制定出台优秀农民工入户城镇、农村贫困家庭子女免费接受技工教育等在全国具有首创性的、系统的配套措施和实操办法。四是率先开展劳教人员创业培训。2006 年 8 月，广东启动以"融入社会、守法创业、迈向成功"为主题的广东省劳教人员 SYB 创业培训，在全国率先开展了劳教人员创业培训，创业培训的对象从原有的国有企业下岗失业人员扩大至包括"两劳"（劳动改造、劳动教养）释放人员在内的特殊群体。五是首创远程职业培训新模式。2008 年起，广东省率先在全国建立起了首个远程职业培训网络平台——"广东远程职业培训试点平台"，将职业技能培训从传统的课堂推广到电视媒体和信息化媒体，实现"足不出户学技能"的目的。

其次是劳动合同制度的全面确立。2006 年广东省制订了《广东省全面推进劳动合同制度实施三年行动计划工作方案》，要求从 2006 年至 2008 年，用 3 年时间实现各类企业与劳动者普遍依法签订劳动合同的目标。其措施主要包括：积极推动《广东省劳动合同条例》出台；建立劳动合同登记备案制度，以非公有制企业、建筑企业、劳动密集型企业为主要对象，以农民工为重点，建立健全录用登记备案和劳动合同登记备案制度，并建立两项制度衔接流程，实行一体化运作；加强对用人单位实施劳动合同制度的指导；加大劳动合同管理的监察执法力度，按照省劳动保障厅《关于开展劳动合同签订情况专项执法检查活动的通知》，在全省范围内开展劳动合同签订情况专项执法检查活动；充分发挥基层劳动关系协调组织的作

---

① 参见张喜生《新形势下广东省技工院校发展的思考》，载《中国培训》2011 年第 8 期。

用；积极开展劳动合同法律法规的宣传和培训。2007年，广东省劳动和社会保障厅颁发了《广东省劳动合同签收公示暂行办法》，要求广东省内用人单位实行劳动合同签收公示制度。经过多年的推进落实，到2012年年底，广东全省各类企业劳动合同签订率为90.3%。① 劳动合同签订率显著提高，中长期、无固定期限劳动合同正逐步成为主流，劳动力流失率逐渐降低。

再次是就业服务制度逐步完善。广东省依托各级公共就业创业服务机构和镇街公共服务平台，推动服务网点向基层和高校延伸。将县级以上公共就业创业服务机构和县级以下（不含县级）基层公共就业创业服务平台经费纳入同级财政预算。广东将职业介绍补贴和扶持公共就业服务补助合并为就业创业服务补贴。广东构建了以自助式服务网站为核心，融合自助机、客户端、微信等多种服务渠道、高效便捷的公共就业创业网上服务平台。推进就业信息共享开放，支持社会服务机构利用政府数据开展专业化就业创业服务。截至2015年年底，全省实现100%的街镇和90.6%的社区平台信息联网，18个地市招聘信息实现与全国联网，覆盖率85.7%。全省县级以上公共就业服务机构建有公共就业服务类网站106个，其中市级就业服务机构网站24个，县级机构网站80个，全省各级公共就业服务机构通过公众平台向各类企业累计发布岗位信息173.5万条。② 此外，广东省加强人力资源市场建设，建立起了统一规范灵活的人力资源市场，消除影响平等就业的制度障碍和就业歧视；建立起了人力资源市场综合执法制度和诚信档案制度，加大了打击黑中介的力度；完善了省属国有企业公开招聘制度，省属企业招聘信息、招聘过程和招聘结果实现了按要求在网上公开。

二、劳动就业体制改革经验成效

自改革开放以来，广东劳动就业体制改革的主要做法，就是认真贯彻执行中央劳动就业制度，并在改革开放中先行一步，在劳动就业领域围绕市场化就业制度、企业用工制度、工资分配制度、社会保险制度、职业培训制度和安全生产制度等进行了一系列有益的改革探索；建立了就业调控

---

① 参见广东年鉴编纂委员会编《广东年鉴2013》，广东年鉴社2013年版，第400页。
② 参见广东年鉴编纂委员会编《广东年鉴2016》，广东年鉴社2016年版，第324页。

的宏观体系,把失业率控制在社会可承受范围内;在工资分配上体现效率优先、兼顾公平原则;在劳动关系上规范劳动力市场行为,保护职工生产过程的安全与健康;在制度上重视劳动相关法律法规的立法工作。这些做法得出的基本经验及其所体现出的主要成效大致可以归纳为以下 3 个方面。

(一) 坚持关注就业民生,就业形势稳中向好

1. 力促就业多元化,基本实现充分就业

广东省就业体制改革最直观的成效是解决了大量社会劳动者的就业问题,提高了人们的生活水平。一是提供了大规模的就业岗位。① 自 1978 年至 2016 年,广东实现就业人数稳步增长,1978 年实现城镇就业人数 2 275.95万人,2016 年实现城镇就业人数 6 279.22 万人,实现就业人数年平均增长率 7.26%,仅 2016 年,实现新增就业人口 59.91 万人(见图 4-1)。截至 2017 年,广东省居民人均可支配收入突破 3 万元,城镇新增就业 5 年累计 794 万人。

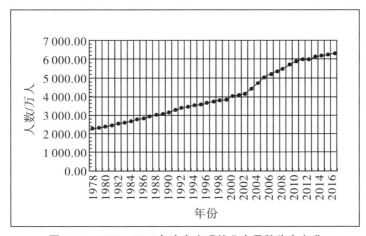

图 4-1 1978—2016 年广东实现就业人员数稳步上升

资料来源:广东省统计局、国家统计局广东调查总队编《广东统计年鉴 2017》,中国统计出版社 2017 年版,第 92 页。

---

① 参见胡春华《深入贯彻习近平总书记治国理政新理念新思想新战略 努力在全面建成小康社会加快建设社会主义现代化新征程上走在前列——在中国共产党广东省第十二次代表大会上的报告》,载《南方日报》2017 年 5 月 31 日第 A02~A03 版。

多年来，广东省城镇登记失业率稳定在较低水平。广东省多年城镇登记失业率控制在3%以内（见图4-2），平均失业周期进一步缩短，实现零就业家庭动态归零。相比同期的其他省、自治区、市，广东省的失业率更低（见表4-4）。而在党的十八大以来，广东城镇年末实有登记失业人数每年维持在36万～40万人，城镇登记失业率长期稳定在2.43%～2.48%之间，远低于3.5%的控制目标。

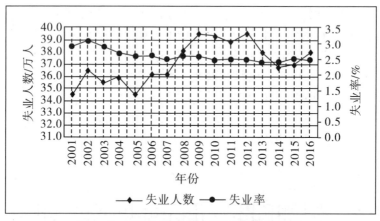

图4-2 广东历年失业人数、失业率的变化

资料来源：国家统计局人口和就业统计司编《中国人口和就业统计年鉴2017》，中国统计出版社2017年版，第26～27页。

表4-4 部分地区城镇登记失业率（年末数）

单位：%

地区	2000年	2005年	2010年	2012年	2013年	2014年	2015年	2016年
北京	0.8	2.1	1.4	1.3	1.2	1.3	1.4	1.4
天津	3.2	3.7	3.6	3.6	3.6	3.5	3.5	3.5
上海	3.5	—	4.4	3.1	4.0	4.1	4.0	4.1
江苏	3.2	3.6	3.2	3.1	3.0	3.0	3.0	3.0
浙江	3.5	3.7	3.2	3.0	3.0	3.0	2.9	2.9
福建	2.6	4.0	3.8	3.6	3.6	3.5	3.7	3.9
山东	3.2	3.3	3.4	3.3	3.2	3.3	3.4	3.5

(续表 4-4)

地区	2000年	2005年	2010年	2012年	2013年	2014年	2015年	2016年
广东	2.5	2.6	2.5	2.5	2.4	2.4	2.5	2.5
重庆	3.5	4.1	3.9	3.3	3.4	3.5	3.6	3.7

资料来源：国家统计局人口和就业统计司编《中国人口和就业统计年鉴2017》，中国统计出版社2017年版，第26～27页。

2. 促进劳动力非农化，转移农业就业

广东是全国第一人口大省，也是流动人口和转移劳动力第一大省。为全面落实"双转移"① 战略，广东省已率先在全国建立城乡统筹就业制度，珠三角各市建立了城乡统一的就业管理制度和就业服务体系；建立农村劳动力普惠型转移培训政策体系；创建了激励式吸纳技能型劳动力新机制和"上不封顶"的公共财政投入新机制；出台了一系列促进农村劳动力转移就业的配套制度。2000年，广东省城镇人口占常住人口比例为55%，2016年上升到69.20%；② 非农就业比重从2000年的39.95%下降到2016年的21.75%，从事非农就业人数从2 395.64万人上升到4 913.79万人。③ 广东省劳动就业制度改革促进了大量农村剩余劳动力的转移。

"东南西北中，发财到广东。"自入粤民工潮兴起，大量外省劳动力流入广东。1990—2015年，流动人口总量由331.47万人增长到3 201万人，省外流动人口占流动人口比例高峰时期占比高达71.55%，近年来虽有回落，但2015年占比依然高达65.63%（见表4-5）。2006—2015年10年间，新增省际迁移人口已经超过新增省外流动人口，人口迁移对人口增长的作用正变得越来越重要。广东省创造了丰富的就业岗位和市场机会，吸引了大量流动人口入粤务工创业，流动人口总量一直保持增长态势。

---

① "双转移"是广东提出的"产业转移"和"劳动力转移"两大战略的统称，具体是指珠三角劳动密集型产业向东西两翼、粤北山区转移；而东西两翼、粤北山区的劳动力，一方面向当地第二、第三产业转移，另一方面其中的一些较高素质劳动力向发达的珠三角地区转移。

② 根据《广东统计年鉴2017》数据计算所得。参见广东省统计局、国家统计局广东调查总队编《广东统计年鉴2017》，中国统计出版社2017年版，第84页。

③ 根据《广东统计年鉴2017》数据计算所得。参见广东省统计局、国家统计局广东调查总队编《广东统计年鉴2017》，中国统计出版社2017年版，第91页。

表4-5 广东流动人口历年变动情况

年份	流动人口总量/万人	5年增加数量/万人	5年年均增长率/%	5年年均净迁移率/%	省外流动人口占流动人口比例/%
1990	331.47	—	—	3.16	
1995	793.87	462.40	19.09	3.52	—
2000	2 105.41	1 311.54	21.54	3.56	71.55
2005	2 762.17	656.76	5.58	3.27	—
2010	3 139.04	376.87	2.59	5.09	68.49
2015	3 201.00	61.96	0.39	1.55	65.63

资料来源：广东省人口普查办公室编《广东省1990年人口普查资料》，中国统计出版社1992年版，第262～263页；广东省人口普查办公室编《广东省2000年人口普查资料》，中国统计出版社2002年版，第51页；广东省统计局、广东省人口普查办公室编《广东省2010年人口普查资料》，中国统计出版社2012年版，第56页；广东省统计局编《2015年广东省1%人口抽样调查资料》，中国统计出版社2017年版。

3. 力促就业市场化，民营经济成为就业主渠道

改革开放前的广东社会与全国其他地区一样，是一个高度单位化的社会。个人就业依附于单位组织，单位组织又依附于国家政府，个人对单位组织，单位对国家政府表现出了强烈的行政性依赖。个人就业有赖于单位组织，单位为个人提供工资福利、工作条件，个人的生老病死、职业调整全由单位统一安排，个人离不开单位。改革开放后，国有单位组织和集体单位对就业的控制力开始弱化，随着市场经济的崛起，完全由市场规则调节的企业组织、个体户等吸引了大量的就业人员。组织与个人的关系开始以市场为导向，个体在不同组织之间自由流动的空间扩大。表4-6展示了广东省改革后就业单位类型的变化，展示了单位制社会逐渐解体的过程。1978年年末，在全社会从业人员2 275.95万人中，城镇个体劳动者2.6万人，仅占0.1%[①]，99.9%的劳动者都集中在国有单位或集体单位就业。随着经济体制的改革，以公有制为主体、多种所有制经济形式并存的经济制度使非公经济的发展实现了重大飞跃，外商独资、中外合资、股份

---

① 参见广东省统计局、国家统计局广东调查总队编《广东统计年鉴2007》，中国统计出版社2007年版，第110页。

制、私营企业等经济实体从无到有，逐步成为全省经济发展不可或缺的生力军。1993年，国有单位就业人员563.63万人，占城镇单位就业人员的64.36%，城镇集体单位就业人员199.99万人，占城镇单位就业人员的22.8%（见前文表4-3）。但到2016年年末，国有单位就业人员387.75万人，占全部城镇单位就业人员的19.8%，城镇集体单位就业人员为47.83万人，占城镇单位就业人员的2.44%（见表4-6）。

表4-6 广东省就业人员年末人数（2003—2016年）

单位：万人

年份	就业人员年末人数	城镇单位就业人员年末人数				城镇私营企业就业人员年末人数	城镇个体就业人员年末人数
		总计	国有单位	城镇集体单位	其他单位		
2003	4 395.93	781.14	376.56	78.47	326.11	443.70	346.56
2004	4 681.89	830.72	374.34	72.28	384.10	541.21	365.38
2005	5 022.97	904.27	380.19	68.70	455.38	660.05	369.17
2006	5 177.02	954.44	384.78	67.25	502.41	666.04	324.98
2007	5 341.50	1 001.46	381.00	65.49	554.97	733.14	371.53
2008	5 471.72	1 007.87	385.14	60.64	562.09	761.43	375.79
2009	5 688.62	1 055.03	389.17	58.33	607.53	834.06	433.40
2010	5 870.48	1 118.52	400.65	57.66	660.21	896.69	429.99
2011	5 960.74	1 238.22	423.88	62.83	751.51	899.46	433.18
2012	5 965.95	1 303.99	430.33	55.28	818.38	907.42	441.15
2013	6 117.68	1 966.98	402.75	58.52	1 505.71	935.31	493.06
2014	6 183.23	1 973.28	396.20	56.69	1 520.39	1 112.98	734.53
2015	6 219.31	1 948.04	388.81	50.34	1 508.89	1 161.03	751.05
2016	6 279.22	1 957.57	387.75	47.83	1 521.99	1 178.64	756.92

数据来源：广东省统计局、国家统计局广东调查总队编《广东统计年鉴2017》，中国统计出版社2017年版，第92页。

(二) 坚持优化就业结构，就业人口素质提高

1. 优化城乡就业结构

城乡就业结构发生根本转变，城镇就业人员继续保持高速增长态势。城镇地区就业人口规模稳步增大，为人口城镇化发展提供有力支撑。2013—2016年，广东人口城镇化率分别为67.76%、68.00%、68.71%和69.20%，年均增长0.45个百分点。① 随着人口城镇化水平的不断提高，全省城镇就业人员规模保持稳定增长态势。城镇就业人员占总就业人员的比重从2010年的69.20%上升至2015年的70.99%，比全国的平均占比53.4%高17.59个百分点，比同期的人口城镇化率（68.71%）高2.28个百分点。② 广东城乡就业格局发生了历史性转变。

改革开放以来，广东第三产业就业人口占比逐年上升，就业人口结构逐步向现代型就业结构转变。从绝对就业人数看，第一产业从业人口基本稳定而略有下降，第二产业和第三产业就业人员逐年上升（见图4-3）。党的十八大以来，第三产业从业人员呈现快速增长态势，2016年第三产业从业人员占全部就业人口的比重提高到37.8%，第一产业和第二产业的占比分别为21.7%和40.5%（见图4-4）。与2012年相比，第三产业占比上升3.6个百分点，第一产业、第二产业占比分别下降2个和1.6个百分点。全省就业人口产业结构逐步向着"三、二、一"的现代就业结构转变。2016年，广东交通运输、仓储和邮政业，信息传输软件和信息技术服务业，租赁和商务服务业，科学研究和技术服务业，水利、环境和公共设施管理业，居民服务、修理和其他服务业，教育，卫生和社会工作，文化、体育和娱乐业以及房地产业从业人员比2012年增长28.74%。其中，租赁和商务服务业、科学研究和技术服务业以及信息传输软件和信息技术服务业就业人员分别比2012年增长80.33%、74.62%和52.95%。

---

① 参见广东省统计局、国家统计局广东调查总队编《广东统计年鉴2017》，中国统计出版社2017年版，第84页。

② 参见广东省统计局、国家统计局广东调查总队编《广东统计年鉴2017》，中国统计出版社2017年版，第91页。

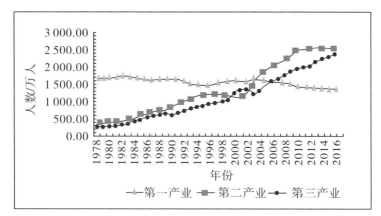

图4-3　1978—2016年广东第一、第二、第三产业从业人员数变化

资料来源：广东省统计局、国家统计局广东调查总队编《广东统计年鉴2017》，中国统计出版社2017年版，第93页。

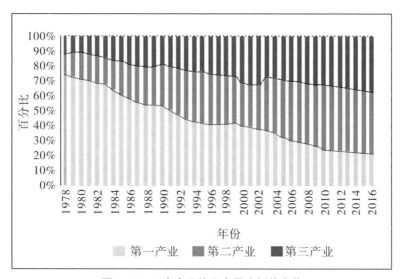

图4-4　三大产业就业人员比例的变化

资料来源：根据《广东统计年鉴2017》数据计算所得。参见广东省统计局、国家统计局广东调查总队编《广东统计年鉴2017》，中国统计出版社2017年版，第93页。

2. 谋求就业的职业结构现代化

职业机构日趋现代化，居民就业质量稳步提高。从表4-7可知，自

1982年到2015年，农、林、牧、渔业生产及辅助人员占就业人口的比例锐减，从70.40%降至18.92%。生产制造及有关人员，其所占就业人口的比例成倍增长，1982年其所占的比例为17.35%，1990年为22.11%，2000年为35.08%，2010年为37.35%，2015年下降为32.74%，增长了近一倍。其他职业人口所占比例也有不同程度的持续增长：社会生产服务和生活服务人员所占就业人口的比例1982年为4.80%，1990年为8.52%，2000年为14.82%，2010年为20.97%，到2015年的31.76%，增长了26.96%；办事人员和有关人员所占的比例1982年为1.36%，2000年为4.71%，到2015年的6.05%，增长了4.69%；专业技术人员所占的比例增长了2.97%；党的机关、国家机关、群众团体和社会组织、企事业单位负责人所占的比例增长了1.09%。

广东省就业职业结构现代化的同时也正体现了职业结构的高级化。就业人口职业结构高级化一方面体现为非农化，另一方面体现为"白领化"。广东省自改革开放以来，非农职业比重不断上升。如果按照国际上关于白领阶层①的定义，自改革开放以来，广东省的职业阶层中白领阶层的比例不断上升（见表4-7）。1982年广东省的蓝领阶层所占就业人口的比例为87.75%，1990年为82.29%，2000年为72.63%，2005年为66.61%，2015年为51.66%，下降了36.09%；1982年广东省的白领阶层所占就业人口的比例12.25%，1990年为17.71%，2000年为27.37%，2005年为33.39%，2015年为48.34%，增长了36.09%。

表4-7 广东省劳动者就业职业结构的变迁

单位:%

职业大类	1982年	1990年	2000年	2010年	2015年
党的机关、国家机关、群众团体和社会组织、企事业单位负责人	1.34	1.72	1.98	2.75	2.43
专业技术人员	4.70	5.39	5.85	7.32	7.67

---

① 在国际上，通常将国家机关、党群组织、企业事业单位负责人，专业技术人员，办事人员和有关人员，商业、服务业人员归入白领阶层；将生产运输设备操作人员及有关人员和农、林、牧、渔水利业生产人员归入蓝领阶层。

民生编

(续表4-7)

职业大类	1982年	1990年	2000年	2010年	2015年
办事人员和有关人员	1.36	2.07	4.71	6.94	6.05
社会生产服务和生活服务人员	4.80	8.52	14.82	20.97	31.76
生产制造及有关人员	17.35	22.11	35.08	37.35	32.74
农、林、牧、渔业生产及辅助人员	70.40	60.18	37.55	24.59	18.92
不便分类的其他从业人员	0.05	0.01	0.01	0.08	0.43

资料来源：广东省人口普查办公室编《广东省1990年人口普查资料》，中国统计出版社1992年版，第262～263页；广东省人口普查办公室编《广东省2000年人口普查资料》，中国统计出版社2002年版，第51页；广东省统计局、广东省人口普查办公室编《广东省2010年人口普查资料》，中国统计出版社2012年版，第56页；广东省统计局编《2015年广东省1%人口抽样调查资料》，中国统计出版社2017年版。

3. 重视教育和完善职业培训体制

就业体制改革离不开对劳动者素质和技能的培养。对此，广东大力推进教育普及工作，全省幼儿园、小学、初中、高中及大学的入学（园）率得到全面提高，教育普及进展扎实稳步推进，教育普及程度达到新的高度。由于教育普及工作的扎实推动，广东省教育事业主要指标在全国处于领先位置。截至2016年，全省普通高校达147所，比2010年增加了16所，排全国第2位，仅次于江苏；普通本专科在校生达189.3万人，比2010年增加46.6万人，增长32.7%，排全国第2位；研究生在校生达9.3万人，比2010年增加2万人，增长28.2%；普通本专科学校招生数、成人本专科学校招生数、成人本专科学校在校生数、中等职业学校招生数、中等职业学校在校生数、普通高中在校生数均名列全国第一。[1] 2015年，广东15岁及以上人口的平均受教育年限为10.57年，比2010年提高0.15年，比同期全国平均水平高1.15年。[2] 2015年，初中及以下教育程度就业人口比例为62.46%，比2005年下降12.49个百分点；大专及以上

---

[1] 资料来源：中华人民共和国国家统计局编《中国统计年鉴2017》，中国统计出版社2017年版，第688～699页；广东省统计局、国家统计局广东调查总队编《广东统计年鉴2017》，中国统计出版社2017年版，第539～543页。

[2] 参见广东省人民政府《广东人口发展规划（2017—2030年）》。

教育程度就业人口比例为 14.35%，比 2005 年提高 6.89 个百分点（见表 4-8）。此外，各级劳动部门积极举办拉动就业培训、鼓励社会办学。

表 4-8　广东在业人口的受教育程度

单位:%

年份	未上过学	小学	初中	高中	大学专科	大学本科	研究生
2005	2.31	22.19	50.45	17.59	5.00	2.23	0.23
2015	0.92	13.90	47.64	23.19	8.23	5.59	0.53

资料来源：广东省 1% 人口抽样调查领导小组办公室编《2005 年广东省全国 1% 人口抽样调查资料》，中国统计出版社 2007 年版，第 962 页；广东省统计局编《2015 年广东省 1% 人口抽样调查资料》，中国统计出版社 2017 年版。

（三）坚持完善劳动保障，就业市场日渐成熟

1. 整体完善劳动保障制度体系

自改革开放初期始，广东省一是特别注重劳动合同制度的建立与完善。在认真贯彻执行中央相关劳动合同制度的同时，为推动本省企业与职工平等协商签订集体合同，保障企业与职工合法权益，广东省根据《中华人民共和国劳动合同法》（以下简称《劳动合同法》）、《广东省企业集体合同条例》等相关法律法规，积极贯彻落实中共中央、国务院《关于构建和谐劳动关系的意见》，总体上建立了较为完善的劳动合同制度。二是率先改革了企业工资计划管理体制，建立了以市场绩效为核心的工资制度，取消了指令性计划，建立了企业工资总量的增长由企业经济效益情况决定的机制，打破了改革前的平均主义分配制度。三是最低工资标准制度执行良好，保障了底线公平。学界对最低工资标准制度与就业的关系尚存在争议：或认为最低工资制度是对劳动力市场的干预，是一种价格管制，提高最低工资标准最终会造成低薪劳动者事业；或认为最低工资标准过高时，就业会减少，当最低工资标准处于合适区间时，则能促进就业；或认为最低工资制度对就业无影响。① 但一般认为，由于中国特殊的二元劳动力市

---

① Stigler George. "The Economics of Minimum Wage Legislation", *American Economic Review*, 1946, 36 (3), pp: 358-365.

场结果,实施最低工资制度能保护低收入劳动者,不会增加失业人口。[1] 广东省于 1995 年 5 月 20 日开始实施最低工资制度,随后各地根据当地的就业状况、人民生活水平和经济发展水平等进行了多次不同幅度的上调。广东是农业转移人口流入的首选地,以农民工为代表的低收入、低技术劳动者进入到最低工资范畴。最低工资制度的实施和最低工资标准的上调对广东省的整体就业水平起了促进作用。[2]

2. 不断扩大享受劳动保障制度成果的覆盖面

党的十八大以来,广东就业人口保障覆盖面持续扩大。此外,广东省坚持以民生为重,保护弱势群体的平等就业。广东省率先探索建立城乡并重的就业制度,率先研究制定城乡统一的就业政策、公共就业服务体系、公共职业技能培训体系、城乡一体化的社会保障体系。在保障农民工就业方面,广东不断提高企业职工最低工资标准,建立了最低工资标准制度,保障农民工的就业所得;取消了流动人口治安管理费、暂住人员城市基础设施增容费、暂住人员管理费等 5 项行政事业性收费。在全省建立了社会保障制度,外来人口享有均等的公共服务;返乡农民工可参加当地农民与被征地农民养老保险和新型农村合作医疗。[3] 积极做好农民进城务工就业管理和服务工作,健全了相关的工资支付监控制度,加大对公共就业服务体系建设、农民工职业技能培训和鉴定以及维护农民合法权益等工作的投入。

3. 逐渐完善劳动力市场劳动保障制度

劳动力市场是要素市场的重要组成部分。广东率先改革"统包统配"就业制度,从改革初期培育劳务市场到建立劳动力市场,重视劳动力市场的制度建设,市场已经成为广东省配置劳动力资源的主要手段。改革开放以来,广东省就业人数不断扩大,在国家就业政策的推动下,广东省在制定经济与社会发展战略的同时,把就业作为民生之本,把积极的就业政策

---

[1] 参见刘险峰《市场分割条件下的最低工资制度效应研究——以农民工市场为例》,载《经济体制改革》2009 年第 5 期;肖守中《最低工资制度在中国的发展及其影响》,载《统计与决策》2005 年第 11 期。

[2] 参见罗燕、寒冰《广东省最低工资标准的就业效应研究——基于 21 个城市面板数据的实证分析》,载《产经评论》2013 年第 4 期。

[3] 参见刘晓丽、戴文浪《农民工市民化进程中的就业政策及其效果分析——以广东为例》,载《广东农业科学》2013 年第 6 期。

作为一项重要的政策取向。广东省出台了促进就业和再就业的政策文件，形成了一套包括财政支持、税费减免优惠、社会保险、金融贷款、最低工资标准、人才吸引、鼓励支持创业等在内的积极的就业政策体系和各类就业创业优惠政策，劳动力市场制度逐渐完善起来。

广东省率先出台构建和谐劳动关系的意见。早在1995年，广东省就制定了《广东省企业劳动争议处理实施办法》。2017年，广东省人民政府又出台了《广东省劳动人事争议处理办法》，为在新时期妥善处理劳动争议、保障企业和职工合法权益提供了制度保障。劳动人事争议调解仲裁工作机制进一步完善，协调劳动关系三方机制的作用逐步凸显，劳资纠纷高发态势得到有效遏制，强调劳动人事争议处理以预防为主、基层为主、调解为主，促进争议就地就近化解。劳动保障监察"两网化"全面覆盖，用人单位用工行为进一步规范。"十二五"时期（2011—2015年）劳动保障违法案件和群体性事件比"十一五"时期（2006—2010年）持续下降。

三、劳动就业体制改革未来前瞻

改革开放40年来，伴随着体制转轨、经济结构调整、企业改革的不断深化，以及全球经济形态的不断变化和人工智能、互联网等技术的不断进步，中共广东省委、广东省人民政府始终把民生就业放在突出位置，坚持实施积极的就业政策，寻找新的就业点，减缓了因市场经济环境的变迁带来的下岗失业对社会稳定的冲击。但随着广东产业的转型升级、城镇化进程加快，广东依旧面临较大的就业压力。

（一）40年的理性总结

中共广东省委、广东省人民政府在发展中坚持以人民为中心的发展思想，多谋民生之利、多解民生之忧，历来重视就业。在就业体制改革上，广东省始终坚持共享社会发展成果。改革开放40年来，广东省在就业体制改革中，勇于创新，敢于探索，走出了一条从计划到市场的就业改革之路。理性总结劳动就业体制改革成功的原因，主要是在改革方向上，始终坚持以市场化为就业导向；在具体措施上，始终坚持开源策略，广开就业门路，寻找就业新的增长点；在保障劳动者权益上，始终坚持给劳动者增权的制度安排，以制度性措施保障劳动者合法权益；在培育劳动者个体能力上，重视学校教育、职业教育和劳动力技能的培育。

民生编

1. 开源：广开就业门路，不断寻找就业增长点

从广东省多年的做法来看，真正要增加就业、提高就业质量，就必须广开就业门路，不断寻找新的就业增长点。从20世纪80年代实施"三结合"就业开始，广东省在就业工作中就一直重视广开就业门路，不断培育就业增长点，实现就业人数的连年增长，就业人数从1980年的2 367.78万人，增长到2016年的6 279.22万人。一是以产业结构升级带动就业。近40年来，广东省不断优化产业结构，第二、第三产业吸纳人数由1980年的694.21万人增加到2016年的4 913.79万人，所占比例由29.32%提升到78.25%。① 二是努力引导非公有制经济为扩大再就业增加岗位提供渠道。改革开放以后，非公有制经济在吸纳人口就业方面已经从改革之初的可有可无变成了解决社会就业最重要的力量之一。三是大力发展新兴产业和新兴业态，不断拓展新兴就业领域，积极发展吸纳就业能力强的产业和企业，创造更多就业机会。例如，近年来广东不断引导养老服务、家庭护理、家政服务等传统行业以及计算机软件和新技术、网络等相关行业新兴产业的发展，吸纳了大批就业人口。

2. 增权：以制度性措施保障劳动者的就业权利

劳动就业权②是劳动者赖以生存的权利，是宪法确认和保护公民的一项重要的基本权利。在市场经济条件下，一般来说劳动就业权包含两重含义：一是自由工作或就业的权利，即平等就业权和自由择业权；二是职业保障权，即请求提供有报酬的工作机会的权利。在广东劳动就业体制改革历程中，保障劳动者的就业权利始终是就业工作的核心。多年来广东省从建立制度性保护措施入手，切实保障劳动者的就业权利。一是用制度性措施保障各个群体的就业权利。广东通过市场化就业制度改革，打破"铁饭碗"制度，实现就业的自由流动，实现了人力资源的优化配置；从20世纪80年代开始，广东省不断放宽农业户籍人口在城市就业的条件，最终

---

① 参见广东省统计局、国家统计局广东调查总队编《广东统计年鉴2017》，中国统计出版社2017年版，第93页。

② 《劳动法》规定了劳动就业有5项原则：第一，平等就业原则，指劳动者享有平等就业权利和就业机会；第二，相互选择原则，指劳动者自由选择用人单位，用人单位自主择优选择劳动者；第三，竞争就业原则，指劳动者通过用人单位考试考核竞争取胜而获得就业岗位；第四，照顾特殊群体人员就业原则，指谋求职业有困难或处境不利的人员，包括妇女、残疾人、少数民族人员、退出现役的人员；第五，禁止未满16周岁的未成年人就业原则。

实现了城乡户籍人口享有相同的就业权。二是全面推行劳动合同制度。通过多年来坚持推行劳动合同制度,有力地保障了劳动者在就业、流动方面的权利。自 2008 年实施《劳动合同法》以来,广东劳动关系进入规范化阶段。三是推行最低工资保障制度,且随着经济的发展,广东省最低工资保障标准在不断提高,劳动者的权益进一步得到保障。四是建立健全了社会保障制度,广东省的劳动者依法享有相关的社会保障制度,全省城镇职工社会保险覆盖面不断扩大,实现了制度上全覆盖。

3. 提质：重视教育和劳动力素质的培育

劳动者的素质直接关系到其本人的就业能力。多年来,广东省一直从提高劳动者素质入手,提高就业质量。一是重视基础教育和高等教育。多年来,广东省采取各种措施,从提升依法治教能力、加强教师队伍建设、优化教育结构体系等方面入手,提高基础教育和高等教育的教育质量。二是重视劳动力培训。近年来,广东省开展了对农民工、下岗职工、大学生、转业军人、残疾人、"4050 人员"① 等各种群体以及各个行业员工的职业培训,有效增强了他们的职业素养。广东省多年来对教育和培训的重视保障了合格劳动力的充分供给,而这也最终有力促进了广东省数十年来经济的高速发展。三是重视职业教育。近年来,广东省相继出台了《广东省人民政府关于创建现代职业教育综合改革试点省的意见》《广东省现代职业教育体系建设规划（2015—2020 年）》,明确提出把广东建设成为我国南方重要职业教育基地和职业教育强省,并将其作为就业改革和人才强省的重要任务。提出以现代职业教育综合改革试点省建设为抓手,坚持产教融合、校企合作,坚持工学结合、知行合一,全面落实教育规划纲要,深化职业教育体制综合改革,遵循经济社会发展规律、教育教学规律和人的成长规律,着力提高人才培养质量,建立广东特色、国内一流、世界水平的现代职业教育体系,推动职业教育（含技工教育,下同）实现从层次到类型,从规模扩张到内涵发展的重大战略转变,使现代职业教育助推经济社会取得更大更好发展,为加快转变经济发展方式提供动力源泉和重要支撑,为建立人力资源强省奠定坚实基础。

---

① "4050 人员"指处于劳动年龄段中女性 40 岁以上、男性 50 岁以上,本人就业愿望迫切,但因自身就业条件较差、技能单一等原因,难以在劳动力市场竞争就业的劳动者。

民生编

(二) 面临的挑战

当前,广东省面临的就业压力依旧很大,既有就业总量方面的压力,又有就业结构性矛盾带来的压力,以及在互联网时代新型劳动关系带来的挑战等。(见图4-5、图4-6、表4-9)如何解决好就业,保障好劳动者权益,让各劳动群体皆能共享发展成果,依旧是未来工作的重中之重。

1. 就业人口增量增长,就业压力加大

就业为民生之本,促进就业是政府工作的重中之重。2017年,《广东省贯彻落实国家〈"十三五"促进就业规划〉的实施意见》提出了到2020年全省就业规模稳步扩大及城镇新增就业、城镇登记失业率控制的具体指标,要求平均失业周期控制在社会可承受范围内;要求全省就业结构进一步优化,创业带动就业能力进一步增强,人力资源素质明显提升,就业创业服务体系更加完善,就业质量不断提高。要完成这一目标,广东面临的压力巨大。根据第六次全国人口普查数据,广东已经是中国常住人口第一大省,同时还是全国第一流动人口大省,也是劳动力第一大省。广东省不仅需要为本省人口提供充足的就业岗位,还需要吸纳几千万外来人口来粤就业。无疑,庞大的就业人口意味着广东将长期面临就业压力巨大的问题。具体而言,广东就业压力大主要来自以下几个方面的因素:一是就业人口增量增长,需要不断创造就业岗位满足就业之需。现在广东仍处在劳动年龄人口增长高峰期。此外,新型城镇化过程中还有相当数量的农业富余劳动力需要转移就业,全省劳动力供大于求的总量压力仍然存在。二是广东内部地区发展不平衡、不充分非常明显,广东城乡之间、区域之间的经济发展水平差异短期内难以消除,珠三角地区对省内劳动力依旧具有虹吸效应,粤东西北农村地区精英劳动力流失严重,解决省内劳动力的就业问题也是任务艰巨。如何保障这么多人的充分就业问题将是广东未来一段时间都将面临的巨大挑战。

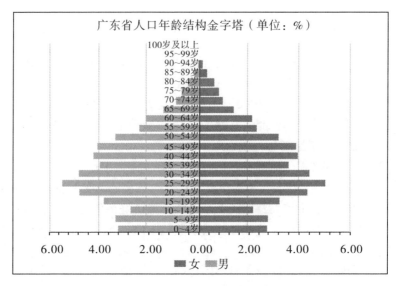

图 4-5　广东省人口年龄结构金字塔

数据来源：广东省统计局编《2015 年广东省 1% 人口抽样调查资料》，中国统计出版社 2017 年版。

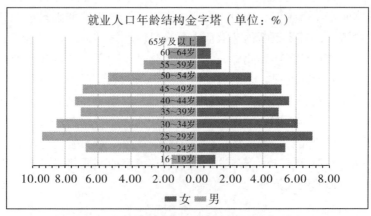

图 4-6　广东省就业人口年龄结构金字塔

数据来源：广东省统计局编《2015 年广东省 1% 人口抽样调查资料》，中国统计出版社 2017 年版。

民生编

表4-9 分性别不同行业就业人口比例

单位:%

行业	合计	男	女
农、林、牧、渔业	18.963	10.213	8.750
采矿业	0.127	0.094	0.034
制造业	35.488	20.365	15.123
电力、热力、燃气及水生产和供应业	0.548	0.415	0.133
建筑业	5.611	4.804	0.807
批发和零售业	15.970	8.804	7.166
交通运输、仓储和邮政业	3.374	2.811	0.563
住宿和餐饮业	4.319	2.280	2.038
信息传输、软件和信息技术服务业	1.114	0.728	0.385
金融业	1.379	0.709	0.670
房地产	1.475	0.964	0.511
租赁和商务服务	1.284	0.772	0.512
科学研究和技术服务业	0.459	0.291	0.168
水利、环境和公共设施管理业	0.365	0.218	0.148
居民服务、修理和其他服务业	2.796	1.642	1.154
教育	2.326	0.897	1.429
卫生和社会工作	1.199	0.469	0.730
文化、体育和娱乐业	0.537	0.310	0.227
公共管理、社会保障和社会组织	2.663	1.861	0.803
国际组织	0.003	0.002	0.001

资料来源：广东省统计局编《2015年广东省1%人口抽样调查资料》，中国统计出版社2017年版。

2. 就业的结构性矛盾仍旧突出

广东省一方面面临就业压力大的问题，但另一方面又存在着"用工荒"的问题。即表现为部分企业很难招到技能人才、高层次人才，部分劳动者很难实现稳定就业，而这种现象随着人工智能时代的来临将越趋明显。技术升级和机器换人使商品的生产过程在未来有可能做到脱离大量劳动者的参与。以人工智能为代表的第四次工业革命，其技术创新是通过取代现有的人力来提高效率，而不是创造新产品需要更多的人力参与制造。广东制造业目前面临劳动力成本不断增加、发达国家回归制造业、东南亚低成本竞争、人口红利正逐步减弱等多方面的挤压，为此，当前广东开展的"机器换人"是积极应对劳动力成本上升、占领"机器人产业"技术制高点的战略举措。但在可预见的未来，"机器换人"很有可能导致大规模短期"失业"压力，职业性失业者群体规模将逐步扩大。与此同时，新兴产业的兴起对人力资本的要求更高，企业对技能人才的需求更加迫切，这种结构性失业将是广东就业改革面临的重要挑战，社会保障与就业培训体系能否提供有效的支撑可能是关键，因此，就业体制改革可能需要多围绕失业保障制度、职业教育制度改革来开展。

3. 技术变迁对劳动关系的挑战

社会转型中劳动关系矛盾凸显，劳动者利益诉求发生新的变化，稳定就业难度加大。随着新技术，特别是互联网、人工智能技术等的发展，以"互联网+"为特征的新技术方式正以迅雷不及掩耳之势颠覆传统生产模式和用工模式，传统的劳动关系也随之改变。劳动关系将不可避免地面临重构。市场经济下，新型用工模式变化必然给工业化革命产物下的劳动法规带来挑战。这种挑战最直接的表现是涉及相关互联网企业的劳动争议案件所占数量上升，而本质上则是传统的劳动关系法律法规难以应对新型用工关系。借助于"全民创业"与"万众创新"的契机，诞生了很多新的业务形态，很多新的岗位也应运而生。以分享经济为例，借助互联网等新技术，这些平台通过整合线下个人闲置物品与服务，把闲置物品或服务使用权进行转移，使参与者获取一定报酬，吸引了越来越多的人参与。这些新的业务形态及岗位的出现使传统的劳动关系发生了变化：劳动者不再是为某一用人单位提供劳动服务，而是为某一个平台甚至是多个平台提供劳动服务。此类新型用工方式下如何界定平台与劳动者之间的关系，一直存在较多争议。例如，针对存在较多争议的"网约车"车主与平台之间的劳动关系认定，在2014—2015年间发生了多起争议案件，裁决结果不尽相同。自2008年《劳动合同法》实施以来，传统行业的劳动关系得以规范，各方权益都得到了保障。但如果在平台经济中也像在传统行业一样，实行全面建立劳动关系的做法，可能一方面会大幅度增加企业管理成本，降低企业人力资源管理的灵活性;另外一方面势必会影响劳动者的择业自由权,很多劳动者会面临着同时签订多份劳动合同等问题。广东"互联网+"平台型经济蓬勃发展,在这种背景下,如何重新构筑调整劳动关系的法律规范体系、如何重新构建员工与用人单位间的利益分享机制都是我们即将面临的挑战。

(三) 前瞻性建议

把广东建设成为向世界展示习近平新时代中国特色社会主义思想的重要"窗口"和"示范区",让广东的发展和实践探索成为习近平新时代中国特色社会主义思想和中国特色社会主义道路优越性的最生动、最有力的证明,是广东人民的共同目标。做好当前和今后的就业工作,必须全面贯彻落实党的十九大精神,着眼经济新常态下就业工作的新特点新要求,把改革创新贯穿于工作全过程,把握优化劳动力供给和改善劳动力需求两个重点,深入实施就业优先战略和更加积极的就业政策。

1. 坚持以人民为中心的发展思想,积极促进创业就业

就业乃民生之本,贯彻落实就业优先战略,培育就业新增长点,必须坚持发挥市场的决定性作用和更好地发挥政府作用相结合。各级政府要做好顶层设计,发挥好战略规划引领的作用。省、市、县各级政府在制订国民经济发展计划、调整产业结构和产业布局时,要结合各地的实际状况,努力探索劳动密集、资本密集和技术密集有机结合的产业结构和技术结构。在保持竞争优势的前提下,注重发展就业容量大的产业和企业,拓宽就业空间。一是结合产业转型升级扩大就业。推动创新经济与新业态的发展,进一步改善营商环境和创业氛围,推动经济部门创造更多的就业岗位,以满足未来广东充分就业创业的需求。二是在推动实施"机器换人"战略过程中,加强职业性失业群体的社会保障,通过政府兜底的"社会安全网",进一步减少失业致贫概率;加强职业技术培训体系建设,进一步加强普惠性的公共就业服务,以满足职业性失业群体的再就业需求,使广东的产业转型升级在平稳的社会环境中完成。三是建立健全新时代下的劳动关系法律法规。尽快出台关于平台型经济的劳动关系政策性文件,规范平台与个人之间的关系。此外,建立健全政府、工会与劳资双方之间的沟通协商机制,进一步发挥工会在保障工人权益当中的职能与作用,应对未来科技创新所催生的用工模式持续不断的革命性变化。

2. 完善就业服务体系，做好重点人群就业

首先是重点做好高校毕业生的创业就业工作。立足于广东省高效技术的产业优势，着重做好"互联网+"、人工智能、物联网等智力密集型产业的发展，为高校毕业生提供更多、更好的高端岗位。发挥政府在促进校企合作方面的纽带作用，协调引导校企间建立实质性的校企合作，优化人力资源供给，改进服务方式，促进服务更加精细化、个性化，提高供需匹配度。引导大中专毕业生转变择业观念和提升就业创业能力，探索放宽高校学生修业年限，允许在读大学生（含研究生）保留学籍，休学从事创业活动，鼓励高校毕业生到基层就业。统筹实施大学生村官、高校毕业生到农村从教上岗退费、"三支一扶"计划、志愿服务西部计划和农技特岗计划等服务基层专门项目。建立健全高校毕业生求职意愿信息数据库、离校未就业高校毕业生信息数据库，加强就业市场供需衔接和精准帮扶，对就业困难和长期失业的毕业生提供"一对一"援助服务等。

其次是推进农村富余劳动力转移就业。一方面，进一步推动落实农村土地流转机制，进一步完善相关配套措施，帮助和引导外出务工农民合理流转土地，使更多的青壮年农民能够进城务工；另一方面，完善农村劳动力转移就业政策和制度体系，健全服务、培训、维权三位一体的转移就业工作机制，创建农村劳动力转移就业示范县和全国农村劳动力转移就业培训示范区。切实加强珠三角地区与粤西、粤北、粤东等劳工输入地的人力资源交流合作，促进农村劳动力充分转移。

最后是保障困难群体和特殊群体的就业。①对"僵尸"国企、集体企业，考虑通过转岗就业创业、托底安置、内部退养等渠道，分流安置过剩产能企业富余人员。建立申领失业保险金绿色通道，做好去产能和处置"僵尸"企业涉及人员失业登记、申领失业保险金工作。②针对贫困农村劳动力，遴选一批就业扶贫基地，实施就业创业精准扶贫行动，开展转移就业导航计划、创业带动就业计划、就地就近就业计划、公益性岗位安置计划、珠三角对口帮扶计划、企业对接帮扶计划等。③统筹做好特定群体就业工作。落实扶持军转干部、复退军人就业创业政策，做好军队转业干部、随军家属和退役士兵的接收安置。依法推进按比例安排残疾人就业，大力发展残疾人集中就业和辅助性就业，实施残疾人职业技能提升计划。

3. 加强人力资源建设，加强人力资源开发力度

一是在人力资源建设方面，建立健全统一规范的人力资源市场管理制

度和灵活有序的市场运行机制,逐步消除人力资源市场城乡分割、地区分割和身份分割,促进城乡各类劳动者平等就业;加强人力资源市场监管体系和诚信体系建设,完善人力资源服务机构准入制度,发挥行业协会的自律作用,营造公平、有序的人力资源市场环境;广泛开展人力资源服务保障工作,千方百计稳定和扩大就业,确保就业局势总体稳定。二是在人力资源开发方面,加大高等教育结构调整力度,提高教育质量,加快培养紧缺的高层次、高技能人才。大中专院校要建立健全专业和学位点预警、调整和退出机制。进一步加强技能教育与职业教育,健全职业技能培训和职业能力评价体系。深入开展技能提升储备培训,落实各项培训补贴政策;健全以就业技能培训基地为核心,各类职业院校和社会各类培训机构共同参与的社会化职业培训网络。三是优化人才公共服务机制。完善人才引进和服务政策,建立高层次人才、高技能人才引进"绿色通道"。广东省可以通过促进粤港澳地区人才自由流动,鼓励引进港澳创新人才和创新资源,建设粤港澳创业创新合作示范园区;大力引进海外高层次人才,支持高层次留学人员携尖端技术、高端项目来粤创业;制定外国人才来粤工作服务与管理暂行办法;完善外国人才在粤工作信用和监管体系;支持境外人才来粤创业。

第五章　广东收入分配体制改革

收入分配制度是经济社会发展中一项带有根本性、基础性的制度安排，是社会主义市场经济体制的重要基石。改革开放以来，广东大胆破除传统计划经济体制下平均主义的分配方式，积极探索符合国情、省情的收入分配制度改革，极大地激发了广大劳动者的积极性，为经济发展注入了勃勃生机。

一、收入分配体制改革发展历程

改革开放 40 年来，中国收入分配体制改革大致经历了 3 个阶段：1978—1992 年为初步探索阶段，1993—2002 年为初具雏形阶段，2003—2018 年为全面深化阶段。在全国收入分配体制改革的宏观背景下，广东省作为改革开放的排头兵，进行了大量卓有成效的探索。

（一）初步探索阶段（1978—1992 年）

从 1978 年到 1992 年，是改革开放后收入分配体制改革的第一阶段。这一阶段，收入分配制度改革探索首先从农村开始，然后扩展到城市，改革的重点主要是着力于打破平均主义，恢复社会主义按劳分配原则，在收入分配方面引入激励劳动积极性机制。

1. 全面推行农村家庭联产承包责任制

农村收入分配制度的改革始于推行农村家庭联产承包责任制。广东农村经济体制改革起步较早，首先是农民自发搞起来的。1978 年下半年，

民生编

惠阳、海南①、湛江部分山区、贫困地区的生产队就暗中搞包产到户。这一做法受到农民的普遍欢迎，两三年间就在全省推广开。② 1983年联产承包已在农业生产中全面普及，其中实行家庭联产承包责任制的达98%。直至1986年，广东省农村经济体制改革从突破转向深化，取得了突破性进展。③ 包产到户的推行，使农民获得了生产经营的自主权，成为独立的商品生产者，有效地调动了农民的生产积极性，改变了农业生产长期停滞不前的被动局面。与此同时，农民收入持续增加，广东城乡居民收入差距缩小，出现了新时期的新变化。

2. 率先探索实行奖励制度与计件工资

广东收入分配制度最早的突破，是从深圳蛇口开始的。1979年8月，深圳蛇口工业区600米长的顺岸码头工程动工。动工之初，在工资制度上采取惯用的平均主义方法，工人积极性不高，工程进度缓慢。后来承建商实行奖励制度，即完成定额者每车奖励2分钱，超过定额者每车奖励4分钱。这样一个在现在看来很简单的制度，却大大激发了工人的积极性，提前完成了工程，为国家创造了130多万元的产值。④ 这成了后人津津乐道的"深圳速度"和"蛇口模式"。后来这4分钱效率引起了国家对收入分配制度改革的重视。1985年，国务院发布了《关于国营企业工资改革问题的规定》，在国营大中型企业中实施职工工资总额与经济效益按比例浮动的办法，全国工资改革的序幕由此拉开。

企业是市场的主体，广东对国有企业的改革，首先从扩权让利开始。1979年，广东推广"清远经验"，扩大企业自主权，增强企业活力。当时，首先在100户国营工交企业和韶关、江门、高州、东莞、河源5个市县商业系统及广州市百货行业进行大企业自主权的试点。1980年，广州市根据国家计划委员会、国家经济委员会和国家劳动总局联合发出的《关于试行国营企业计件工资暂行办法（草案）的通知》，进一步扩大计件工作面。由此，广州市试行计件工资的企业逐年增多，计件工资总额也逐步

---

① 1988年4月之前，海南作为一个行政区由广东省管辖。1988年4月，海南从广东省划出，独立建省。
② 参见卢荻《广东改革开放的三个发展阶段及主要成就》，载《特区经济》2001年第7期。
③ 参见广东年鉴编纂委员会编《广东年鉴1987》，广东人民出版社1987年版，第137页。
④ 参见李宗桂等《文化精神烛照下的广东——广东文化发展30年》，广东人民出版社2008年版，第16页。

提高。① 1984年，广东省人民政府根据《国务院关于进一步扩大国营工业企业自主权的暂行规定》，结合广东省实际，补充制定了扩大企业自主权的10项规定②，在工资奖金分配和资金管理等方面给予企业必要的自主权，大大激发了企业活力，为收入分配体制改革提供了资金支持。

1985年1月，国务院发出《关于国营企业工资改革问题的通知》。而早在1984年，广东已经在经济效益较好的大中型企业进行工资总额与经济效益挂钩的试点。为使这一改革顺利展开，广州市劳动局于1984年7月发出《关于下放给企业劳动工资管理权限的若干试行规定的通知》，规定：在财政部门核定的自有资金中，企业经市主管局（总公司）或区、县政府批准，经过试点，逐步进行"四浮工资"，即职工浮动升级、浮动定级、浮动岗位职务津贴、浮动工资标准。③ 由此，广州市工资改革的探索逐步展开。到1985年下半年，广州市根据国务院通知和广东省的实施方案，实行职工工资与企业经济效益挂钩，与职工劳动贡献挂钩，同机关事业单位的工资分配办法脱钩。改革的重点是套改工资标准，理顺工资关系。广东省人民政府批准实施《广东省国营企业内部工资改革实施方案》。作为广东省改革的缩影，广州市的工资改革彻底打破了国有企业在计划经济时代"铁饭碗"的局面，在收入分配领域纳入了绩效挂钩的办法。

3. 探索企业承包经营责任制，改革财政体制

1987年，广州市企业全面实行了承包经营责任制，推行工资同经济效益挂钩。④ 企业内部改革进一步深化，主要在深化劳动力工资管理体制上取得了新的进展。各地广泛推行企业工资总额与经济效益挂钩的办法。到年底已有1800家企业实行了这项改革，在一定程度上打破了企业与国家在分配关系上的"大锅饭"原则，并为企业今后逐步走向工资自理探索了道路。⑤ 1988年，广东先后颁发了《关于改革全民所有制企业单位劳动工资计划管理体制的意见》和《广东省劳务市场管理规定》等文件，对

---

① 参见广州市地方志编纂委员会编《广州市志》卷九（上），广州出版社1999年版，第290页。

② 参见广东年鉴编纂委员会编《广东年鉴1987》，广东人民出版社1987年版，第139页。

③ 参见广州市地方志编纂委员会编《广州市志》卷九（上），广州出版社1999年版，第285页。

④ 参见广州市地方志编纂委员会编《广州市志》卷九（上），广州出版社1999年版，第287页。

⑤ 参见广东年鉴编纂委员会编《广东年鉴1989》，广东人民出版社1989年版，第58页。

民生编

劳动工资体制进行了下列改革：一是国营大中型企业全面推行工资总额与经济效益挂钩办法，在企业内部，企业有权根据实际自定工资形式；二是省里不再对各市（部门）直接下达职工人数计划，各市（部门）在省核定的工资总额范围内，可对所属各县和企业的职工人数自行调整。[①] 这些政策明确规定，企业在允许的工资总额范围内，可根据自身需要，自行决定招工。这一年广东省深化了劳动工资体制改革，改革力度加大，表明广东省推进收入分配体制改革决心之坚定。

根据中央对广东实行"划分收支，定额上交"以及1988年实行"递增包干"的体制，广东省对各市（地）的财政管理体制也做了相应的改革：从1981年起，实行"划分收支，分级包干"的体制；1985年起，实行"划分税种，核定收支，分级包干，一定五年"的体制，并针对不同地区的经济发展和财政收支情况，实施不同的包干办法，形成省对市（地），市（地）对县，县对镇（乡），层层包干的财政管理体制。这种财政分级包干的体制扩大了各级政府的自主权，调动了各级财政当家理财的积极性，增强了改革的经济承受能力，促进了生产力的发展。[②] 这种改革探索，无疑为当时收入分配体制改革注入了新的活力，提供了重要支撑。

（二）初具雏形阶段（1993—2002年）

从1993年到2002年，中国收入分配体制进入市场导向改革阶段，主要是逐步建立同社会主义市场经济体制相适应的分配制度，确立劳动、资本、技术和管理等生产技术按贡献参与分配的原则，明确提出"初次分配注重效率，再分配注重公平"的分配政策。[③] 这也是这个阶段广东收入分配制度改革的重点以及与社会主义市场经济相适应的收入分配体制初具雏形的重要标志。

1. 发展多种经济成分

广东采取多种优惠政策和措施，鼓励发展各种合作经济、个体经济、私营经济以及"三资企业"，逐步形成以公有制为主体，多种经济成分和经营方式共同发展的多层次所有制结构，为社会经济发展注入了蓬勃的活

---

① 参见广东年鉴编纂委员会编《广东年鉴1989》，广东人民出版社1989年版，第58～59页。
② 参见卢获《广东改革开放的三个发展阶段及主要成就》，载《特区经济》2001年第7期。
③ 参见宋晓梧主编《中国社会体制改革30年回顾与展望》，人民出版社2008年版，第75页。

力。国有企业加强外引内联,组建大型集团公司,实行多种公有制形式,发挥着国民经济支柱的作用。乡镇企业异军突起,成为广东工业发展的"半壁江山"。"三资企业"、私营和个体等非公有制经济也迅速发展,成为社会主义经济不可或缺的部分,为发展广东经济发挥了重要作用。① 毫无疑问,这是广东进一步进行收入分配体制改革的最坚实的基础。

2. 实行住房分配制度改革

改革开放初期,中国住房分配制度继续延续以单位住房实物福利分配为主的办法。在这种体制下,住房建设资金难以形成良性循环,职工缺乏增加住房消费的压力和动力,不可能有通过市场实现个人住房消费的要求,从而制约了住房商品化和自住其力的实现。

1997年,广东省提出了房改新思路:在有条件的地区和单位尽快取消住房分配等级制度,让职工在市场上选购自己适用的商品房。如有条件的单位可一次性或分几次给职工补贴购房款,让职工自己在市场上选购适用的商品房,也可采用单位出一部分钱,职工自己出一部分钱的方式解决职工住房问题。1998年,《广东省人民政府关于加快住房制度改革实行住房货币分配的通知》正式出台,提出从1998年下半年起,全省各党政机关、事业单位逐步实行住房货币分配。具体时间和步骤由各市、县人民政府根据本地实际情况确定。从2000年1月1日起,全省一律停止按现行房改政策出售和出租公有住房。企业也要参照执行。停止住房实物分配后,实行对职工发放住房补贴。职工个人住房补贴总额,原则上按当地政府确定的经济适用住房或普通商品住房的平均单价与职工负担额之差,乘以职工本人住房标准面积的一半计算。职工负担额为当地统计部门公布的上年双职工家庭平均工资的4倍除以60平方米。

3. 进一步推进企业工资制度改革

为了进一步推进企业工资制度改革,广东省在企业进行了工资支付权的下放。1995年,广州市劳动局下发了《转发劳动部〈工资支付暂行规定〉的通知》和《关于贯彻劳动部〈对工资支付暂行规定有关问题的补充规定〉的通知》,规范企业支付行为。随着中央下放企业工资决定权和《劳动法》的实施,至2000年,广州市企业职工的等级工资已基本停止使

---

① 参见卢荻《广东改革开放的三个发展阶段及主要成就》,载《特区经济》2001年第7期。

民生编

用，企业工资制度全面由企业自主制定。①

1997年，广东省按照以公有制为主体，多种所有制经济共同发展的方针，继续调整和完善所有制结构。关于国有企业的"优化资本结构"试点工作起步良好。1996年，广州、深圳两市被列入了全国"优化资本结构"试点城市。1997年，汕头、韶关、湛江3个城市也列入国家试点城市。这些试点城市在对所属企业调查摸底的基础上，上报了《企业兼并、破产，职工再就业工作计划》并获国家批准，这是广东省国有企业改革过程中针对破产企业员工再就业提出的政策。② 同时，各级劳动部门继续深化企业工资分配制度改革，探索建立新型的工资收入宏观调控体系，制定了企业工资指导线，改进"工效挂钩"办法。此外，广东省还建立了全省统一的社会统筹和个人账户相结合的职工社会养老保险制度。在国有企业职工人数逐年减少的情况下，参加失业保险的人数逐年增加，享受失业保险待遇的人数剧增。这些措施有效保障了在企业改革过程中破产兼并企业的下岗职工的社会保障问题。

2001年，为进一步贯彻党的十五届四中全会、五中全会精神，落实《国有大中型企业建立现代企业制度和加强管理的基本规范（试行）》的要求，推动企业加快建立现代企业制度、切实转换经营机制，广东省转发国家经济贸易委员会、人事部、劳动和社会保障部《关于深化国有企业内部人事、劳动、分配制度改革的意见》，提出了5点意见：第一，深化企业人事、劳动、分配三项制度改革是当前国有企业改革和发展的紧迫任务；第二，建立管理人员竞聘上岗、能上能下的人事制度；第三，建立职工择优录用、能进能出的用工制度；第四，建立收入能增能减、有效激励的分配制度；第五，扎实工作，积极稳妥地推进企业三项制度改革。在市场导向改革指导下，广东省建立现代企业制度的改革步伐进一步加快，积极推进各项改革政策。

2002年5月8日，广东省人民政府转发《关于加快国有粮食购销企业改革和发展的意见》指出，在收入分配上，坚持效率优先、兼顾公平原则，建立以岗位为基础，与企业经济效益和个人贡献相联系的激励工资制度。

---

① 参见广东年鉴编纂委员会编《广东年鉴1997》，广东年鉴社1997年版，第150页。
② 参见广东年鉴编纂委员会编《广东年鉴1998》，广东年鉴社1998年版，第145页。

（三）全面深化阶段（2003—2018年）

自 2003 年以来，中国收入分配体制改革进入深化阶段。随着改革的航舰驶进深水区，收入分配体制面临着新的挑战。由于地区发展的差异和长期城乡二元结构的对立，贫富差距日渐拉大。尽管居民收入大幅增长，但是分配失衡的问题也日益凸显。针对这样的现状，国家重审收入分配体制问题。2007 年，党的十七大报告提出"初次分配和再分配都要处理好效率与公平的关系，再分配更加注重公平"，"整顿分配秩序，逐步扭转收入分配差距扩大的趋势"。党的十八大以来，以习近平同志为核心的党中央更加关注社会公平。2017 年，党的十九大报告明确提出"坚持在经济增长的同时实现居民收入同步增长、在劳动生产率提高的同时实现劳动报酬同步提高。拓宽居民劳动收入和财产性收入渠道。履行好政府再分配调节职能，加快推进基本公共服务均等化，缩小收入分配差距"。进入 21 世纪以来，广东省在中央政策的指引下，对收入分配制度进行了更深入的改革探索，收入分配体制逐步实现由 20 世纪八九十年代的重效率到效率与公平兼顾的转变。

1. 全面加强社会建设

2011 年 7 月 21 日，中共广东省委、广东省人民政府发布《关于加强社会建设的决定》突出强调民生福祉显著增加：社会事业全面加快发展，城乡居民收入普遍较快增加，人民生活水平持续提高，社会就业更加充分稳定，人民安居乐业，积极性、主动性、创造性充分发挥，满意度和幸福感不断提升。同时，把加大收入分配调节力度作为加强社会建设的重要举措，提出要强化政府调控作用，发挥市场机制功能，努力缩小城乡、区域、行业和社会成员之间的收入差距。深化收入分配制度改革，探索建立居民收入增长和经济发展同步、劳动报酬增长和劳动生产率提高同步的长效机制。稳步提高最低工资标准。实施富民计划，促进城乡居民尤其是农村居民的财产性、转移性、经营性和工资性收入。全面实行企业工资集体协商，完善机关事业单位收入分配制度，提高艰苦欠发达地区机关事业单位和艰苦行业工作人员补贴标准。建立专业、权威的收入评价机制和信息公开发布制度，加快形成公平合理有序的收入分配格局。加强价格监管，扩大平价商店覆盖范围，建立低收入群体补助和临时价格补贴与物价上涨联动机制。清理和减少行政事业性收费项目，严格控制农村筹资筹劳。

这个阶段，广东把改善民生、促进社会公平摆到突出位置，大力调整财政支出结构，在基础教育、基本医疗卫生、社会保障、公共就业、住房保障等方面持续加大投入。特别是自 2003 年开始，每年实施民心工程，重点解决了一批人民群众关心的热点民生问题。中共广东省委将调整财力支出结构，加大对五保、低保（最低生活保障）、养老等方面的投入力度作为 2013 年工作重点，并将城乡低保列入民生实事，将低保覆盖率、五保供养水平纳入基本公共服务均等化绩效考评指标体系，将最低生活保障标准与城乡人均消费支出比例纳入幸福广东指标体系。2018 年的"十件民生实事"是：提高山区边远地区学校教师生活补助、提升劳动者就业技能素质、提高困难群众救助补助标准、提高城乡居民基础养老金水平、改善困难群众居住条件、推进基层医疗机构升级建设、健全社会矛盾纠纷化解机制、完善全民健身活动设施、完成普通国省道改造任务、增加农民农业生产补助。

2. 重点提高底线民生保障水平

底线民生，是政府和其他社会主体对因各种原因导致难以维持最低生活水平，或出现其他特殊困难的个人和家庭进行救济和援助，以维护其基本生活权益的社会保障制度。底线民生是弱势群体的生命线，对于调整资源配置，实现社会公平，维护社会稳定具有非常重要的作用。近年来，中共广东省委、广东省人民政府一直将底线民生保障作为践行群众路线、建设幸福广东的重要内容进行部署，财政资金投入不断加大，底线民生保障制度不断完善，取得了良好成效。

2013 年 11 月，广东出台《关于提高我省底线民生保障水平的实施方案》，实现了底线民生保障的重大突破。该方案根据广东实际情况，确定底线民生保障范围为六大类，即城乡低保（含城镇"三无"人员，即无劳动能力、无经济来源、无法定赡养人和抚养人的特殊困难人员）、农村五保、医疗救助、基础养老金、残疾人保障、孤儿保障。该方案要求，力争到 2015 年，粤东西北地区底线民生保障水平达到全国平均水平，珠三角地区达到全国前列。到 2017 年，建立起与广东经济社会发展水平相适应、覆盖城乡的底线民生保障体系，全面提升底线民生保障水平，力争全省底线民生保障水平进入全国前列。

3. 全面开展收入分配制度改革

2015 年 1 月，《广东省人民政府关于深化收入分配制度改革的实施意见》正式出台，标志着广东省收入分配制度改革全面推开。该意见提出了收入分配制度改革的四大目标：一是城乡居民收入实现倍增。力争到2018年实现城乡居民人均实际收入比2010年翻一番，中低收入群体收入增长加快，城乡居民社会保障和生活水平显著提高。二是收入分配差距逐步缩小。城乡、区域、行业和居民之间收入差距明显缩小，中等收入群体持续扩大，贫困人口显著减少，橄榄型分配结构逐步形成。三是收入分配秩序明显改善。合法收入得到依法保护，过高收入得到合理调节，隐性收入得到有效规范，非法收入予以坚决取缔。四是收入分配格局趋于合理。居民收入在国民收入分配中的比重逐步提高，劳动报酬在初次分配中的比重逐步提高，社会保障和就业等民生支出占财政支出的比重明显提升。该意见还以增加城乡居民收入、缩小收入分配差距、规范收入分配秩序为主要内容，提出了推进就业创业工作、深化薪酬制度改革、提高基本公共服务水平、加大惠农富农力度和推动阳光分配等重点工作及相关的改革任务。

二、收入分配体制改革经验成效

改革开放40年来，广东收入分配体制改革在打破原有计划经济体制、建立健全社会主义市场经济体制的基础上不断走向深化，主要有3个方面的经验与成效。

（一）再次分配更加注重公平，国家与企业的关系逐步理顺

改革开放开始至步入21世纪前，广东改革收入分配体制围绕理顺国家与企业的关系和再次分配调整进行。这一阶段的改革，始终与破除原有计划经济体制，走向社会主义市场经济体制相伴而行。

1. 让勤劳者先富起来

党的十一届三中全会以来，为了发展社会主义商品经济，促进农业现代化，使农村富裕起来，广东省农村进行经济体制改革，取得重大成果。1979—1985年，广东省农村经济体制改革，以实行家庭联产承包责任制为中心，推动其他各个领域的改革，取得突破性进展。同时期，广东省在国营大中型企业中实施了职工工资总额与经济效益按比例浮动的办法，同时不断扩大了企业自主权，增强了企业活力。这些改革标志着广东省初步改革打破了原有的计划经济体系。

2. 以搞活企业为重点

1987年,广东省的经济体制改革以搞活企业为重点,把农村经济体制改革与城市经济体制改革相结合,同时着力发展社会主义市场体系,在改革的广度和深度方面都取得了新的进展。同时,配套推进企业用工制度和领导体制等改革,使得企业改革进一步深化。在继续推行合同工制度的同时,部分企业在内部试行劳动组合制,实行择优上岗、班组自由组合等办法,初步搞活了固定工制度。工资制度方面,有数百户国有企业经正式批准实行了工资总额与经济效益挂钩办法;在企业内部普遍实行了计件工资、岗位工资、浮动工资、承包提成工资等多种分配形式,较好地体现了按劳分配,调动了员工的积极性。1987年,广东省企业改革成效明显,进一步增强了企业活力。

1988年,广东省围绕实施中央提出的沿海地区经济发展战略和落实国务院批准广东省作为综合改革试验区的政策,积极扩大开放,加快改革步伐。从总体上看,全省经济体制改革取得了较大的进展。同时,企业改革得到进一步深化。

3. 为初次分配与再次分配的改革探路

从20世纪90年代起,广东省的经济体制改革进一步深化,社会保障领域的改革力度加大,同时开展了住房制度改革,人民生活进一步改善。经过20世纪90年代的改革,广东省初次分配的市场机制基本形成,增强了再次分配的公平性。

20世纪90年代,广东省进一步深化国有企业改革,完善了企业承包经营责任制,同时深化价格改革,推进了社会保险制度改革,进一步整顿了经济秩序。随着社会保险制度改革的推进,养老保险的覆盖面不断扩大,社会保险体系初步形成,住房制度改革稳步推进。1998年,广东省围绕如何增创体制优势,以企业改革为中心,积极推进各项改革,取得了较大的进展。社会保障制度进一步完善,全省把社会保险覆盖面扩大到非国有经济单位,并取得了一定成效。

(二)深化工资制度改革,社会保障制度框架基本形成

步入21世纪以来,在不断完善社会主义市场经济体制的同时,广东对建立社会保障制度框架和深化工资制度改革进行了重点探索,取得了一定的成效。

1. 社会保障制度体系基本形成

进入21世纪以来,广东省以深化国有企业改革,完善社会保障制度,进一步健全市场体系及规范市场秩序为重点,加快经济体制改革步伐,努力争创体制新优势,取得了明显的成效。社会保险体系实现了从无到有,再到逐步完善的转变,住房制度改革稳步推进,基本形成了较为完善的社会保障制度的体系框架。

2003年的收入分配改革聚焦于再次分配实现公平,完善社会保险体系,扩大了养老保险、失业保险、基本医疗保险、工伤保险、生育保险5类保险人群覆盖率。

2. 工资制度改革不断深化

广东省实施更加积极的就业政策,不断提高最低工资标准。2010年,广东省深化工资制度改革,加强工资宏观调控指导,完善企业职工工资正常增长机制。大幅提高最低工资标准,广州、深圳市标准水平居全国前列。推进工资集体协商制度,全省组建工会的大中型企业协商建制率稳步提高。2010年,广东省完善国有资产监管体系,推进国有经济布局和结构调整,促进了国有经济的平稳发展。同时,推进农村集体经济组织建设,集体经济组织公司化改革试点稳步推进。

2011年,广东省率先制定出台省级幸福指标体系,推进基本公共服务均等化。全省用于保障和改善民生支出4 233亿元。① 实施更加积极的就业政策,城镇新增就业177万人。② 推进收入分配制度改革,继续提高最低工资标准,事业单位绩效工资全面实施。2011年,广东省收入分配改革的聚焦点还是在工资制度改革上。

3. 补齐民生短板,共享水平逐步提升

2015年,广东省坚持共享发展理念,着力补齐社会领域发展短板。基本建成高州水库灌区、雷州青年运河灌区续建配套与节水改造主体工程,村村通自来水工程示范县建设顺利推进。社会事业发展步伐加快,推进收入分配制度改革,改善民生福祉,共建共享水平得到较大提升。

近年来,广东省不断推进基本公共服务均等化,在缩小城乡收入分配

---

① 参见卢轶、岳才轩《广东财政去年民生投入4 233亿元》,载《南方日报》2012年1月10日第A01版。

② 参见广东省统计局、国家统计局广东调查总队编《2011年广东国民经济和社会发展统计公报》,载《南方日报》2012年2月23日第A07~A08版。

民生编

差距,实现社会公平方面取得了较大成效。同时,广东省深化了企业改革,尤其是对国有企业工资制度的改革是前所未有的。广东省在国营大中型企业中实施了职工工资总额与经济效益按比例浮动的办法,促使企业形成更加合理的收入分配格局。

(三)城乡居民收入水平不断提高,人民生活普遍得到改善

改革开放以来,广东坚持实干兴粤,先行先试,"蛋糕"越做越大。2017年,全省地区生产总值达8.99万亿元,连续29年居全国首位,地方一般公共预算、政府性基金预算、国有资本经营预算收入合计达1.7万亿元,其中地方一般公共预算收入为1.13万亿元,成为全国首个超万亿元的省份;社会融资规模达2.2万亿元;进出口总额连续5年超6万亿元,出口占全国比重达27.5%。结构调整取得标志性进展,第一、第二、第三产业比重调整为4.2∶43.0∶52.8,现代服务业增加值占服务业比重达62.6%,先进制造业增加值占规模以上工业比重达53.2%,民营经济增加值占生产总值比重达53.8%。① 经济发展为广东收入分配制度改革奠定了坚实的物质基础。

1. 城乡居民收入水平大幅提高

自改革开放以来,广东省城乡居民收入水平不断提高,城乡居民人均可支配收入呈现出逐年递增的趋势。1978年,广东城镇常住居民人均可支配收入为412.13元,到2016年为37 684.25元,38年间增长了91倍。农村常住居民人均可支配收入1978年为193.25元,2016年达到14 512.15元,增速虽然慢于城镇居民可支配收入,但38年间也增长了75倍。②

2. 民生事业不断发展

党的十八大以来,以人民为中心的发展思想在广东发展实践中贯彻落实,经济增长更具有共享性和包容性,特别是在民生领域取得一系列新成绩,一大批惠民举措落地实施,人民获得感不断增强。城镇新增就业累计775.6万人,约占全国的1/9。居民人均可支配收入达3.3万元,年均增长9.2%,居民收入增速持续跑赢经济增速。养老、医疗保险基本实现全

---

① 参见马兴瑞《政府工作报告——2018年1月25日在广东省第十三届人民代表大会第一次会议上》,载《南方日报》2018年2月2日第A03版。
② 参见广东省统计局、国家统计局广东调查总队编《广东统计年鉴2017》,中国统计出版社2017年版,第382页。

覆盖,社会保险主要险种参保人数和基金累计结余均居全国第一,底线民生保障水平跃居全国前列。"创强争先建高地"取得显著成效,各类教育质量不断提高。公共文化设施网络更加完善,文明创建深入开展。人民健康水平和医疗卫生服务能力持续提升,全民健身蓬勃开展。妇女儿童、养老助残等工作取得新成效。社会治安、安全生产、食品药品安全形势持续稳定好转,截至2017年年底全省刑事案件发案数已连续4年下降,生产安全事故总量比2012年下降23.4%,防灾减灾和应急管理工作稳步推进,社会保持和谐稳定。[①]

3. 贫富差距开始缩小

中等收入群体逐步扩大。城乡居民收入逐年增加,收入分配结构在逐步改善。以统计年鉴收入五等分数据进行测算结果显示,广东城镇居民低收入群体比重呈下降趋势,由2011年的61.5%下降到2016年的45.2%,4年间整整下降了近16.3个百分点;中等收入群体比重则逐步上升,由2011年的24.2%上升到2016年的28.5%,5年间上升了4.3个百分点(见表5-1)。尽管离橄榄型社会还有很大的距离,但"两头小、中间大"的现代化社会阶层结构雏形已经形成。

表5-1 广东省城镇居民各收入群体比重

单位:%

年份	低收入群体	中间收入群体	高收入群体
2003	65.3	21.0	13.7
2004	64.1	21.9	14.0
2005	64.7	21.4	13.9
2006	64.6	21.8	13.6
2007	62.4	23.5	14.1
2008	60.2	25.0	14.8
2009	59.6	25.3	15.1
2010	60.4	25.0	14.6

---

① 参见马兴瑞《政府工作报告——2018年1月25日在广东省第十三届人民代表大会第一次会议上》,载《南方日报》2018年2月2日第A03版。

(续表5-1)

年份	低收入群体	中间收入群体	高收入群体
2011	61.5	24.2	14.3
2012	59.8	25.8	14.4
2014	50.8	24.3	24.9
2015	47.1	27.1	25.8
2016	45.2	28.5	26.3

注：根据《广东统计年鉴》(2004—2017年)按收入等级分的城镇居民家庭平均每人全年现金收入（可支配收入）数据计算得出。2013年无此项统计数据。

区域发展差距正在缩小。广东坚持把统筹推进区域城乡发展摆在突出位置，大力推动珠三角优化发展和粤东西北协调发展，区域城乡发展水平进一步提升。珠三角产业转型升级取得重大进展。促进粤东西北发展成效显著，厦深、贵广、南广铁路和乐广高速等一批内联外通基础设施项目顺利建成，高铁运营里程达1 538千米，高速公路通车里程达8 338千米，其中粤东西北地区新增高速公路1 993千米。产业共建和对口帮扶取得明显成效，省产业转移园规模以上工业增加值年均增长20%。粤东西北地级市中心城区扩容提质扎实推进。实施新型城镇化战略，全省城镇化率提高到69.85%。现代农业加快发展，新农村建设深入推进，农民人均可支配收入年均增长9.5%，增速高于城镇居民。①

脱贫攻坚取得重大进展。近年来，广东连续开展两轮扶贫"双到"（规划到户、责任到人）工程，208万相对贫困人口实现脱贫。② 2016年，广东省出台《关于新时期精准扶贫精准脱贫三年攻坚的实施意见》，脱贫攻坚各项工作扎实推进。

三、收入分配体制改革未来前瞻

改革开放40年，广大人民群众从改革开放中有了实实在在的获得感。

---

① 参见马兴瑞《政府工作报告——2018年1月25日在广东省第十三届人民代表大会第一次会议上》，载《南方日报》2018年2月2日第A03版。

② 参见马兴瑞《政府工作报告——2018年1月25日在广东省第十三届人民代表大会第一次会议上》，载《南方日报》2018年2月2日第A03版。

中国特色社会主义进入新时代，人民群众对收入分配又有更多新期待。

（一）突出难点

广东省的收入分配体制改革虽然取得了很大进展，但现实生活中一些难点问题仍待解决，突出表现在城乡居民以及不同群体、行业的居民之间的收入分配差距仍然较大，初次分配过程仍然存在较严重的不公平问题等。

1. 城乡居民收入分配差距依然较大

尽管城乡居民收入逐年提高，而且收入差距呈不断缩小趋势，但目前城乡居民收入差距仍然较大。从城乡居民收入比来看，2007年以来，城乡居民收入比呈不断缩小态势，由3.15倍缩小到2.60倍，但比值还是偏大。从城乡居民收入绝对值看，由于基数不同，总体上城乡居民收入差距不断拉大，由2007年的12 075.26元增加到2015年的21 396.72元（见表5-2）。从图5-1可以清楚地看到两条线之间的距离不断变宽。

表5-2 城乡居民收入变化情况

年份	城镇人均可支配收入/元	农村人均纯收入/元	差额/元	城镇人均可支配收入与农村人均纯收入的倍数
2007	17 699.30	5 624.04	12 075.26	3.15
2008	19 732.86	6 399.77	13 333.09	3.08
2009	21 574.72	6 906.93	14 667.79	3.12
2010	23 897.80	7 890.25	16 007.55	3.03
2011	26 897.48	9 371.73	17 525.75	2.87
2012	30 226.71	10 542.84	19 683.87	2.87
2013	29 537.29	11 067.79	18 469.50	2.67
2014	32 148.11	12 245.56	19 902.55	2.63
2015	34 757.16	13 360.44	21 396.72	2.60

数据来源：广东省统计局、国家统计局广东调查总队编《广东统计年鉴2017》，中国统计出版社2017年版，第382～402页。

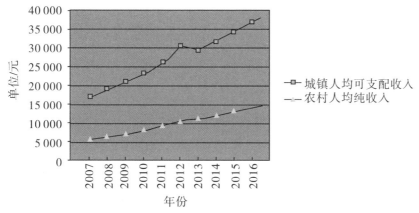

图 5-1　城乡居民收入变化趋势

数据来源：广东省统计局、国家统计局广东调查总队编《广东统计年鉴 2017》，中国统计出版社 2017 年版，第 382～402 页。

2. 不同群体、行业居民收入差距较大

不同群体、不同行业之间的收入差距也是很大的。城镇居民收入总体上看增长幅度比农民大，但城镇居民之间收入差距是很大的，特别是那些弱势群体、困难家庭，其收入很低，增长速度也十分缓慢。就是在农民之间，差距也是十分大的。2014 年，高收入户与低收入户的差距为 4.82 倍，而 2016 年，两者的差距扩大到 5.54 倍（见表 5-3）。

表 5-3　按五等分分组农村居民家庭人均纯收入

单位：元

分组	2014 年	2015 年	2016 年
低收入户	5 079.06	5 243.58	5 452.79
中低收入户	8 513.54	9 647.46	10 212.63
中等收入户	11 665.03	12 901.29	13 606.87
中高收入户	15 781.73	17 222.47	18 502.58
高收入户	24 466.48	26 738.10	30 203.98
高、低收入户收入比	4.82∶1	5.10∶1	5.54∶1

数据来源：广东省统计局、国家统计局广东调查总队编《广东统计年鉴 2017》，中国统计出版社 2017 年版，第 402 页。

3. 初次分配过程仍存在较严重的不公平问题

当前，垄断行业收入过高问题已经成为初次分配领域公平分配的阻碍。而最主要的高收入行业集中在金融、电力、电信、保险、烟草等领域，这些行业的收入要比其他行业的收入高出两三倍。这仅仅是实际工资的对比，如果将工资外收入和职工福利待遇等相加起来，则这种差距可能会更大。在工资增长速度方面，高收入行业要比建筑业、采掘业、农林牧渔业等行业高出很多。不难看出，在行业垄断的背景下，只有那些垄断行业才有能力大幅度增加员工的工资、福利，由此也就形成了一种工资分配秩序的"潜规则"。

（二）瓶颈制约

与上述突出难点相伴随的深层次、关键性的瓶颈制约，在于再分配机制相对滞后。政府通过再分配调节收入差距最重要的一个途径就是税收。但在中国，作为调节收入分配差距的主要税种，如个人所得税、房产税、土地增值税等比重较低。同样具有收入分配调节作用的社会保障税、遗产与赠与税等还未开征。这使得税收公平分配功能的发挥空间相当有限。

1. 税收征管存在漏洞

现在"偷、漏、逃、抗税"等非法现象普遍，执法部门打击力度不足。税收是财政收入的主要来源，在税收不断增加的同时，税收流失额也随之出现不同程度的增长。

2. 税收结构不合理

通常情况下，高收入群体缴纳的个税只占个人所得税总体收入的一小部分，而中低收入者则是纳税主体，很多高收入者却没有自觉履行纳税义务。

3. 逆向调节问题依旧严重

政府主导的再分配措施最先是为了弥补市场机制下初次分配方面的公平缺失，但对中国经济的实际运行而言，却有着逆向调节的作用。广东省虽然近年来社会保障的覆盖面不断扩大，但是长期以来城乡二元结构的存在，逆向调节的问题依旧严峻，存在二次分配造成城镇居民社会福利待遇比农村居民好，地区差距有扩大趋势的问题。同时出现了再分配制度对收入差距的调节功能错位的现象。而且广东省作为流动人口大省，未来人口老龄化、城镇化和就业形式多元化等因素都对其社会保障制度的建设提出了严峻的挑战。

(三) 未来展望

党的十九大报告明确指出,要坚持在经济增长的同时实现居民收入同步增长、在劳动生产率提高的同时实现劳动报酬同步提高;拓宽居民劳动收入和财产性收入渠道;履行好政府再分配调节职能,加快推进基本公共服务均等化,缩小收入分配差距。因此,在新时代、新的发展机遇下,广东必须创新收入分配体制机制,缩小收入分配差距,走一条兼顾效率与公平的道路,实现共同富裕。

1. 进一步缩小收入分配的差距

缩小收入分配差距,必须从收入与分配两个方面入手。收入方面主要是把"蛋糕"做大,想方设法提高收入;分配方面就是要把"蛋糕"分配好,维护社会公平正义。

一是在初次分配中注重公平,政府、工会和企业要充分发挥作用,各司其职。第一,推行工资集体协商制度,发挥工会的作用,改善劳动者的弱势地位。在德国,工会是雇员重要的利益维护机构,雇员和雇主被看作社会伙伴,而不是对立者。工资主要由工会和雇主协会相互协商形成,这样的工资形成机制能够平衡和保护双方的利益。广东省可以借鉴国外有益经验,加强工会建设,发挥工会集体谈判的能力,让工会真正为劳动者维权。同时根据自身实际情况,加强最低工资制度建设,努力逐步提高最低工资标准。第二,实行以教育机会均等为内容的免费义务教育,实行有效的职业技能培训,提高普通劳动者的人力资本。第三,消除行政性行业垄断,深化国企改革完善垄断行业的利润分配制度。随着收入分配体制改革进入攻坚期和深水区,既得利益群体的阻碍将会阻止改革步伐的加快。所以要防止社会共有的垄断利润转化为小集团利益和个别员工的薪酬福利,必须深化国有企业改革,消除垄断。

二是打破二元结构,促进城乡之间、地区之间协调发展。加大对经济落后地区的公共教育经费投入,强化教育机会均等,尤其要精准发力,优先将建档立卡等家庭经济困难学生纳入教育资助范围。同时要积极扶持贫困地区、贫困户的发展,使他们尽快脱贫致富。坚决打赢脱贫攻坚战,强化党政一把手负总责的责任制,坚持大扶贫格局。注重扶贫同扶志、扶智相结合,做到精准扶贫、精准脱贫,从而缩小城乡差距。

三是三次分配领域要发挥非政府组织、慈善公益组织等的作用,弥补政府之手的不足。第一，政府要注重对慈善事业的宣传，营造全社会关心、支持慈善事业的良好环境，培育公民慈善意识，以增强高收入群体的社会责任感，发动他们对弱势群体的救济，营造和谐友好的社会环境。第二，加强政府对公益性社会组织的支持。在财政运作或政府基金运用上，政府要加大支持力度。第三，实行有效监督。为了规范慈善机构的运作，政府可以设置相关的机构来加强对其监督。还可以发挥社会力量，让第三方机构介入监督，以实现慈善机构良性运作。

2. 努力实现"两个增长同步"和"提高两个比重"

一是坚持在经济增长的同时实现居民收入同步增长、在劳动生产率提高的同时实现报酬同步提高。扩宽居民劳动收入和财产性收入渠道。坚持按劳分配原则，完善按要素分配的体制机制，促进收入分配更合理、更有序。鼓励勤劳致富、守法致富，扩大中等收入群体，增加低收入者收入，调节过高收入，取缔非法收入。履行好政府再分配调节职能，加快实现公共服务均等化，缩小收入分配差距。再分配制度促进收入均等化，更加注重公平。再分配领域应该发挥政府之手的作用，弥补市场分配的失灵，完善社会保障体系，保障低收入群体的基本生活，充分发挥社会保障的兜底功能。

二是要坚持加强宏观调控与分级管理相结合。要严格工资收入分配的宏观管理，完善监督约束机制，加快收入分配检测体系建设，规范工资收入分配秩序。建立统一的薪酬调查体系，加快收入分配监测体系建设，在整合现有资源、加强部门协作基础上，研究编制居民收入分配监测专项规划。同时，要积极推进集体谈判制度，建立企业职工工资正常增长和支付保障机制。曾经作为世界工厂的珠三角经过40年的改革开放，迎来了劳动力市场的急剧转变，面临着用工荒的挑战，劳动力市场供需矛盾日趋凸显。在这样的大背景下，广东省应积极推进集体谈判制度，使劳动者与用人单位形成相互制衡的局面，保障劳动者权利，以确保提高劳动报酬在初次分配中占合理比重。最后，要深化机关事业单位工资制度改革。逐步完善与机关事业单位类型相匹配的工资分配制度，规范机关事业单位工资收入分配的支付方式，加强对机关事业单位经营性收入的监管，合理调控各类机关事业单位工资收入分配的总体水平。

三是拓宽就业渠道，强化就业机会均等，降低失业率。就业是民生之本，只有保证广大人民群众实现就业，才能增强社会再造血功能。要将促进就业作为一项长期政策，努力扩大分享"蛋糕"的覆盖人群。党的十九大报告提出，就业是最大的民生。要坚持就业优先战略和积极就业政策，实现更高质量和更充分就业。大规模开展职业技能培训，注重解决结构性就业矛盾，鼓励创业带动就业。提供全方位公共就业服务，促进高校毕业生等青年群体、农民工多渠道就业创业。破除妨碍劳动力、人才社会性流动的体制机制弊端，使人人都有通过辛勤劳动实现自身发展机会。完善政府、工会、企业共同参与协商协调机制，构建和谐劳动关系，从真正意义上兼顾效率与公平，缩小收入差距和最终实现共同富裕。

四是不断深化收入分配体制改革，形成橄榄型社会结构。众所周知，橄榄型社会结构是一种比较公平的社会结构。要扩大中等收入者比重，努力缩小城乡、区域、行业收入分配差距，努力建成一个"两头小、中间大"的橄榄型社会结构。

3. 完善政府对收入再分配的宏观调控

虽然市场在配置资源中起决定作用，但是市场这只无形的手并不是万能的。市场配置资源具有其缺陷，需要政府这只有形的手进行宏观调控，尤其是在收入再分配领域。

再分配是缩小收入差距的过程中至关重要的环节，二次分配应该更注重公平。第一，要充分利用税收政策对二次收入分配进行调节。要健全财税制度，加大对收入分配的调节力度。严格按规定征收个人所得税，适时开征遗产税、赠与税和特别消费税。调整优化税率结构，在考虑加大对高收入群体征税力度的同时，适当降低中低收入者的课税。同时不断落实基本公共服务均等化政策，真正让人民共享发展成果。第二，构建比较完善的社会保障制度对二次收入分配进行调节，发挥社会保障制度的社会安全网作用。不断完善社会保障体系，扩大社会保险的覆盖面，让人们老有所养，病有所医，公平地享受国家福利。第三，通过反贫困调节措施，改善贫困家庭的收入状况。不断落实精准扶贫政策，真正让低收入群体实现脱贫致富，不断缩小收入差距。第四，打击经济犯罪，惩治腐败，抑制非法收入。为了防止灰色收入，政府要加强自身廉政建设，同时加强对非法收入的打击力度。

第六章　广东社会保障体制改革

社会保障是国家和社会对社会成员在某些情况下提供物质帮助和相关服务的各种政策与制度的总和。社会保障体制改革，核心是处理好国民收入再分配与社会稳定发展之间的关系。改革开放40年以来，广东社会保障体制改革与经济体制改革遥相呼应，逐步推进，社会保障事业快速健康发展，各项主要指标居全国前列，为深化改革、促进经济发展、维护社会稳定做出了积极贡献。从保障对象来说，实现了由国有单位职工向所有劳动者群体的扩展；从覆盖范围来说，实现了由城镇向农村的扩展；从制度体系来说，实现了由单一制度向多层次保障体系的转变；从工作机制来说，实现了由主要依靠行政手段向法治化的转变；从管理方式来说，实现了由粗放管理向规范化、社会化管理的转变。可以说，改革开放40年的广东社会保障体制改革之路，也是中国在经济崛起过程中不断提升社会公平进而促进社会稳定发展的一个缩影。习近平2018年3月对广东提出在营造共建共治共享社会治理格局上走在全国前列的殷切期望，不仅进一步明确了广东率先全面建成小康社会的责任担当，也为广东寻求社会保障体制的创新之道指明了前进的方向。因此，未来广东应当根据中央有关精神，全面深化社会保障体制改革，积极探索与社会主义现代化相匹配的社会保障体系。

一、社会保障体制改革发展历程

1978年党的十一届三中全会召开后，广东成为全国改革开放的综合试验区，在经济社会协调发展的迫切要求之下开始探索重建全新的社会保障体制。下文主要将广东社会保障体制改革分为试点探索、制度建设、全面深化3个阶段，并在不同阶段分别述说社会保险（包含养老保险、医疗保险、工伤保险、生育保险、失业保险等)、社会救助、社会福利、优抚安置等方面的发展历程。

(一) 第一阶段：试点探索阶段

20世纪70年代末至90年代初是广东社会保障体制改革的试点探索阶段。为适应经济体制改革的需要，客观上要求改变原来计划经济条件下单位包办的保障制度，把社会保障覆盖到所有的单位和从业人员，建立起适应经济和社会发展需要的社会主义市场经济条件下的社会保障体制。

1. 医疗保险和养老保险制度改革的探索

医疗保险制度改革方面，早在20世纪80年代，广东就开始研究医疗保险制度改革，提出实行个人账户与社会统筹相结合的改革模式。1984年4月28日，国家卫生部和财政部联合发出《关于进一步加强公费医疗管理的通知》，提出要积极慎重改革公费医疗制度，开启了广东医疗制度改革探索的新阶段。1989年3月，国务院批转了国家经济体制改革委员会《关于1989年经济体制改革要点的通知》，提出在深圳市进行社会保障制度综合改革试点。在相关政策指引下，1991年，广东政府先行在深圳、东莞、佛山等地试行大病医疗保险，之后又对公费医疗制度进行了改革。

养老保险制度改革方面，1983年5月，广东试行合同制职工社会养老保险制度，迈出了改革的第一步。1984年5月，国家劳动部会同国家经济委员会、财政部、工商银行、全国总工会等部门向国务院提交了《关于统筹全民所有制单位退休基金的报告》。与此同时，结合劳动制度改革，广东率先在江门市、东莞市建立退休费用社会统筹试点，广东养老保险制度改革由此开始。此后10年间，广东陆续推出了一系列的社会保险改革项目，主要有：1984年3月，实行城镇集体企业职工退休费社会统筹；1984年11月，实行国有企业固定职工退休费社会统筹；1989年3月，建立临时工社会养老保险制度；1990年6月，建立企业固定工个人缴纳养老保险费制度。

2. 工伤保险与生育保险制度改革的探索

在工伤保险制度方面，党的十一届三中全会之后，广东因地缘优势、政策优势，建立了加工制造、进口贸易、高新技术、现代物流等产业，特别是珠三角地区经济飞速发展，成为世界制造业的重要基地。工业化带来了丰硕的经济成果，也带来了前所未有的风险——工伤事故和职业病危害。为此,广东从20世纪80年代中期开始,尝试对工伤保险制度进行改革。1990年年初,广东在东莞、深圳组织工伤保险制度改革试点,两地先后颁布了社会工伤保险暂行规定。同年,广东制定了《广东省职工因工残废评定暂行标准》,将因工致残等级评定写入了工作规范之中。

在生育保险制度方面,广东的生育保险工作始于1990年开始进行的企业职工生育保险制度改革。为切实保障女职工的合法权益,按照国务院颁布的《女职工劳动保护规定》及《广东省女职工劳动保护实施办法》的要求,1991年4月开始,广东率先在佛山、江门等市开展女职工生育保险费用社会统筹的试点,取得了较好成效。

3. 失业保险制度改革的探索

20世纪80年代中期,改革开放进入新的阶段,各种所有制的企业大量出现,劳动用工的形式也越来越灵活,不同所有制企业之间、企业与机关事业单位之间人员的流动日益频繁。为适应国有企业经营机制的转换和劳动制度的重大改革,从1983年开始,广东开始探索建设待业保险制度(因为当时对于社会主义社会是否存在失业存在争论,因此"失业"一词尚由"待业"代替),具体主要有:1985年5月,在全省建立社会劳动保险公司,作为社会保险经办机构;1986年9月,为贯彻国务院发布的《国营企业职工待业保险暂行规定》,广东省人民政府颁布《广东省国营企业职工待业保险实施细则》,开始在广东建立国有企业职工待业保险制度。

广东社会保险制度改革从企业职工养老保险制度改革开始,随着经济体制改革的发展不断深化。20世纪80年代末以来,为适应经济体制改革的需要,客观上要求改变原来计划经济条件下单位包办的保障制度,把社会保险覆盖到所有的单位和从业人员,建立起适应经济和社会发展需要的社会主义市场经济条件下的社会保险体系,为经济体制改革创造良好的外部环境。为此,广东从1983年开始,逐步对社会保险制度进行改革。从1983年至1992年,广东先后实行了合同制职工社会养老保险、企业固定职工退休费用社会统筹、国有企业职工待业保险、临时工养老保险、企业固定职工个人缴纳养老保险费、企业职工社会工伤保险6项社会保险制度改革。

正值改革初期,这一阶段的广东主要做到了敢为人先,逐步探索建立起一套适应地区和时代发展的劳动保险制度,同时进行配套改革,为全国

民生编

其他地区的社会保障体制改革创造了有益经验。总体来说，计划经济时代保障模式的痕迹还没有完全抹去，改革主要以增量改革的形式为主。

(二) 第二阶段：制度建设阶段

从 1992 年开始到 21 世纪 10 年代初，经过多年的改革和探索，广东社会保障体制改革全面铺开，特别是在党的十六届三中全会以后，中央明确提出了以人为本，全民、协调、可持续的科学发展观，此后政府职能转变成了改革重点，广东社会保障体制改革也进入了建设基本公共服务均等化的新阶段。

1. 建立健全医疗保险与养老保险制度

在医疗保险制度方面，1997 年，在《关于职工医疗保障制度改革扩大试点的意见》基础上，国务院办公厅根据统一部署，将全国实行"社会统筹＋个人账户"相结合模式（以下简称"统账模式"）的试点城市从 1994 年的两个扩大到了 58 个。① 其中，广东深圳市在原本"统账模式"试点经验和国务院指示的原则下进行了一些改革探索，即实行混合型模式，具体为对不同类型的人群分别实行不同层次的保险模式，主要包括综合医疗保险、住院医疗保险、特殊医疗保险 3 个层次。接下来 10 年多的时间里，在全国范围内，1998 年，国务院出台了《关于建立城镇职工基本医疗保险制度的决定》，建立了城镇职工基本医疗保险制度；2003 年，国务院办公厅转发了卫生部等部门《关于建立新型农村合作医疗制度意见的通知》，建立了新型农村合作医疗制度；2007 年，国务院出台了《关于开展城镇居民医保试点的指导意见》，建立了城镇居民基本医疗保险制度（以下简称"城镇居民医保"）；2009 年，中共中央、国务院《关于深化医药卫生体制改革的意见》发布。广东省人民政府也随即出台与以上文件相关的配套政策制度，省内各地区采取一系列措施，加快医疗保障向城镇全体居民覆盖进程。

在养老保险制度方面，1992 年，党的十四大提出建立社会主义市场经济的改革目标，明确提出社会保险制度是社会主义市场经济体制的重要支柱。1993 年 6 月，广东省人民政府颁布《广东省职工社会养老保险暂

---

① 参见宋晓梧主编《构建共享型社会——中国社会体制改革 40 年》，广东经济出版社 2017 版，第 176～207 页。

行规定》，在全省范围内全面实施社会养老保险制度。1998年9月，广东省人大常委会审议通过并颁布了《广东省社会养老保险条例》；2000年3月，广东省人民政府发布了《广东省社会养老保险条例实施细则》；2006年9月，广东省人民政府印发了《关于贯彻国务院完善企业职工基本养老保险制度决定的通知》。这些成为规范广东省养老保险制度的重要法律依据。

在建立统一制度的基础上，广东城镇企业养老保险制度继续完善。2009年11月，为加快建立广东省农村社会养老保险制度，实现农村居民老有所养的目标，广东结合本省实际，出台了《广东省新型农村社会养老保险试点实施办法》，指出按照国家的统一安排，2009年在全省10%的县（市、区）开展试点，以后逐步扩大试点，2020年以前基本实现全覆盖；2010年12月，广东省人民政府印发《广东省新型农村社会养老保险三年全覆盖工作方案》，决定为健全城乡居民社会保障体系，加快推进新型农村社会养老保险（以下简称"新农保"）工作，确保到2012年全省实现新型农村社会养老保险制度全覆盖。

2. 建立健全工伤、生育、失业保险制度

在工伤保险制度方面，1992年1月，广东省人民政府正式颁布了《广东省企业职工社会工伤保险规定》，进行了较大的改革；1998年9月广东省九届人大五次会议审议通过了《广东省社会工伤保险条例》；2003年，国务院《工伤保险条例》颁布后，广东省认真贯彻落实，组织专家研究修正后的《广东省工伤保险条例》于2004年经省人大常委会审议通过，标志着广东省建立起适应社会主义市场经济体制和广东地方实际情况的工伤保险制度；2011年，根据国务院对《工伤保险条例》若干条例修改的内容，广东省进一步明确了用人单位和职工的责任，科学规范了相关的标准和工作程序。

在生育保险制度方面，1992年5月，广东省人民政府批复了《广东省省属、中央、部队驻穗企业、事业单位女职工生育保险办法》，标志着省级企事业单位的生育保险制度正式启动。随后，当时的省劳动局及时向全省转发了该文件，要求各地结合实际积极开展，组织试点。由此，广东各地开始积极确立生育保险制度。

在失业保险制度方面，20世纪90年代中后期，国企改革进入攻坚阶段。1996年，广东省人民政府出台《广东省职工失业保险暂行规定》，随后1998年又颁布了《广东省失业保险规定》，对原制度进行了改革；2002年，在1999年国务院《失业保险条例》发布施行的基础上，广东省人大常委会审议通过《广东省失业保险条例》，结合广东实际对失业保险制度做了进一步的改革和完善；2005年，国务院在《关于进一步加强就业再就业工作的通知》中，制定了新一轮积极就业政策，并规定东部地区可以在认真分析失业保险基金收支、结余状况和地方就业再就业基金安排的前提下，实行结合本地实际进行适当扩大失业保险基金支出的范围试点；①2006年5月，广东省作为适当扩大失业保险基金支出范围的试点之一，以3年为期，进一步发挥失业保险制度促进再就业的功能，为全面落实积极就业政策提供了资金支持，为全面改革失业保险制度奠定了实践基础。

3. 建立健全城市最低生活保障制度

在社会救助方面，随着1994年第十次全国民政工作会议召开，同年广州市开始建设试点，按照会议精神，开始对城市社会救济对象逐步实行按本市最低生活保障线标准进行救济。1997年，国务院下发《关于在全国建立城市居民最低生活保障制度的通知》，要求1997年年底以前，已建立这项制度的城市要逐步完善，尚未建立这项制度的要抓紧做好准备工作；1999年年底以前，县级市和县政府所在地的镇要建立起这项制度。同年，广东省已经有127个县（市、区）建立了农村最低生活保障制度，领先全国其他地区。1999年，《城市居民最低生活保障条例》正式颁布，正式标志广东省的城市最低生活保障制度进入规范化、法制化发展模式。②

进入21世纪后，广东继续完善覆盖城乡的最低生活保障制度。2007年，《国务院关于在全国建立农村最低生活保障制度的通知》提出在全国范围内建立农村低保制度，至此，广东省覆盖城乡的最低生活保障制度得到基本确立。

这一阶段的广东社会保障体制改革全面开启，随着执政理念的转变，向城乡居民提供均等化的基本公共服务成为重要任务。养老保险和医疗保险由"统账合一"转变为覆盖城乡，工伤保险和生育保险进一步建立健全，托底的社会救助制度更受重视。从覆盖地区来看，城乡逐渐开始统筹

---

① 参见行健《结合实际，细化措施，全国扎实推进新政策落实工作》，载《中国就业》2006年第2期。

② 参见陈东清《社会保障不断取得新突破——建国60年来广东社会保障发展概述》，载《广东科技》2010年总第247期。

发展，农村社会保障长期受忽视的局面也开始逐步扭转；从覆盖人群来看，主要体现在从城镇企业职工逐渐向其他所有制职工扩展、从劳动者向所有城镇居民扩展两个方面。总体而言，这一时期的广东社会保障体制改革着重于制度的建设完善。

（三）第三阶段：全面深化阶段

21世纪10年代初至今，广东社会保障体制改革进入全面深化阶段。党的十八大对全面深化改革进行了战略部署，党的十八届三中全会对全面深化改革的若干重大问题进行了专门研究，提出要统筹推进城乡社会保障体系建设，建立更加公平、可持续的社会保障制度。

1. 整合提升医疗保障与养老保险制度

在医疗保障制度方面，第一，统筹城乡居民医疗保险制度。2010年，广东省人民政府印发《关于加快推进我省基本医疗保险和生育保险市级统筹工作的通知》，旨在适应就业方式转变和人口流动的特殊需求，将灵活就业人员、农民工等纳入城镇职工基本医疗保险范围，基本完成了职工基本医疗保险市级统筹工作。2013年，广东省再次出台《关于印发广东省流动就业人员基本医疗保险关系转移接续暂行办法的通知》，实现了省内职工基本医疗保险关系顺畅转移接续。党的十八届三中全会后，全国都出台了整合城乡居民基本医疗保险制度的相关政策文件，广东在全省范围内全面整合城镇居民基本医疗保险和新农合制度，归口于人力资源与社会保障部门统一管理。截至目前，广东全省21个地市实施统一的城乡居民基本医疗保险制度，统筹城乡的基本医疗保险体系不断健全。

第二，建立大病保险制度。2012年，国家发展和改革委员会（以下简称"国家发改委"）、卫生部、财政部、人力资源社会保障部（以下简称"国家人社部"）、民政部、保险监督管理委员会（以下简称"保监会"）六部委发布《关于开展城乡居民大病保险工作的指导意见》，明确针对城镇居民医保、新农合参保（合）人大病负担重的情况，引入市场机制，建立大病保险制度，减轻城乡居民的大病负担，大病医保报销比例不低于50%。大病保险是对基本医疗保障的补充与延伸，它的实施有助于进一步减轻参保人的负担，最大限度地保障参保人的医保权益，并有效地减少参保人因病致贫、因病返贫问题。而广东早在2009年就由湛江市率先开展了大病保险试点。近年来，广东省通过不断地完善医疗服务保障体系，使大病保障的水平稳步提高。2014年，广东正式建立起大病保险，作为对已有基本医疗保险的补充。2015年，广东加强大病保险制度在全省范围内的推广，全省大病保险待遇支出接近18亿元，受益人数约25万人，[1]大病患者住院政策范围内的报销比例也在逐步提高。大病保险的引入与实施，有利于弥补社保机构在管理医保上人手与物力不足等缺陷，也从侧面激发了市场的活力。

第三，开展异地就医直接结算工作。自广东省全民医保基本实现后，随着医疗保险的全覆盖和优质医疗资源配置不均的加剧，参保人异地就医的需求愈加强烈。为了解决参保人异地就医垫付和来回往返报销医疗费用等问题，广东省从2012年便开始推进全省异地就医联网结算工作，至2015年10月28日，广东正式建成省内异地就医结算系统并正式上线，提前完成了国务院总理李克强提出的在2016年年底要建成省级异地就医结算系统的要求。据统计，从2015年10月上线起，到2017年12月，广东全省已有332家机构接入平台，累积住院就医联网结算人次34.6万人，结算金额达85.9亿元。总体来说，该平台自上线以来系统运行平稳，上线医疗机构数、就诊人次和结算费用都在稳步增长，且医疗机构上线积极性较高，覆盖面也迅速扩大。同时，广东省积极开展跨省异地就医结算合作，2016年，广东省确定广州市为跨省异地就医试点城市，广东省人民医院为跨省异地就医试点医疗机构，截至当前，广东已与海南、云南、重庆、广西、吉林、湖南和湖北等省签订或商讨了异地就医合作，且广州已与新疆实现了跨省联网结算。[2]

在养老保险制度方面，第一，统一城乡居民基本养老保险制度。2013年，中共广东省委、广东省人民政府结合国家的社会保险法相关条例以及相关政策法规，颁布《广东省城乡居民社会养老保险实施办法》，把新型农村社会养老保险制度和城镇居民社会养老保险制度这两个制度有机地结合起来，建立全省范围内的统一的城乡居民社会养老保险制度。这不仅可以更有效地推进城乡之间的发展、缩短城乡之间的距离、加大融合完成城乡建设的要求，而且也解决了制度混乱的局面以及改善了制度不完善所带

---

[1] 参见丘军敏《广东省医疗保障制度改革的路径与经验研究》，载《当代经济》2017年第12期。

[2] 参见丘军敏《广东省医疗保障制度改革的路径与经验研究》，载《当代经济》2017年第12期。

来的种种不便。2014年，国务院下发《关于建立统一的城乡居民基本养老保险制度的意见》，明确表示将新型农村社会养老保险制度与城镇居民社会养老保险制度合并实施，在全国范围内建立统一管理统一部署的城乡居民基本养老保险制度，实现二者一体化，即城乡居民养老保险；同年，参照该意见指示精神，广东对2013年的养老保险实施办法做出了充分完善，出台了新的《广东省城乡居民基本养老保险实施办法》，规定原来加入新型农村社会养老保险和城镇居民社会养老保险的城乡居民，个人账户及其存有资金、信息等将统一转到新实施的城乡居民基本养老保险中；同年9月，广东省人力资源和社会保障厅、财政厅针对本省的现实状况，对《广东省城乡居民基本养老保险实施办法》提出了一些具体的实施方案和细则。

第二，统一职工养老保险制度。2009年，为解决机关事业单位职工和退休人员游离在养老保险制度之外的短板问题，国务院下发了事业单位养老保险制度改革方案，确定广东作为试点，成为国内最先开展养老保险"双轨制"改革的5个省市之一（其余4个省市为山西、上海、浙江、重庆），与事业单位分类改革相互推进。试点改革的经验为全面实施职工养老保险制度改革奠定了实践基础。2015年，国务院正式发布《关于机关事业单位工作人员养老保险制度改革的决定》，破除养老保险"双轨制"。这是在全面深化改革背景下的重大举措，有利于促进机关事业单位深化改革，体现制度公平和规则公平。2016年，广东省人民政府印发《关于贯彻落实〈国务院关于机关事业单位工作人员养老保险制度改革的决定〉的通知》，明确广东机关事业单位基本养老保险参保缴费等基本规程。

第三，探索衔接广东省基本养老保险制度。职工养老保险制度和城乡居民养老保险制度有着各自不同的成长历程，经过了不同的发展路线，这种路线的不同在中国的保险制度发展过程中具有很强的普遍性。在制度分离、全国统筹尚未实现的情况下，为适应参保人员需要，2014年，广东省社会保险基金管理局下发了《关于印发〈广东省城乡养老保险制度衔接经办规程（试行）〉的通知》，对全省城乡养老保险制度衔接业务经办程序进行了统一和规范。

2. 统筹城乡社会救助制度发展

第一，最低生活保障方面。在2008年，广东省民政厅和广东省财政厅联合下发《关于进一步做好最低生活保障工作的通知》，明确提出对城乡特殊困难低保对象实行分类施保；2013年，《广东省人民政府关于印发提高我省底线民生保障水平实施方案的通知》明确指出要落实城乡低保标准，将城镇"三无"人员纳入城镇低保范围，此时由于全省不同地区的经济发展水平各异，广东省实行分类的城乡低保标准；2014年，国务院颁布《社会救助暂行办法》，该办法明确将最低生活保障、特困人员供养、受灾人员救助、医疗救助、教育救助、住房救助、就业救助、临时救助8项制度和社会力量参与作为社会救助的基本内容，构建了一个分工负责、相互衔接、协调实施、政府救助和社会力量参与相结合的中国特色社会主义救助制度体系。在此基础上，广东积极落实国务院关于统筹城乡发展的要求，分类规定城乡低保最低标准，并逐年提升城乡最低生活保障标准。

第二，医疗救助方面。2010年，广东省民政厅、财政厅、人力资源和社会保障厅、卫生厅、审计厅联合发布了《广东省城乡特困居民医疗救助办法》，较为全面地规定了医疗救助法律制度的基本内容，如医疗救助对象、医疗救助标准、医疗救助申请审批程序、医疗资金处理方式等。该办法标志着广东形成了符合本省实情的医疗救助法律制度，并率先在全国落实医疗救助法律制度城乡一体化的建设。2012年，《广东省民政厅关于在全省开展医疗救助"一站式"结算服务工作的通知》中指出，要在全省范围内全面实行医疗救助"一站式"结算服务，以实现被救助对象依法享受的城镇居民医保、新农合和城乡医疗救助服务在相关定点医疗机构的同步结算、无缝对接、统一监管。2013年，广东省人民政府发布《关于提高我省底线民生保障水平的实施方案》，计划提高医疗救助水平，力争于2017年进入全国前十。2016年，广东省人民政府办公厅转发省民政厅等部门《关于进一步完善医疗救助法律制度全面开展重特大疾病医疗救助工作实施意见的通知》，计划全面建立重特大疾病医疗救助法律制度，提高医疗救助管理服务水平；同年，广东省人民政府办公厅转发省民政厅等部门《关于印发〈广东省困难群众医疗救助暂行办法〉的通知》，废止了2010年颁布实施的《广东省城乡特困居民医疗救助办法》，将可以申请医疗救助的对象范围进一步扩大至支出型贫困医疗救助对象，即因病致贫家庭重病患者。经过多年的努力，广东基本形成了新型的医疗救助体系。

第三，临时救助方面。2015年，根据国务院要求，广东省人民政府印发了《广东省临时救助暂行办法》，细化了临时救助的对象范围和救助标准，明确了一般和紧急两种救助程序，建立了社会力量参与和主动发现机制，着眼解决城乡群众突发性、紧迫性、临时性基本生活困难问题。2015年，国家民政部、财政部共同确定了全国"救急难"试点单位，广东省内的广州市海珠区和番禺区、佛山市南海区、肇庆市广宁县和四会市入选，各试点单位均及时制订了工作方案，完善救助政策，同时重点建立健全工作协调机制、主动发现机制等配套制度，注重引导社会力量参与"救急难"工作，目前均取得了良好的成效，并将继续探索可行道路。

第四，其他方面。2017年，广东省第十二届人民代表大会常务委员会第三十四次会议审议通过了《广东省社会救助条例》，对广东现有的社会救助制度进行了全面设计，明确了要在省内开展最低生活保障、特困人员供养、受灾人员救助、医疗救助、教育救助、住房救助、就业救助、临时救助、生活无着的流浪乞讨及其走失人员救助等社会救助工作，统筹力度大幅提升，注重便民利民、诚信监管，着力规定了社会化、信息化方面的内容，充分体现了高速发展中的广东特色。该条例规定，县级以上政府应通过财政补贴、税收优惠、费用减免等形式，引导、激励公益慈善组织、社会工作服务机构和社会力量举办的养老、医疗等服务机构，为特困人员提供专业化、个性化服务；县级以上人民政府对在学前教育、义务教育、高中教育（含中等职业教育）、普通高等教育阶段就学的最低生活保障家庭成员、特困供养人员，不能入学接受义务教育的残疾儿童，以及其他家庭经济困难学生，根据国家和广东省的有关规定给予相应的教育救助；特困供养人员、低收入救助对象、因病致贫家庭重病患者和符合一定条件的持本地居住证的常住人口都将纳入到救助范围，救助对象不仅是广东籍困难群众，也涵盖符合一定条件的持本地居住证的常住人口。该条例还要求，救助管理机构在极端天气或遭受自然灾害的情况下可以开启临时避寒、避暑或庇护场所，并要简化救助流程，为困境人员提供饭菜和住宿等基本服务；县级以上政府和主管部门要会同公安、卫生和计划生育行政部门加强对街面的日常救助巡逻，及时救助救治流浪乞讨人员，确保应救尽救，兜住底线。

3. 发展多层次社会保障体系

第一，推动社会保险体系多元化建设。《中共中央关于全面深化改革若干重大问题的决定》中指出，要制定实施免税、延期征税等优惠政策，加快发展企业年金、职业年金、商业保险等。① 2014年，国务院办公厅下发了《关于加快发展商业健康保险的若干意见》。在此基础上，2015年，广东省人民政府办公厅转发《关于大力发展商业健康保险的实施意见》，提出要发展多样化的商业健康保险服务、创新健康保险产品服务、发展商业健康管理服务、提高医疗执业保险覆盖面，以及促进医药、医疗器械、医疗技术的创新发展；要构建多层次医疗保障体系，进一步规范商业保险机构承办城乡居民大病保险工作，稳步推进商业保险机构参与各类医疗保险经办服务，完善商业保险机构与医疗卫生机构合作机制；要提升健康保险管理和服务水平，夯实商业保险基础建设，提高人口健康信息管理水平，同时强化监督管理，完善城乡居民大病保险和各类医疗保障经办业务的监管制度，建立社会保障、卫生计生、保险监管机构等相关部门参与的监管合作机制，构建规范的大病保险监管体系。

第二，推动优抚安置体系规范化建设。2009年，广东省民政厅联合省劳动和社会保障厅、卫生厅、财政厅，出台了《关于进一步推进优抚对象医疗保障工作的意见》，根据广东省经济社会发展和优抚工作的特点，一是明确规定优抚对象要按属地管理原则，纳入相应的城镇职工、城镇居民基本医疗保险或新型农村合作医疗，全员参保、参合。二是明确规定优抚对象在享受社会医疗保障的基础上，按属别享受城乡医疗救助和优抚对象医疗补助。三是明确规定医疗机构优惠减免，要求政府非营利性医疗机构，落实优抚对象医疗优先和减免优惠政策。四是明确规定逐步实行医疗费简捷结算服务，通过推行优抚对象医疗费"一站式"结算，使优抚对象医疗费中非个人自付部分，在其医疗终结时同步结算；对患危急重病的优抚对象，实行先就医后结算等医前救助措施。2017年，广东省财政厅印发了《关于调整部分优抚对象等人员抚恤和生活补助标准的通知》，提高残疾军人（含伤残人民警察、伤残国家机关工作人员、伤残民兵民工）、烈属（含因公牺牲军人遗属、病故军人遗属）、在乡老复员军人、回乡务农抗战老战士、带病回乡退伍军人、在农村的和城镇无工作单位且家庭生活困难的参战退役人员、"五老"人员（老党员、老游击队员、老交通员、老苏区干部、老堡垒户）等群体的生活补助标准和抚恤金。

---

① 参见宋晓梧主编《构建共享型社会——中国社会体制改革40年》，广东经济出版社2017年版，第176～207页。

在这一阶段,广东省开始了社会保障体制的全面深化改革。整合、统筹、统一、合并成了关键词,意味着社会保障制度的结构也在优化升级,公平的基本公共服务和社会保障权利深入人心,并体现在制度设计和实际工作中。

二、社会保障体制改革经验成效

改革开放以来,广东始终把保障和改善民生作为根本出发点和落脚点,实现了社会保障制度理念和制度模型的根本转型,扎实推动社会保障体系建设取得突破性进展,使人民群众得到更多实惠,社会保障在经济社会发展特别是全面深化改革中更好地发挥了"安全网"和"减震器"作用。下文从3个方面对广东社会保障体制改革的经验与成效进行阐述。

(一)制度体系不断完善

与全国总体改革方式相适应,广东社会保障体制改革也采取了"摸着石头过河"的探索、渐进策略。广东务实主义的特色和做法,保证了社会保障体制的顺利转轨,为本省经济发展创造了和谐稳定的社会环境。

1. 制度理念不断更新

从制度理念来看,改革开放前,与高度集中的计划经济体制相适应,广东的社会保障制度沿袭着以国家本位主义为主要依据的原则,社会保障制度理念都是从国家的角度和利益出发,主张国家主导社会保障制度安排,政府直接干预并承担建设与发展社会保障的主要责任。改革开放之初,集体经济进一步衰微,按照"效率优先,兼顾公平"的制度理念,城镇社会保障像是一个独立于企事业单位之外的社会系统,农村的社会保障检核更是长期受到忽视。进入21世纪,随着改革的全面深化,以人为本的发展观提出要处理好经济发展与社会发展的关系,减少贫富悬殊、城乡差距明显等社会问题,对广东的社会保障制度建设具有推动和指导作用。

2. 制度模式不断转型

从制度模式来看,改革前的广东社会保障制度实行单一化、封闭式的运行模式,改革后则逐步向多元化、社会化发展,整个制度模式有了实质性的转变。与此同时,各项社会保障制度都走出了自我封闭的状态,开始了社会化的进程。广东作为最早的社会保障体制改革试点之一,其基本养老保险、医疗保险都采取了社会统筹与个人账户相结合、现收付与积累相结合的财务模式,这种新的制度设计改变了原有责任分担的状况;在社会福利领域,全省民办福利事业获得了长足的发展,政府办福利事业也逐渐走向社会化。

3. 全新体系全面建立

经过改革开放 40 年来的发展,广东的社会保障体系全面建立,新型农村社会养老保险与城镇居民社会养老保险、新型农村合作医疗与城镇居民医疗保险率先并轨,职工养老保险与城乡居民养老保险实现制度间顺畅衔接,省内流动人员医疗保险关系实现无障碍转移接续;城乡居民普通门诊统筹和大病保险制度全面建立,生育保险待遇项目逐步规范统一;以城乡低保、农村五保、医疗救助、城乡居民基础养老保险金、残疾人生活保障、孤儿生活保障为主要内容的底线民生保障体系初步建立,城乡低保标准制度基本建立,商业保险、企业年金、职业年金发挥补充作用。

(二) 覆盖范围逐年扩大

社会保障制度的不断完善为社会保障覆盖范围的不断扩大创造了有利条件,主要体现在法定覆盖人群范围不断扩大、各项社会保险参保人数不断增加、重点人群参保人数不断增加 3 个方面。

1. 法定覆盖人群范围不断扩大

与经济体制改革相适应,广东的社会保障制度逐步建立并完善,各项制度的法定覆盖人群不断扩大。以 2011 年颁布的《广东省工伤保险条例》内容为例,条例中对原有的工伤保险覆盖范围进行了修改,从各类企业、有雇工的个体工商户扩大到了企业、事业单位、社会团体、民办非企业单位、基金会、律师事务所、会计师事务所等组织和有雇工的个体工商户,受益人群的范围进一步扩大。

2. 各项社会保险参保人数不断增加

截至 2016 年,广东省养老、失业、医疗、工伤和生育保险参保总人数达到 27 513.98 万人,其中城乡基本养老保险参保人数 7 935.66 万人,参保率达 94%;城乡基本医疗保险参保人数 10 150.16 万人,参保率达 98%。(见表 6-1)救助对象认定机制初步建立,底线民生保障基本实现应保尽保。

表6-1　2016年广东省各市社会保险参保人数

单位：万人

市别	城乡基本养老保险参保人数	失业保险参保人数	城乡基本医疗保险参保人数	工伤保险参保人数	生育保险参保人数
合计	7 935.66	3 020.09	10 150.16	3 246.18	3 161.89
广州	1 227.59	502.14	1 096.38	495.48	476.61
深圳	1 029.63	1 026.13	1 291.80	1 083.37	1 090.65
珠海	124.22	92.19	164.16	94.35	93.91
汕头	361.35	72.32	501.30	70.01	70.24
佛山	542.08	229.81	500.09	231.43	230.72
韶关	163.61	29.26	284.25	38.52	25.61
河源	204.95	28.91	334.26	30.42	23.54
梅州	268.93	27.01	472.72	35.82	28.93
惠州	334.72	124.64	428.82	148.30	156.20
汕尾	199.63	20.02	305.57	20.55	20.15
东莞	685.83	409.11	574.57	445.07	478.38
中山	242.12	140.23	255.40	145.32	142.06
江门	349.58	76.87	382.64	84.06	80.67
阳江	176.45	21.24	264.13	24.01	20.14
湛江	369.92	39.62	720.75	41.45	45.14
茂名	346.88	26.16	629.12	34.37	28.06
肇庆	234.67	43.64	409.15	45.67	41.73
清远	261.00	36.41	403.57	42.49	37.47
潮州	153.78	32.56	265.87	32.43	31.38
揭阳	318.06	24.00	590.01	21.07	22.49
云浮	161.60	17.82	275.60	18.64	17.81
省直	179.26	—	—	63.35	—
按经济区域					
珠三角	4 770.44	2 644.55	5 103.00	2 773.04	2 790.93

民生编

(续表 6-1)

市别	城乡基本养老保险参保人数	失业保险参保人数	城乡基本医疗保险参保人数	工伤保险参保人数	生育保险参保人数
东翼	1 032.62	148.90	1 662.75	144.06	144.26
西翼	893.25	87.02	1 614.01	99.83	93.34
山区	1 060.08	139.42	1 770.40	165.89	133.35

数据来源：广东省统计局、国家统计局广东调查总队编《广东统计年鉴2017》，中国统计出版社2017年版，第211～213页。其中按经济区域不包括省直单位部分；2012年8月起，新型农村社会养老保险和城镇居民社会养老保险制度全覆盖工作全面启动，合并为城乡居民社会养老保险。

3. 重点人群参保人数不断增加

覆盖范围不断扩大的过程中，重点人群（灵活就业群体、农民工群体等）的参保人数也在持续增加。以异地务工人员群体为例，2016年参加城镇职工基本医疗保险的异地务工人员有1 866.65万人，占参加城镇职工基本医疗保险总人数的49.6%；参加工伤保险的异地务工人员有2 055.67万人，占全部参加工伤保险总人数的63.3%。与此同时，实际享受社会保障待遇的人数也在不断增加，尤其是具有较强财政补贴性质的社会保障制度覆盖面较大，以低保为例，2016年广东省享受低保救济的困难群众达166.56万人，其中城镇25.54万人，农村141.02万人。[①]

（三）保障水平稳步提高

在覆盖面扩大的同时，广东各项社会保障项目的保障水平逐年稳步提高，服务能力不断提升，有力保障了广大人民群众的基本生活需要。

1. 社会保险基金征缴收入不断提升

截至2016年，基本养老金方面，城乡居民基本养老保险基金征缴收入达到388 669万元，全省企业退休人员人均养老金达2 400元/月，城乡居民基础养老金标准达100元/人·月；基本医疗保险方面，城乡居民基本医疗保险基金征缴收入达到3 928 235万元，职工医保、居民医保政策

---

① 基础数据来源：广东省统计局、国家统计局广东调查总队《2016年广东国民经济和社会发展统计公报》，载《南方日报》2017年3月4日第A08～A09版。

范围内住院费用报销比例分别达87%和76%。（见表6-2）社会保障标准自然增长机制逐步完善，底线民生保障标准逐年提高，保障水平总体位居全国前列；率先全面实施大病保险制度，大病保险覆盖范围进一步扩大，有效减轻大病患者特别是困难群体的医疗费用负担。在保障水平不断提高的背后，是广东省财政对主要保障项目不断加大的投入和支持。可以说，加大财政补助是短时间内建立和长期运行城乡各项社会保障体制的基础，对于保证社会公平正义，保障广东省城乡居民基本生活需要发挥了巨大作用。

表6-2　2016年广东省各市社会保险基金征缴收入

单位：万元

市别	城镇职工基本养老保险基金征缴收入	城乡居民基本养老保险基金征缴收入	城镇职工基本医疗保险基金征缴收入	城乡居民基本医疗保险基金征缴收入	失业保险基金征缴收入	工伤保险基金征缴收入	生育保险基金征缴收入
合计	26 222 043	388 664	9 946 839	3 928 236	936 276	532 388	713 108
广州	4 526 504	95 050	3 358 719	287 695	212 584	89 067	246 043
深圳	6 940 615	408	2 287 044	195 235	323 525	108 826	194 146
珠海	936 862	6 885	344 798	34 310	33 648	13 492	18 466
汕头	409 173	21 356	125 877	265 912	19 795	7 469	17 595
佛山	2 136 346	18 626	851 458	211 843	50 527	59 755	54 415
韶关	273 791	19 382	168 601	129 758	10 055	9 662	4 896
河源	198 577	10 605	85 434	158 804	6 856	3 260	4 678
梅州	542 788	53 132	114 671	253 431	8 061	5 872	4 982
惠州	866 162	16 341	358 882	160 201	27 786	23 968	27
汕尾	118 483	5 155	40 534	158 147	3 849	3 632	2 334
东莞	3 273 690	—	740 531	—	109 696	102 110	74 586
中山	1 185 614	—	344 027	—	43 068	32 525	35 572
江门	686 677	15 685	325 193	160 502	20 215	12 851	9 978
阳江	163 200	13 905	69 228	139 063	3 833	3 764	7 022

(续表6-2)

市别	城镇职工基本养老保险基金征缴收入	城乡居民基本养老保险基金征缴收入	城镇职工基本医疗保险基金征缴收入	城乡居民基本医疗保险基金征缴收入	失业保险基金征缴收入	工伤保险基金征缴收入	生育保险基金征缴收入
湛江	402 622	23 376	186 061	377 008	14 336	6 119	10 714
茂名	317 761	23 166	137 942	369 559	12 227	8 004	6 152
肇庆	324 950	17 128	134 204	209 532	10 780	8 076	6 308
清远	307 316	13 029	130 959	217 794	11 823	8 005	5 875
潮州	172 521	6 403	53 262	128 574	4 727	2 864	2 545
揭阳	288 382	14 995	32 018	319 041	4 750	1 939	826
云浮	146 123	14 037	57 396	151 827	4 135	4 090	5 940
省直	2 003 886	—	—	—	—	17 038	8
按经济区域							
珠三角	20 877 420	170 123	8 744 856	1 259 318	831 829	450 670	639 541
东翼	988 559	47 909	251 691	871 674	33 121	15 904	23 300
西翼	883 583	60 447	393 231	885 630	30 396	17 887	23 888
山区	1 468 595	110 185	557 061	911 614	40 930	30 889	26 371

数据来源：广东省统计局、国家统计局广东调查总队编《广东统计年鉴2017》，中国统计出版社2017年版，第225～226页。其中按经济区域不包省直单位部分。

2. 管理和服务阵地建设不断完善

以城乡基层社会保障为例，广东省不断加大对基层服务设施和阵地的建设，着力提升了基层社会保障的服务条件和服务水平。截至2016年，广东省城镇社区服务设施数共有66 677个，比2010年增长了318%。其中，社区养老机构和设施共有1 768个，社区服务站共有20 097间（见表6-3）。

表6-3 2000年、2010年、2012—2016年广东省城镇基层服务设施数

单位：个

项目	2000年	2010年	2012年	2013年	2014年	2015年	2016年
城镇社区服务设施	4 983	15 960	34 284	45 233	55 374	57 108	66 677
社区服务指导中心	—	—	—	31	35	29	28
社区服务中心	—	1 366	1 707	2 492	2 741	2 893	1 843
社区服务站	—	1 632	8 194	12 381	12 992	13 284	20 097
社区养老机构和设施	—	—	—	—	363	621	1 768
社区互助型养老设施	—	—	—	—	—	—	74
其他社区服务设施	—	12 962	24 383	30 329	39 243	40 281	42 867

数据来源：广东省统计局、国家统计局广东调查总队编《广东统计年鉴2017》，中国统计出版社2017年版，第231页。

3. 大力推进信息化建设

"十二五"时期，广东省覆盖省、市、县、镇、村的社会保障公共服务组织体系和服务网络全面建成，社会保险信息系统网络覆盖率达93.5%，底线民生信息化核对管理系统初步建立。省、市、县全面建立救助申请家庭经济状况核对机制，基本实现医疗救助即时结算和医疗保险省内异地就医直接结算。社会保障卡应用领域不断拓展，持卡人口覆盖率达92.5%。[1] 截至2016年，广东社会保障卡累计持卡人数9 916万人，常住人口覆盖率为93.5%，持卡人数居全国第一。[2]

三、社会保障体制改革未来前瞻

党的十八届五中全会提出，要按照人人参与、人人尽力、人人享有的要求，坚守底线、突出重点、完善制度、引导预期，注重社会公平，保障基本民生，实现全面小康社会。党的十九大报告明确指出，中国社会主要矛盾已经转化为人民日益增长的美好生活需要和不平衡不充分的发展之间的矛盾。面对新时代更加复杂的社会局势和更加深刻的社会矛盾和挑战，

---

[1] 参见《广东省人民政府办公厅关于印发广东省社会保障事业发展"十三五"规划的通知》，载《广东省人民政府公报》2017年第6期。

[2] 参见广东年鉴编纂委员会编《广东年鉴2017》，广东年鉴社2017年版，第376页。

未来广东应当立足于社会公平,通过深化改革建立更加可持续的社会保障体制。

(一) 面临的严峻挑战

未来几年是广东率先全面建成小康社会,迈向社会主义现代化新征程的最关键时期。在这个重要的发展阶段,国内外各种问题相互交织,广东将面临更加复杂的社会局势、更加深刻的社会矛盾和更加严峻的挑战。

1. 协调发展压力增大

虽然广东已经基本实现了社会保障体制的全覆盖,但由于制度设计、政策落实和地区发展差异等原因,还是有部分流动人口、灵活就业人员、粤西北地区困难群众无法获得充分的社会保障,从而产生了社会保障在不同地区、人群中的不平等、不协调局面;同时,在获得保障的人群中,保障水平也有高低差异,长此以往不利于社会保障事业的均衡发展。随着城镇化进程的加快,城乡二元结构逐步被打破,按职业、身份划分的制度模式已不适应社会需求,迫切需要强化制度整合,加快建立城乡一体化的社会保障制度体系。

2. 财政投入压力增大

由于广东人口基数较大,老龄人口占比重逐年增加,部分地区在经济尚未发达的情况下就进入了老龄社会,使得现存的社会养老保障、医疗保障体系难以承受重负,同时也对老年人口的社会抚养、社会服务提出了严峻的挑战。目前,为促进社会保障待遇刚性增长,缩小城乡区域和群体间待遇差距,满足人民群众日益提高的精细化服务需求,对各级财政特别是粤东西北地区持续加大投入提出了更大的挑战。

3. 管理服务压力增大

一方面,公共服务能力不足。目前,广东社会保障事业信息化水平滞后、基层服务力量缺乏、基础设施更新换代缓慢等问题,严重制约了服务质量的提升。另一方面,管理难度不断提升,人口老龄化、社保扩面征缴空间收窄与基金收支平衡和保值增值等问题并存,将增加社会保险管理难度。广大人民群众对更高水平社会保障服务的需求与服务产品、服务供给不足的矛盾越来越突出。

（二）改革的宏观思考

党的十九大报告明确提出，要按照兜底线、织密网、建机制的要求，全面建成覆盖全民、城乡统筹、权责清晰、保障适度、可持续的多层次社会保障体系。未来广东社会保障体制应当根据中央确定的改革精神，针对制度的薄弱环节，加大改革和建设力度。

1. 完善社会保险制度

要实现社会保险法定人员全覆盖。完善参保缴费激励政策。推进供给侧结构性改革，研究建立社会保险费率动态调整机制，适时适度降低社会保险费率。完善灵活就业人员、个体从业人员、被征地农民等群体参保政策，健全城乡居民养老、基本医疗保险连续参保激励机制，鼓励积极参保、持续缴费。强化社会保险扩面征缴。以非公有制企业职工、灵活就业人员为重点，依法推动企业全员足额参保。推进实施建筑业按建设项目优先参加工伤保险办法。全面实施全民参保登记计划，建立全省联网的社会保险参保登记数据库，实现参保信息实时分析和动态管理，提高扩面征缴针对性，引导和督促各类单位和符合条件的人员长期持续参保。配合探索港澳居民来粤的教育、医疗、养老等领域福利衔接政策。

要推进养老保险城乡一体化。探索养老保险城乡一体化。在国家现行企业职工养老保险和城乡居民养老保险两项基本制度框架基础上，逐步缩小制度差异，探索建立城乡一体化的基本养老保险制度体系，实现养老保险关系城乡间顺畅转移接续。鼓励和引导有缴费能力的城乡居民按灵活就业人员政策参加职工养老保险，加快推进养老保险城乡一体化；完善职工基本养老保险制度。坚持和完善社会统筹与个人账户相结合的城镇职工基本养老保险制度，完善个人账户制度，鼓励符合条件的非公有制经济组织建立企业年金，研究渐进式延迟退休年龄政策，贯彻落实机关事业单位养老保险制度改革，研究完善机关事业单位养老保险制度改革配套政策，贯彻落实职业年金管理办法，建立职业年金制度。研究制定贯彻机关事业单位养老保险与企业养老保险关系转移接续办法的意见，实现养老保险关系顺畅衔接；健全城乡居民养老保险制度。巩固城乡居民养老保险全覆盖成果，努力实现应保尽保。完善缴费激励机制，适时提高个人缴费最低标准。稳步提高养老待遇水平，研究建立基础养老金正常调整机制。坚持"先保后征"原则，完善被征地农民养老保障政策，探索制定被征地农民

民生编

以灵活就业人员身份参加职工养老保险办法。

要推进医疗保险城乡一体化。探索建立城乡一体化基本医疗保险制度。整合城镇职工基本医疗保险和城乡居民基本医疗保险制度，消除职业和身份差异，建立城乡一体、层次多元、公平和谐、惠民高效的社会医疗保险，统一覆盖范围、筹资标准、待遇水平、基金管理和经办服务，健全涵盖住院、门诊特定病种、普通门诊和大病保险的医疗保障体系，优化整合大病保险政策，完善委托管理和风险分担机制。推进生育保险和基本医疗保险合并实施，深化医疗保险重点领域改革。推动医疗保险个人账户改革，压减个人账户规模，避免资金沉淀浪费。深化医疗保险支付制度改革，全面推行付费总额控制下的复合式付费方式，提高保障绩效，实现基金支出稳定可控。结合药品价格改革，探索医疗保险支付标准形成机制，建立社会保险经办机构与医疗机构及药品供应商的谈判付费机制。强化制度顺畅衔接，协同推进医疗、医药、医保改革，完善普通门诊基层定点医疗机构、住院差别报销政策，促进基层首诊、分级诊疗。强化医疗保险与医疗救助衔接，探索建立"保费补助、基本医疗救助、重特大疾病医疗救助"的一体化救助体系，促进各项制度在保障对象、保障标准、保障资金、管理服务、信息系统等方面互联互补，实现互助共济。

要完善工伤失业保险制度。按照国家统一部署，制定公务员和参照公务员法管理事业单位工作人员的工伤保险政策，健全差别化、可浮动的工伤保险费率政策。巩固完善工伤保险市级统筹，加快推进省级统筹。建立健全工伤预防长效机制，完善工伤康复管理制度和标准体系。强化以职业康复为重点的工伤康复服务，降低工伤事故、职业病等发生率。充分发挥失业保险功能。完善失业保险金申领办法，健全失业监测和防控机制，提高基金使用效率。扩大失业保险基金支出范围试点，进一步发挥失业保险预防失业、稳定就业功能。推进失业保险浮动费率试点，探索建立失业保险省级统筹制度。建立失业保险与促进就业联动机制，探索实施享受失业保险待遇与职业介绍、职业培训等"一站式"服务模式，畅通失业保险与就业信息共享渠道。

要发展补充保险。在建立健全各项基本社会保险制度的基础上，针对多元化的社会保障需求，落实和完善税收支持政策，鼓励发挥商业保险补充性作用，促进商业保险与社会保险衔接，积极发展多层次社会保障体系。推出税收递延型养老保险。加快发展企业年金和职业年金，落实企业年金和职业年金的税收优惠政策，鼓励用人单位为劳动者建立补充养老保险，鼓励个人建立储蓄性养老保险。建立完善适合不同群体、分不同档次的补充医疗保险制度，鼓励发展补充医疗保险和商业健康保险，加大重大疾病、护理、失能收入损失等健康保险产品的开发，推进健康保险个人所得税优惠政策试点。健全完善健康保险监管制度，规范健康保险市场秩序。探索建立长期护理保险制度，开展长期护理保险试点。

2. 完善社会救助制度

要完善最低生活保障制度。修订《广东省城乡居（村）民最低生活保障制度实施办法》，推进城乡低保统筹发展。健全物质救助与服务救助相结合的最低生活保障制度，完善低保对象认定办法，建立健全信息核对机制，优化审核审批程序，强化动态管理，实现应保尽保。加强低保与就业救助、扶贫开发等政策衔接，鼓励有劳动条件的低保对象依靠自身努力回归社会。

要完善特困人员供养制度。制定《广东省特困人员供养暂行办法》，完善特困人员救助供养内容、标准、形式和办理程序，规范供养服务机构管理，建立健全特困人员救助供养对象认定机制，科学合理制定基本生活保障标准和照料护理标准，实现精准救助、差异化服务。转变农村特困人员供养服务机构发展模式，推进特困人员供养服务机构社会化改革，提高失能、半失能特困供养人员集中供养服务水平。

要完善灾害救助保障。制定《广东省自然灾害救助办法》，完善以救灾工作分级负责制为基础、灾害应急救助机制为主体、社会动员机制相配套的灾害救助体系，构建"省—市—县—乡"四级救灾物资储备网络，推进综合减灾示范社区创建。完善自然灾害救助款物管理制度，健全公示公开、跟踪问效、立档建库工作机制，提高资金使用效益。

要完善医疗救助保障。全面资助城乡低保对象、特困供养人员和低收入家庭中老年人、未成年人、重度残疾人、重病患者参加居民基本医疗保险，开展资助低保家庭、特困供养人员购买商业保险试点。建立完善医疗救助制度，全面开展重特大疾病医疗救助，实行资助参保、门诊救助、住院救助、临时救助、慈善援助"五位一体"医疗救助模式，缓解困难群众看病压力，防止因病致贫。实施疾病应急救助制度。

要完善住房救助保障。以城市低保和低收入住房困难家庭为重点，建立健全保障性住房体系，多渠道筹集保障性住房房源，力争低保和低收入家庭住房困难问题得到基本解决。优先保障享受国家抚恤补助待遇的优抚对象和残疾人住房困难家庭纳入城乡居民保障房和危房改造工程，实施残疾人家庭居家无障碍环境改造计划。

要完善教育救助保障。实施教育资助制度，给予家庭经济困难学生学前教育生活费补助、义务教育生活补助，鼓励有条件的地区对幼儿园阶段的残疾儿童保育费和康复费给予补贴，落实普通高中国家助学金制度、中等职业教育资助、普通高校国家助学金和国家助学贷款等政策。

要完善临时救助保障。全面实施临时救助制度，着力解决城乡困难群众突发性、紧迫性和临时性生活困难。完善流浪乞讨人员救助管理制度，建立健全市、县（区）、乡镇（街道）、村（居）四级救助网络。

3. 完善其他保障制度

要完善多元化老年福利体系。坚持政府主导、统筹规划、政策扶持、多方参与的原则，加强老龄科学研究，建立经济困难的高龄、失能等老年人补贴制度，完善普惠型高龄老人津贴制度。发展普惠型老年健康医疗福利，推动建立医疗卫生和养老服务相结合的老年人保障体系，符合条件的养老机构内设医疗机构，可申请纳入基本医疗保险定点医疗机构范围。探索推进失能、半失能、高龄老人轮候养老服务。

要建立适度普惠型儿童福利制度。完善儿童收养制度，加强困境儿童保障工作，健全困境儿童福利分类保障体系。扩大儿童福利范围，推动儿童福利由补缺型向适度普惠型转变，逐步建立起城乡一体化的儿童福利保障体系。建立完善农村留守儿童关爱保护体系。

要扩大残疾人福利保障。修订《广东省扶助残疾人办法》，落实低收入残疾人家庭生活用电、用水、用气等费用优惠和补贴政策。符合条件的残疾人凭残疾人证可以免费或者优惠乘坐市内公共汽车、地铁、轻轨、轮渡等公共交通工具。推动各类公共文化和体育设施向残疾人免费或优惠开放，旅游景点向重度残疾人免费开放。

要大力发展慈善事业。按照国家部署完善鼓励回馈社会、扶贫济困的税收优惠政策，健全慈善事业与社会救助、社会福利、社会服务对接机制，推行政府资金公益创投制度。贯彻落实《中华人民共和国慈善法》，培育扶持慈善组织，广泛开展志愿服务，组织举办中华慈善日、广东扶贫济困日等大型慈善活动。加大福利彩票发行力度，推进福利彩票文化建设，规范福利彩票管理。

要完善抚恤优待保障。进一步规范烈士和残疾军人等级评定、参战和参加核试验军队退役人员认定标准和程序。不断完善优抚医疗保障体系，完善义务兵家庭优待金发放办法。采取多种形式加大对特困优抚对象的帮扶力度。

要深化退役士兵安置改革。建立健全以扶持就业为主，自主就业、政府安排工作、国家供养、退休以及继续完成学业等多种方式相结合的退役士兵安置制度，落实创业就业、社会保险、职业技能培训、教育等优惠政策，鼓励退役士兵自主创业，参与劳动力市场竞争就业，切实保障退役士兵合法权益。

（三）改革的配套举措

围绕标准化、信息化、均等化、法制化要求，加强社会保险、社会救助、社会福利、抚恤优待等方面的服务设施建设，加快健全覆盖城乡、普惠可及、保障公平、可持续的社会保障公共服务体系，提升社会保障公共服务水平。

1. 健全社会保障服务体系

要健全社会保险经办业务体系，健全省、市二级管理、结算，县（区）、乡镇（街道）、社区（村）三级服务的社会保险管理服务网络，统一全省社会保险经办机构名称与标识。推动社会保险服务管理标准化建设，加大社会保险经办服务大厅、档案库房等基础设施建设投入。大力推动网上服务体系建设，建立完善社会保险经办网上服务大厅。统一社会保险关系转移接续运行机制，完善全省转移平台功能，推进社会保险关系无障碍转移。实现省内异地就医多向联网直接结算、跨省异地安置退休人员住院医疗费用直接结算。推动社会保障信息公开，发布社会保险白皮书，利用各种媒介主动公开、宣传各类社会保障政策和数据信息，采取多种形式告知个人权益，切实保障群众知情权和监督权。

要构建社会福利综合服务体系。健全家庭、社区和福利机构相结合的社会福利服务体系，加强福利服务机构、残疾人服务机构等基础设施建设。制定养老机构设立许可办法和养老机构管理办法，推进敬老院管理体制改革。加强老年养护院、医养结合、社区日间照料中心等养老服务设施建设和康复辅具配备。推进智慧社区建设，推进长期照护体系嵌入社区，全面建立以居家为基础、社区为依托、机构为补充、医养结合、覆盖城乡的多层次养老服务体系。开展适老化设施改造试点。实施老龄互助关爱工程。充实护理人员队伍,提升服务专业化水平。完善社区服务网络,加强社区福利设施建设。提高殡葬基本公共服务水平,加强殡仪馆(火葬场)和公益性节地生态安放(葬)设施建设。建立健全经常性社会捐助体系,完善经常性捐助站点和慈善超市建设。规范慈善行业监管制度,推动社会福利事业安全健康运行。

2. 提升社会保障服务水平

要提升社会救助服务管理水平。健全社会救助"一门受理、协同办理"机制,依托信息化手段实现社会救助管理部门间的数据共享、沟通协作。加强救助对象科学认定,优化审核审批流程,提高救助金发放效率。健全医疗救助"一站式"即时结算服务,为救助对象提供便捷服务。完善特困人员供养服务机构管理长效机制,转变农村特困人员供养服务机构发展模式,大力培育区域性、综合性特困人员供养机构。推进应急避护场所建设,每个乡镇(街道)、村(社区)至少建有一个应急避护场所,实现市、县(市、区)、乡镇(街道)及村(社区)服务全覆盖。建立健全社会救助监督检查长效机制,建立多部门联动的信息核对平台。

要提升残疾人公共服务水平。保障残疾人基本康复服务,不断拓展残疾人精准康复服务。建立残疾儿童康复救助制度,完善残疾儿童康复服务网络和服务体系。实施重度肢体残疾人居家康复训练、贫困精神障碍患者服药补贴、住院补贴等重点康复项目。建立健全残疾人辅助器具适配保障制度,为残疾人提供个性化辅助器具适配服务。推进精神障碍患者社区康复机构建设。推广家庭病床模式,依托专业康复机构指导社区和家庭为残疾人实施康复训练。逐步推进视力残疾人康复服务。加快推进省残疾人康复基地等重点服务设施建设,完善县级残疾人康复、托养等服务设施。推进以居家托养为基础、社区托养为支撑、集中托养为补充的残疾人托养服务体系,加快建设社区康园中心。落实国家和省《特殊教育提升计划(2014—2016年)》及后续行动计划,加快推进标准化特殊教育学校和重度残疾儿童教养学校建设。落实特殊教育津贴政策,研究提高特殊教育学校和普通学校附设特教班的专任教师待遇水平。实施全民助残健身工程,将其纳入全民健身服务体系。切实保障残疾人文化体育权利,组织开展适合残疾人特点、方便残疾人参与的文化艺术和群众性体育活动,将其纳入社会公共文化服务体系。健全无障碍环境建设监督和协调机制,促进无障碍环境建设和无障碍信息交流。建立健全残疾人统计调查制度，推进残疾人证智能化和电子证照工作。研究制定残疾人服务机构管理政策和措施。

3. 优化社会保障运行机制

要优化财政保障机制。加大省级财政投入，巩固现有筹资渠道，积极开辟其他资金来源。各地政府要优化财政支出结构和政府投资结构，建立政府对社会保障的正常投入机制和不同层级政府间的分担机制，优先安排涉及民生保障、公共服务均等化等领域的财政支出和项目投入。

要优化信息化保障机制。一是要建立统一的社会保障信息系统。建设全省集中式社会保险信息系统、民生信息化核对管理系统、残疾人报告和信息共享系统，依托省政务信息资源共享平台，逐步推进社会保险、医疗卫生、社会福利、社会救助等信息系统互联互通，实现跨领域、跨部门业务协同与信息共享。加快推进医疗保险大数据平台、医疗救助"一站式"平台等医疗保障信息系统建设，加强对人员信息、就医信息、费用信息的监测分析，提高医疗保障管理服务水平。二是要推进社会保障卡"一卡通"。探索建立居民终身社保账户。加大社会保障卡发放力度，拓展社会保障卡功能应用，推进省内跨地区就医凭卡即时结算、省内医保个人账户跨地区刷卡消费、异地领取养老保险待遇等方面的应用。整合移动互联网、网站、电话、自助服务终端等服务渠道，构建社会保障卡服务体系，为群众提供高效、统一、便捷的用卡服务。三是要构建"互联网+"社会保障网络服务体系。加快建设覆盖全省、联通城乡的社会保障信息网络，完善各级数据中心建设，推动社会保障档案数字化，提高对社会保障全领域业务的支撑和保障能力。以信息化为依托，全方位延伸基层公共服务网络，优化业务流程，创新服务方式，拓展网络化、远程式服务功能。

要优化监督保障机制。健全规划实施统计监测评估机制，加强动态监测和跟踪分析，把统计监测评估结果作为改进社会保障工作和绩效考核的重要依据。完善规划年度考核和中期评估制度，检查规划落实情况，分析规划实施效果，及时查找并解决问题，确保规划各项目标任务全面完成。

要优化宣传保障机制。把握正确舆论导向，健全社会舆情引导机制，充分利用传统媒体和新兴媒体，多渠道加强社会保障政策宣传和舆论引导，加强与群众互动沟通。打造一批社会保障领域新兴主流媒体，提高社会保障宣传引导的集中度与专业性。

第七章 广东扶贫攻坚体制改革

实现共同富裕是中国特色社会主义的本质要求,作为改善民生、缩小贫富差距和带动后富的有力武器和关键保障,扶贫攻坚体制的发展和改革极大地影响着公民的获得感和社会的和谐稳定。

一、扶贫攻坚体制改革发展历程

改革开放 40 年是广东人民脱贫致富、奔向富裕安康,实现区域协调发展、经济社会全面进步的 40 年。1997 年,广东率先实现绝对贫困人口全部脱贫;2018 年,广东即将再次率先总体上实现全部相对贫困人口脱贫。扶贫减贫过程中,涌现出一系列具有首创性的扶贫攻坚模式和做法,被称为"广东特色""中国亮点",推广至全国。

(一)扶贫体制改革摸索期(1978—1999 年)

改革开放到 21 世纪之前的时期是广东扶贫开发事业迅速发展的一段时期,经过大规模缓解贫困、大规模开发式扶贫,到 20 世纪末广东已基本消灭绝对贫困人口,扶贫攻坚体制也逐渐成形。

1. 大规模缓解贫困

1978 年 12 月,党的十一届三中全会在北京召开,做出了把全党工作的重点转移到社会主义现代化建设上来的战略决策。广东以解放思想为先导,全面拨乱反正,按照中共中央和邓小平的构想,创造性地运用中央赋予广东的特殊政策、灵活措施,充分发挥广东毗邻港澳、华侨众多、依山傍水等地缘、人缘和资源优势,以经济建设为中心,创办经济特区,开展以"包产到户"为主要内容的农村体制改革,开启了波澜壮阔的广东扶贫体制改革进程。1978 年下半年,惠阳、海南、湛江部分山区、贫困地区的生产队开始暗中自发实行包产到户。两三年间,全省全面开展农村家庭联产承包责任制。同时,在全省范围内调整农业发展方针,改变农业"以粮为纲"① 和农村"以农唯一"② 的经济格局和产业结构,大力发展乡镇企业,发展完善农业社会化服务体系,推动了农村经济的发展。此外,以经济建设为中心,创办经济特区,在城市逐步进行以市场调节为取向的经济体制改革,也带动了农业体制改革、农村城市化以及农村经济的发展,为扶贫攻坚提供了有力支撑。1984 年,中共中央、国务院发布《关于帮助贫困地区尽快改变面貌的通知》,在相关政策的引导下,中共广东省委、广东省人民政府采取放开土地经营权,以工代赈③,农业税收减免,资金、电力、水、林木资源扶持等一系列扶贫措施,大片农村贫困地区的农业生产条件、交通条件和文化教育卫生事业得到切实改善,农民增收、农村绝对贫困人口较大幅度减少,贫困发生率降低。

2. 大规模开发式扶贫

经过改革开放初期以经济改革带动农村社会经济发展的大规模减贫,广东的贫困人口分布发生了根本性的变化,珠三角城市化进程快速发展、贫困人口迅速减少,而珠三角之外的粤东西北山区则成为贫困人口最集中的地方。1985 年,国家大规模开发式扶贫之前,中共广东省委、广东省人民政府就已经采取针对性措施,组织实施大规模的扶贫开发工程,大力扶持山区、贫困地区发展经济。广东的地理特征是"七山一水两分田",121 个县级行政单位里,山区县有 50 个,面积占全省的 65%,生产、生活条件恶劣、发展滞后。针对这种情况,全省召开了第一次山区开发工作会议,走治山致富、扶贫开发山区的道路。1986 年,全国大规模的开发式扶贫正式开始。广东开始实施贫困县制度,50 个山区县中,有 31 个县被列为贫困县。④ 10 月,中共广东省委、广东省人民政府出台《关于选调省直机关干部帮助山区县治贫致富的意见》。从 1987 年开始,省直和中央驻穗 220 个局以上单位派出 12 批扶贫工作组,连年不断、定点挂钩,按

---

① "以粮为纲",意为农业都要搞粮食种植,这是毛泽东为应对中华人民共和国成立初期粮食不足的情况提出的。
② "以农唯一",意为农村以农业生产为产业的全部。
③ 以工代赈是一项农村扶贫政策。国家安排以工代赈投入建设农村小型基础设施工程,贫困农民参加以工代赈工程建设,获得劳务报酬,直接增加收入。
④ 参见崔健等《广东扶贫开发工作的回顾与前瞻》,载《中国贫困地区》1998 年第 7 期。

民生编

职能扶持31个贫困山区县,从政治思想、科学技术、资金项目、人员培训、文化教育、旅游选点、工农业综合开发等各个方面进行全方位扶持。① 从1986年到1990年的5年间,50个山区县的减贫工作取得较大成效,同时,全省完成造林绿化面积385万公顷,森林覆盖率由原来的26.7%提高到56.3%,为后续山区经济的振兴创造了较好的生态环境。② 从1991年开始,对山区的扶贫开发进入了第二阶段,重点扶持山区发展交通、通信、能源,大搞开发性农业③,特别是"三高"④农业和发展乡镇企业。中共广东省委、广东省人民政府当年出台的《关于加快山区脱贫致富步伐若干问题的决定》明确提出,要把开发性农业推上一个新的台阶;扎实发展县级工业,建立县财政自给基础;加快发展乡镇企业,壮大集体经济实力;加强基础设施建设,改善投资环境;进一步发挥经济发达地区向山区辐射的作用,完善服务体系,搞活商品流通;大力扶持山区发展对外经济贸易;增强科技意识,搞好科技扶贫,切实加强山区工作的领导。⑤ 同年起,沿海7个较发达城市开始对6个山区县进行对口扶持。⑥

3. 消灭绝对贫困人口

1994年,中共中央、国务院审时度势,制定和出台《国家八七扶贫攻坚计划》,提出从1994年到2000年,集中人力、物力、财力,动员社会各界力量,力争用7年左右的时间,基本解决当时全国农村8 000万贫困人口的温饱问题。在相关精神的指导下,中共广东省委、广东省人民政府提出继续坚持开发式扶贫方针,明确扶贫开发信贷、财税等方面优惠政策,增加以工代赈金、专项贴息贷款等扶贫专项资金的投放,规范扶贫开发资金的监管使用的相关意见,并出台了加强基础设施建设,改变文化、教育、卫生的落后状态,把人口自然增长率控制在国家规定范围内等一系列具有可持续性的扶贫措施。1995年,广东设立省级扶贫基金。1996年,

---

① 参见谭国侃《改革开放与扶贫开发》,载《南方农村》1998年第S1期。
② 参见崔健等《广东扶贫开发工作的回顾与前瞻》,载《中国贫困地区》1998年第7期。
③ 开发性农业是指以荒地、荒山、荒水、滩涂等自然资源为对象,用垦殖、养殖等方法进行开发,以达到充分利用资源,生产更多农产品为目的的农业。
④ "三高"指高产、高质、高经济效益。
⑤ 参见广东年鉴编纂委员会编《广东年鉴1992》,广东人民出版社1992年版,第739~742页。
⑥ 参见谭国侃《改革开放与扶贫开发》,载《南方农村》1998年第S1期。

针对剩余的60万还未解决温饱问题的绝对贫困人口，中共广东省委、广东省人民政府按照中央扶贫工作会议精神以及国家的计划目标，划定了16个特困县，打响了消除绝对贫困的最后歼灭战。① 同年，增加到8个沿海较发达城市重点对口扶持16个特困县，1997年调整为6个市对口扶持16个特困县。② 进入1998年，广东省60万绝对贫困人口已基本解决温饱，列入国家计划的3个贫困县均超过国定贫困县的标准。③ 至此，广东省提前3年完成国家计划确定的任务。不仅如此，广东还建立起了各级领导扶贫联系点制度，对剩下的60万绝对贫困人口全部建档立卡，定点联系、防止返贫，对16个特困县继续实行重点扶持。这一时期，广东扶贫开发工作涌现出一批新的、有创造性的举措和机制。如"突出重点、分类指导、分阶段进行"的扶贫方针，"发达城市对口扶持、省直单位挂钩扶贫"的机制，"异地开发、异地安置、异地就业"④ 的举措，"扶贫对象认定到户，资金结算到户，干部挂扶到户，服务直接到户，检查、验收直接到户"的体制，等等，成为未来广东扶贫攻坚体制的重要基础。

（二）"双到"扶贫体制形成期（2000—2011年）

进入21世纪到党的十八大召开前的一段时期，是全面建设小康社会时期，广东在扶贫攻坚体制改革领域先行一步，屡获创新，形成了"规划到户、责任到人"的"双到"扶贫开发模式。

1. 扶贫攻坚工作全面铺开

进入21世纪，党的十五届五中全会首次明确，中国进入了全面建设小康社会、加快推进社会主义现代化的新的发展阶段。广东在巩固已有扶贫开发成果的同时，继续加大对农村山区社会经济建设的投入，力争提高农村贫困地区的温饱水平、让更多贫困农民从根本上摆脱贫困。公路、电力、通信等基础设施建设，农村最低生活保障，农村合作医疗保障，教育

---

① 参见《山区开发》编辑委员会《广东协作扶贫力度大 60万绝对贫困人口基本解决温饱问题》，载《山区开发》1998年第3期。
② 参见谭国侃《改革开放与扶贫开发》，载《南方农村》1998年第S1期。
③ 参见崔健等《广东扶贫开发工作的回顾与前瞻》，载《中国贫困地区》1998年第7期。
④ "异地开发"是指创办扶贫开发试验区，吸引贫困县、乡、镇等人员到异地进行开发建设；"异地安置"是指从1983年开始对粤北石灰岩地区和山区少数民族地区中缺乏生产、生活条件的人口进行有计划的迁移工作，实现异地安置；"异地就业"是指组织数以万计的山区劳动力到沿海地区务工务农，开展劳务输出。

产业成为广东扶贫开发的重点。2001年,中共中央、国务院出台《中国农村扶贫开发纲要(2001—2010年)》,作为未来10年全国扶贫开发的纲领性文件。同年,广东颁布《广东省农村"十五"扶贫开发纲要》①,并确定以1 500元为新的扶贫线(大幅高于当时的国家标准),确认农村贫困户88万多户、贫困人口410万人,集体经济年收入3万元以下的贫困村4 711个。② 从当年开始,中共广东省委、广东省人民政府出台相关文件,组织广州、深圳等9个沿海发达城市对15个扶贫开发工作重点县进行教育对口扶贫和学校对口支援;③ 省级财政每年安排3亿至4亿元,对全省88万贫困家庭子女实施免收书杂费政策,每年帮助贫困地区新建、改扩建1 000多所小学;④ 给予政策优惠扶持一批省扶贫农业龙头企业。2002年,广东出台相关规划,对全省几十万的残疾贫困人口进行技能、教育等方面的扶持,要求各级人民政府将资金落到实处、采取到户直接扶贫的办法进行帮扶。此外,深化巾帼扶贫行动,对占贫困人口的半数的妇女进行科技扶贫,主要聚焦发展当地优质高效的生态农业,规定给予小额信贷等优惠政策。同年开始,每年资助5 000名技工学校的贫困家庭学生就读,保证就业。2003年,颁布《关于进一步加强旅游扶贫工作的意见》,对贫困地区的旅游项目开发提供资金、推广等方面的支持。2005年起,广东省实施了"十百千万"干部(每年10名省级干部驻市、100名厅级干部驻县、1 000名处级干部驻镇、10 000名科级干部驻村)下基层、驻农村工程。与此同时,经过几年的不懈努力,2006年后,全省农村最低生活保障、农村合作医疗保障制度逐步建立,贫困人口生活水平总体提高。扶贫开发体制机制不断健全,帮扶主体、资金支持不断扩大,责任分工逐渐明晰,工作方案不断改进。

2. "双到"扶贫开发实施意见出台

2009年,广东出台《关于扶贫开发"规划到户、责任到人"工作的

---

① 参见广东省人民政府《印发广东省农村"十五"扶贫开发纲要的通知》,载《广东政报》2001年第34期。这里的"十五"是指中国国民经济和社会发展第十个五年规划时期,具体时间是2001年至2005年。下文出现同类名词仅夹注时间范围。

② 参见程东升等《贫困村里的中国减贫故事》,载《21世纪经济报道》2013年8月5日第13版。

③ 参见广东省人民政府办公厅《转发省教育厅关于教育对口扶贫和学校对口支援工作意见的通知》,载《广东政报》2002年第5期。

④ 参见廖纪坤《贫困问题与广东扶贫措施浅析》,载《南方经济》2004年第12期。

实施意见》，正式开始实施"规划到户、责任到人"的"双到"扶贫开发工作。① "双到"工作将扶贫对象确定为粤东西北欠发达地区 14 个地级市和恩平市等 83 个县（市、区）的 3 409 个贫困村，以及农村家庭年人均纯收入 1 500 元（含 1 500 元）以下的农户，提出用 3 年时间让 80% 以上被帮扶的贫困人口达到农村人均纯收入 2 500 元以上。② 在实践中，"双到"模式首先是准确认定扶贫对象、建立动态档案。采取确定具体的贫困村、贫困户，张榜公示，各帮扶单位逐村逐户调查核实基本情况，对贫困村、贫困户登记造册，录入电脑，建立动态档案和帮扶台账，实现全省联网的措施。其次是帮扶方从原来的省直机关、珠三角经济发达市逐渐发展为与广东省直机关、企事业单位、科研院所、大专院校，以及珠三角 7 个经济发达市和粤东西北 14 个地级以上市单位的"五方挂钩"。最后是解决了怎么帮的问题。广东各级人民政府逐年加大财政扶贫资金投入力度，各地、各帮扶单位按照所在市、县（市、区）制定的扶贫"双到"规划和年度实施计划，根据每一个村、每一户贫困户的不同情况，实行分类指导，采取"一村一策、一户一法"措施，制订每个村、每户农户的具体的帮扶计划和帮扶措施，创新推出了金融扶贫、劳力转移扶贫、产业扶贫、移民搬迁扶贫等一系列具有针对性的好途径、新方法。对于帮扶不利、任务没有完成的，严格对有关党委、政府和扶贫开发工作主管部门、帮扶单位主要负责人实行问责。在中共广东省委、广东省人民政府的带领下，在全省人民的共同努力下，广东独树一帜的"双到"扶贫开发工作接连传来佳讯。

3. 新的全国纲领性文件颁布

2011 年 11 月，在较好地完成《中国农村扶贫开发纲要（2001—2010 年）》所做出的 10 年扶贫规划部署的基础上，召开了中央扶贫开发工作会议。会议宣布，根据到 2020 年全面建成小康社会目标的要求，适应国家扶贫开发转入新阶段的形势，决定将农民人均纯收入 2 300 元（2010 年不变价）作为新的国家扶贫标准。③ 新的标准比 2010 年 1 274 元的标准提高了 80%，使得全国贫困人口数量和覆盖面由 2010 年年底的 2 688 万人扩

---

① 参见庞彩霞《广东：扶贫结出幸福果》，载《经济日报》2012 年 11 月 30 日第 14 版。
② 参见陈枫《"均等化"阳光遍洒南粤城乡》，载《南方日报》2010 年 1 月 5 日第 A05 版。
③ 参见顾仲阳、范小建《扶贫标准上调至 2 300 元（政策解读）》，载《人民日报》2011 年 11 月 30 日第 2 版。

大到了 1.28 亿人，占农村户籍人口比例约为 13.4%。①此后，该标准作为国家现行扶贫标准一直沿用至今。同年，中共中央、国务院印发的《中国农村扶贫开发纲要（2011—2020 年）》明确了扶贫开发的总体目标，即到 2020 年，稳定实现扶贫对象不愁吃、不愁穿，保障其义务教育、基本医疗和住房，贫困地区农民人均纯收入增长幅度高于全国平均水平，基本公共服务主要领域指标接近全国平均水平，扭转发展差距扩大的趋势。按照"集中连片、突出重点、全国统筹、区划完整"的原则，在全国共划分出 14 个片区作为扶贫攻坚的主战场，同时兼顾连片特困地区以外重点县和贫困村的扶贫工作。提出建立健全扶贫对象识别机制，做好建档立卡工作，实行动态管理，确保扶贫对象得到有效扶持，并逐步提高国家扶贫标准。该纲要无疑是继《中国农村扶贫开发纲要（2001—2010 年）》之后又一个指导全国扶贫开发的纲领性文件，它的颁布为广东 2011 年至 2020 年的 10 年扶贫开发工作做出了规划、指明了方向。

（三）扶贫攻坚克难新时代（2012—2018 年）

2012 年 11 月，党的十八大正式提出全面建成小康社会的目标，由此，广东扶贫攻坚也进入全面建成小康社会的新阶段。

1. 新一轮"双到"扶贫开发

2012 年岁末，刚当选中共中央总书记的习近平地方考察的第一站就来到了广东。站在广东这片大地上，习近平对广东提出了"三个定位，两个率先"的殷切期望。此后，"三个定位，两个率先"便成为广东包括扶贫攻坚在内各项工作的总目标、总要求。2013 年，在第一轮"双到"扶贫开发工作取得优异成绩并积累了丰富经验的基础上，中共广东省委、广东省人民政府牢牢把握党的十八大精神和"三个定位，两个率先"要求，决定乘势而上，开启新一轮的"双到"扶贫开发工作。4 月，中共广东省委办公厅、广东省人民政府办公厅印发《广东省新一轮扶贫开发"规划到户责任到人"及重点县（市）帮扶工作实施方案》，要求到 2015 年，被帮扶的有劳动能力的贫困户人均纯收入达到或超过当年全省农村人均纯收入的 45%，并实现稳定脱贫；贫困家庭成员按规定全部参加新型农村合作

---

① 参见车玉明、任沁沁等《两不愁三保障》，载《人民日报》（海外版）2011 年 11 月 30 日第 4 版。

医疗和新型农村社会养老保险，符合最低生活保障条件的贫困家庭成员全部纳入最低生活保障范围；低收入住房困难户住房改建和不具备生产生活条件的贫困村庄移民搬迁安置任务全部完成。到2015年，重点帮扶村全村农民人均纯收入超过当年全省农民人均纯收入的60%，行政村集体经济收入达到或超过5万元，生产生活基础设施建设基本完善，民主管理制度健全。到2015年，重点县（市）县域经济发展明显加快，产业结构逐步优化，特色优势产业快速发展，县级财政状况明显好转，综合实力显著增强；人均地区生产总值增幅高于全省平均水平，农民人均纯收入超过当年全省农民人均纯收入的75%；区域发展环境和生态环境进一步优化，经济与人口、资源、环境协调发展。①

新一轮"双到"扶贫开发工作，一是更加注重将扶贫开发与区域协调发展统一起来，加大县域经济发展扶持力度，利用优惠政策将更多的优质产业吸引、转移到扶贫开发重点县（市）产业园区集聚发展。二是除了继续实施对口定点帮扶和行业、产业、技能培训、转移就业、基础设施建设等方面的扶持外，还加大了资金扶持力度，在重点帮扶村全面实施扶贫小额贷款贴息制度。三是更加突出"连片开发"，扩大了重点扶贫范围。四是重视老区的扶贫开发，特别加大了对原中央苏区县、少数民族地区的扶持力度。五是责任更加明晰，分工更加合理。重点帮扶村及其村内有劳动能力的贫困户、贫困人口的帮扶由省、发达市和重点帮扶村所在市、县（市、区）的相关单位负责，省组织考核验收。重点帮扶村以外的有劳动能力的贫困户、贫困人口的帮扶由所在县（市、区）和乡镇的相关单位负责，所在市组织考核验收。六是贫困人口参加新型农村合作医疗、新型农村社会养老保险、最低生活保障的问题得到了有效的解决。国务院扶贫办主任刘永富专程到广东调研，将广东大扶贫概括为"四最"，即领导重视程度最高、扶持政策最实、资金投入最多、社会参与最广，并称广东经验为中国亮点、世界模式，值得各地学习借鉴。

2. 精准扶贫的重要论述

党的十八大后中国扶贫攻坚进入了精准扶贫、全面建成小康社会的新时代。2013年，习近平到湖南湘西考察时，首次提出了精准扶贫的重要

---

① 参见邓圣耀、张艳丽《广东新一轮扶贫开发启动》，载《南方日报》2013年5月10日第A02版。

论述。此后,他走访了全国多个贫困地区,并在多个重要场合进一步阐述精准扶贫的含义,指出扶贫开发"贵在精准,重在精准,成败之举在于精准",坚持精准扶贫、精准脱贫,核心是因地制宜、因人因户因村施策,要注重"六个精准",即扶贫对象精准、项目安排精准、资金使用精准、措施到户精准、因村派人精准、脱贫成效精准,实施好"五个一批",即发展生产脱贫一批、易地扶贫搬迁脱贫一批、生态补偿脱贫一批、发展教育脱贫一批、社会保障兜底一批。① 精准扶贫从此成为全国扶贫攻坚的指导思想和基本方略。2015 年 11 月 23 日,中共中央政治局召开会议,审议通过《中共中央 国务院关于打赢脱贫攻坚战的决定》。该决定以"精准扶贫、精准脱贫"为核心思想,提出了实施精准扶贫方略、加强贫困地区基础设施建设、强化政策保障、广泛动员全社会力量、大力营造良好氛围、切实加强党的领导 6 个方面的举措,要求到 2020 年实现让全部农村贫困人口摆脱贫困的既定目标。27 日至 28 日,中央扶贫开发工作会议在北京召开。以这两个事件为标志,全国脱贫攻坚战的冲锋号正式吹响,坚决打赢脱贫攻坚战,确保到 2020 年所有贫困地区和贫困人口一道迈入全面小康社会,成为包括广东在内全党全社会共同而紧迫的目标。

3. 精准扶贫精准脱贫三年攻坚

2016 年 6 月,为贯彻落实《中共中央 国务院关于打赢脱贫攻坚战的决定》,聚焦精准扶贫、精准脱贫,广东出台了《中共广东省委 广东省人民政府关于新时期精准扶贫精准脱贫三年攻坚的实施意见》,从而正式打响了广东脱贫攻坚战。广东脱贫攻坚战的目标是,到 2018 年,按农村居民年人均可支配收入低于 4 000 元(2014 年不变价)的标准全省农村 70.8 万户共计 176.5 万相对贫困人口、按农村居民年人均可支配收入低于 8 000元(2014 年不变价)相对贫困人口占村户籍人口5%以上全省2 277 个相对贫困村全部实现脱贫;到 2018 年,稳定实现农村贫困人口不愁吃、不愁穿,义务教育、基本医疗和住房安全有保障,基本公共服务主要指标相当于全省平均水平;有劳动能力的相对贫困人口人均可支配收入占当年全省农村居民人均可支配收入的比重不低于45%,即不低于7 365 元;符合政策的全部或部分丧失劳动能力的相对贫困人口纳入低保,确保全部实现稳定脱贫;相对贫困村人均可支配收入占当年全省农村居民人均可支配

---

① 参见刘永富《以精准发力提高脱贫攻坚成效》,载《人民日报》2016 年 1 月 11 日第 7 版。

收入比重不低于60%，即不低于9 820元。① 该意见出台后，广东省国土资源厅等超过26个部门紧密围绕着贯彻落实该意见，实施好广东脱贫攻坚战的"八项工程"②，先后出台了几十项配套方案，构建起广东扶贫攻坚"1＋N"政策措施体系。③

在全面建成小康社会进入决胜阶段之际，2017年10月，党的十九大胜利召开。作为全面建成小康社会的关键一环，党的十九大提出，要确保到2020年中国现行标准下农村贫困人口实现脱贫，贫困县全部摘帽，解决区域性整体贫困，做到脱真贫、真脱贫。会议还将习近平的精准扶贫新理念作为重要的一个部分纳入习近平新时代中国特色社会主义思想之中。党的十九大后，中共广东省委、广东省人民政府贯彻中共中央相关精神，对扶贫攻坚做出一系列新部署、新安排、新指示。全省铆足干劲、众志成城，稳步推进扶贫攻坚各领域建设，决胜全面建成小康社会。

二、扶贫攻坚体制改革经验成效

改革开放40年以来，广东扶贫攻坚体制改革取得巨大成效，体制机制不断健全，工作模式不断创新，减贫效果日益突出，在积累丰富经验的同时也为全国提供了许多可借鉴的模式。

（一）取得丰硕、优异的减贫成绩

改革开放40年来，广东扶贫攻坚成效显著，扶贫标准不断提高，贫困地区、贫困人口大幅减少，多次率先、高质量地完成国家和省制定的扶贫攻坚任务。

1. 率先消灭绝对贫困人口

改革开放初期，广东通过多方面的改革措施，使得粤东西北农村地区贫困现象得到比较大缓解、农村开始发展起来。同时，珠三角地区城市化

---

① 参见《源流》编辑委员会《新时期精准扶贫精准脱贫三年攻坚》，载《源流》2016年第4期。

② 脱贫攻坚"八项工程"，即实施产业发展扶贫工程、实施劳动力就业扶贫工程、实施社会保障扶贫工程、实施教育文化扶贫工程、实施医疗保险和医疗救助保障扶贫工程、实施农村危房改造扶贫工程、实施基础设施建设扶贫工程、实施人居环境改善扶贫工程。

③ 参见胡新科《26个部门精准扶贫配套方案全部出台》，载《南方日报》2016年12月12日第A02版。

民生编

迅速发展,众多乡村变为城市,贫困农民变成有一定收入的市民。这一时期,广东的贫困现象较其他省份更早地得到较大幅度的消减。1985年,广东在全国率先实施大规模开发式扶贫。针对广东山区县众多,生产、生活条件恶劣,发展滞后,是贫困人口的主要集中地的特点,广东先是走治山致富、扶贫开发山区的道路。进入第二阶段后,又通过对口帮扶等一系列措施,重点扶持山区发展交通、通信、能源,培育"三高"农业和发展乡镇企业。到1997年年底,全省实现了基本解决温饱问题的目标(以户为单位计算,绝对贫困发生率在1%以下),成为全国率先实现国家扶贫攻坚计划目标的首批省份。1997年与1985年对比,50个山区县的地区生产总值翻了两番多,农村人均纯收入从418元提高到2 860元,主要经济指标增长速度超过全省平均水平。列入国家扶贫攻坚计划的3个县均已越过国定贫困县的标准线,31个省定贫困县有21个摘掉了贫困帽子。据统计,至1997年年底,50个山区11 167个贫困管理区(即行政村)中集体经济达到或超过省定3万元标准的有11 086个,达标率94.6%。乡镇机动财力明显增加,50个山区县的957个乡镇有949个乡镇机动财力达到了省定30万元以上的要求,达标率99.2%,贫困县本级财政也有一定增长。50个山区县中已有40个实现脱贫达标,高要、广宁、德庆、封开、梅江5个山区县(区)通过验收成为"农村小康达标县",高州、高要、惠东、潮安4个山区县进入全国百强县的行列。与此同时,山区交通、通信、教育等基础设施以及产业状况也得到明显改善。从1985年到1998年,省和山区市县共投入300多亿元强化基础设施建设。1996年,山区公路通车里程为5 600多千米,公路密度达45千米/平方千米。到1998年,全部乡镇和96%的管理区(行政村)通了公路,行政村村村通了电,村村有了电话,山区县的全部城乡实现电话程控化和传输数字化,市县一级开通了移动电话和BP机通信。在此期间,经教育部验收,包括50个山区县在内,全省还实现了九年义务教育考核达标。据统计,从1987年到1998年,省直机关挂钩扶贫,兴办开发项目2 100多个;1991年到1998年,沿海市累计向山区市县投入资金达16亿多元,兴办扶持和协作项目近800个。到1998年,山区已建成各具特色的农业商品基地1 800多个70多万公顷,建成了大批资源型加工企业。"八五"期间(1991—1995年),50个山区县实际利用外资从1991年的几千万美元逐步增加到10多亿美元。此外,从1993年到1998年,还对粤北石灰岩地区和山区少数民族中缺乏生产生活条件的人口实行异地安置,省投入的专项资金达 2.45 亿元,迁移安置人口达 22.5 万人。①

2. 大幅消减贫困人口

进入 21 世纪,广东以 1 500 元作为新的扶贫线,确认农村贫困户 88 万多户、贫困人口 410 万人,集体经济年收入 3 万元以下的贫困村 4 711 个。全省除了继续加强对贫困落后地区公路、电力、通信等基础设施建设以及产业开发的扶持外,还推出了一系列政策措施,重点解决贫困人口的教育、卫生和社会保障问题。2008 年,广东基本消除了年人均纯收入在 1 500 元以下的农村女扶贫对象。② 与此同时,农村贫困地区的基础设施、产业等方面得到较大程度的改善与发展,农村最低生活保障、农村合作医疗覆盖面逐步扩大,贫困人口生活水平总体提高。2009 年,广东正式启动"双到"扶贫开发工作,将年人均纯收入 2 500 元作为新扶贫标准,确认了 3 407 个贫困村、36.7 万贫困户、158.6 万贫困人口。③ 在为期 3 年的"双到"扶贫开发期间,省直、中直驻粤单位、企事业单位和珠三角 7 个经济发达市,以及粤东西北 14 个市及其所属县(市、区)的机关单位、企业,按照定点、定人、定责帮扶的要求,直接挂钩扶持贫困村、贫困户,派遣了 11 524 名干部扎根农村,整合投入资金 227.3 亿元。④ 2010 年年底,广东全省贫困户年人均纯收入 6 111 元,达到全省农村居民收入平均水平的 65%。按照农村年人均纯收入 2 500 元的脱贫标准计算,96.6% 有劳动能力的贫困户成功脱贫,同时,贫困村的集体经济收入平均达 8.6 万元。2011 年年底,广东基本完成了 14 万户农村低收入住房困难户的住房改造以及 7 751 户村庄移民户的搬迁工作,并完成 300 个"幸福安居示范村"整村推进建设任务。2009 年未实施"双到"工作之前,广东农村年人均纯收入 1 500 元以下的贫困人口就有 316 万人,占全省农村人口的 6.14%,高于全国 4.6% 的贫困发生率。⑤ 到 2012 年年底,被帮扶贫困户

---

① 参见崔健等《广东扶贫开发工作的回顾与前瞻》,载《中国贫困地区》1998 年第 7 期。
② 参见程东升等《贫困村里的中国减贫故事》,载《21 世纪经济报道》2013 年 8 月 5 日第 13 版。
③ 参见陈枫《"均等化"阳光遍洒南粤城乡》,载《南方日报》2010 年 1 月 5 日第 A05 版。
④ 参见《领导决策信息》首席时政观察员《广东精准扶贫:中国亮点、世界模式》,载《领导决策信息》2014 年第 15 期。
⑤ 参见庞彩霞《广东:扶贫结出幸福果》,载《经济日报》2012 年 11 月 30 日第 14 版。

收入大幅增加，基本脱贫，全省贫困发生率大幅降低，村集体经济显著增强，村容村貌明显改善，贫困村基层组织建设得到加强。其中，贫困户人均纯收入达到7 762元，比2009年增长近4倍，有劳动能力贫困户人均纯收入达到7 926元，达到全省农村居民收入水平的73.6%，高出全省增长水平14.5个百分点，为全省增长提供4.5%的贡献率。按照广东年人均2 500元的脱贫标准计算，有劳动能力的贫困户脱贫率达到100%，贫困村平均集体收入11.09万元，比2009年增加10.50万元，3 407个省定贫困村村集体经济收入全部超过3万元。①

3. 基本消灭相对贫困人口

在第二轮的"双到"扶贫开发中，广东将韶关市新丰县等21个县（市）定为新一轮扶贫开发重点县（市），将2011年年末全村农民人均纯收入低于5 623元、行政村集体经济收入低于3万元（不含3万元）的2 571个村定为重点帮扶村，将重点帮扶村内2011年年末家庭人均纯收入低于3 093元、有劳动能力的20.9万贫困户和90.6万贫困人口定为重点扶贫对象。② 全省3 599个单位派出7 986名干部驻村，共投入各类帮扶资金202.95亿元，村均投入789.38万元，户均投入9.71万元。截至2015年年底，全省被帮扶的贫困人口实现人均纯收入9 220元，比2012年增长近2.6倍，年均增速高于全省平均水平近26个百分点，很好地完成了被帮扶的有劳动能力的贫困户人均纯收入达到或超过全省农村人均纯收入的45%并实现稳定脱贫的既定目标。全省2 571个贫困村村集体经济收入平均为10万元以上，比2012年增长近7.8倍，年均增速比全省平均水平高近88个百分点，超过预定的重点帮扶村全村农民人均纯收入超过全省农民人均纯收入的60%且行政村集体经济收入达到或超过5万元的目标。村内生产生活基础设施建设基本完善，民主管理制度健全。重点县（市）县域经济发展明显加快，产业结构逐步优化，县级财政状况明显好转，人均地区生产总值增幅高于全省平均水平，农民人均纯收入超过了全省农民人均纯收入的75%，区域发展环境和生态环境进一步优化，综合实力显著增强。此外，民生保障实现全覆盖，全省投入资金19.53亿元，实施民生类项目

---

① 参见盛海辉《从区域协调发展角度解决广东的贫困问题——广东省委、省政府召开全省扶贫开发工作会议》，载《源流》2013年第5期。
② 参见邓圣耀、张艳丽《广东新一轮扶贫开发启动》，载《南方日报》2013年5月10日第A02版。

23 828项，为符合条件的18.6万户贫困户购买新型农村合作医疗保险和新型农村社会养老保险。农村低保提高至年人均最低一类3 120元标准，五保集中、分散供养标准分别为8 400元、6 500元，贫困家庭成员按规定全部参加新型农村合作医疗和新型农村社会养老保险，符合最低生活保障条件的贫困家庭成员全部纳入最低生活保障范围。贫困农民生产生活条件明显改善，贫困村庄移民搬迁3.8万户任务全部完成。①

2016年，广东正式打响了精准扶贫精准脱贫三年攻坚战，以农村居民可支配收入4 000元作为扶贫标准，将46.7万相对贫困户、179万相对贫困人口纳入帮扶对象，并重点帮扶人均年收入8 000元以下的2 277个相对贫困村，要求到2018年，稳定实现相对贫困人口全部脱贫、相对贫困村全部摘帽。②任务下达后，全省全力推进精准扶贫精准脱贫三年攻坚。仅2016年一年全省即派出驻村工作队1.2万个、驻镇驻村工作队员4.3万人，组织各级干部32.67万人次进村开展入户摸查、精准识别工作。截至2016年年底，广东省扶贫信息系统已录入相对贫困人口66.4万户、173.1万人，基本完成了对相对贫困村、相对贫困人口的全覆盖识别工作和摸清了位居前五的主要致贫原因。③同时，2016年全年各级投入各类扶贫资金143.2亿元，启动实施各类帮扶项目5.47万个，全省共有57.36万人实现稳定脱贫。④继2016年完成脱贫50万的既定目标后，2017年全省又完成了脱贫60万的目标。⑤进入2018年，广东脱贫攻坚各项工作有序、扎实推进，正力争在当年基本实现相对贫困人口全部脱贫的目标。

（二）形成科学、高效的运作体制

改革开放40年来，广东在扶贫攻坚领域结合自身特点和发展实情，进行了一系列探索性的试验和重大改革，扶贫攻坚各运作机制不断建立健全，

---

① 参见胡新科、韦浩《十大模式精准发力 三年帮扶成果显著》，载《南方日报》2016年3月22日第A06版。
② 参见《源流》编辑委员会《新时期精准扶贫精准脱贫三年攻坚》，载《源流》2016年第4期。
③ 参见中共广东省委农村工作委员会办公室《省委农办（省扶贫办）力争打赢扶贫攻坚战 力促率先同迈入全面小康》，载《同舟共进》2017年第3期。
④ 参见胡新科、李江萍《承上启下咬准目标打赢脱贫攻坚战》，载《南方日报》2017年3月3日第A10版。
⑤ 参见胡新科《近116万相对贫困人口预脱贫》，载《南方日报》2018年1月17日第A03版。

体制内各制度性要素不断完善创新,系统性、整体性体系效应不断显现。

1. 面向未来、分类指导、分阶段进行的扶贫战略

广东在扶贫减贫方面具有很强的前瞻意识。改革开放后,全国实施大规模的扶贫开发之前,广东就利用地缘、人缘和政策优势,通过城市和农村两个方向的体制改革,大搞经济开发和扶贫救济,发展了产业,消减了大量的贫困人口,并在全国率先进入大规模扶贫开发。在之后的扶贫攻坚过程中,广东率先提出对口帮扶,率先实施建档立卡防止返贫,率先完成国家扶贫攻坚计划任务,提出率先实现全面建成小康社会的目标,首创了可作为全国扶贫攻坚模板借鉴的"双到"扶贫开发模式。这一个个"率先"充分说明了广东的扶贫减贫意识超前、工作方法具有很强的创新性。广东的扶贫攻坚工作又充分考虑了全省的地区差异性和全省的整体贫困状况,分清主次、突破重点、步步推进,实施"一阶段一纲要",即每一个扶贫攻坚时期至少要有一个纲领性文件、一个纲领性计划作为指导的战略,以3~5年作为一个时期,以全省扶贫开发所面临的最紧迫的问题和最贫困的地区作为这个时期扶贫攻坚的主要突破口和任务,完成一个时期的任务总结一次、重新规划一次,并进入下一个扶贫攻坚周期。事实证明,这种分类指导、分阶段进行的扶贫战略实施效率高、效果显著、经验可复制,如"七五"(1986—1990年)、"八五"时期,走治山致富、大规模基础设施建设开发山区的道路,消除了绝大多数的绝对贫困人口的同时,还为农村山区创造了较好的生活条件和一定的发展环境。21世纪以来的两轮"双到"扶贫工作,更是使几百万的农村贫困人口脱贫,农村生活生产条件获得翻天覆地的变化,贫困落后地区经济、产业得到较快发展,医疗、养老、最低生活保障在贫困家庭中全面覆盖,贫困地区教育、卫生等公共服务资源也逐渐赶上全省平均水平。

2. 精准识别、精准帮扶、多方挂钩的工作机制

经过40年的不断探索,广东省创新形成了符合省情,高效、独到的工作机制。一是对口帮扶。省直和中直驻粤单位、珠三角对口帮扶市、被帮扶对象村所在市县(市、区)和乡镇的国家机关、事业单位及全省国有企业、社会团体,对帮扶对象实行定点、定人、定职、定责帮扶,全省先后派出上千个工作组驻镇(街道),数万个工作队驻村,数十万名干部入村摸查,实现了全省扶贫开发的"多方挂钩、多方支援"。二是精准识别。在全省范围内确定作为重点扶贫对象的重点县(市、区)、重点村。根据

贫困标准，确认具体的贫困户，并在村内张榜公示。在镇设立驻镇工作组，在村设立驻村工作队。各帮扶单位、驻地干部进村开展入户摸查、精准识别工作，逐村逐户调查核实基本情况，保证确保不漏一户、不落一人，贫困村、贫困户的情况准确真实，由农户、村委干部、调查人员签名确认。按照"户有卡、村有册、镇有簿、县有案"的工作要求，对贫困村、贫困户登记造册，录入电脑，做到贫困村、贫困户的基本信息收集全覆盖。建立动态档案和帮扶台账，实现全省联网，使每一个贫困村、贫困户的基本情况和挂扶单位的帮扶情况一目了然。此外，相对贫困人口的确认，必须按照规定程序，严格执行村民申请、村民小组和村民代表评议、村委会公示、乡镇人民政府审核的程序，由县级人民政府审定最终名单。三是量身定制帮扶计划和帮扶措施。各帮扶单位按照所在市、县（市、区）制定的扶贫规划和年度实施计划，根据每一个村、每一户贫困户的不同情况，实行分类指导、整村推进，采取"一村一策、一户一法"，制订每个村、每户农户的具体、可靠的帮扶计划和帮扶措施，使帮扶工作有目标、有规划、有步骤、有措施。

3. 群众关心多、覆盖人群广、实施效果好的帮扶工程

广东在扶贫攻坚实践中根据因地制宜、分类施策的原则，针对不同地区、不同对象的具体不同情况，对扶贫重点县（市、区）、贫困村、贫困人口采取不同的扶贫措施。总结起来主要包括以下方面：一是实施产业发展扶贫。根据不同扶贫重点县（市、区）、贫困村的不同情况，选准主导产业和主导产品，实施以建基地、签合约为主的区域经济协作帮扶，以发展地方特色优势产业为主的农业产业化帮扶，以发展休闲农业生态旅游为主的特色旅游帮扶，以入股分红增收为主的入股经济项目帮扶，以担保和小额贷款为主的金融信贷帮扶，等等。大力发展贫困人口参与度高的区域特色产业，搭建了一批产业试验园区、农产品交易平台，培育了一批农业、加工业龙头企业，打造出一批精品乡村旅游景点和路线。同时，还加大"互联网＋精准扶贫"扶持力度，加强进村入户电商平台、物流配送体系和金融服务体系建设，扶持建设了一批电子商务进农村综合示范项目、电商扶贫试点县（市、区）。二是实施劳动力就业扶贫。广东以就业为导向，深入开展贫困户劳动力技能培训，组织了大批贫困人口进行专门的就业创业技能培训，扶持了大批贫困家庭青年接受职业技术院校教育，优先为一批贫困家庭的大学毕业生提供就业保障。在有条件的贫困地区建立了

民生编

一批县镇基层劳动就业试验区,设置了一部分公益岗位,优先安排贫困人口到试验企业或公益岗位就业,让数以万计的贫困人口能够在"家门口"就业。此外,还不断完善输出地与输入地劳务对接机制,引导、转移了一大批贫困地区过剩劳动力到珠三角或其他经济发展较好的市县就业。三是实施社会保障扶贫。全省建立了农村最低生活保障制度、新型农村合作医疗保险制度、新型农村社会养老保险制度,将符合规定的贫困家庭成员全部纳入新型农村合作医疗保险和新型农村社会养老保险,符合最低生活保障条件的贫困家庭成员全部纳入最低生活保障范围,一大批无法依靠产业扶持和就业帮助脱贫的家庭获得了政策性保障兜底。同时,全省还建立了专项救助制度,依托大量的社会供养服务机构,为符合条件的特困人员提供临时的救助或供养。四是实施教育文化扶贫。改革开放40年来,全省大力推进教育扶贫,普及了九年义务教育,省、市教育经费向贫困地区基础教育倾斜,不断提高贫困地区义务教育办学条件,给予贫困学生生活补助,让数百万贫困儿童能够有学上、上好学。当前,全省正不断扩大公益性普惠性学前教育资源在贫困地区的覆盖,逐步高水平高质量地普及高中阶段教育,免除家庭经济困难学生高中阶段和中等职业教育学杂费,为在全省特别是贫困人口中推行免费的学前教育和12年(小学、中学各6年)义务教育创造条件。五是实施卫生和医疗保障扶贫。针对大量因病致贫、因病返贫的案例,广东不断构建全面覆盖贫困地区群众的基本医疗卫生制度,推进基本公共卫生服务逐步均等化,将全省符合规定的贫困家庭成员全部纳入了新型农村合作医疗保险,在全省贫困地区普及了县镇二级医疗卫生服务网络,使大量的扶贫对象享有基本医疗卫生和计划生育服务,贫困地区人口主要健康指标基本接近全省平均水平。大病保险政策正在贫困地区逐步普及,县镇村三级医疗卫生服务网络即贫困村村村有标准化卫生站的愿望即将实现,因病致贫、因病返贫的现象得到切实有效的遏制。六是实施农村危房改造扶贫。以长期居住在危房且危房为唯一住所的农村贫困户为重点,广东实施了多地、多批次的危房改造工程。在实践中,制定了分类补助标准,对不同程度的危房改造实行差异化补助,补助资金一般直接给到改造农户手上。引导农户选用符合国家标准的设计方案和具备建筑资质的施工队伍进行危房改造,严把房屋工程的建设管理和质量巡查关,累计完成危房改造达到百万户级别。七是实施基础设施建设扶贫。在扶贫攻坚中,广东一直遵循以基础设施建改善生活、发展环境和以经济、产业发展带动扶贫开发的原则，不断改善农村贫困地区的交通、电力、电信、水利等影响农民生存与发展的基础设施条件。分清主次、拟清优先级，优先扶持最穷、条件最恶劣的地方和业务，再逐步实现全省贫困地区基础设施建设的大改善。贫困落后地区的生活、生产和发展环境得到极大改善，县（市、区）、乡镇、村，一个个特色产业、产业园区、经济项目都发展起来，甚至不少经济较发达地区的企业也被吸引到曾经的贫困落后地区投资建厂，贫困人口收入切实得到增加。八是实施人居环境改善扶贫。针对一些生活在不具备基本生产、生活条件地区的贫困户、贫困人口，全省采取了以整体迁移和建移民新村为主的移民搬迁扶贫办法，在移民安置区建立起基本的配套公共设施，对迁出区进行生态修复。多年来，全省贫困地区特别是粤北山区，贫困村庄的搬迁户数以万计。此外，全省还以整村推进为契机，大力推进农村贫困地区的生活、生态环境的建设和连片治理，村庄规划、改厕、生活垃圾处理、污水和土壤治理等成为工作重点，美丽宜居乡村建设取得重大进展。

（三）形成合理、有力的保障体制

经过40年的尝试和探索，广东扶贫攻坚有了自身的保障体系，扶贫攻坚保障体制由小到广，由最初的简单到如今的完善，为全省扶贫攻坚事业注入了新的活力，提供了坚实有力的支撑。

1. 分工合理、责任明晰、层层落实的责任监督体系

全省扶贫攻坚遵循"省负总责、市县抓落实"的分工责任制。中共广东省委、广东省人民政府对全省扶贫开发工作负总责，负责抓好目标确定、项目下达、资金统筹与投放、组织动员、监督考核等。各市、县（市、区）是本行政区域的扶贫开发工作责任主体，负责做好上下衔接、扶贫规划、项目落实、质量督查等工作。全省扶贫开发重点对象与项目经县（市、区）、市上报，由省统筹后再将扶贫任务下达到各省直和中直驻粤单位、珠三角经济发达市、贫困村和贫困户所在市县（市、区）的国家机关、事业单位和全省国有企业、社会团体，以及珠三角及贫困村、贫困户所在市县（市、区）有意愿、有能力参加定点帮扶工作的民营企业中，进行定点、定人、定职、定责的对口帮扶。贫困村外的贫困户，由所在市、县（市、区）负责落实定点帮扶单位，明确责任人。保证每一户贫困户都有责任人挂钩联系，保证每一贫困村、每一贫困户都有具体的发展规划和脱贫措施。省直和中直驻粤单位、珠三角经济发达市，根据当地人民政府制定的扶贫开发规划和年度实施计划，为所负责的贫困村、贫困户制订针对性的扶贫方案并实施帮扶，对所负责的扶贫开发项目负责。市、县（市、区）统一领导本行政区域的农村扶贫开发工作，负责制定本行政区域的扶贫开发规划，是本区域扶贫开发工作的主要组织者、实施者和责任者。全省扶贫工作严格实行党政"一把手"负责制，省、市、县、镇、村五级党政"一把手"一起抓。建立起各级领导干部挂钩联系责任制度，将扶贫开发作为领导干部的一项重要的考核任务，对在脱贫攻坚中表现优秀的干部特别是干出实绩、群众欢迎的驻村干部重点培养，同等条件下优先提拔使用。全省签订脱贫攻坚责任书，逐级落实脱贫攻坚任务，各级党委、政府，各单位对其负责的扶贫攻坚任务"包干"。全省扶贫攻坚督查按照"省督查到市，市督查到县，县督查到乡镇，乡镇督查到村到户"的原则，一级对一级监督，层层抓落实。中共广东省委、广东省人民政府对全省地级以上市党委、政府，中央驻粤有关单位、省直机关和省有关单位的脱贫攻坚工作进行督查和考核。各地级以上市结合本地实际制定相关办法，对本地区脱贫攻坚工作进行督查和考核。考核结果作为领导班子和主要负责人年度综合考核评价、选拔任用干部的重要依据。

2. 保证投入、专款专项、监管严密的财政保障体系

在实践中，广东扶贫攻坚形成了省市县三级财政支出网络，建立了与各级人民政府脱贫攻坚责任相适应的扶贫专项资金投入体系，各级人民政府将专门的扶贫经费纳入本级财政预算、严格落实应由本级财政负担的扶贫资金，当前，正逐步健全地方各级人民政府与本地经济社会发展相适应的扶贫资金投入稳定增长机制。根据全省实际情况和财政收支条件，省人民政府在扶贫攻坚中负总责，省级财政负责大部分的扶贫专项资金投入，市、县级人民政府，特别是县级人民政府，财政预算较为紧张，在扶贫开发中负责相对较少的资金投入。各部门安排的各项惠民政策、项目和工程，最大限度地向贫困地区、贫困村、贫困人口倾斜，相关部门管理的涉农资金和涉贫项目向扶贫开发重点区域倾斜。扶贫专项资金的筹集，各级人民政府除了依靠自身预算的投入外，还大力鼓励社会参与，通过多渠道筹集资金。如依托广东扶贫济困日等活动平台开展常态性募捐工作、大力倡导社会责任，动员有能力的企业承担定点帮扶任务，鼓励公益性组织团体、爱心人士捐款捐物，或通过多种方式参与扶贫开发。筹集到的资金充实到扶贫开发基金中，纳入扶贫开发专项资金投入体系。在扶贫开发资金运行和项目监管方面，全省按照"项目跟随规划走，资金跟随项目走，监管跟着资金走"原则，实行扶贫开发资金专账管理、封闭运行及报账制，严格执行扶贫项目招标制度和政府采购制度。定点扶贫资金的使用，由承担扶贫开发项目的单位与扶贫开发项目所在地人民政府商定。财政专项扶贫资金投资的农村扶贫开发项目由村民委员会向乡镇人民政府提出申请，乡镇人民政府核实后，报县级人民政府批准，经所在市汇总上报省扶贫部门。各级财政部门和农村扶贫项目承担单位设立财政专项扶贫资金专账，并按照财务管理制度管理。建立了扶贫资金违规使用责任追究制度，县级人民政府扶贫开发主管部门及其他有关部门对农村扶贫开发项目实施监督管理，审计部门按计划、独立地对扶贫资金项目开展重点跟踪审计。专项资金监管和审计工作同时得到有效落实，保证了扶贫资金审批、分配、使用、绩效评估等具体操作环节的规范化、合法化。

3. 完整稳定、多层次、可操作性强的政策体系

广东扶贫攻坚的多个不同阶段，都是以该时期扶贫攻坚的纲领性文件为指导，制定各个领域、各方面工作的实施办法或具体实施计划，既涉及基础设施建设、教育、卫生、社会保障等各个领域的帮扶，也涉及扶贫重点对象的确认、任务分配、工作方法、考核问责等扶贫工作的实施细则，建立起了覆盖领域广、可实施性强，完整、规范、具有可延续性的扶贫攻坚政策支持体系。这种政策架构不仅可以根据不同时期、不同阶段所面临的主要状况对政策方向做出相应调整，还具有很强的继承性和可延续性，可对原有实施方案和工作机制不断完善改进，以适应新阶段的扶贫攻坚工作。现阶段，这种政策架构已经发展成为多层次的"N+1"政策支持体系。2016年6月，根据《中共中央 国务院关于打赢脱贫攻坚战的决定》的决策部署及精神要求，中共广东省委、广东省人民政府颁布《关于新时期精准扶贫精准脱贫三年攻坚的实施意见》，作为全省未来3年全面推进精准扶贫精准脱贫攻坚的纲领性文件。为贯彻该实施意见，广东省扶贫开发领导小组印发了《新时期相对贫困村定点扶贫工作方案》等一系列新的扶贫攻坚工作实施细则，对于以前一些好的、依旧适合当前形势的相关规定如省市县及相关单位的责任分工办法、贫困户的申报核实程序、相关责

民生编

任人的考核问责规定等,采取继续沿用或吸纳到新的政策的做法。① 广东各地级以上市为深入贯彻落实省委、省政府的决策部署,又制定了具体的、适用于本行政区域的相关实施办法和实施计划,由此形成了广东多层次的"N+1"政策支持体系。随着"N+1"政策支持体系的不断完善,广东新时代的扶贫攻坚必将得到更加有力的政策支撑。

三、扶贫攻坚体制改革未来前瞻

打赢脱贫攻坚战,广东已吹响冲锋的号角,进入决胜阶段。确保贫困人口与全省人民同步迈入全面小康社会,是中共广东省委、广东省人民政府的庄严承诺,也是全省人民共同努力的目标。但也要深刻认识到扶贫攻坚工作的长期性、艰巨性和复杂性。扶贫攻坚不是到2018年就万事大吉,也不是到2020年就一劳永逸,精准扶贫、精准脱贫还存在较大的提升空间。为此,总结过往40年广东扶贫攻坚体制改革的经验教训,结合所得到的启示与当下以及未来扶贫攻坚工作所面临的状况和将要面对的挑战,对广东扶贫攻坚体制改革做一方向性的展望,具有重大而深远的意义。

(一)抓好贫困人口精准脱贫工作

根据新时代精准扶贫对象分布情况,广东相对贫困村外仍有不少的分散贫困人口。这部分贫困人口分布零散,致贫原因复杂,贫困程度深,脱贫成本高,帮扶难度大,是新时代精准扶贫、精准脱贫的重点、难点和关键点。

1. 认识分散贫困人口脱贫重要性,夯实精准脱贫主体责任

分散贫困人口能否如期实现精准脱贫,关系到全省脱贫攻坚任务、率先全面建成小康社会任务顺利实现。各级党委、政府要充分认识确保分散贫困人口精准脱贫的重要性、紧迫性和艰巨性,切实增强责任感、使命感和紧迫感,切实履行主体责任、属地责任,以坚定的信心和决心,用超常规的力度和手段,推动分散贫困人口如期实现精准脱贫。一方面,各级党委、政府,要通盘考虑,精心谋划,做好新时代分散贫困人口精准脱贫的相关计划,落实好相关安排和部署。另一方面,又要加强组织领导,落实脱贫主体责任和帮扶责任。属地市县镇是分散贫困人口精准脱贫的责任主

---

① 参见汤凯锋、韦浩《广东打响精准扶贫脱贫攻坚战》,载《南方日报》2016年5月22日第A01版。

体,各县(市、区)党委、政府承担主体责任,书记、县(市、区)长是第一责任人。分散贫困人口的精准脱贫主要是由所在县(市、区)和乡镇负责落实帮扶单位,由所在市组织考核验收。要层层落实属地主体责任,逐级签订脱贫攻坚责任书,把脱贫减贫任务完成情况作为县(市、区)、乡镇党政主要领导年度述职考评的重要内容。地市领导挂钩联系当地各县(市、区),县(市、区)领导挂钩联系相对贫困村,选择若干户作为联系户。要压实珠三角对口帮扶责任,珠三角帮扶市县要制订对口帮扶工作方案,把分散贫困户脱贫工作纳入对口帮扶整体工作中充分考虑,按照省要求的分担比例,落实财政扶贫资金投入,选派驻县(或驻市)工作组。

2. 建立县、乡镇帮扶工作组,健全干部联系帮扶制度

建立健全县帮扶工作班子(或联席会议制度),成员以属地县(市、区)为主,珠三角帮扶市县工作队派员参加。主要职责是:制定本地区脱贫攻坚具体政策和实施方案,重点做好精准识别、建档立卡、进度安排、项目落实、政策落地、资金使用、人力调配、指导检查和组织考核等工作。建立乡镇帮扶工作组,市、县(市、区)要根据分散贫困人口数量规模、区域分布等实际情况,建立乡镇帮扶工作组,成员主要由乡镇领导、乡镇其他干部和市县驻镇(村)干部组成,由乡镇党委书记担任组长。乡镇帮扶工作组的主要任务是:负责本镇分散贫困人口脱贫,组织领导帮扶联系干部,宣传精准扶贫政策,精准识别建档立卡,落实精准帮扶政策措施,管好用好项目资金,指导督查扶贫项目落地,确保贫困对象精准脱贫。乡镇党委、政府要全力支持乡镇帮扶工作组和驻镇(村)干部开展扶贫开发工作,提供必要的工作和生活条件,协调解决工作中的问题和困难,重点抓好跟踪落实,协同推进扶贫政策、项目、资金落地。

建立健全干部联系帮扶制度。县(市、区)、乡镇要根据辖内干部数量和分散贫困户规模,结合"两学一做"① 和乡镇(街道)领导干部驻点普遍直接联系群众制度,选派帮扶联系干部。乡镇帮扶工作组要从实际出发合理安排人员分工,分组包片或每个干部直接联系帮扶若干分散贫困

---

① "两学一做"指的是"学党章党规、学系列讲话,做合格党员"学习教育。2016年2月,中共中央办公厅印发了《关于在全体党员中开展"学党章党规、学系列讲话,做合格党员"学习教育方案》,并发出通知,要求各地区各部门认真贯彻执行。开展"两学一做"学习教育是面向中国共产党全体党员深化党内教育的重要实践,是推动党内教育从"关键少数"向广大党员拓展、从集中性教育向经常性教育延伸的重要举措。

户。对有劳动能力和劳动意愿的贫困户实行重点帮扶,对无劳动能力的贫困户实行联系帮扶,做到责任到人,帮扶到户,确保每个分散贫困户都有干部联系帮扶,不脱贫不脱钩。帮扶联系干部的主要职责是:深入调查摸底、核实建档立卡、找准致贫原因、摸清帮扶需求、落实帮扶举措、全程代办服务、确保稳定脱贫。村党支部委员会、村民委员会干部和党员要落实本村贫困户精准脱贫的帮扶责任,实行党员包户联系贫困户,组织贫困户参与脱贫攻坚行动,激发内生动力,支持和协助帮扶工作组(队)、联系帮扶干部开展工作。

3. 坚持因地制宜、分类指导,重点落实好"九到户"

要坚持因地制宜、分类指导,一户一法、对症下药,多措并举、综合施策原则,推动扶贫政策、资源、资金、措施、力量向贫困对象聚合,促使扶贫工作扶到点上、扶到根上。

重点落实好"九到户"。一是政策宣传到户,采取有效的方式方法,全面宣传中央和省的精准脱贫政策举措,使扶贫政策家喻户晓,人人皆知;二是产业帮扶到户,对有劳动能力和劳动意愿的分散贫困户,根据其自身愿望和当地实际,多措并举扶持贫困户发展至少一项以上特色优势种养殖业或从事农产品加工、服务及其他产业;三是就业服务到户,对有就业愿望的贫困劳动力,实施免费技能培训、公益性岗位安置等措施;四是社会保障到户,对无法依靠产业扶持和就业帮助脱贫的家庭实行政策性保障兜底;五是教育资助到户,在落实现有各教育阶段家庭经济困难学生资助政策的基础上,对分散贫困户子女就读小学、初中、普通高中、中等职业(含技工)、大专阶段实行生活费补助;六是医保救助到户,将分散贫困人口全部纳入重特大疾病救助范围,确保贫困人口大病医疗得到有效保障,防止因病致贫、因贫返贫;七是危房改造到户,对居住在不具备生产生活条件村庄的零散分布的贫困户,根据贫困户意愿,实施搬迁安置;八是金融扶持到户,推进农村信用体系建设,完善建档立卡贫困户信用信息,开展信用村、信用户评定;九是资产收益到户,确保分散贫困人口如期精准脱贫。

(二)改进工作模式,创新帮扶举措

新时代精准扶贫、精准脱贫必须继续坚持从文化教育、产业发展、社会保障等多方面入手,大力实施"八项工程"。同时,对以往扶贫攻坚中暴露出来的问题和未来广东扶贫攻坚所面临的一些典型情况，必须加以重视，不断完善工作方法，转变帮扶举措。

1. 着重帮助贫困户提高自我发展能力

要真正让贫困农户摆脱贫困的"循环圈子"，就要努力在帮助贫困农户提高自我发展能力上有所突破。过去有少数帮扶单位单纯地给贫困户送钱送物以"提高"他们的生活水平，这是极不可取的。要根据贫困户自身愿望和当地实际，分类开展贫困户实用技术培训，提高农户种养生产技能或创业就业技能，帮助贫困户掌握1至2项实用技术。引导劳动力转移要注重完善输出地与输入地劳务对接机制，支持贫困户就地择业要加强贫困劳动力培训就业与扶持产业园区发展对接。属地市、县（市、区）要制定出台政策，鼓励和支持贫困户积极承接流转土地，创办家庭农场或开展联户经营，发展多种形式的家庭适度规模经营。鼓励贫困村建立农民专业合作社，培育一批农业龙头企业、家庭农（林）场和种养大户等经营主体，使有劳动能力的贫困户按其意愿，每户至少有一人能联结一个农业合作组织、龙头企业等务工分享产业红利。搭建农产品交易平台，形成产业链，真正让产品卖出去。目前农村土地的空置率比较高，主要原因是种粮直补政策过于宽松，有田不耕的农民一样可以按承包的土地面积领取种粮直补，造成农民不愿把田流转出去。应该采取更为严谨的种子补贴方式，只有播种耕作的农田才有资格领取补贴，利用好有限的土地资源，才能让贫困地区的农业发展起来。

此外，为防止贫困代际传递，必须扩大公益性普惠性学前教育资源覆盖，帮助贫困家庭幼儿接受学前教育，高质量高水平普及高中阶段教育，率先从建档立卡的家庭经济困难学生实施普通高中和中等职业（含技工）教育免除学杂费。防止因病致贫、因病返贫，要落实政府全额资助贫困人口参加城乡居民基本医疗保险政策，确保基本医疗制度不留死角覆盖全部贫困人口，逐步放宽医疗保险异地使用的限制，将贫困人口全部纳入重特大疾病救助范围。对无法依靠产业扶持和就业帮助脱贫的家庭要实行政策性保障兜底，建立扶贫开发与农村低保数据互通平台，实现扶贫开发政策与农村低保制度有效衔接，将省扶贫标准以下的农村低保对象全部纳入扶贫范围建档立卡，将所有符合条件的贫困家庭纳入低保范围。

2. 让贫困户享受更多直接性受益

要确保制定的各项措施、实施的各种项目，都必须是让贫困村特别是贫困农户、贫困人口直接受益的措施和项目。过去有一些案例，如政府扶持龙头企业的资金误入企业老板的腰包。又如一些地方政府发展经济急功近利，导致扶贫决策失误，开发性扶贫项目失败，起不到扶持、带动贫困农户的目的，贫困人口的利益反而受损。这些都是值得警醒的经验教训。为此，应进行政策上的调整，对直接吸纳贫困户务工、参股、带动增收效果好的重点农业龙头企业、农业合作组织才给予优惠支持。村民自治组织是贫困村内利益共同体。应该将贫困户、贫困村纳入扶贫项目决策和考评的主体，搭建贫困户、贫困村和社会各界之间的沟通桥梁，整合扶贫资源并严格确定帮扶项目，建立各帮扶相关部门、贫困户、贫困村参加的联席会议制度。同时，要建立健全一套有效的运作体系，兼顾村民的自治管理和政府的职能监管，对建设投产的扶贫项目的后续经营管理、收益按时取得、资金安全使用等问题进行有效解决。

3. 与时俱进创新帮扶举措

广东新时代的扶贫攻坚工作应与当地特色、现代产业链、科技创新等紧密结合，不断发展新的工作方法、创新扶贫方案，大力开展新方法、新方案试点，推广普适性较强、效果显著的工作方法、扶贫方案。如广东目前大力推进的电子商务扶贫工程，就是互联网创新成果与扶贫工作深度融合的产物。未来，广东电子商务扶贫工程还需扎实推进贫困地区道路、互联网、电力、物流等电子商务基础设施建设，加强进村入户电子商务平台、物流配送体系和金融服务体系建设，加强贫困地区电子商务人才培训，扶持建设一批电子商务进农村综合示范项目、电子商务扶贫试点县（市、区），逐步实现对有条件的贫困县电子商务进农村综合示范全覆盖、对有条件发展电子商务的贫困村电子商务扶贫全覆盖、第三方电子商务平台对有条件的贫困县电子商务扶贫全覆盖，以电子商务工程作为桥梁，促进贫困地区特色产业发展。

（三）推进制度完善，拓展扶贫成果

要在2018年如期实现贫困人口全部脱贫，并在未来的扶贫攻坚中继续扮演领先者的角色，广东必须持续改进现有体制的不足，在巩固已有脱贫成果的同时，扎实推进扶贫攻坚各项制度落实与完善。

1. 多管齐下，抓好责任监督工作

一是继续实行、健全"省负总责，市县抓落实"的领导体制，严格执行党政"一把手"负责制。省、市、县、镇、村五级党政"一把手"一起抓,一级抓一级,层层签订脱贫攻坚责任书,逐级落实脱贫攻坚任务。建立健全市县镇对口帮扶协调联动机制,各帮扶主体之间协同对接、密切配合。二是大力推进强镇帮村制度化,严格选好配强贫困村所在的乡镇领导班子,落实驻点普遍直接联系群众制度,党政主要领导亲自驻村,落实帮扶举措的同时,持续整顿软弱涣散的党组织,乡镇党委书记挂点包干,限期解决问题,把农村基层党组织建设成为带领群众脱贫攻坚的坚强战斗堡垒。规范实施班子联席会议制度和党群联席会议制度,由村党组织提议召开,讨论决定村中经济社会发展的重要问题。三是充分发挥第一书记制度在脱贫攻坚中的作用,精准、严格选派驻村工作队和第一书记,驻村期间给予必要的支持和待遇。第一书记抓好驻村的直接扶贫工作,对于不能胜任的,及时召回调整,同时做好第一书记的考核工作,考核结果作为评先评优和提拔任用的重要依据。四是建立健全督查巡查问责机制,明确一级对一级进行督查巡查,一级对一级进行严肃问责。加强对脱贫攻坚责任落实情况、减贫任务完成情况、扶贫项目实施环节等方面的督查。加强对干部在落实脱贫攻坚目标任务方面存在的失职、渎职、不作为、假作为、慢作为,以及群众反映强烈突出问题等方面的巡查。不断完善扶贫攻坚考核制度,落实自上而下逐级考核,提高减贫指标在实绩考核中的权重,将精准扶贫的成效作为领导班子和主要负责人年度综合考核评价、选拔任用干部的重要依据。健全扶贫信息发布机制,全面落实重大信息公告公示制度,定期将政策制度、项目工程、人事安排、资金流向、财务审计等信息向群众,特别是贫困群众公示。建立扶贫成果第三方考核机制,加强对扶贫工作绩效的社会监督。

2. 确保资金、收益"两到位"

一是构建新时代扶贫攻坚财政保障机制,加大各级财政投入力度,确保政府资金投入与脱贫攻坚责任相适应,地方各级人民政府要建立与本地经济社会发展相适应的扶贫资金投入稳定增长机制,严格落实应由本级财政负担的扶贫资金。加强财政专项资金监管和审计工作,坚持专项资金专项使用,完善扶贫资金审批、分配、使用、绩效评估等环节的具体操作规程,建立扶贫资金违规使用责任追究制度,各级审计部门加强审计核查,纪检监察、检察机关严肃查处相关的违纪违法行为。二是建立健全扶贫开发融资体系,鼓励和引导各类金融机构适当增加基层网点和下放业务权限，加强金融与财税政策的配合，有效整合各类财政扶贫资金用于提供贫困户金融服务。推进财政支持建立农业信贷担保工作，拓宽省级农业信贷担保机构职能范围，探索对扶贫项目信贷提供担保服务。三是完善土地开发政策，在分解下达土地利用年度计划时给予扶贫任务重的县（市、区）适度倾斜，新增建设用地计划指标优先保障扶贫开发用地需要。继续加大对城乡建设用地增减挂钩项目的支持，拓展扶贫开发建设用地新空间。四是探索建立资产收益扶持机制。通过推进农村集体产权制度改革，鼓励有条件的村拿出部分村集体资产收益用于支持村内贫困户和贫困人口脱贫。财政专项扶贫资金和其他涉农资金投入扶贫、扶农等项目形成的资产，具备条件的可折股量化给贫困村和贫困户。探索推进土地经营权确权入股，贫困户尤其是丧失劳动能力的贫困户依法自愿流转土地经营权，以土地、林木及扶贫到户资金项目等资产作价入股，按股分享经营收益，明确资产运营方对财政直接形成资产保值增值责任。

3. 巩固精准脱贫成果

广东在大力推进扶贫工作的同时，必须不断巩固脱贫减贫成果，特别是 2018 年离 2020 年还有两年的空档期，要确保扶贫攻坚工作的长久性和可持续性。一是鼓励发展相关慈善事业和志愿服务，进一步动员社会力量参与扶贫开发，着力构建政府、市场、社会、个人合力攻坚的扶贫开发新格局，积极探索政府购买扶贫开发服务。二是科学制定贫困村贫困户进出调整规则，明确脱贫标准，定期对建档立卡贫困人口进行全面核查。建立贫困户脱贫认定机制，对已脱贫的农户，在一段时间内让其继续享受扶贫相关政策，避免出现边脱贫边返贫现象。三是建立扶贫项目的后续运营监管制度，各级扶贫部门重点突出对产业项目、基础设施的跟踪管理，落实项目经营者责任。健全扶贫长效机制，各帮扶单位定期联系贫困户、组织开展回访活动，帮助解决扶贫后续难题，防止返贫。

第八章 广东健康卫生体制改革

本章主要从"健康广东"的工作方向对广东省改革开放40年的健康卫生体制改革历程进行综述,对改革历程中的重大历史事件、重要政策文件和重大举措进行梳理,力求全面反映具有广东特色的健康卫生体制改革的历史轨迹。本章还简要总结广东省基于特殊省情在健康卫生体制改革工作中得出的具有地方特色且富有成效的改革经验,并对未来全面深化健康卫生体制改革工作和建设"健康广东"的重点和主要思路提出展望。

一、健康卫生体制改革发展历程

广东的健康卫生体制改革的道路是曲折的,但改革的前途是光明的。广东在健康卫生体制改革道路的探索上不断取得喜人的成就,尽管在探索道路上走过一定的弯路,但总体上十分值得肯定。

(一) 扬帆起航:1978—1991 年

在计划经济时期,广东和全国各地一样,采取预防为主、以农村为重点、中西医结合等一系列措施,建立了农村和城市医疗卫生服务网络,并取得了显著成就。1978 年,党的十一届三中全会提出全党工作重点转移到现代化建设上来,广东的卫生部门也以此作为契机,加强对卫生事业的管理。一方面,农村家庭联产承包责任制的实行为健康卫生体制改革提供了动力;另一方面,经济体制改革深刻影响中国社会的发展,不断对健康卫生事业的发展提出新的要求。

1. **市场机制引入医疗卫生领域**

改革开放初期,广东在医疗机构管理模式上有了较大转变,其中最明显的变化是将经济手段引入医疗卫生机构的管理当中。对个体开业行医的批准，打开了医疗卫生事业主体多样化的新大门，与此同时也对医疗卫生机构的管理带来了新的挑战。1979年，卫生部、财政部、国家劳动总局联合发出了《关于加强医院经济管理试点工作的通知》。随后卫生部充分分析了广东地区农业经营体制改革实践的成功经验，在医疗卫生体制改革进程中选择部分医院试行"五定一奖"（即定任务、定床位、定编制、定业务技术指标、定经济补助、完成任务奖励）制度①，同时对公立医院实行"定额补助、经济核算、考核奖惩"办法②。广东旋即开展了学习相关试点经验改革公立医院的初步探索。

1980年8月24日，国务院批准卫生部《关于允许个体开业行医问题的请示报告》，批准个体开业行医。该报告中指出："个体开业行医事实上已经在许多地方出现和存在，但卫生行政部门的管理工作没有跟上去。""不符合个体开业条件的，包括一些不懂医疗技术的人冒充医生看病，而合乎开业条件，正式申请的人，反而得不到行医的机会。"③ 1981年3月，国家卫生部下发了《医院经济管理暂行办法》和《关于加强卫生机构经济管理的意见》，提出要建立健全科学的管理制度，如定额管理、经济核算、考核奖惩等制度，提高科学管理水平，强调医疗机构的经济管理。1982年，国家卫生部颁布《全国医院工作条例》，以行政法规的形式确立医院的各项工作原则，并指出医院实行党委领导下的院长负责制。广东从自身实际出发，贯彻落实了中央相关文件精神。

1985年，国家进一步巩固、完善和提高了农村乡、村两级卫生工作改革成果，重点抓了县和县以上城市卫生机构的改革工作。④ 1985年召开的全国卫生局厅长会议，部署全面开展城市卫生改革工作。同年4月，国务院批转卫生部《关于卫生工作改革若干政策问题的报告》，提出："必须进行改革，放宽政策，简政放权，多方集资，开阔发展卫生事业的路子，把卫生工作搞活。"1985年8月，卫生部下发《关于开展卫生改革中需要划清的几条政策界限》，对上述文件中有待明晰的政策界限进行了补

---

① 参见王恒《医改应该还有出路》，载《百姓》2005年第9期。
② 参见江西省发展和改革委员会、江西省价格理论研究所课题组《关于完善公立医院补偿机制的思考》，载《价格月刊》2011年第2期。
③ 《卫生部关于允许个体开业行医问题的请示报告》，载《中华人民共和国国务院公报》1980年第16期。
④ 参见支峻波、乔柏顺《1985年卫生工作改革回顾》，载《中国卫生经济》1986年第8期。

充说明,激发了广大干部群众改革的积极性。1989年,国务院公布《关于扩大医疗卫生服务有关问题的意见》,进一步提出通过市场化来调动企业和相关人员的积极性,从而拓宽卫生事业发展的道路。① 广东从此也按上级要求开展了将市场机制引入健康卫生领域的相关工作。

2. 医疗保险制度改革

当时公费医疗的经费支出全部由国家承担,超支与浪费并不影响享受公费医疗个体的医疗保障待遇,甚至存在医院、医生、患者相互勾结,滥用公费医疗经费购置日常家电、日用品等非公费医疗经费报销范围内的商品,直接导致了公费医疗经费超支严重。针对这些问题,1984年4月28日,卫生部和财政部联合发出《关于进一步加强公费医疗管理的通知》,提出要加强领导,建立健全公费医疗管理机构,积极慎重地改革公费医疗制度,开始了政府对公费医疗制度改革的新探索。从1987年8月起,国家对省直机关享受公费医疗单位的经费(不含包干的大专院校、医疗单位),由公费医疗办公室"统管":统一支付医疗费给各医疗单位、统一核算医疗费到各享受公费医疗单位;按各享受公费医疗单位不同年龄档次人数,核定各享受公费医疗单位的医疗经费定额和发给个人的补贴费;为加强管理,堵塞漏洞,减少浪费,要求各医疗单位的医生处方,一般疾病的药量不超过3天,慢性病不超过7天(特殊情况例外),并强化自费药品的管理。② 以上举措在很大程度上解决了公费医疗经费流失严重的情况,但仍存在监管机制尚未完全到位的情况,还需要进一步深化改革。

广东省对医疗保健制度采取了一系列改革措施,在公费医疗制度和城市医疗保险、农村合作医疗、计划免疫和妇幼保健补偿制等方面,进行了有益的探索。广东省人民政府转批了《广东省直属单位及广州市公费医疗制度改革方案》,深圳市颁布了《深圳市社会保险暂行规定》及《深圳市社会保险暂行规定职工医疗保险实施细则》,广东省内大多数地方也相继出台有关政策。③ 在1982年《关于国务院部委机构改革实施方案的决议》基础上,1988年通过《国务院机构改革方案》,同年卫生部也施行了"定职能、定机构、定编制"的"三定"方案,从结构体制上进行改革。同

---

① 参见聂久胜《医改政策演变综述》,载《医药前沿》2012年第23期。
② 参见广东年鉴编纂委员会编《广东年鉴1988》,广东人民出版社1988年版,第501页。
③ 参见广东年鉴编纂委员会编《广东年鉴1996》,广东年鉴社1996年版,第662页。

年，经国务院批准，由卫生部牵头，财政部、国家经济体制改革委员会、原劳动人事部、全国总工会、保险公司、医药管理局等8个部门成立医疗制度改革研讨小组，研究医疗保险改革方案并进行试点，标志着医疗保险制度（取代了之前的公费医疗和劳保医疗制度）改革开始作为一个整体进入到决策议程。① 分级管理办法出台与分级诊疗制度渐露雏形。1989年11月，卫生部颁发实行《医院分级管理办法》，将医院按功能、任务、硬件设施、技术水平等划分为3个等级，并按分等标准综合考核检查分数，将划分的3个等级定为十等。这种参考现代医院管理模式对医院进行等级划分的模式能较为客观地反映医院的医疗服务水平，也能促进各医院间理性的竞争与合作。

3. 承包责任制与医疗卫生体制改革

1989年，国务院批转卫生部、财政部、人事部、国家物价局、国家税务局《关于扩大医疗卫生服务有关问题的意见》，提出积极推行各种形式的承包责任制，增强医疗机构的生机活力、发挥医疗卫生人员的积极性，以深化卫生工作改革。广东省广州市和省内其他一些市、地、县的医院，实行了承包责任制，由医院的院长与卫生局长签订承包合同。广州市医院搞承包的做法，受到卫生部的重视，先后在《卫生简报》《健康报》和《卫生工作通讯》上登载。承包责任制涵盖了医疗、预防、医疗质量、科研、教育、经济管理、行政管理和思想教育工作等内容，其承包期限为1～3年。实行承包责任制的医院，要求同院长责任制和院长任期目标责任制结合起来，把承包任务纳入目标管理和任期目标责任制，力求让各医院在执行承包责任制合同之时享有医院自主管理权。②

广东省卫生部门推行的全面承包责任制，强调以社会效益为主，同时讲求经济效益；医院院长成为承包的法人，与卫生部门的领导签订书面合同，院长可以独立行使合同书上规定的责权利。包括全省县级以上单位有583个实行了承包责任制，占总数的53.54%，其中县级以上综合医院98个，占总数的94.2%；实行承包责任制的乡镇卫生院有1 498个，占总数的98.8%。全省医疗卫生单位业务收入比1987年增长20%以上。群众看

---

① 参见单大圣《改革开放以来医疗保障行政管理体制的变迁》，载《卫生管理与改革》2014年第7期。

② 参见广东年鉴编纂委员会编《广东年鉴1988》，广东人民出版社1988年版，第501页。

病难、住院难的问题缓和了，医院的亏损减少了，职工的生活福利有了一定的改善。① 为了避免医疗机构片面追求经济效益而造成对社会效益的忽视，1989年6月，广东省研究制定了《广东省医院综合承包责任制暂行管理办法》，要求各级医院要注意强化内部管理，健全严格的质量监控体系，对医疗质量、医德医风、物价政策等进行检查督促。② 实行全面的综合的承包责任制后，广大职工的积极性调动起来了，经济管理加强了，社会效益和经济效益都较显著。

（二）探索前行：1992—2011年

1992年春，邓小平发表南方谈话后，党的十四大确立了建立社会主义市场经济体制的改革目标。本阶段进一步明确了医疗卫生体制改革工作的奋斗目标，并就医疗卫生事业"政府主导"与"市场主导"展开了激烈讨论，显示出人民对于医疗卫生体制改革工作的高度关注。在此阶段中，城镇医药卫生体制改革工作与农村合作医疗体制改革工作协调并进且均取得较好成效，为之后覆盖全民的医疗保险制度打下理论与实践基础。随着改革的不断深入，从中央文件的印发到地方政府的尝试，改革的领域和层次在不断提高的同时，操作的方法和手段也日益纯熟。

1. 效益与公益的争论

1992年9月，国务院下发《关于深化卫生医疗体制改革的几点意见》，卫生部贯彻文件提出"建设靠国家，吃饭靠自己"的精神，卫生部门工作会议中要求医院要在以工助医、以副补主等方面取得新成绩，刺激了医院创收，弥补了收入的不足，但同时也影响了医疗机构公益性的发挥。卫生部门内部针对医院效益与公益之间的关系问题展开了一系列争论，争论集中爆发于1993年5月召开的全国医政工作会议上。时任卫生部副部长殷大奎明确表示反对市场化，要求多顾及医疗的大众属性和起码的社会公平。自此，医疗卫生体制改革中以政府主导还是以市场主导的问题被持续讨论，并逐步成为当时的社会焦点问题。1996年12月9日，中共中央、国务院召开了中华人民共和国成立以来的第一次全国卫生工作会议，为下一步卫生改革工作的开展打下了坚实的基础。1997年1月，中共

---

① 参见广东年鉴编纂委员会编《广东年鉴1989》，广东人民出版社1989年版，第597页。
② 参见广东年鉴编纂委员会编《广东年鉴1990》，广东人民出版社1990年版，第484页。

中央、国务院出台《关于卫生改革与发展的决定》，明确提出了卫生工作的奋斗目标和指导思想，提出了推进卫生改革的总要求，在医疗领域主要有改革城镇职工医疗保险制度、改革卫生管理体制、积极发展社区卫生服务、改革卫生机构运行机制等。这些指导思想成为这一轮改革的基调和依据。作为贯彻中共中央、国务院《关于卫生改革与发展的决定》的总体文件，国务院办公厅于2000年2月转发国务院经济体制改革办公室、卫生部等八部委《关于城镇医药卫生体制改革的指导意见》。之后陆续出台了13个配套政策，内容囊括城镇医疗机构分类管理、卫生事业补助政策、医院药品收支两条线、医疗机构税收政策、药品价格管理、医疗服务价格管理、医疗机构药品集中招标采购、药品招标代理机构资格认定及监督管理、病人选择医生促进医疗机构内部改革、区域卫生规划工作、城市社区卫生服务、卫生监督体制改革和深化卫生事业单位人事制度改革等方面内容。这些配套政策的出台充实了医疗卫生体制改革的内容，同时也为医疗卫生体制改革道路进一步夯实了基础。

2003年，"非典"暴发，对全国改革开放以来的医疗改革提出了挑战，也引起了广东对于医疗卫生改革的总结和反思，医疗卫生开始向公益性质转变。医疗体制的市场化与公益之争在2005年基本落下帷幕，其标志性事件是7月28日《中国青年报》刊出的由国务院发展研究中心负责的最新医改研究报告，通过对历年医改的总结反思，报告认为"目前中国的医疗卫生体制改革基本上是不成功的"。这种结论主要建立在市场主导和政府主导争论基础之上，而正是因为这份报告让2005年成为新一轮医疗体制改革的起点。2009年3月，党中央、国务院发布《关于深化医药卫生体制改革的意见》，新一轮医改全面启动。"新医改"明确，有效减轻居民就医费用负担，切实缓解"看病难、看病贵"，并提出，要建立健全覆盖城乡居民的基本医疗卫生制度。

2. 城镇医疗卫生体制改革

2000年3月，广东省在全省卫生工作会议上对适应城镇职工基本医疗保险制度的建立，深化城镇医疗机构改革，做了动员和部署，研究制定了《广东省深化城镇医疗机构改革的意见》并广泛征求意见。各地在完善院长负责制，扩大单位自主权；严格实行全面质量管理，提供优质医疗服务；减员增效，实行岗位聘任制；改革和完善职工分配制度；实行院科两级全成本核算，实现低耗管理；保证基本医疗，开展多层次医疗服务；推行后勤工作社会化等方面开展了积极的改革探索。同年9月，广东省人民政府召开了全省城镇职工基本医疗保险制度和医药卫生体制改革工作会议，对城镇职工基本医疗保险制度、医疗卫生体制、药品流通体制3项改革做了全面部署。全省从实际出发，解放思想，统筹规划，积极组织宣传发动和推开试点工作，全省医疗卫生体制改革取得突破性进展，大致可以概括为：医疗机构分类管理制度全面实施，医药分开核算、分别管理积极推进，医院运行机制改革不断深化，药品集中招标采购初见成效，新的卫生财税价格政策相继出台，卫生监督和防保体制改革步伐加快。

2001年，广东省深入贯彻国务院《关于城镇医药卫生体制改革的指导意见》，卫生改革整体推进，如期实现医疗机构分类管理、药品招标采购、卫生监督和疾病控制机构改革"三个突破"改革目标。其进展可以概括为：区域卫生规划进展顺利、医疗机构分类工作基本完成、医院运行机制改革进一步深化、药品集中招标采购成效明显、医院成本核算及药品收支两条线管理进一步规范、社区卫生服务广泛开展、卫生监督和疾病控制体制改革扎实推进。2002年，广东省在城镇医疗卫生体制改革方面取得了跨越式发展，主要可以概括为：转变卫生行政职能，加强全行业管理；深化医疗机构改革，增强医疗机构活力；深化药品集中招标制度改革，让群众得到真实惠；深化卫生服务体系改革，大力发展社区卫生服务；深化人事制度改革，完善人事和工资分配制度；深化卫生监督和疾病预防控制体制改革。2006年，党的十六届六中全会通过的《中共中央关于构建社会主义和谐社会若干重大问题的决定》进一步明确提出建立以大病统筹为主的城镇居民医疗保险。2008年，广州市城镇居民医疗保险卡首发仪式在市医保中心举行，首批城镇居民正式享受医保待遇。2009年4月6日，新华社受权发布《中共中央、国务院关于深化医药卫生体制改革的意见》，4月7日发布《医药卫生体制改革近期重点实施方案（2009—2011年）》。2009年4月，广东启动深化医药卫生体制改革工作，11月17日公布了《关于深化医药卫生体制改革的实施意见》，提出了到2011年基本医疗保障制度全面覆盖城乡居民，提出3年内城镇职工医保、城镇居民医保参保率要达到95%以上；2009年要实现30%的政府办城市社区卫生服务机构和县（基层医疗卫生机构）实施统一配送、全部配备使用及零差率销售基本药物的制度。

民生编

3. 广东乡镇医疗管理体制改革

1992年2月，广东省人民政府在韶关召开全省卫生工作会议，部署了加强卫生院建设工作。广东省人民政府办公厅印发了《关于加强乡镇卫生院建设的通知》，对加快乡镇卫生院建设提出6条措施，并制订了《乡镇卫生院定编方案》《集体所有制卫生院转为全民所有制实施办法》《乡镇卫生院基本管理规范》等配套措施，广东省人民政府批准成立了广东省农村卫生基金，统一筹集3 000万元，用于扶持贫困地区乡镇卫生院改造建设、更新医疗设备、培训卫生技术人员等。此后，300多个乡镇卫生院得到改造，总基建面积达37万平方米，添置了一批医疗设备，加强了医疗卫生技术人员的培训，初步改变了面貌。① 1993年9月，卫生部发出了《关于加强医疗质量管理的通知》，要求医务人员提高医疗质量意识。1994年2月，国务院发布《医疗机构管理条例》，对医疗机构的规划布局和设置审批、登记、执业、监督管理以及相关法律责任进行了规定，将医疗机构执业管理工作纳入法制轨道。

2004年，广东省全面理顺了农村合作医疗管理体制，明确了全省新型农村合作医疗的工作目标、基本内容、实施步骤和措施要求。加大了筹资和财政资金扶持力度，省财政安排了1.59亿元专项资金，全省各市、县、镇三级财政扶持资金达到2.52亿元，农民个人出资达到3.25亿元。② 2005年，农村合作医疗统筹层次和覆盖率继续提高。广东省已有77个县（市、区）实行县级统筹，占66%。全省参加2005年度农村合作医疗人数为2 546万人，覆盖率为50.5%（见表8-1）。120个有农村的县（市、区）都建立了农村合作医疗制度，运行时间和制度基本统一。保障水平有所提高，大多数县（市、区）住院补偿封顶线达到了3 000元。全省农村五保户参加合作医疗人数为18.3万人，贫困人口参加合作医疗为237万人，其中特困人口89.9万人。加强了农村合作医疗基金管理。大部分县（市、区）已由县一级统一管理农村合作医疗基金，并设立基金专户，统一存储，封闭运行。探索了不同地区新型农村合作医疗制度的经验。2005年，农村合作医疗补偿支付资金超过10亿元，对缓解农民看病难和因病

---

① 参见广东年鉴编纂委员会编《广东年鉴1993》，广东年鉴社1993年版，第618页。
② 参见广东年鉴编纂委员会编《广东年鉴2005》，广东年鉴社2005年版，第419页。

致贫发挥了作用。① 2006年,广东30多个县(市、区)启动农村合作医疗信息化建设,建立了全省农村合作医疗统计信息直报平台,对有效缓解农民看病难问题发挥重要作用。② 2007年,广东省新农合制度覆盖全省农村,参合人数达到4 137万人,占全省农业人口的83.8%。新农合筹资机制、补偿机制、管理机制和费用控制机制基本形成。建立定点医疗机构承诺制度。省卫生厅与28家医院签订省管新农合定点医疗机构协议。③ 门诊定额补偿、分档筹资补偿和住院即时补偿全面推开,受益面逐步扩大。2011年,广东省新农合统筹地区67个,参合人口3 845万人,参合率99.7%。全省有54个县(市、区)开展提高农村儿童重大疾病医疗保障水平试点工作,55个统筹地区开展新农合支付方式改革。④ 普通门诊统筹制度在全省范围不断扩大。参合人员在乡镇卫生院和村卫生站门诊费用补偿比例为30%以上。大部分地方开展特殊病种门诊补偿,补偿年封顶线达到1万元,受益面扩大。⑤

表8-1 合作医疗发展数据统计

年份	参加合作医疗人口/万人	合作医疗参合率/%	住院补助人数/万人	住院补助金额/亿元
2004	2 300.00	46.00	18.86	3.05
2005	2 546.00	50.50	18.30	—
2006	3 048.07	61.50	112.43	15.85
2007	4 137.00	83.80	154.81	25.59
2008	4 837.00	95.40	210.20	38.40
2009	4 969.00	97.50	260.60	54.30
2010	3 883.00	99.20	150.60	34.50
2011	3 845.00	99.70	164.40	41.00

数据来源:整理自2005—2012年《广东年鉴》。

---

① 参见广东年鉴编纂委员会编《广东年鉴2006》,广东年鉴社2006年版,第439页。
② 参见广东年鉴编纂委员会编《广东年鉴2007》,广东年鉴社2007年版,第444页。
③ 参见广东年鉴编纂委员会编《广东年鉴2008》,广东年鉴社2008年版,第469页。
④ 参见广东年鉴编纂委员会编《广东年鉴2012》,广东年鉴社2012年版,第389页。
⑤ 参见广东年鉴编纂委员会编《广东年鉴2011》,广东年鉴社2011年版,第421~422页。

(三)还看今朝：2012—2018年

党的十八大以来，以习近平同志为核心的党中央，做出了推进健康中国建设的决策部署，将卫生与健康事业提升到优先发展的新战略高度。这一阶段，广东省围绕全民医疗保障制度和药品供应制度、现代医院管理制度、分级诊疗制度和公共卫生服务均等化，在完善既有医药卫生体制的基础上，提出了诸多医药卫生体制改革的新举措。这一阶段，广东省建立起了城乡一体、层次多元、公平和谐、惠民高效的社会医疗保险制度。新的医药卫生体制改革试图破解以往存在的以药养医、看病贵等问题，但改革仍在进行，看病难、看病贵的问题尚在解决的过程之中。

1. 全民医疗保障制度的建立

广东建立了高效运行的全民医疗保障制度。第一，城乡一体化医疗保障体系构建基本完成。2012年，广东省新农合制度改革基本完成。除韶关市外，全省20个地级以上市的新农合移交社会保障部门管理。新农合制度覆盖全省所有乡（镇）和行政村，参合率99.7%。第二，分级治疗制度逐步建立。2017年，《广东省人民政府关于印发广东省"十三五"深化医药卫生体制改革规划的通知》提出建立科学合理的分级诊疗制度，分级诊疗政策体系要在2017年年底逐步完善，基层医疗卫生机构诊疗量占总诊疗量比例达到65%以上，到2020年，县域内住院率提高到90%左右，分级诊疗模式要逐步形成。第三，改革医保支付制度。2018年，《广东省人民政府办公厅关于印发广东省深化医药卫生体制改革近期重点工作任务的通知》提出城乡居民医保人均财政补助再增加40元，一半用于大病保险，重点聚焦深度贫困地区和因病因残致贫返贫等特殊贫困人口，完善大病保险对贫困人口降低起付线、提高支付比例和不设封顶线等倾斜支付政策。同步提高个人缴费标准，逐步推行基本医保省级统筹。改革医保支付方式，包括全面实施按病种分值付费，完善按病种分值付费的结算办法；在深圳市则加快推进按疾病诊断相关分组（DRGs）付费试点工作；全面落实异地就医结算政策，扩大定点机构覆盖面；同时，发展商业健康保险和积极开展长期护理保险制度试点建设。2018年6月，广东启动建设高水平医院"登峰计划"，计划3年投入60亿元重点建设20家高水平医院。全民医疗保障制度进一步完善，保障水平进一步提高。

建立规范有序的药品供应保障制度。《广东省人民政府办公厅关于印发广东省深化医药卫生体制改革2017年重点工作任务的通知》规定，2017年年底前，在全省所有公立医疗机构药品采购中实行"两票制"，减少流通环节的层层盘剥；对于短缺药品，明确要建立健全短缺药品监测预警和分级应对体系，加强短缺药品储备。强调坚持集中带量采购原则，推进实施公立医院药品分类采购，培育集中采购主体，鼓励跨区域联合采购和专科医院联合采购。《广东省人民政府办公厅关于印发广东省深化医药卫生体制改革近期重点工作任务的通知》对药品供应制度做出了最新规定：一是要在全省全面推行药品集团采购，广州、深圳市可以市为单位实行药品集团采购，其他市可以市为单位自行选择省第三方药品电子交易平台或广州、深圳药品交易平台实行采购。未以市为单位开展采购的，医疗机构可以个体或组团形式自行选择交易平台采购药品。二是提出要落实基本药物制度。持续巩固基本药物制度实施成效，将基本药物制度与分级诊疗、家庭医生签约服务、慢性病健康管理等有机结合，在高血压、糖尿病、严重精神障碍等慢性病管理中，在保证药效前提下优先使用基本药物。三是提出配合抗癌药降税政策，开展目录内抗癌药集中采购，落实国家谈判药品的报销政策。四是加强短缺药品供应保障监测预警，建立短缺药品及原料药停产备案制度。五是试行零售药店分类分级管理制度，支持零售药店连锁发展，允许门诊患者自主选择在医疗机构或零售药店购药。

2. 公共卫生服务均等化改革

党的十七大报告、《"十三五"深化医药卫生体制改革规划》等重要文件中都明确了发展为了人民、发展依靠人民、发展成果由人民共享的共建共享原则，实现基本公共卫生服务均等化是对共建共享原则的忠实贯彻。

2012年，广东省人均基本公共卫生服务经费提高到25元以上，其中珠三角部分地级市达到40元以上。全省城乡居民健康档案规范化电子建档率71.0%。开展卫生监督协管服务的政府办基层医疗卫生机构占46.8%；开展食品安全风险监测的县（市、区）占66.7%。支持经济欠发达地区开展地中海贫血干预项目，开展免费地中海贫血筛查诊断检测，建立地中海贫血健康档案，完成地中海贫血基因检测1.4万例。[①] 2013年，广东省加强孕产期保健和儿童保健基本公共卫生服务，新增中医药健

---

① 参见广东年鉴编纂委员会编《广东年鉴2013》，广东年鉴社2013年版，第372页。

康管理服务,基本公共卫生服务项目数由10类41项增加到11类43项,人均补助经费由25元提高到30元,珠三角地区人均补助标准提高到35元。全省城乡居民健康档案规范化电子建档率为83.2%,建档人数8749.5万人;全省食品安全风险监测范围扩展到21个地级以上市74个县(市、区)122个监测点,基本实现全覆盖。全年全省经济欠发达地区通过开展地中海贫血防控项目减少216例中重度地中海贫血患儿的出生。规范卫生监督协管工作,至2013年年底,全省卫生监督协管服务基本实现全覆盖。① 2014年,广东省人均基本公共卫生服务经费补助标准提高到35元,保障基本公共卫生服务惠及面扩大。农村地区新增人均5元经费全部用于村卫生站。建立基本公共卫生服务项目绩效评估制度。实施重大公共卫生服务妇幼项目,预防艾滋病、梅毒、乙肝母婴传播工作覆盖全省21个地市。出生缺陷干预措施、艾滋病防治和免疫规划等重大疾病防控工作进一步加强。② 2017年,《广东省人民政府办公厅关于印发广东省深化医药卫生体制改革2017年重点工作任务的通知》明确提出,广东省要"加快推进家庭医生签约服务",并明确从老年人、孕产妇、儿童、残疾人等人群以及慢性疾病和严重精神障碍患者等入手,2017年签约服务覆盖率达到30%,重点人群达到60%,把所有贫困人口纳入家庭医生签约服务范围。2018年9月26日,《广东省人民政府办公厅关于印发广东省深化医药卫生体制改革近期重点工作任务的通知》规定,人均基本公共卫生服务经费补助标准提高至55元,新增经费主要用于基本公共卫生服务项目的提质扩面。

3. 现代医院管理制度的完善

2017年,各级各类公立医院全面开展综合改革,初步建立了现代化公立医院管理制度框架。自2010年2月始,广东省深圳市被定为公立医院改革国家联系试点城市,珠海市、东莞市作为省级联系试点城市;2011年,广东省有96家医疗机构参与公立医院改革试点。2012年11月,广东省第一批16个县(市)启动县级公立医院综合改革试点。2012年,深圳市率先全面取消公立医院药品加成,同步推进"四个分开"(政事分开、管办分开、医药分开、营利性和非营利性分开)综合改革。东莞市出台城

---

① 参见广东年鉴编纂委员会编《广东年鉴2014》,广东年鉴社2014年版,第268页。
② 参见广东年鉴编纂委员会编《广东年鉴2015》,广东年鉴社2015年版,第294页。

市公立医院改革实施方案。广东省推进预约诊疗、"先诊疗、后结算"、优质护理、志愿者服务等便民惠民措施，推行常见病临床路径和单病种质量管理试点，还开展了平价医疗服务试点。同时，广州、深圳、珠海、佛山、江门、东莞、中山、惠州、肇庆9个位于珠三角的城市也率先实现三级医院间医学检验、影像检查结果互认。①

2013年，广东省县级公立医院综合改革试点扩大到38个县（市）的78家县级公立医院，试点县（市）占全省县（市）的50%以上，所有试点医院实施药品零差率销售。广东省人民政府办公厅出台《广东省县级公立医院综合改革试点实施方案》、省机构编制委员会办公室等出台《广东省县级公立医院机构编制标准（试行）》和省物价局等出台《关于广东省县级公立医院综合改革医疗服务价格调整的指导意见》，同步实施医疗服务价格调整、财政补偿和医保支付调整政策。国家联系试点深圳市在全市范围内取消药品加成，组建深圳市公立医院管理中心理事会，"政事分开、管办分开、医药分开、营利与非营利性分开"取得实质性进展。② 2014年，广东省扩大县级公立医院综合改革范围，全省有59个县（市）124家医院推行综合改革，实现县级公立医院综合改革覆盖全部县（市）。推进医疗服务价格改革，明确县级公立医院取消药品加成后由此所减少的合理收入80%由调整医疗服务价格补偿，10%由各级财政补助（其中欠发达地区省财政补助七成），10%由医院自行消化。③

城市公立医院改革试点工作继续推进，授权试点城市自主调整医疗服务价格。深圳市全面取消药品加成，实施公立医院管理体制、补偿制度、人事管理制度、运行监管制度、诊疗服务制度、物资管理制度等重点改革，管办分开取得实质性进展，推行去行政化管理，启动医药分开综合改革，实施"名医（科）、名院、名诊所"工程。东莞市成立市属公立医院管理中心，实施医药分开、政事分开改革，建立节约社保基金全额奖励机制，调整医保政策，完善社区首诊、分级诊疗制度。新增珠海市为国家联系试点城市，出台改革方案，起草公立医院改革配套政策，筹备成立医院管理中心和建立分级诊疗制度。④ 截至2014年年底，58个县159家县级

---

① 参见广东年鉴编纂委员会编《广东年鉴2013》，广东年鉴社2013年版，第372～373页。
② 参见广东年鉴编纂委员会编《广东年鉴2014》，广东年鉴社2014年版，第268页。
③ 参见广东年鉴编纂委员会编《广东年鉴2015》，广东年鉴社2015年版，第293页。
④ 参见广东年鉴编纂委员会编《广东年鉴2015》，广东年鉴社2015年版，第293页。

公立医院全部参加，比国家要求提前一年实现县级公立医院改革全覆盖。①2015年，广东省58个县（市）153家县级公立医院均参加改革并取消药品加成，实现所有县级医院全覆盖。2017年7月15日，广东省公立医院综合改革全面推开。本轮启动改革的地区，包括广州、佛山和粤东西北地区共14个地市，改革范围包括各级各类公立医院，中央、军队、武警、省属和国有企事业单位举办的公立医院同步参加属地改革，广东省770家公立医院全部参加改革，实现所有公立医院改革全覆盖。②

二、健康卫生体制改革经验成效

与国内其他省市相比，广东作为改革开放的前沿阵地，健康卫生体制改革拥有先行先试的优势。经过多年以来对医疗卫生体制改革道路的探索，在取得显著成效的基础上形成了一套具有广东地方特色的医疗体制改革经验。其中代表珠三角发达地区改革经验的罗湖模式、代表粤西后发地区改革经验的湛江模式、代表粤北偏远山区改革经验的清远模式，对全国经济发展较快地区、发展程度中等地区以及发展程度较低的偏远山区都具有一定的参考借鉴价值。

（一）罗湖模式：发达地区的改革经验

2010年2月，广东省深圳市被确定为首批16个公立医院改革国家联系试点城市之一。2015年6月10日，深圳市人民政府办公厅发布《深圳市深化公立医院综合改革实施方案》，深圳成为全国第一个公立医院综合配套改革方案的试点城市，③提出主要改革任务是完善分级医疗服务规划布局、完善医疗机构协作机制、完善分级诊疗服务模式以及统一基本诊疗服务标准和流程，有了明确的改革方向指引，确立了深圳市罗湖区公立医院改革的实施方向。2017年4月，时任国家医改办主任王贺胜明确表态，在全国各地探索医联体的实践中，罗湖医院集团的模式是较为成熟的医联

---

① 参见张秀丽《广东15日启动公立医院改革》，载《信息时报》2017年7月10日第A02版。
② 参见王莉、覃卫萱《城市公立医院改革，这些你需要知道》，载《南方日报》2017年7月27日第AII04版。
③ 参见曹健《深圳公立医院改革方案有何亮点？》，载《医院领导决策参考》2015年第17期。

体模式之一。① 医改的深圳罗湖模式，为中国的医疗卫生体制改革提供了经验借鉴。

1. 下沉医疗卫生资源

2014年12月，习近平在江苏省镇江市丹徒县（今丹徒区）的世业镇卫生院调研时表示，要推动医疗卫生工作重心下移、医疗卫生资源下沉。这一表态是在释放改革信号，指明了医疗改革未来的走向。② 2015年8月20日，罗湖医院集团正式挂牌成立。与此前北京、上海等各地组建医院集团不同，罗湖区此次医院集团化改革是真正意义上涉及资产层面的区域范围内多家医院整合，这在国内可谓先例。③ 在总体的改革方向、路径和方法措施上，切中了全国卫生与健康大会确立的新时期卫生工作方针，成为全国医改的标杆。④ 整合后的罗湖医院集团不扩建医院，而是将优质资源下沉，做最强的社康中心，办"老百姓家门口最好的医院"。例如，大力改善社康中心的条件及设施；引入高水平全科医生，充实到各个社康中心，担任居民的家庭医生；多渠道全方位提高全科医生业务水平，定期从澳大利亚请来全科专家开展业务培训，让全科医生从理念到执行力不断"升级换代"。2016年，辖区46万居民签约拥有了家庭医生。2017年，罗湖计划让70万居民签约拥有家庭医生，达到罗湖常住人口七成的比例。罗湖还对1 350名社区管理人员进行培训，让他们与家庭医生一起负责居民健康。在社区实施有效的预防措施和开展健康知识讲座；给60岁以上辖区居民家庭免费安装防跌倒扶手，预防居民发生跌倒事件；免费给辖区老人接种肺炎和流感疫苗；到小学给孩子们免费讲健康，告诉他们什么是健康饮食，如何从小养成良好的卫生习惯；通过基因检测和传统方法筛查癌症等，预防罗湖居民出现体检才发现的晚期癌症患者。⑤ 此外，罗湖模式对医生薪酬制度同样进行了改革，根据《罗湖医院集团章程》的规定，一改以往医生薪酬与职称、门诊量、手术台数等传统量化指标挂钩的做

---

① 参见石茹、刘晨光、王海云《基层医改罗湖模式：医保只付一笔钱，医院专注保健康》，载《南方周末》2017年9月14日第B10版。

② 参见石茹、刘晨光、王海云《基层医改罗湖模式：医保只付一笔钱，医院专注保健康》，载《南方周末》2017年9月14日第B10版。

③ 参见王贤吉《"罗湖医院集团"为何受关注》，载《健康报》2015年4月20日第5版。

④ 参见宫芳芳《罗湖医改：以人民健康为核心》，载《中国卫生》2016年第12期。

⑤ 参见吕冰冰、宫芳芳、陈晨等《近一半罗湖居民都有"熟人"是医生》，载《南方日报》2017年1月20日第A09版。

民生编

法,采用了工作数量质量、科研能力以及患者满意度等因素作为最终确定医生薪酬的指标,这也意味着罗湖医院集团内的医生薪酬主要取决于其医疗服务质量以及患者满意度,这对于提升区域医疗服务质量、改善医患关系而言意义重大。

2. 医保费用总额预付制

在医疗保险支付制度改革方面,深圳市多部门联动尝试辖区居民的医保费用总额预付,探索出一条预算总额制的医疗保险支付制度改革道路。从2016年起,深圳市人力资源保障局、卫生和计划生育委员会以罗湖区为试点单位,在不改变参保人就医方式、报销待遇,以及医保基金管理局与医保定点机构现行费用结算方式的前提下,建立医保费用"总额管理、结余奖励"制度。① 采取总额预算制具有提高医疗集团自主性、医疗服务质量水平、医疗资源整合度等优势。通过对区域内享受医疗保险的人口总数进行核算并计算得出一个整体打包价进行支付,能有效减少患者不必要的住院以及过度医疗;医疗集团在保证治疗质量的情况下进行费用控制能使当年的经费产生盈余,余下的经费可以用于区域内享受医疗保险居民的疾病预防控制上。在总额预算制之下,签约的罗湖居民仍然可以自由选择看病的医院,去广州、北京、上海都可以,花费的医保费用社保部门统计后与罗湖医院集团核算。这倒逼着医院集团必须做实做好服务,真正提升签约居民的健康水平,减少大病、重病发生率,才能获得经济效益。② 在总额预算制之下,对于超出当年预算总额的部分,政府部门不再予以补贴,这样可以有效促使医院集团提升自身医疗服务水平,减少区域内居民去往区域外就诊的频数,变相提高当年医院集团经费盈余。这种支付方式实现了办医导向的突破性转变:医院只有关注居民的健康,做好预防保健工作,使居民少生病、少住院、少花钱,医院的经营状况才能好、医务人员的待遇才能提高,这样患者和医院的利益也就一致了。③

3. "互联网+医疗"

2012年,深圳市卫计委在全国范围内率先建成"就医160"网络预约

---

① 参见凌杰、程芙蓉《深圳罗湖区打造"健康共同体"开创医改新模式》,载《学习时报》2017年1月4日第A8版。
② 参见吕冰冰、宫芳芳、陈晨等《近一半罗湖居民都有"熟人"是医生》,载《南方日报》2017年1月20日第A09版。
③ 参见孙喜琢、宫芳芳《罗湖医院集团周岁成长记》,载《健康报》2016年8月15日第5版。

挂号统一平台，成功打造预约挂号的深圳模式。2015年，除了预约挂号外，移动医疗平台还实现了诊中支付、查看检查报告等服务。同年6月，深圳市儿童医院携手"就医160"打造了首个"网上医院"，从预约挂号到诊中支付、查看检查报告、点评医生等，都被整合到互联网医疗平台上。① 深圳在"互联网+医疗"方面经验丰富，罗湖模式同样吸取了深圳将互联网与医疗服务结合的经验。2016年1月22日，罗湖医院集团正式上线名为"健康罗湖"的移动互联网医疗平台App，成功打破了罗湖医院集团内部的医疗信息孤岛。这个平台可以记录患者及其家属在罗湖医院集团内所有的就诊信息、体检报告以及医生的诊疗报告、医学影像等信息，而且该医疗平台App是基于移动互联网的，这也意味着这一切信息都能在移动客户端上查看。在医疗方式上，罗湖采用了"互联网+医疗"的方法，将各基层医疗机构上传的医学影像汇集到医院集团医学影像中心，由该中心具有专业资质的专家出具诊断报告并反馈到基层医疗机构。这种做法节约了重新购置设备、重新引进或培养专门人才所需的时间与资金成本，具有很强的可操作性。

（二）湛江模式：后发地区的经典案例

湛江市率先在全国后发地区推行城乡居民一体化管理，实现城镇居民医保与新农合"两网合一"，统一筹资标准，让城乡居民享受同样待遇，消除城乡居民两极分化；开展市级统筹，全市一个标准；委托商业保险公司办理基本医保业务；从医保角度编制《诊疗常规》，通过医保来制约规范医院。2013年3月，广东省人民政府下发开展城乡居民大病保险工作实施方案的通知，要求完善和推广湛江模式。同年11月，由国家人社部组织召开的全国城乡居民大病保险工作视频会上，湛江市做了大病保险工作经验介绍，由政府主导与市场机制相结合的大病保险制度得到充分肯定。国内不少城市也纷纷学习、借鉴、推进湛江模式。湛江模式在一定程度上

---

① 参见向雨航《"互联网+医疗"能否拆除医院"围墙"？》，载《南方日报》2016年1月8日第SC08版。

民生编

能为后发地区的体制改革工作提供借鉴。①

1. 统筹覆盖"城镇+农村",惠及城乡居民

湛江市率先建立了城乡居民统一参保的全民医疗模式。② 湛江市位于广东省西南沿海地区,但是面临着农民多、收入少、财政弱的局面(见表8-2),为了扭转看病难的难题,湛江市医改先行一步,因地制宜采取了许多改革方案。2009年之前,湛江市城镇居民医保和新农合是两套体系、两项制度独立运行,其中新农合由卫生部门管理,县办县统筹;城镇居民医保由劳动保障部门管理,实行市级统筹。两套体系分割运行、政出多门,既浪费行政资源,又影响管理服务水平和保障水平的提高。为了破解上述难题,湛江市再举改革旗帜——湛江市人民政府颁发《湛江市城乡居民基本医疗保险试行办法》。从2009年1月1日起,将新农合和城镇居民医保两项制度并轨,实行"两网合一",统一归口到湛江市人力资源和社会保障局管理,由社保部门具体经办。2009年,湛江市在充分利用原有医保管理服务体系的基础上,改进服务方式,提高管理效率,整合新农合和城镇居民医保两项制度,建立全市统一的城乡居民医疗保险制度,并引入商业保险机构参与管理。2012年又率先开展城乡大病保险,逐步在后发地区走出了一条"城乡一体、市级统筹、商保参与、诊疗规范、大病保险"的医保新路子。湛江市推行的管理制度、筹资标准、待遇标准、服务规程"四个统一",构建了居民参保、待遇不分城乡、住院就医结算全市一证通的均等化医保大格局。在城乡居民医疗保险基金管理方面,湛江市严格按照"以收定支、收支平衡、略有结余"原则,同时建立大病医保信息通报制度和保险承办激励约束机制。以改革付费方式为突破口,结合医保基金的承受能力以及医疗卫生资源的分布实际,建立完善了"总量控制、病种加定额,按月预付,年终清算,合理补偿"的支付制度。③

---

① 2009年,湛江市在整合新农合和城镇居民医保两项制度,建立全市统一的城乡居民医保制度的基础上,引入商业保险机构参与服务管理,被媒体誉为"湛江模式"。该模式得到国家和省的充分肯定,国家和省领导人等均对医保湛江模式做出重要批示。中央电视台、《南方日报》等媒体先后做了专题报道,宣传推广湛江模式的主要做法和成效。随着改革的不断深入,湛江模式不断得到充实和完善,成效显著。

② 参见温善文、李婷《医保改革之新模式——"湛江模式"的保险思考》,载《现代商业》2016年第19期。

③ 参见刘建华《广东医改能否克隆"湛江模式"?》,载《小康》2012年第7期。

表8-2 湛江市国民经济简况

项 目	2012年	2013年	2014年	2015年	2016年
乡镇就业人员/万人	319.82	324.63	330.92	332.99	333.99
农、林、牧、渔业就业人员/万人	200.54	197.40	201.14	202.19	203.56
城镇人口占常住人口的比例/%	38.30	39.10	39.81	40.74	41.44
城镇人均可支配收入/元	20 227.32	22 371.40	21 317.40	23 129.40	24 887.20
农村人均可支配收入/元	9 561.00	10 689.00	11 381.10	12 405.40	13 335.80

数据来源：根据《广东统计年鉴》（2013—2017年）和《湛江市国民经济和社会发展统计公报》（2012—2016年）整理所得。

2. 实施大病医保制度

"广覆盖、保基本"的医保模式尚未能很好地解决部分群众因患大病造成因病致贫、因病返贫的问题。为此，湛江市从2012年1月起实施大病保险制度。大病保险加上原有基本医疗保险待遇，极大地减轻了群众治大病的负担。第一，设立大病保险基金。解决资金问题是建立大病保险制度的最大难题。湛江市量力而行，先从低水平做起，2012年，按低标准从结余基金中划出一部分建立大病医疗保险基金，对患重大疾病的参保人实施再次补助。2014年，将筹资标准调高，进一步提高了保障水平。第二，实行分段递增支付。具体政策是：参保人住院，其个人自付的医疗费用越多，由大病保险支付的比例越高。第三，委托商业保险公司经办。通过公开招标形式，把大病保险委托给商业保险公司经办，合同约定自负盈亏。

3. 政府主导，商保参与

湛江模式被认为是在后发地区走出了一条"城乡一体、市级统筹、商保参与、诊疗规范、大病保险"的医保新路子，是商业保险参与新医改建设的典型样本。针对大病患者医疗费用高，居民因病致贫、因病返贫等问

民生编

题，湛江市在全国率先建立大病医疗补助制度，引入商业保险机构参与城乡医保统筹管理。在政府部门主导下，建立了以基本医疗为主，大额补助为辅的医疗保障体系，商业保险公司参与基本医疗和补充医疗。按照"政府主导、资源整合、业务对接"的原则，湛江市又通过政府招投标，引入商业保险公司参与城乡居民医保管理服务，并合同约定弹性解决基金盈亏问题，即由中国人民健康保险股份有限公司在一定盈亏范围内自我平衡。引入商业保险的初衷是在政府不增加投入、个人缴费标准不提高的条件下，提高参保人员的保障水平。居民个人缴费中的85%作为基本医疗保险支出，15%则购买商业保险公司的大额医疗补助保险。[①] 保险公司的大额医疗补充保险使群众在不多出一分钱的情况下提高医药费的报销比例和额度，从而放大保障效应、减轻政府负担，并方便参保群众看病就医。具体而言，一是购买商业保险服务。从个人缴费中按比例划出一部分保费交由商业保险公司承保，个人报销在一定区间内的费用，由商业保险公司进行赔付。二是政府与商业保险公司集体提供服务，政府医保经办机构负责重要环节的把关审核，商业保险公司则主要负责具体的常规性、辅助性的业务办理。湛江市通过公开招投标的形式将商业保险机构引入医疗保险管理的方法在保证了医疗保障体系总体质量的情况下让政府少出钱、群众少花钱。

（三）清远模式：偏远山区的另辟蹊径

清远模式的主要目标在于优化医疗资源，把病人留在最基层，避免患者盲目扎堆上级医院并努力提高基层医疗机构医疗服务能力，争取让患者少跑腿，大病不出门，逐渐消解群众看病难的问题。通过区域卫生信息系统，使患者就诊更为方便；通过远程影像系统，把以往存在于上级医院的影像技术应用于基层；通过专科医疗联合体，使基层专科医疗服务水平得到极大提升；通过托管帮扶计划，使基层医院自身水平逐渐提高；通过人才计划，使更多医护人才扎根基层，让更多群众获益。清远模式对于国内其他偏远山区的医疗卫生体制改革工作具有特别的借鉴意义。

---

① 参见温善文、李婷《医保改革的新模式——"湛江模式"的保险思考》，载《现代商业》2016年第19期。

1. 以优质资源下沉为抓手

"有钱去广州,没钱去贺州"是以往清远"三连一阳"(即连州、连南、连山、阳山)地区民众对于看病难、看病贵的无奈慨叹。① 在实行医疗卫生体制改革以前,清远北部医疗卫生事业落后,群众缺医少药,看病困难,不少群众看病舍近求远,对家门口的医院缺乏信任。为尽快让医院走出困境、补齐基层的短板,清远市决定大力推进市、县医疗机构一体化,探索市级医院托管县级医院的路子。在托管政策的推进过程中,清远市有关部门采取多方联动的方式,因地制宜,借着广州、清远对口帮扶的东风,针对各个县的基本情况实施不同的托管或帮扶模式,同时为所有县级医院找到了愿意进行对口帮扶的医院。连南采取的是省级三甲医院托管,实行理事会管理下的院长负责制;连山采取的是市级三甲医院托管,实行的是总院长指导下的执行院长负责制;佛冈是在理事会管理之下,探索一个市级医院同时组合托管几家县级医院的道路;阳山则试图搭建省、县、镇、村四级医联体框架;连州和英德延续了之前三级医院对口帮扶的松散型医联体模式。不同市县积极探索不同的形式,最终的目的还是突出优质资源下沉。

在基层补贴方面,清远英德除了对基层医护人员的岗位工资和绩效工资进行适当调整之外,还根据各地区的经济、交通和医疗卫生服务能力等因素把基层卫生院进行分类,对所属医务人员进行相应的补贴。在薪酬补贴之外,对于紧缺的专业人才也给予了一定的补助,对于留住和吸引人才起到了一定作用。在基层人才培养方面,2012 年清远将市人民医院率先探索的助理全科医生培训模式政策化,学生每年支付给培训医院一定的培训费用,而培训医院则会将培训合格的学员分配到乡镇卫生院和社区卫生服务中心工作,实现了医疗人才资源的合理流动,在一定程度上也提高了乡镇级医疗机构的医疗服务水平。

2. "互联网+医疗"的显著成效

清远市重视信息化建设工作,积极发展远程医疗,走出了"互联网+医疗"的新路子,提高了医疗服务的科技化水平,创造了新的医疗资源,也优化了医疗资源的布局,大幅度放大了优质资源的效应,成为提高医疗

---

① 参见刘秋宜、彭可明《"有钱去广州,没钱去贺州"成历史》,载《南方日报》2015 年 11 月 10 日 AII03 版。

服务工作效率及公平性的有效手段。清远连州采取了网络信息健康卡系统，负责医疗服务的当值医生只需将患者的健康卡连接到连州市卫生信息系统，便可即时得到患者的各项健康档案和以往的诊疗记录。连州采取的网络信息健康卡信息系统不仅能避免重复检查，省去许多不必要的费用，充上现金后，还可以实现挂号、诊疗和缴费一卡通，健康卡不只能在连州市人民医院使用，清远市所有的乡镇卫生院、民营医院等医疗机构都启用了该互联网卫生信息系统。2017 年，连州市所有行政村卫生站基本实现全覆盖。采取"互联网＋医疗"的方法创新既简化了诊疗前的信息收集过程，又可以根据以前的诊疗记录参考之前所采取的治疗措施。

清远模式还创新性地打造出区域卫生信息系统，并成立了区域医学影像诊断中心。1999 年，连州市人民医院搭建了影像系统，打造了全国第一个无胶片影像科和第一个出具无纸化检验报告的检验科。2014 年，以连州市人民医院的影像系统为基础搭建了广东省首个联通县、镇、村的医学影像诊断中心。区域医学影像诊断中心的实施细则是将当时紧缺的影像科执业医师聚集在区域医学影像诊断中心，由各级接诊医院采集患者的医学影像并上传至区域医学影像诊断中心，由该中心的影像科执业医师出具诊断报告。该措施极大地缓解了粤北偏远山区影像科执业医师异常紧缺的状况，解决了区域内只有少数拥有影像科执业医师的医院才能进行医学影像诊断的困境，也为其他同样面临人才紧缺境地的科室提供了参考借鉴。

清远模式更是在医疗联合体的基础上建设性地创新出专科医疗联合体。如广东药科大学附属第一医院影像科全面管理连南县人民医院影像科，由负责帮扶的上级医院对帮扶对象的基层医院所上传的医学影像进行远程诊断，并定期派遣专家下沉基层对象医院进行传帮带。在影像科专科医联体被证明具有极强的可操作价值后，清远把改革范围扩大到其他科室，在探索中不断前进，打造更多的专科医疗联合体。其改革范围涉及影像科、妇产科、康复科、眼科等专科医联体。在搭建好省县专科医联体模式后，清远模式同时也将改革目标指向基层县镇，尝试将逐渐成熟的省县专科医联体模式嫁接到县镇之间。

3. 医院对口帮扶的经验与教训

通过积极主动的改革，再加上省、市相关医疗机构的支持与帮助，清远市的强基层与医疗联合体建设工作扎实，初步形成了颇具特色的医疗联合体模式。清远吸取以往的经验教训，提出解决问题的方法是从根本上进行改革，从依赖上级医院帮扶转变为借助上级医院帮扶，实行基层医院制度创新，完善现代医院管理制度，建立科学补偿机制和适应医疗行业特点的人事薪酬制度。虽然清远市下属各县有着各自不同的情况，但总体上都表现为去行政化管理，医院的新领导班子由理事会或总院长任命，各科室主任以及部分医院的副院长由院长聘任，各科室医生则由主任聘任；完善绩效考核方案，根据个人劳绩和贡献大小，拉开分配距离，调动医生的积极性；强调培养基层医院自身的骨干力量，分期选派骨干到托管和对口帮扶医院进修，同时积极引进人才；等等。

县级医院托管继承了对口帮扶上级医院办医的公益性，上级医院即便是提出了托管金要求，也是在对口帮扶基层医院业务创收超过设定阈值情况下，才从中象征性地征收小部分资金，用于更好地帮扶基层医院。连山县人民医院地方狭小，周边没有可以拓展的空间，现有综合大楼也有10多年历史。为了不给"大病不出县"设障碍，连山县人民政府把离县城1 000米左右的连山职校旧址改建为新的县人民医院，同时由政府出资新建了一栋门诊综合楼，并改建原有老旧基础配套建筑，增加了住院床位数量，并规划了新的公交线路作为医院配套设施投入使用。连南县于2015年为缓解医院住房紧缺问题以及引进医护人才的住房保障问题，腾置出一栋限制楼作为医生宿舍，而政府只象征性地收取些许租金。这样的举措既能吸引更多优秀人才前往该县服务，又能以福利保障的形式留住在岗职工。

三、健康卫生体制改革未来前瞻

《"健康中国2030"规划纲要》指出，建设健康中国的战略主题是共建共享、全民健康，要以提高人民健康水平为核心，以体制机制改革创新为动力，以普及健康生活、优化健康服务、完善健康保障、建设健康环境、发展健康产业为重点，把健康融入所有政策，加快转变健康领域发展方式，全方位、全周期维护和保障人民健康，大幅提高健康水平，显著改善健康公平。广东作为中国改革开放的排头兵、先行地、实验区，要在健康卫生体制改革上走在全国前列。

（一）未来的目标

医疗不是"健康中国"的唯一内容，树立大卫生、大健康的观念，把

民生编

以治病为中心转变为以人民健康为中心。实现国民健康长寿，是国家富强、民族振兴的重要标志，也是全国各族人民的共同愿望。① 就目前医药卫生体制改革的进程而言，未来的发展目标主要仍是改变看病贵、看病难的现状，广东要在健康卫生体制改革上走在全国前列，就要解决看病难、看病贵、保障不充足的难题。

1. 目标一：看病要有充分保障

2009年，广东省编制实施了《广东省基本公共服务均等化规划纲要（2009—2020年）》，并相继于2014年、2017年以中央相关文件精神为指导，以社会发展形势的变化为基准，结合广东省独特的省情进行了修编，为广东省各地推进基本公共服务均等化和编制相关专项规划提供依据。但由于广东省区域发展欠平衡，粤东人口聚集区、粤西偏远地区、粤北山区与珠三角地区的发展水平相比仍存在较大发展空间，发展水平的差异导致粤东西北地区人民的医疗保障无论在数量上还是质量上都与珠三角地区存在一定的差距。2016年8月，在全国卫生与健康大会上，习近平指出，全民医保是中国特色基本医疗卫生制度的基础，明确将抓好全民医保制度建设作为基础性、关联性、标志性改革。② 2017年3月29日，广东省卫生与健康大会在广州举行。胡春华主持会议，强调要坚持以习近平总书记重要讲话精神为指导，奋力推进健康广东建设取得新突破。③ 广东省作为改革的试验田，2017年已基本实现了全民覆盖的医疗保障体系。省医保参保人数达到10 126万人，占全国的14.4%，参保率超过98%，比全国高出3个百分点，已实现全民医保。④ 广东省作为改革的试验田，在基本建立起全民覆盖的医疗保障体系的基础上，在将来的健康卫生体制改革进程中，广东省应把完善均等化的医疗保障体系作为未来目标之一。立足当下广东省各地医疗保障现状，在未来建立健全完善的均等化医疗保障体系过程中，应把工作重点酌情向欠发达地区、偏远山区的乡际县域倾斜，在实

---

① 参见《中共中央 国务院印发〈"健康中国2030"规划纲要〉》，载《中华人民共和国国务院公报》2016年第32期。
② 参见田迪迪《完善全民医保制度，推进健康广东建设》，载《南方日报》2017年1月19日第A06版。
③ 参见徐林、吴哲、曹斯等《奋力推进健康广东建设》，载《南方日报》2017年3月30日第A01版。
④ 参见田迪迪《完善全民医保制度，推进健康广东建设》，载《南方日报》2017年1月19日第A06版。

现目标的过程中，毫不动摇地坚持基本医疗卫生事业的公益性，同时着力实现强化县域医疗卫生资源规划、强化县域基本公共卫生服务能力、加强基层卫生人才队伍建设等目标。

2. 目标二：解决群众看病难问题

2017年，中共广东省委办公厅、广东省人民政府办公厅印发《关于加强基层医疗卫生服务能力建设的意见》，提出了加强基层医疗卫生服务能力建设、完善医疗系统运营管理模式制度创新等方面的工作重点。广东省在大力提升基层医疗卫生机构服务能力的同时，积极推动改革完善基层医疗卫生综合改革，在完善医疗系统运营管理模式制度创新的道路上不断前进。在今后的医疗系统运营管理模式制度创新工作中，一是应着力建立健全分级诊疗制度。建立健全分级诊疗制度是合理配置医疗资源、促进基本医疗卫生服务均等化的重要举措，是深化医药卫生体制改革、建立中国特色基本医疗卫生制度的重要内容，对于促进医药卫生事业长远健康发展、提高人民健康水平、保障和改善民生具有重要意义。二是进一步普及家庭医生制度。以此作为目标，对于全面推进健康广东建设，加紧落实健康广东"2030"计划、卫生与健康"十三五"规划等政策文件意义非凡，不仅可以实现从先患病再治疗的"治已病"模式到不患病免治疗的"治未病"模式的历史突破，而且可以实现从"以病为本"向"以人为本"的重大转变。广东省可以采取分类签约、有偿签约、差别化签约等多种方式，着力为城乡居民提供连续性的个性化服务。三是建立家庭医生与专科医生的联动机制，着力形成基层医疗卫生机构内的家庭医生核心团队—机构内专科及辅助科室支持系统—综合（专科）医院专科医生组成的"三环团队"，形成为签约居民提供基本医疗卫生服务的完整封闭的服务保障环。

3. 目标三：解决看病贵的问题

看病贵是医疗卫生体制改革的工作重点之一，对药品市场流通及价格调控方式进行改革是切实改善看病贵问题的关键。而政府的简政放权可以让市场发挥资源配置的支配作用，通过无形的手对相关价格进行调控。2016年12月26日，国务院深化医药卫生体制改革领导小组办公室、国家卫生和计划生育委员会等8个部门联合发布《关于在公立医疗机构药品采购中推行"两票制"的实施意见（试行）》文件，进一步深化医药卫生体制改革工作。"两票制"的主要内容即药品生产出厂销售到一级经销商时由制药厂开具一次发票，在经销商把药品销售到医院进入市场的零售环节再由经销商开具一次发票，并且每个品种的一级经销商不得超过两个。实行"两票制"省却了以往制药厂到医院、药房的销售环节中存在的各级分销商，避免了中间商赚取差价扰乱市场，减轻了人民用药费用负担。2017年11月，广东省相关部门根据中央文件精神，结合广东省情，印发《关于医疗机构药品交易"两票制"的实施方案（试行）》，要求全广东省执行"两票制"，过渡期为6个月。考虑到广东省存在偏远山区交通不便的问题，该方案针对特殊情况允许再开一次药品购销发票进行了说明，是比较完备的实施方案。在未来的改革工作中，广东省应尽快完成"两票制"的过渡。在过渡期内，药品生产企业在药品交易平台重新选择确认相关品种的药品流通企业；药品流通企业要妥善处理库存药品中不符合"两票制"规定的药品；医疗机构原已签订未执行完毕的药品购销合同，过渡期内可继续执行至过渡期止，药品购销合同在过渡期后需严格执行药品"两票制"。广东省未来全面实现"两票制"的目标，可以有效缓解看病贵的问题，但对于药品价格的压缩、药品市场流通的监管仍有可以进一步深化改革的空间。

（二）遇到的阻力

党的十九大报告指出，在新时代，中国社会主要矛盾已经由人民日益增长的物质文化需要同落后的社会生产之间的矛盾转化为人民日益增长的美好生活需要和不平衡不充分的发展之间的矛盾。在医疗卫生体制改革的道路上，中国取得了骄人成就，但改革前进的道路上仍然存在着一些因不平衡不充分的发展而带来的改革阻力。

1. 自然条件差异与区域发展欠平衡

广东省各区域由于地形地貌、人口分布、历史条件等多种因素的差异，存在着区域高发病种不一、区域发展欠平衡的情况，导致各地在疾病的宣传预防治疗、基础医疗设施建设、医疗人才质量数量、社会保障体系模式等方面存在一定差异，无疑是实施健康卫生体制改革、全面深化医药卫生体制改革工作中需要正视的问题。自然条件差异可能会对广东省各地的疾病预防控制工作带来挑战。健康卫生体制改革针对的不仅是患病后的医疗救治，而且也包含患病前的积极预防。因各地的高发疾病种类不尽相同，所采取的宣传、预防、诊疗对策不尽相同，很难从省级层面统筹划一去制定放诸各市通行的应对措施。因地形地势、产业分布、人口结构等因素，导致存在着某些疾病的高发，如粤西矿产、重工业集中地区可能会导致的人体重金属含量异常、粤东及珠三角沿海地区可能出现的碘元素过度摄入导致的内分泌疾病等，对各地相关部门的宣传、预防、诊疗乃至药品招标采购等工作提出了更高的要求。

区域发展欠平衡可能会对广东省建立健全均等化医疗保障机制与提高基层医疗卫生服务工作带来挑战。尽管广东省制定实施了诸如《关于加强基层医疗卫生服务能力建设的意见》《广东省基本公共服务均等化规划纲要（2009—2020年）》等文件并极大缓解了因省内各区域发展不充分带来的医疗资源不平衡，但粤东西北地区的医疗基础设施建设水平、医生薪酬待遇、市民医疗保障待遇甚至医护人员服务水平等方面相对落后于珠三角地区。与此同时，地区间经济发展水平差异还会影响高校毕业医护从业人员的就业去向选择。就目前情况而言，医护人才的流向更多会偏向经济发展水平较为发达的地区。这在一定程度上也造成了偏远较落后地区医护人才的稀缺，可能会导致发达地区医护人才供给过剩而较落后地区医护人才稀少。可见，地区环境差异与发展欠均衡引发的诸多问题可能会形成不良循环，加剧地区发展欠平衡的程度，造成了不充分、不平衡发展的局面，急需采取有效措施加以解决。

2. 医疗卫生事业资源分配有待优化

广东省的医疗卫生资源在相对庞大的人口基数体量面前还不足以做到高水平、高质量的均等化全民覆盖，在继续发展增加医疗卫生资源的过程中如何在当前有限的医疗卫生资源约束下对其进行充分的优化利用便成为重中之重。其中专业人才缺乏是当前遭遇的最大挑战之一，尤其是在基层医院。专业医疗人才的缺失是家庭医生制度尚未在广东省内全面普及的原因之一。因社区民众的病情、病种不尽相同，家庭医生往往是由有经验的全科医生来担任，广东省对于全科医学人才的培养十分重视，但目前全科医生还是较为稀缺，优秀且意愿下沉至社区担任家庭医生的人才就更为稀少了。人才的稀缺不仅体现在家庭医生上，同样也体现在妇产科、儿科等医护人才上，尤其是近年来国家实施新的计划生育政策，对妇幼保健方面人才的需求越来越大。广东省作为全国范围内人口最多的省份，也是流动人口最多的省份，新的计划生育政策有可能会对省内医疗卫生机构带来潜在的压力。与此同时，广东除了作为全国人口大省以外，还兼备着中医药特色强省的头衔，肩负着弘扬和培育中医药传统文化的历史责任。但目前中医药类医学院校数量与中医药医护专业毕业生和从事中医药医护行业人员的数量仍然偏少，专业人才的稀缺成了弘扬中华医学文化的阻碍。与目前流行的西医医院相比，中医医院经济收益偏低，导致中医医院医疗基础设施建设与病区环境建设等方面资金短缺，由此带来的后果不利于广东打造中医药强省，应采取相应措施扭转困境。

3. 药品价格调整及准入原则急需完善

如何在保证供应质量的同时降低药品售价是对药品企业管理经营模式的挑战，而药品准入原则及宣传手段则是对药品企业产品质量、疗效的审视。公立医院改革取消了除中药饮片外的药品加成，这意味着老百姓用药成本相比以前更低了。但由于中药饮片制作工艺的特殊、加工时产生的损耗等原因，中药饮片制作的成本较高，不能笼统地去掉药品加成，但保留药品加成的这种做法一定程度上会使中医相比西医在同样治疗效果下的诊疗成本上升。广东省具有浓厚的中医药传统，2017年广东省人民政府办公厅印发《广东省贯彻〈中医药发展战略规划纲要（2016—2030年）〉实施方案》，要求进一步凸显中医药在广东省经济社会发展全局中的地位和作用，使中医药健康服务成为推动广东省经济转型升级的重要力量。中药价格过高不利于广东省打造中医药强省，在中药饮片药品加成涉及的成本利润控制与药品流通普及之间，迫切需要一个平衡点。

广东省积极拥护践行国家相关制度，在食品药品有关行业的监督管控方面也相对到位。尽管严厉打击以生产销售假冒伪劣食品药品牺牲人民生命健康安全来牟取一己私利的行动从未停歇，但仍然存在漏网之鱼在损害人民利益。在医药卫生体制改革的进程中，继续加强对药品的监管需要引起高度重视。除了假冒伪劣药品流入市场会损害人民健康，对于并不完全了解药品药性的普通老百姓而言，不规范的药房中不需要医生处方就能购买到的处方药对人民健康的潜在伤害也不容小觑。普通老百姓可能对药品药性、禁忌甚至是主要疗效都不太了解，抛开医生处方便能在某些药房购买到处方药品，这是人民生命健康安全极大的隐患，极易损害人民生命健康。对于药品市场准入以及销售环节的把控是对人民健康负责的体现，存在不明真相的群众对药性未明的民间偏方的盲从，也存在有关药品的广告宣传含有不实成分，更有药品冒充日常食品进入销售环节的存在，对此应严格对与食品药品有关的领域进行科学的规范。

（三）改革的途径

"健康是促进人的全面发展的必然要求，是经济社会发展的基础条件，是民族昌盛和国家富强的重要标志，也是广大人民群众的共同追求。"① 立足时代要求，应当以新时代中国特色社会主义基本方略来指导医药卫生体制改革，坚持以人民为中心，以新时代中国社会主要矛盾变化来完善医药卫生体制改革，着力推动供给侧结构性改革，让人民群众获得更高水平、更高质量的医疗卫生服务。

1. 普及医疗卫生知识并构建新型友好医患关系

医疗服务的核心价值是以人为中心而不是以疾病为中心，预防尚未发生的疾病价值远远大于治愈已经发生的疾病。因此，在实现医疗卫生体制改革的道路上，应大力推广普及医疗卫生知识，力求将疾病扼杀在摇篮里，减轻人民遭受疾病困扰的苦难，实现真正意义上的人民幸福。目前，广东省内多地正逐渐推广、普及家庭医生制度，家庭医生与普通医生最大的区别就在于家庭医生主要价值是治未病，是预防疾病、保障群众健康。在推广普及医疗卫生知识的工作中，家庭医生将起到重要作用。到2020年，力争将家庭医生签约服务扩大到全人群，形成与居民长期稳定的契约服务关系，基本实现家庭医生签约服务制度的全覆盖。② 同时，相关部门、各级医疗机构、社区、用人单位等组织机构也应当担负起应有的社会责任，在加强全科医学人才培养的同时，主动向群众宣传基本的医疗卫生知识、印发医疗卫生宣传读本，在条件允许的情况下还可以定期开展讲座进社区等宣讲活动，努力提升老百姓对于疾病的认知能力、预防意识和就诊意愿等。

鉴于广东省各区域人口年龄跨度较大，并非所有群众都能熟练使用互联网进行操作，在采取互联网平台实现预约挂号、取药等功能的基础上，实现数据互通，打造电话、短信等多平台服务模式，在符合各年龄层患者日常生活的基础上实现便捷就诊零门槛、零排队、零等待。同时，在接诊量较大的医疗机构可以吸取清远市人民医院采用轨道机器人进行药品运输

---

① 纪伟昕：《以全民健康促进全面小康》，载《前线》2017年第4期。
② 参见彭卓、王宾《2017到2030，这些医改亮点值得期待》，载《新华每日电讯》2017年1月4日第4版。

分派的做法，减少患者排队等待、四处跑腿的现象，也可降低医护人员因高强度工作可能会出现的纰漏，保障患者用药安全。面向服务不同的人群，可以通过改造医疗机构的基础设施、建造无障碍通道，为行动不便、术后恢复等群体提供便利；开设专用绿色通道，为危急、重症患者赢得宝贵的治疗时间。

基于广东省是流动人口流入大省，存在一部分没有购买医疗保险或因种种原因导致异地医疗保险无法结算的群体，如外来务工人员、因不法雇主没收证件无法提供有效身份证明者等低收入自费群体等，还存在因疾病、事故等导致丧失劳动能力、家庭经济困难等而无力支付医疗费用的情况。对于情况特殊，实在无法承受医疗费用的患者，可以采取当地政府与医疗机构各承担部分费用。对特殊患者群体予以一定或者全部的费用减免的措施，体现对生命的敬重、对人民健康的负责，为政府、医院、医护人员进一步塑造更良好的形象，有利于新型友好医患关系的构建，也有利于实现医疗卫生事业共建共享、建设全民健康的伟大工程。

2. 各施其法缓解资金压力与加强药品监管并举

对于资金问题，单纯依靠政府加大财政支出是不能长久的，广东省各地可以充分学习并吸取在改革道路上取得一定成就的地区的做法，因地制宜开创出适应自身发展特点的新道路。对于珠三角地区来说，可以学习借鉴深圳市罗湖区的改革模式，采用医疗集团制与医疗保险总额预算制，可以极大刺激医疗机构的活力与进取之心；对于粤北山区地区来说，可以吸取清远市的改革经验，采用上级医院对口帮扶、下设上级医院基层分院等措施，实现医护人才流动与医疗机构医疗服务水平提高的有机结合；对于粤西偏远地区来说，可以参考湛江市引入商业保险公司参与医疗保险结算的措施，可以极大减轻政府在医疗保险方面的财政支出。

除此之外，广东省濒临海洋，在系列改革过程中应充分发挥自身区位优势，依托海洋资源发展具有广东特色的海洋药物，通过市场良性竞争，多方位解决看病贵的问题。广东省在进一步深化医药卫生体制改革进程中，应当探索出对于药品市场流通及价格调控的新路径，可以尝试建立药品分类名录，从不同药品功效、不同药品成分、不同药品成本等方面将市场流通的药品进行分类，并按照各个分类的药品给予政府指导价，使最终患者用药时产生的实际费用围绕政府指导价上下小幅度浮动。如此一来，在建立药品名录的工作期间，政府及相关部门可以对市面上流通的药品进行细致了解，在进行分类之余还可以检验出药品是否安全合规；在提出政府指导价的工作期间，可以计算出药品供应商当前药品售价中蕴含的利润是否合理，也可以打击"天价药"的不良行为；在消费者购买已经公布过政府指导价的药品时，又是对政策落实的一种检验，若是消费者最终购买价格大幅超出政府指导价，还可以向有关部门投诉。因而，药品政府指导价体系形成了政府监管、药商自查、市民监督的三位一体模式，在保证质量的同时将药价有效降低；在保证药价降低的同时又保证药商有适当利润；在保证政策落实的同时又构建三位一体的多重监督体制，这对切实改善看病贵现象具有一定的建设性意义。

3. 强化"互联网+医疗"助力"健康中国"建设

互联网的方便快捷已融入居民生活的各个方面，医疗系统同样可以借助互联网的力量实现"数据跑腿"，减少以往存在的繁复流程步骤。"互联网+医疗"的模式经过时间的考验已经证实是具有相当高的可行性的，而且实践证明这种模式也是十分高效便捷的。目前，广东省内不少医院甚至是某些地区已建成网上预约挂号、网上查看医学报告、网络储存医学影像数据等平台，大大减少了患者排队挂号的不便、各医院之间数据不互通导致重复检查的尴尬。对于广东省内尚未建立"互联网+医疗"模式的地区，建议建立统一的互联网医疗平台，将地区内所有的医疗机构接入同一网络平台之中可以免却平台数据不互通的尴尬，也可以借鉴实践成功的地区的经验，为该地区建设"互联网+医疗"体系提供参考。在日后的进一步深化改革中，还可以尝试建立全民个人健康平台，为每一位辖区内的居民建立统一格式、统一管理、统一分类等的标准化个人健康档案。建立标准化的个人健康档案有助于在互联网上统筹个人健康状况，从县区级、市级、省级乃至全国范围收集居民健康信息有助于了解各病症的人群特征、区域特征、气候特征等，对于疾病预防与控制具有重要意义。

鉴于广东省区域发展欠平衡，在粤北偏远山区以及粤西、粤东某些经济欠发达的地区，往往缺少专业的技术人才，也缺少资金购置先进的医学影像设备，导致这些地区需要医学影像技术辅助诊疗的患者不得不前往具备相应医疗条件的地区接受诊疗。偏远山区以及经济欠发达地区的医院中，往往缺少诸如医学影像、心脑血管、透析等方面的人才和医疗器械，而"互联网+医疗"体系能有效缓解这种困境，可以吸取清远模式的改革经验，通过与上级对口帮扶医院共同建立远程影像诊断中心能改善各地区

民生编

因缺少专业人才导致无法对医学影像进行判读的情况；通过互联网技术建立远程专家会诊平台能减少患者因当地医生水平或医疗器械水平等方面而需要面对的风险。对于缺少资金导致无法购置先进医疗设备的地区，可以通过省内互联网医疗平台获取各大医院因技术升级而淘汰但仍能正常工作的医疗设备信息，根据各地实际情况进行筛选，在双方对接后进行设备转让。不仅可以让设备在偏远山区以及经济欠发达地区继续发挥余热，实现其最大价值，而且也降低了大医院医疗设备更新换代的成本，更重要的是偏远山区以及经济欠发达地区的医疗机构能以较为低廉的成本建立起自己的医学平台，对周边患者就诊、医院科研工作等方面都具有深远的意义。

治理编

第九章　广东社会治理体制改革

改革开放 40 年来,广东经济社会发生了巨大的变化。在这种变化过程中,广东社会体制进行了一系列的调整和变革,并由社会管理逐渐向社会治理转变。从社会管理到社会治理,不仅仅是概念上的变化,而且蕴含着理念、方法、手段和制度等多个层面的深刻变革。

一、社会治理体制改革发展历程

从社会管理到社会治理,广东像全国一样,大致经历 3 个阶段:1978—1991 年为全能管制型社会管理体制的解构阶段,其主要特点是,单位制、街居制和人民公社制解体,由单位制逐步向社区制演变,政府管理的全能主义模式开始变革;1992—2011 年为党政主导型社会管理体制①的建构阶段,其特点是党委领导、政府负责、社会协同、公众参与的社会管理格局的形成;2012 年以后为共建共治型社会治理体制的发展阶段,其特点是社会治理新理念的提出,以及形成了党委领导、政府主导下的全社会共同建设的良法善治模式。

(一)破茧:全能管制型社会管理体制的解构(1978—1991 年)

在计划经济时代,中国实行以单位制和城市街居、农村社队相结合的基层社会管理模式。在经济领域建立起高度集中的计划经济体制,在社会领域建立起政府包揽一切的全能型社会管理体制,所有的人都组织在一定

---

① 参见窦玉沛《从社会管理到社会治理:理论和实践的重大创新》,载《行政管理改革》2014 年第 4 期。

的单位中，社会本身基本上没有相对独立的发展空间。①

1978年改革开放以后，城乡结构、就业结构、人口结构、居住结构等发生了重大的变化，全能管制型社会管理体制赖以生存的空间逐步丧失。在城市，单位制逐步解体，社会管理职能逐渐由原来的单位向城市街道和居民委员会转移；在农村，传统的人民公社体制逐渐解体，社会管理职能逐渐由人民公社向村民委员会转移。总体而言，当时社会管理的各项工作是服从、服务于经济和政治体制改革，即为经济建设服务的发展型社会管理方式。② 在这一阶段，国家改革的重点是如何调整社会管理来适应改革开放初期的经济体制改革，为此，国家一系列改革措施、方针政策，都是围绕经济体制来进行的。政府开始向主导经济建设转变，这是中国政府的重大转型。虽然《中华人民共和国村民委员会组织法》和《中华人民共和国城市居民委员会组织法》相继出台并开始实施，但是由于原有行政管理体制的惯性渗透和行政强力，传统的一元化的社会管理体制并没有随着经济领域的变革而有实质性的破土，旧有的社会管理体制仍然发挥着作用，社会管理国家化的总体格局仍在延续。③

1. 乡村治理变革与村民自治的兴起

党的十一届三中全会以后，农村逐步实行家庭联产承包责任制，政社合一的人民公社体制被废除，这是农村管理体制的巨大变革。1983年10月，中共中央做出实行政社分开、建立乡镇政府的决定。1984年上半年，广东省人民公社体制的改革基本完成。根据本地特点，广东基本上以原公社、大队和生产队（或自然村）的范围分别建立区公所、乡政府、村民委员会，取消了人民公社组织。1986年，广东省撤销区公所建立乡镇，原来的乡改为村民委员会，原来的村民委员会改为村民小组。广东省村民自治制度经历了曲折的发展历程，从最初的区公所到1989年开始实行村民自治，虽然比全国实行村民自治制度晚，但是广东的村民自治起点高，在民主选举、民主决策、民主管理、民主监督"四个民主"方面具有自己的创新，既坚持中央的规定，又有自己的特色。通过选举观察制的引进，解

---

① 参见窦玉沛《从社会管理到社会治理：理论和实践的重大创新》，载《行政管理改革》2014年第4期。
② 参见董慧萍、张涛《改革开放以来我国社会管理思想的发展脉络及评述》，载《西安航空学院学报》2014年第6期。
③ 参见姚华平《我国社会管理体制改革30年》，载《社会主义研究》2009年第6期。

决了选举的公平问题；基层党组织的建设解决了领导权问题，更好地发挥了农村基层党组织的领导核心作用；行政化治理向村民自治转轨的经验，对于农村村民自治实践具有模范作用。①

2. 回城知识青年安置与城市就业问题

改革开放初期，社会问题是推动社会体制改革的原动力。从1968年开始到1978年的"上山下乡"运动，全国有超过千万的城市青年转移到农村。1968—1980年，广东省累计上山下乡的城镇知识青年有90多万人。1973—1978年，离开农村的知识青年共46万人，仍在农村的知识青年有40万人。② 党的十一届三中全会以后，中央改变了知识青年上山下乡的政策，做出知识青年可以回城的决定，大量知识青年迅速涌回城市，从而开启了知识青年返城大潮。

广东与全国各地一样，20世纪70年代末期，大量的知识青年返城使得原来就很严重的城市就业问题雪上加霜。如何解决回城知识青年就业成为政府与社会关注的重点。广东省通过大办集体所有制企事业单位，并允许和扶助社会需要的个体劳动，因地制宜，广开就业门路，大力安置城镇待业人员。1980年，广东省按国家规定对安置待业知识青年的城镇集体企业实行了相关减免税，并结合当地实际，对免税年限做了更明确的规定。

然而，面对庞大的就业群体，城市经济的容量很难在原有的体制框架内满足大量的就业需求。迫于就业压力，1980年，国家提出劳动部门介绍就业、自愿组织起来就业和自谋职业相结合的就业方针，从而开启了国家分配和自谋出路相结合的就业制度的第一次改革。为了安置回城知识青年，几乎所有的街道办事处和居委会都办起了集体企业。与此同时，中央宣布鼓励和扶持个体经济适当发展，一切守法的个体劳动者都应当受到社会的尊重。有了中央的政策支持，又地处改革开放前沿，广东个体经济如雨后春笋，迅速发展。广东第一代民营经济的代表——个体户由此诞生。1980年，广东公有经济提供了绝大部分的就业机会，吸纳了98.09%的从业人口，民营经济吸纳从业人口仅占1.91%。随着个体经济的迅速发展，1985年，广东公有经济吸纳从业人口比重下降为94.2%，民营经济吸纳

---

① 参见徐留金《村民自治制度在广东》，载《党史纵横》2016年第3期。
② 参见严明《广东知青重聚海南》，载《南方都市报》2006年10月4日第A04～A05版。

从业人口比重增加到 4.8%。① 个体民营经济的迅速发展,大大缓解了城市就业压力。

3. 率先取消粮票与民工潮兴起

改革开放前,粮票是购粮凭证。在那个年代,各种票证,如粮票、布票、肉票、油票、奶票、煤票等,多不胜数。其中,粮票有着不可替代的崇高地位,它是短缺经济时代最深刻的印记。粮票等票证的废除,昭示着一个开放时代的到来,也折射了中国经济由贫弱匮乏走向富足繁荣的历程。

粮食供应制度改革最早从深圳特区开始。20 世纪 80 年代初经济特区设立初期,一方面,大量外来人口涌入,深圳粮食定量供应开始变得不足。另一方面,深圳最初的建设者来自全国各地,人到了深圳,户口却大多没迁过来。按照当时的政策,这些人在深圳领不到粮票。何况,他们中的不少人是瞒着自己原来的单位,偷偷跑到深圳创业淘金来的。时间一长,原单位就会找到当地粮食局,把他们的粮票、肉票统统取消,他们就成了彻头彻尾的"无票户"。为了解决这个问题,1984 年 11 月 1 日,深圳市人民政府决定取消粮食统购统销政策,实行议购议销,全面放开粮食市场,在特区内取消粮本和票证。此举开启了中国粮食流通体制改革的先河,深圳成为全国第一个取消粮票的城市。这是粮食经营从计划经济到市场经济转变过程中的里程碑事件。②

深圳放开粮价取消粮油票,等于放开了统购统销的政策口子。以此为契机,广东开始逐步缩小统购统销的范围。1985 年,广东将粮油由购销倒挂改为购销同价,部分粮油价格放开,实行自由购销。1988 年,广东率先放开食油的价格,并取消了居民供应的定量。1992 年 4 月 1 日,广东在全国率先放开粮食的购销和价格,取消粮票。广东成为全国第一个取消粮票的省份。到 1994 年,全国各地基本取消了粮票,延续近 40 年的粮食统购统销的传统体制宣告终结。③

与粮价同时放开的是曾经被束缚在土地上的农民,粮票的取消事实上为农民的流动提供了方便。在票据时代,城镇居民迁徙户口时,有一个特

---

① 参见蔡兵主编《改革开放先行区》,广东人民出版社 2016 年版,第 58 页。
② 参见陈棣芳、李文《深圳市率先取消粮票》,载《人民政协报》2015 年 12 月 24 日第 9 版。
③ 参见蔡兵主编《改革开放先行区》,广东人民出版社 2016 年版,第 101 页。

殊的关系叫作粮食关系,关系人只能限定在某具体粮店购粮。对于拥有城镇户口的居民来说,粮食关系与城镇户口同等重要。倘若居民想到另外一个城市工作,除办理户口转移手续外,还必须办理粮食关系的转移。而在长达40年的历史中,农民并没有粮食关系,没有粮票到了城市等同于没法吃饭。

取消粮票的同时,城乡隔离政策逐渐被打破,进城务工经商的农民获得了在城市合法生存的权利。特别是20世纪80年代初,广东在改革开放中先行一步,大量工厂企业如雨后春笋般涌现,吸引了来自全国各地的劳动力。于是,"东南西北中,发财到广东"在全国引起热潮,广东很快就成为全国劳动力最密集的地区。数以千万计的农民工浩浩荡荡地涌进城市,涌入广东珠三角,由此形成了中国大地上蔚为壮观的民工潮。民工潮汹涌流动也造就了人类历史上规模最大的周期性迁徙奇观——春运。从1989年开始,每年春节期间,进城打工的农民工大量返乡探亲,客流空前集中,给铁路运输部门和公安交警造成空前的压力。到20世纪90年代末,农村大量的剩余劳动力都进城打工,促成了中国城镇化的突飞猛进。城乡的差距不断缩小,城乡之间的鸿沟正在消失。

(二)起航:党政主导型社会管理体制的建构(1992—2011年)

1992年,党的十四大正式确立建立社会主义市场经济体制的目标,经济转轨带来了社会转型。随着市场经济的发展,国家和社会高度合一的结构开始分离,逐渐形成国家、市场和社区的新的社会结构。随着社会流动的加快,传统的控制型社会管理体制受到挑战。2004年党的十六届四中全会提出,建立健全党委领导、政府负责、社会协同、公众参与的社会管理格局。这一阶段,社会管理理论和实践创新进一步推进,党委领导、政府负责、社会协同、公众参与的社会管理格局基本形成。虽然社会管理以解决影响社会和谐稳定的突出问题为突破口,具有一定的管理社会的色彩,但协同善治的理念和思路呼之欲出,为实现社会管理向社会治理的转变奠定了一定的基础。地处改革开放最前沿的广东,率先在社会管理体制改革方面进行了一系列的探索。

1. "村改居"与社区管理体制改革

随着工业化城镇化快速推进,大量处于城乡接合部的农村由于受到城市积聚和扩散效应的双重影响,逐渐成为城市区域的一种过渡性形式——

城中村。这种城中村，在形式上和管理体制上已经不同于传统农村，但在城市居民生活方式、社区服务管理理念与方式上与现代城市社区仍有明显的区别。为了适应城镇化发展和城区范围不断扩大的需要，必须实行"村改居"，将农村管理体制转变为城市管理体制，使城中村从组织机构、运作方式、生活方式、价值观念等方面向城市过渡。2002年，广州市出台《关于"城中村"改制工作的若干意见》，部署138个城中村的改制工作，将改制的"城中村"村民农业户口全部转为居民户口，实现"农转居"，撤销"城中村"的村委会建制和农村管理体制，取而代之的是建立社区居委会自治组织。① 2004年，东莞市出台"村改居"工作实施方案，从当年5月开始在8个中心镇全面铺开"村改居"工作，至10月底结束。截至2005年年底，广东省"村改居"工作及城市进程得到有效推进，全省已有1312个村委会改为社区居委会，城市化水平达到56%以上。其中，广州市海珠、荔湾、天河、白云、黄埔、芳村6个区的125个城中村完成了转制，新成立231个社区；深圳市的宝安、龙岗两区全部实行了"村改居"，218个村委会改为社区居委会；佛山市共有106个村委会及6个村民小组改为75个社区居委会，有31.4万农业人口转为居民人口；珠海市村委会与居委会合并成立社区居委会的有28个，"村改居"的社区有36个；中山市100个社区，属于"村改居"的占一半以上。②

随着单位制的解体，社会流动加快，单位人正在转变为社会人。个体户、打工者、自由职业者等大量涌入社区，给基层社会管理工作带来许多新的难题。为了解决单位解体之后社会管理的无序化和社会管理漏洞问题，社区行政体制改革大幕徐徐拉开。2000年，国务院办公厅转发了《关于在全国推进城市社区建设的意见》，标志着社区制建设正式启动。在社区组织管理体制方面，广东先行先试，大胆创新与改革，形成了社区建设、社区管理和社区服务的共商、共建、共管、共享格局。2001年，广东出台《广东省民政厅关于在全省推进城市社区建设的意见》，全面推进城市基层管理体制改革，建设新型社区。在改革实践中，广东各地根据本地实际进行探索，形成了不同的模式和经验。深圳全面推行"居站分设"，

---

① 参见杜家元《广州"村改居"面临的主要问题及解决思路》，载《南方农村》2015年第1期。

② 参见南文《广东城市化水平5成以上》，载《汕头特区晚报》2005年10月28日第1版。

形成了全国社区建设中的深圳模式,即设立社区工作站作为政府在社区的工作平台,承接从居委会剥离出来的行政性工作,居委会则回归其自治组织的本来面目和功能,并在此基础上全面推行"居站分设"。珠海市也在明确城市社区居委会职能定位、建立行政事务准入制和考核评价制、实行农村社区"十户联保"制度、建立农村社区"三联"(户户联保、小组联防、村村联动)机制、健全农村基层组织自我服务功能、培育基层民主自治意识和制度环境等方面进行深入的改革探索,同时在原有社区自治体系的基础上,完善社区议事协商委员会,培育社区社会组织,增设社区监督委员会,形成"议事(社区议事协商委员会)、决策(社区居民大会或社区居民代表大会)、执行(社区居委会)、协助(社区社会组织)、监督(社区监督委员会)"的社区自治体系。广州市学习香港经验,建立新型社区管理服务体制,推进社区居委会直选,促使社区居委会从繁杂的行政事务中解放出来。① 广东各地还在"村改居"的基础上积极推动"居企分离",即集体股份公司与居委会相分离,居委会回归作为群众性自治组织的功能,集体股份公司则按照现代企业制度运作。

2. 社会组织培育发展的"五个率先"

转型社会由于公共事务的复杂性、利益主体的多元化、民众需求的多样性,使得管理的难度越来越大,公众参与、社会协同势在必行。社会组织一方面能够将组织成员的利益下情上传,以组织化的理性形式反映不同的利益和愿望诉求;另一方面也能以桥梁纽带身份把党和政府的方针政策上情下达,成为政府和社会成员之间的桥梁和纽带。广东是改革开放前沿,也是社会组织管理体制改革起步较早的省份。改革开放以后,广东十分注意对社会组织的培育,并且在全国率先开展社会组织管理体制改革,这是广东的一大亮点。广东社会组织体制改革可以概括为"五个率先":在全国率先开展社会团体和民办非企业单位登记,给予社会组织合法地位;率先进行基金会清理整顿和规范管理,促进了基金会的健康发展;率先进行行业协会、异地商会和公益类社会组织管理体制改革,实行民政部门直接登记,促进了社会组织民间化和自治化;率先探索社会组织发展扶持基金和孵化基地,扶持社会组织发展;率先建立社会组织服务大厅和服

---

① 参见李强、粤民宣《粤拟在珠三角铺开社区管理体制改革》,载《南方日报》2010年4月8日第A06版。

务网络，为社会组织发展提供优质服务。这"五个率先"有力地促进了社会组织的培育发展，社会组织管理体制改革取得了初步成效。广东省社会组织发展迅速，每年以10%左右的幅度增长。截至2010年，广东已有社会组织28 509个，数量居全国前三位。① 而且，广东100%的行业协会业务主管单位改为业务指导单位，减少了行政干预；100%兼职的国家机关工作人员辞去行业协会领导职务，实现了民间化；100%的行业协会自选会长，自主运作能力明显增强；100%的行业协会扩大了会员覆盖面，86%的行业协会独立办公，自身建设得到加强。异地商会和公益服务类社会组织登记注册办法得到简化，登记范围拓宽，登记门槛降低，使50家因政策障碍无法成立的社会组织登记注册。全省社会组织党支部应建已建达100%。②

3. 以基本公共服务均等化为重点的社会建设

随着政府明确其公共服务职能，尤其是中央提出建设服务政府的目标后，广东在治理改革中日益偏重公共服务的内容，并且推出了许多改善公共服务的重要举措。这个时期，广东把改善民生、促进社会公平摆到突出位置，大力调整财政支出结构，在基础教育、基本医疗卫生、社会保障、公共就业、住房保障等方面持续加大投入。特别是自2003年开始，每年实施内涵与时俱进的"十项民心工程"以后，重点解决了一批人民群众关心的热点民生问题。

2009年，广东省在全国率先编制发布《广东省基本公共服务均等化规划纲要（2009—2020年）》，将就业保障、生活保障、医疗保障、住房保障、公共教育、公共卫生、公共文化体育、公共交通8个领域纳入基本公共服务均等化范围，作为政府对社会承诺的基本公共服务底线。

2004年，党的十六届四中全会提出要加强社会建设和管理，推进社会管理体制创新，并提出建立健全党委领导、政府负责、社会协同、公众参与的社会管理格局；2007年，党的十七大报告提出加快推进以改善民生为重点的社会建设。社会建设越来越成为国家政策关注的焦点。把社会建设和社会管理体制改革放在与经济、政治协同发展的高度，反映了在利

---

① 参见湛华国、高迎春、黄燕玲、王颖、杨卓《聚焦广东社会组织管理体制改革》，载《广东民政》2011年第8期。

② 参见李强、粤民宣《粤拟在珠三角铺开社区管理体制改革》，载《南方日报》2010年4月8日第A06版。

治理编

益关系多元化、各种矛盾相交织的关键阶段,中国宏观体制改革的重心开始进行重大调整,从偏重经济体制改革,向经济体制、政治体制、社会体制综合配套改革转变,从非均衡发展向均衡发展转变。

经过几年的探索,2011年7月,中共广东省委、广东省人民政府颁布了《关于加强社会建设的决定》。随后,中共广东省委办公厅、广东省人民政府办公厅印发了《关于加强社会工作人才队伍建设的实施意见》《关于加强我省人口服务和管理的实施意见》《关于加强社会组织管理的实施意见》《关于加快推进社会体制改革建设服务型政府的实施意见》《关于加强社会建设信息化的实施意见》《关于加强和改进村民委员会建设的实施意见》《关于加强城市社区居民委员会规范化建设的实施意见》7个配套文件,与《关于加强社会建设的决定》主文件一起构成"1+7"的加强社会建设的政策体系,为全省加强社会建设、创新社会管理明确了方向和任务。

其中,《关于加快推进社会体制改革建设服务型政府的实施意见》旨在通过社会体制改革,建设服务型政府来促进社会建设。文件在众多领域大胆吸收借鉴了国外、港澳地区及兄弟省份的好经验好做法,并结合国情省情,突出广东特色,很多改革举措都体现了改革创新,有的是国内首次提出。《关于加强社会组织管理的实施意见》提出,降低准入门槛,简化登记办法,逐步将社会组织的业务主管单位改为业务指导单位。探索建立涉外社会组织登记管理制度。《关于加强我省人口服务和管理的实施意见》提出,进一步放宽中小城镇人口准入条件,逐步建立城乡统一的户口登记管理制度。完善农民工积分制入户指标体系,积极探索将积分制入户范围扩大到各类外来常住人口,优先满足优秀农民工和技能型人才落户需求。《关于加强社会建设信息化的实施意见》提出,积极组织网民开展建言献策活动,建立健全网民意见办理运行机制,鼓励有关政府部门及企事业单位通过博客、微博、网上社区等方式拓宽便民服务渠道。加强网络舆情研判,主动应对社会热点焦点问题。积极开展党政领导干部在线访谈活动,县(市、区)级以上党政部门要逐步建立网络新闻发言人和新闻发布制度。《关于加强城市社区居民委员会规范化建设的实施意见》规定:科学合理设置城市社区,相对独立、设施完善的住宅小区可单独设为社区。一个社区原则上设立一个社区居委会。稳步提高社区居委会直接选举比例,推动社区居委会成员属地化。鼓励外来人员集中的社区安排适当比例的居民代表名额专门选举外来人员。《关于加强和改进村民委员会建设的实施意见》规定：鼓励外来人员居住集中的村安排适当比例的村民代表名额，选举符合条件的外来人员。探索设置村委会特别委员，吸引优秀外来人员通过选举担任。

为进一步加强社会建设，创新社会管理，2011年8月，广东增设一个新的组织机构——广东省社会工作委员会。新设立的社会工作委员会既是中共广东省委的工作部门，又是省政府的职能机构。其主要职责是按照党委领导、政府负责的要求，牵头制定并组织实施社会工作总体规划和重大政策，协调相关部门起草社会工作方面的政策法规；宏观指导和综合协调全省社会工作，督促检查工作落实情况；参与拟定劳动就业、社会保障、教育、卫生、文化、体育等方面的政策；推进和创新群众工作，协调建立健全群众利益协调、诉求表达、矛盾调处、权益保障机制；配合推进社会领域党建工作；研究推动社会建设和管理体制改革创新。①

（三）升华：共建共治型社会治理体制的发展（2012—2018年）

党政主导型社会管理，本质上是党委领导、政府负责、社会协同、公众参与的社会管理，其间已隐现共建共治型社会治理的雏形。但新时代的共建共治型社会治理具有更加丰富和深刻的内涵。

党的十八大以来，以习近平同志为核心的党中央带领全党在社会管理理论和实践方面进行了新的探索，对社会管理任务和规律的认识越来越深入、把握越来越准确、运用越来越科学。党的十八届三中全会用现代社会治理概念取代传统社会管理概念，强调坚持系统治理，加强党委领导，发挥政府主导作用，鼓励和支持社会各方面参与，实现政府治理和社会自我调节、居民自治良性互动。党的十八届五中全会在此基础上明确提出构建全民共建共享的社会治理格局。党的十九大则在上述基础之上，进一步提出打造共建共治共享的社会治理格局，提高社会治理社会化水平。从社会管理到社会治理，是中国共产党长期社会管理实践经验的总结和理论创新的升华，蕴含着深刻的现实意义和时代价值。社会治理概念的提出和社会治理理念的实践，标志着中国社会治理体制进入新的历史阶段。党的十八大以来，广东省在社会治理体制方面不断创新，总体上走在全国前列。

---

① 参见吴冰、贺林平《广东设立社会工作委员会》，载《人民日报》2011年8月4日第11版。

1. 改革社会体制特别是社会组织体制

2012年5月,广东省第十一次党代会报告提出,坚持社会主义市场经济的改革方向,必须创新社会治理模式。报告首先使用了"社会治理"这一新提法,在国内官方正式文件中尚属首次,表明这一具有转折性意义的重大改革在广东率先破题。2013年3月,广东省社会工作会议公布的《2013年广东深化社会体制改革工作要点》包括了改革民生事业体制、改革社会组织体制、改革基层社会管理体制、改革社工和志愿者服务体制、加强和创新社会管理5部分内容,共38项。这38项改革要点为推进广东社会体制改革提供了一个"菜单"式的指引,各地各部门将根据自身实际选择若干个项目进行改革探索。"菜单"式推进改革,预示着广东社会治理改革步伐逐步加快。对于备受关注的社会组织体制改革,该要点做出了具体指引,如推进行业协会商会去行政化、去垄断化,推进一业多会,形成竞争性机制;并将去行政化从行业协会商会扩大到公益慈善类社会组织。深化社会体制改革"菜单"为一些资源稀缺的基本公共服务领域的公平公开进行分配提供了一种制度安排——基本公共服务轮候制度。首先,向社会公布可以享受该项服务的市民必须具备的条件。其次,由符合条件的市民按一定程序报名和轮候,确保按照公平公开的原则分配基本公共服务资源。这个过程中,要建立基本公共服务均等化政策公众评议机制,社会各界,包括媒体都可以对政策评头论足。①

强调政府的主导作用,并不意味着政府要包揽一切。社会治理的成效既取决于党和政府对社会生活的管理能力,也取决于公民的自我管理水平。习近平指出,"要通过社会体制改革创新,充分调动各方面积极性,最大限度增强社会发展活力,充分发挥人民群众首创精神"②。

在创新社会治理、培育社会组织发展、深入推进社会组织改革方面,广东有很多做法都走在了全国前列。一是率先推进社会组织管理体制改革,大力培育和规范发展社会组织,同时还率先在社会组织中建立党组织,率先推行行业协会商会去行政化、去垄断化改革。二是逐步还权于社会。近年来,广东加快转变政府职能,深化行政审批制度改革,对除涉及

---

① 参见李强、骆骁骅、粤社宣《粤推社会体制改革38项"菜单"》,载《南方日报》2013年3月29日第A04版。
② 中共中央文献研究室编:《习近平关于全面深化改革论述摘编》,中央文献出版社2014年版,第93~94页。

重大公共安全的事项外，取消相关从业执业资格、资质类审批，全部交由行业组织自律管理，原先由政府组织的评优、评级、评比项目，基本上全部取消，社会组织可自愿承担。三是加大政府购买服务力度。广东率先出台省级政府向社会组织转移职能、政府购买社会组织服务、具备承接政府职能转移和购买服务资质的社会组织目录，向社会组织转移职能。四是建立社会组织孵育专项基金，采取分类扶持方式对符合条件的社会组织给予补助。

随着扶持力度加大，广东社会组织的服务能力得到了提升，影响力不断扩大，日益成为推动社会发展一支重要的生力军，社会治理多元参与的框架初步形成。社会组织配合政府职能转移，承接一部分社会管理和公共服务职能，兴办了大量民办教育、医疗、卫生、社会福利、体育等机构，弥补公共服务的薄弱环节，扩大了服务供给，使社会多样化需求得到进一步满足。

2. 率先发展社会工作，创新基层社会治理

广东利用毗邻港澳地区的区位优势，大胆探索政府主导下的社工组织发育与购买服务的社会工作发展模式。近年来，围绕社会工作的专业化、职业化、本土化3条主线，广东率先探索建立现代社会工作制度，社会工作呈现出急速发展的态势，社会组织数量、政府购买服务资金总量、获全国社会工作者职业水平认证人数3项指标，均在全国排名第一。截至2013年年底，广东省社会工作组织约有500家（占全国社工机构总数三成以上），当年全省政府购买社会工作服务资金（包括政府财政及福彩公益金等）达到11.110 9亿元（占全国购买社工服务资金总额五成以上），全省获得国家社会工作职业水平认证人数达到2.4万人。至2016年5月，广东仅购买社会工作服务一项，累计经费就已超过30亿元。为进一步扩大社会参与，从2012年起，广东积极探索推进以社区为平台、社会组织为载体、社会工作专业人才为支撑的"三社联动"模式。各地以街道、社区为平台，按照政府扶持、社会承接、专业支撑、项目运作的思路，建设家庭综合服务中心，为社区家庭和老年人、青少年、外来务工人群等提供服务。截至2016年年底，全省建有2 769个家庭服务中心（社区服务中心），有效实现了社会组织、专业社工在城乡社区平台上的对接。①

广大人民群众的积极参与是全民共建共治共享的社会治理格局的内在要求。长期以来，相当一部分群众习惯于依赖政府，自身参与社会治理的积极性和热情不高，加上缺乏参与社会治理的实践经历，导致参与社会治理的能力普遍不足。为了唤起广大公众参与社会治理的责任意识，广东从群众的切身利益入手，强化共建共治共享的理念，采取多种措施提高公众参与的主动性和积极性。例如，惠州市探索和推行村（居）委聘任法制副主任制度，推动基层依法治理；梅州市整合基层公共服务管理职能，实行"一站式"办公，打造基层社会治理工作平台。

3. 引导群众依法表达诉求，善用道德软力量进行社会治理

法治社会的重要特征是法律成为社会的基本准则，整个社会按照法律规范运行。在依法治理的实践中，广东着力构建具有广东特色的公共法律服务体系，积极发挥律师、公证、普法宣传、基层法律服务、法律援助等职能作用，在全国率先建成政府主导、覆盖城乡、多方参与、管理有效、丰富多样、优质便捷、普惠均等、可持续的公共法律服务体系。为引导群众依法表达诉求，依法维护权益，广东制定了《关于开展一村（社区）一法律顾问工作的意见》，组织律师到基层乡村和城镇社区担任村（居）委法律顾问或法制副主任，开展法律咨询、法制宣传教育、人民调解、法律援助和提供法律意见等服务，为矛盾化解工作提供法律服务保障。同时，加大了对困难群体、弱势群体的法律援助力度，降低法律援助门槛，更好地满足困难群众法律援助需求。

党的十八届三中全会强调坚持综合治理，强化道德约束，规范社会行为，调节利益关系，协调社会关系，解决社会问题。综合治理强调运用除法律外的其他手段来进行社会治理，特别是道德的约束作用。道德作为非强制性的社会规范，它是一种软约束，是实现社会治理的有力推手。法治侧重于惩戒，德治侧重于教化。法是成文的德，德是内心的法。因此，社会治理既要讲法治，也要讲德治。只有坚持依法治国和以德治国相结合，实现法治与德治双管齐下，使法治和德治在国家治理中相互补充、相互促进、相得益彰，才能推进国家治理体系和治理能力的现代化。广东通过加

---

① 参见李强、骆泽铭《创新社会治理 增进民生福祉》，载《南方日报》2017年5月19日第A08版。

强全社会的思想道德建设，弘扬社会主义核心价值观，激发全社会崇尚道德的热情，为综合治理提供了源源不断的道德滋养。

引导人们树立正确的价值观念。为了在经济发展的同时不断提升人们的道德水平，广东中山市借鉴传统文化中以修身培养道德品性的方式，开展全民修身行动，通过以德树人、以文化人、以善治人，引导市民修养身心、涵养德性，推动社会主义核心价值体系建设。全民修身行动包括十大修身行动30条具体措施，实现内修与外化的有机结合，在内体现为人思想意识、精神境界的提升，在外体现为对公共秩序的遵守、对人文环境的爱护，两者相互促进。活动取得了良好效果，至2015年，中山市已四度蝉联"全国文明城市"称号，有246人登上"中山好人榜"。① "慈善万人行"这一坚持了20多年的活动，已然成为中山人的一种生活方式。

强化道德的约束作用。在依法治理的基础上，切实发挥道德力量的示范和引导作用，通过道德自律来约束人们的行为。广东各地尝试将道德规范融入到村规民约、企业文化等各类社会契约之中，真正发挥道德的惩恶扬善功能。例如，东莞市以村规民约为核心设立文明行为积分卡，建立个人文明行为记录档案，引导公民增强社会公德观念和公共责任意识。积分卡包括正向和逆向指标体，逆向指标为扣分项目，正向指标为加分项目。文明行为积分不仅可以兑换相应的实物和服务，而且在入党、就业、评比和办事等方面享受优先权。在积分制的引导激励下，逐步形成"好人接力""好人森林"的生动局面。

树立价值标杆，引领道德风尚。广东通过树立价值标杆，宣传先进典型，用先进典型来感召人、影响人和带动人，以此凝聚社会的正能量，引领社会主义核心价值观建设。例如，惠州市以打造"好人之城"为目标，以道德模范、身边好人、最美人物评选等活动为载体，广泛深入开展了诚信建设、志愿服务、道德讲堂等各种道德实践活动，形成褒扬好人、学习好人的城市风气。"好人之城"成了惠州城市形象的一张名片。2012年至2016年，惠州年年获评"中国十佳最具幸福感城市"。随着各种活动的不断深入，越来越多的群众积极行动起来，把践行社会主义核心价值观体现在日常工作和生活中，良好的道德风尚已经融入广东社会治理的各个环节。

---

① 参见朱晖《中山全民修身五年计划圆满完成》，载《中山日报》2016年1月20日第T27版。

二、社会治理体制改革经验成效

作为改革开放前沿阵地,广东一直被寄予厚望。党的十八大以来,广东牢记习近平的嘱托,在创新社会治理方面积极探索、大胆实践,取得了良好成效,积累了丰富的探索经验,创建了先行先试的广东样本。

(一)坚持以人民为中心的发展思想

党的十八大闭幕后,习近平在与中外记者见面时就明确指出,人民对美好生活的向往,就是我们的奋斗目标。党的十九大报告指出,中国的社会主要矛盾已由人民日益增长的物质文化需要同落后的社会生产之间的矛盾转化为人民日益增长的美好生活需要和不平衡不充分的发展之间的矛盾。社会主要矛盾的变化不仅体现在人们对物质文化生活提出了更高的要求,更表现在人们对民主、法治、公平、正义、安全、环境等方面的要求日益增长。党的十八大以来,广东坚持以人民为中心的发展思想,顺应人民群众对美好生活的向往,从人民群众最关心最直接最现实的利益问题入手,下大力气解决好事关群众切身利益的问题,取得良好成效。

1. 切实保障和改善民生,解决好人民群众最关心最直接最现实的利益问题

从率先放开粮食价格到鼓励个体就业,从办好 10 件民生实事到率先推进基本公共服务均等化,广东坚持民生优先,突出抓好底线民生,办好民生实事,解决好人民群众最关心最直接最现实的利益问题,使人民群众得到了更多实惠。2016 年,广东居民人均可支配收入突破 3 万元,城镇新增就业 5 年累计 794 万人。民生保障投入大幅增长,城乡低保、农村特困供养等多项底线民生保障水平跃居全国前列。省贫困线以下 148 万贫困人口实现脱贫。教育、医疗、文化等基本公共服务均等化扎实推进,食品药品安全监管进一步加强。① 保障和改善民生,从根本上减少了不和谐因素,促进了社会和谐稳定。

2. 坚持问题导向,着力解决群众反映强烈的突出问题

广东始终坚持以人民为中心,着力解决群众反映强烈的突出问题。当

---

① 参见胡春华《深入贯彻习近平总书记治国理政新理念新思想新战略 努力在全面建成小康社会加快建设社会主义现代化新征程上走在前列——在中国共产党广东省第十二次代表大会上的报告》,载《南方日报》2017 年 5 月 31 日第 A02~A03 版。

前，影响广东稳定的社会矛盾类型多样，不仅历史积累的各种深层次社会矛盾日益凸显，而且不断涌现新的矛盾和问题，如群体性事件、医患冲突、劳资纠纷、征拆矛盾、信访难题等。对此，广东坚持主动治理，以突出问题为导向，抓住重点矛盾，分类施策，集中攻坚。

建立社会稳定形势分析研判机制。创新有效预防和化解社会矛盾体制，确保人民安居乐业、社会安定有序，是社会治理中的重大理论和实践课题。社会矛盾和风险的化解，重点不在事后"救火"，而在事前的主动预防。当前中国改革正处于攻坚期和深水区，社会稳定进入风险期。为此，广东建立了全省社会稳定形势分析研判机制、省市县镇四级重大矛盾纠纷排查调处机制，通过对社会矛盾发展态势做出合理的研判、预警，及时、高效地应对各种社会问题的挑战。

坚持问题导向。根据中共广东省委部署，省委政法委、省委维稳办牵头组织各相关职能部门，制订出台了化解社会矛盾的专项工作方案，集中排查化解五大领域的社会矛盾：涉农维稳专项治理，主要解决土地征用、基层干部作风、村务公开和基层换届选举4类突出问题；预防化解处置劳资纠纷专项行动，对农民工工资支付、人力资源市场秩序、社会保险、劳动用工保护等问题开展集中整治；重点项目涉环境矛盾纠纷专项治理，努力解决好"邻避"效应问题；维护医疗秩序，打击涉医违法犯罪专项行动，对重大医患纠纷及"医闹"事件组织调处、查处，维护了良好的医疗秩序；信访突出问题专项治理解决了一大批信访突出问题，信访极端行为数量明显减少，信访秩序明显好转。①

鼓励社会参与化解社会矛盾纠纷。光靠党委、政府的力量化解社会矛盾，已经无法适应社会发展需要。只有把党委、政府力量和社会力量结合起来，才能更好地化解社会矛盾。广东鼓励支持社会组织积极参与化解社会矛盾纠纷。目前，全省共建立基层人民调解组织2.6万多个，医患纠纷调解委、交通事故纠纷调解委等各类行业性、专业性调解组织5 800多个。②

---

① 参见陈捷生、林润祥《广东将社会矛盾化解纳入法治轨道》，载《南方日报》2014年10月22日第A03版。

② 参见陈捷生、林润祥《广东将社会矛盾化解纳入法治轨道》，载《南方日报》2014年10月22日第A03版。

3. 摸清基层治理中的问题，开展基层治理攻坚战

作为中国改革开放的先行地，广东基层问题和矛盾的触点多、燃点低，加强基层治理意义重大、任务艰巨。面对新的形势，站在时代的转折点上，中共广东省委决定把基层治理摆在更加突出的位置。2015年6月，中共广东省委召开全省基层工作会议，敲响了大抓基层治理的战鼓。

开展摸查基层情况"大会诊"。为了摸清基层治理中的问题，从2014年起至2015年4月，按照省委统一部署，广东省人大常委会、省委组织部、省国土厅、省农业厅、省民政厅、省财政厅等部门用半年多的时间分别进行专题调研，深入开展基层治理"大会诊"。农村基层治理领域的"沉疴新疾"一一摆到工作案头，如拖欠征地补偿款、征地留用地安置未落实、农村"乱占、乱卖、乱租"土地现象严重、被征地农民养老保障资金分配难、农村集体"三资"底数不清、农村公共服务平台散乱无序等。通过"大会诊"，掌握了影响广东农村基层稳定和发展的基础性、源头性问题，为下一步的大会战奠定了基础。

开展基层治理突出问题"攻坚战"。在摸清情况的基础上，广东稳扎稳打展开涉土地、环保、房产、劳资、金融等基层治理问题专项行动。这是一场剑指积弊的"攻坚战"。全省各地各部门踏着鼓点迅速行动起来，按照全省基层工作任务清单领取任务、抓紧落实，基层治理突出问题得到了强力整治。到2016年6月底，全省拖欠被征地农民的24.64亿元征地补偿款已全部兑现，拨付到被征地的村集体和农户；征地社保滞留资金106.4亿元已全部分配到位，落实到个人；241 415个农村集体经济组织已全部完成资金、资产、资源"三资"清理核实工作，清理资金账户14.25万个，合同86.62万份，物业资产46.36万项，债权38.52万项，债务83.56万项；9 565宗乱占、乱卖、乱租"三乱"违法用地查处工作基本完成；全省需解决的13.03万亩历史留用地已落实接近一半；8个县开展基层公共服务中心（站）建设试点，整合各种平台、中心、站点8 600多个，建成"一站式"农村（社区）公共服务中心（站）1 442个，统一规范服务事项平均每个农村（社区）90多项。①

---

① 参见周志坤《从攻坚战到持久战——广东全面推进基层治理迈上新水平》，载《南方日报》2016年9月26日第A01、A03版。

（二）坚持社会化法治化

构建全民共建共治共享的社会治理格局，既强调加强党委领导，发挥政府主导作用，又强调鼓励和支持社会各方面参与，实现政府治理和社会自我调节、居民自治良性互动，同时还需要强调以法治为保障或依法治理，实现良法善治。在社会治理中坚持社会化法治化，体现了国际视野与中国特色的有机统一。广东后行良法善治，社会治理体制创新不断向前推进。

1. 坚持党委领导、政府主导

在中国特色社会治理格局中，必须充分发挥党委统揽全局、协调各方的领导核心作用，充分发挥政府在社会治理中的主导作用，确保依法治理沿着中国特色社会主义法治道路健康发展。党的十八大以来，广东始终坚持党的全面领导，把党的建设贯穿社会治理各方面、全过程，加强各级党委对社会治理工作的领导，充分发挥各级党组织的领导核心作用，自觉运用习近平新时代中国特色社会主义思想武装头脑、指导实践、推动工作，加强和创新社会治理，深化平安广东、法治广东建设，确保社会治理工作始终沿着正确方向前行。为了全面统筹社会治理，中共广东省委、广东省人民政府很早就出台了《关于加强社会建设的决定》，并同时出台了系列配套文件，形成了"1+7"社会建设政策体系，为全省加强社会建设、创新社会治理明确了方向和任务。

社会治理的重点在基层，难点也在基层。中共广东省委提出，牢固树立大抓基层的鲜明导向，以提升组织力为重点，研究制订基层党建行动计划，每年确定一个主题，集中解决一两个突出问题，推动人往基层走、钱往基层投、政策向基层倾斜，切实把基层党组织建设成为坚强战斗堡垒。党的十八大以来，广东各级党委对基层社会治理重要性的认识不断深化，出台了一系列新举措，基层社会治理得到了明显加强。广东先后出台《关于抓好基层治理加强基层党建的指导意见》《关于加强村（社区）党组织书记队伍建设的意见》等文件，指导各地加强村（社区）基层党组织建设。明确村（社区）党组织权力，推行"一肩挑"和交叉任职，扩大社区党组织覆盖面，探索对社区辖区内党员和企业党组织实行属地化管理，全省共有2 029个社区把党支部改设为党委，1.2万个"两新"（新经济、新社会）组织党组织纳入社区属地化管理。①

2. 鼓励社会协同、公众参与

习近平指出，"要通过社会体制改革创新，充分调动各方面积极性，最大限度增强社会发展活力，充分发挥人民群众首创精神"②。为了进一步激发社会组织活力，充分发挥各类社会组织在承接政府职能、沟通交流等方面的积极作用，广东大力推进社会组织管理体制改革，坚持培育发展与规范管理并重，促进了社会组织健康有序发展。一方面，率先推进社会组织管理体制改革，大力培育和规范发展社会组织，同时还率先在社会组织中建立党组织，率先推行行业协会商会去行政化、去垄断化改革，在省、市建立社会组织孵化基地，设立孵育专项基金，对社会组织分类扶持。另一方面，率先推进政府向社会组织购买服务，加大向社会放权力度。

广大人民群众的积极参与是全民共建共享的社会治理格局的内在要求。为了唤起广大公众参与社会治理的责任意识，广东从群众的切身利益入手，强化共建共享的理念，采取多种措施提高公众参与的主动性和积极性。例如，东莞市以积分制为手段，推行基层社会治理创新，初步形成了以贡献赢得积分、按积分享受服务的基层社会治理模式；中山市陆续开展了多项全民参与社会治理行动，初步形成了全民齐参与、愿参与、能参与、真参与和常参与的治理模式。

3. **坚持良法善治、依法治理**

权力清单制度是良法善治、依法治理的基础性工作。通过权力清单制度，把政府部门的权力和责任以清单形式明确下来，实现政府法无授权不可为、法定职责必须为，这是进一步提高地方政府治理水平和推进有效政府治理的重要举措。2013年出台的《广东省法治政府建设指标体系（试行）》和《广东省依法行政考评办法》，被誉为在全国具有示范作用的广东法治模式。作为深化行政审批制度改革先行先试的省份，广东在2014年率先向社会公布省级各部门权力清单，涉及46个省直部门694项行政

---

① 参见彭启有《广东狠抓基层治理 集中力量啃硬骨头》，载《羊城晚报》2018年3月14日第A08版。

② 中共中央文献研究室编：《习近平关于全面深化改革论述摘编》，中央文献出版社2014年版，第93页。

审批事项。①

与此同时，广东在全国率先完善公共法律服务体系。至 2017 年，广东全省村（社区）基本实现一村（社区）一法律顾问全覆盖。公共法律服务体系进一步强化了法律在维护群众权益、化解社会矛盾中的权威地位，有力地引导和支持人民群众理性表达诉求、依法律按程序维护权益。

法治是社会长治久安的根本保障，普法是实现社会稳定的铺路石。广东坚持把全民普法和守法作为依法治国的长期基础性工作，深入开展法治宣传教育，引导全民自觉守法、遇事找法、解决问题靠法。至 2015 年年底，广东在"六五"普法期间②共有 5 个市、37 个县（市、区）、1 个镇被全国普法办公室分别评为全国首批法治城市、法治县（市、区）、法治镇创建先进单位，53 个村被司法部、民政部授予"全国民主法治示范村"称号。③ 通过开展法治创建活动，参与社会治理主体的广大群众清楚了自身的权利、责任和义务，成为自觉遵守法律、善于运用法律的重要治理力量。

（三）坚持治理智能化专业化

党的十九大明确提出提高社会治理智能化专业化水平。地处改革开放前沿阵地的广东一直致力于探索社会治理智能化专业化，提高社会治理科学化水平。

1. 全面推行"一门式、一网式"政府服务模式改革

党的十八届四中全会要求，推进政务公开信息化，加强互联网政务信息数据服务平台和便民服务平台建设。近年来，广东全力落实中央部署要求，积极运用信息化手段创新政府管理与服务，自 2012 年年底正式开通省网上办事大厅以来，广东省电子政府框架已基本建成。广东省网上办事大厅运行几年来，受到了社会高度关注和积极评价。国家信息化专家委调研组认为，广东省网上办事大厅基本解决了电子政务长期存在的互联互通难、业务协同难和资源共享难三大难题。

---

① 《厘清职责，做到清单之外无事权》，载《南方日报》2015 年 6 月 12 日第 2 版。

② 1986 年，党中央宣布全国普法开始，每 5 年为一个制定周期。"六五"普法期间是指 2011—2015 年。

③ 参见祁雷、丘伟平《广东普法求真务实推进法治进程》，载《南方日报》2015 年 12 月 4 日第 A03 版。

建设网上办事大厅，其目标之一就是要建设省公共申办审批平台，实现网上统一申办和办理，形成基于网上办事的"一门式"政务服务。所谓"一门式"服务平台，是指将各部门的办事大厅和办事窗口分类整合到行政服务中心的综合服务窗口；实行前后台受审分离，大力推动职能部门向综合窗口授权或委托审查，实现任一综合服务窗口可以办理所有事项。办事人只需登录一次，就可办理 31 个省直部门的 870 项事项，以及进入所有地市分厅办理业务。同时，还建立统一身份认证体系，有效解决多次注册、多次登录问题。"互联网 + 政务服务"改革大幅减少了群众的跑动次数。全省政府部门进驻网上办事大厅事项中，"零跑动"事项占 11%，一次跑动事项占 51%，两次及以上的事项占 38%。广东 2016 年的目标是办事人到政府机关现场跑动次数不能超过两次，最终实现企业和群众办理的大部分事项可以做到"零跑动"。①

2. 构建"中心 + 网格化 + 信息化"体系

广东是经济大省，也是人口大省，防控违法犯罪、化解矛盾纠纷、排除安全隐患成为一大难题。2016 年，中共广东省委政法委部署构建"中心 + 网格化 + 信息化"工作体系并在全省逐步推开，让城市治安防控再无死角、网格员下沉一线日常巡查、治安事件通过综治信息系统"一键解决"。其中，广州市以标准基础网格为基准，采取叠加重合的形式，设置综治专业网格，实行一个综治网格对应一个或若干个标准基础网格。全市 11 个区（除从化区农村地区外）共划分 18 516 个标准基础网格，其中城市社区网格 14 653 个、农村地区网格 3 836 个，基本实现城乡社区综治网格全覆盖。为了给各个网格配备人员，广州市委综治委还牵头会同广州市来穗人员服务管理局等部门，在 18 000 多名社区网格员队伍的基础上，以出租屋管理员、社区网格员为基础组建综治网格员队伍，按照"一格一员"或者"一格多员"原则配备综治网格员，并以综治网格为基本单元对综治网格员进行定岗定责，开展网格事项日常巡查。②

---

① 参见周志坤、陈琦《打响转变政府职能的当头炮》，载《南方日报》2016 年 4 月 8 日第 A06 版。
② 参见向雪妮、李苗《构建"中心 + 网格化 + 信息化"体系》，载《南方都市报》2017 年 9 月 14 日第 AA06 版。广州网络总数与城乡网格数之和不符，但此处按数据来源摘录数据无误。可能是个别特殊的社区未计入城市社区网格，也有可能是新闻稿中"3836"系"3863"之误。

3. 探索专业化、精细化治理新路径

一是探索专业化服务，社会工作各项指标全面领先。围绕社会工作的专业化、职业化、本土化3条主线，广东率先探索建立现代社会工作制度，社会工作呈现出急速发展的态势，社会组织数量、政府购买服务资金总量、获全国社会工作者职业水平认证人数3项指标均在全国排名第一，广东成为服务范围最广、服务门类最全、专业分工最细的省份。

二是探索量化管理，"积分制"导入社会治理五大领域。东莞将"积分制"引入社会治理的五大领域中：在公共服务领域，通过同城共享积分体系，有序地为外来务工人员提供入户、入学等基本公共服务；在社会管理领域，通过风险预警积分，对社会组织、异地商会、劳资矛盾、镇街领导班子等进行年度考核；在居民自治领域，通过文明行为积分，引导居民增强社会公德观念和公共责任意识；在社会信用领域，建立诚信积分奖惩机制，引导企业、个人和社会组织诚实守信；在志愿服务领域，建立服务积分互换制度，激发市民参与志愿服务的内生动力。通过积分制，公共服务资源配置更加合理，社会参与动能更强，社会正能量得到广泛传播，基层治理水平进一步提升。① 2015年，东莞积分制获评全国创新社会治理十佳案例之首。

三是探索标准化治理，网格化标准体系建设走在前列。佛山市南海区试点社区网格化治理，通过大数据+网格化+标准化，大大提高社会精细治理水平。在社区治理网格化的基础上，南海区2016年年底制定了全国首份社会治理网格化事项标准，将137项社会治理网格化事项标准汇编成册。社会治理网格化事项标准使区、镇（街道）、社区三级网格化机构、各部门及各岗位人员操作更加规范有序，有效提升社会治理网格化整体工作质量和工作水平。截至2016年11月底，社会治理网格化平台累计派发工单数150多万条，收集巡查对象数据超过54万条，发现问题事件25万多个，问题事件办结率达到99.4%。②

---

① 参见王智亮《一招"积分制"，破解东莞社会治理难题》，载《南方》2015年11月16日总第226期。

② 参见盛正挺、李卓、马登宇《佛山南海制定全国首份社会治理网格化事项标准》，载《南方日报》2016年12月19日第A06版。

治理编

三、社会治理体制改革未来前瞻

创新是广东的历史使命，实干是南粤的内在特质。40 年过去了，广东在社会治理体制改革的道路上进行了大胆的探索，取得了良好的成效，形成了不少可复制的广东经验。站在新的起点上，机遇与挑战并存。广东将不忘初心，一如既往地以勇于担当、敢为人先的精神，开启新征程，再创新佳绩。

（一）内在难题

未来几年是广东率先全面建成小康社会，迈向社会主义现代化新征程的最关键时期。在这个重要的发展阶段，广东仍面临着不少亟待解决的内在难题。

1. 现代化进程复杂背景下社会治理能力面临挑战

亨廷顿指出，高度传统的社会和高度现代化的社会都是稳定的，恰恰是处在现代化过程中的社会最容易发生动乱。[①] 国际发展经验显示，许多正处在现代化转型进程中的国家，社会骚乱、暴力冲突、军事政变等屡见不鲜，社会发展呈现出紊乱无序的态势。从阿拉伯剧变，到巴西全国性反政府示威活动，再到泰国、乌克兰社会动荡，都表明现代化进程充满了不稳定性。亨廷顿认为，转型期国家的社会管理能力和治理绩效，是现代化建设能否顺利进行的突出的约束因素。[②] 目前的问题是，与现代化进程社会局势的复杂性相比，社会治理能力和治理思维还明显滞后。传统的社会管理体制和机制还不能完全从政府行为中退去，一些地方政府习惯使用管控的手段实施社会管理，导致了大量的新社会问题不能得到有效、顺利的解决，甚至引发新的社会问题。

2. 现代契约精神薄弱背景下法治社会建设面临挑战

传统社会以身份为根本特征，现代社会以契约为根本特征，从身份到契约是社会进步的必然。依法治国，依法治理，必须以确立契约观念，否定身份等级制为前提。英国历史学家梅因指出："所有进步社会的运动，

---

① 参见 ［美］塞缪尔·亨廷顿著《变化社会中的政治秩序》，王冠华等译，生活·读书·新知三联书店 1989 年版，第 40 页。

② 参见 ［美］塞缪尔·亨廷顿著《变化社会中的政治秩序》，王冠华等译，生活·读书·新知三联书店 1989 年版，第 1 页。

到目前为止,是一个'从身份到契约'的运动。"① 在中国社会生活里,由于传统文化的影响,尽管存在着各种各样的契约,但"关系"才是真正支配社会运行的"潜规则",在配置社会权力和资源中发挥着更为根本的作用。这种观念上的滞后必然制约法治社会的实现。

3. 社会结构滞后背景下社会阶层分化加剧

众所周知,中等收入阶层是社会的稳定器,"两头小、中间大"的橄榄型社会治理结构是理想的社会结构。目前,广东经济发展已经处于向高收入迈进的阶段,但社会结构尤其是阶层社会结构发育明显滞后,该大的阶层没有大起来,社会中间阶层规模过小,该小的阶层没有变小,特别是低收入阶层规模过大。未来几年,如何缩小低收入群体,壮大中等收入群体,依然面临着一系列的障碍和困难。一是纵向社会流动通道不畅。低收入群体、农民子弟通过自身努力鱼跃龙门的机会越来越少,而"富二代""官二代""穷二代"的出现,表明了社会地位的世袭性。二是人口城镇化成本高昂。减少农业人口是缩小低收入群体,扩大中等收入群体的重要途径。然而,高昂的城镇化成本,对政府或个人都不容易消化。从政府的角度看,由于财力不足,难以为"半城镇化"人口提供足够的公共服务;从流动人口的角度看,城镇高昂的生活成本,阻碍着他们真正融入城镇生活。三是中等收入阶层比较脆弱。高房价、高物价、看病贵、上学贵等,都会对他们形成巨大的压力,甚至将一部分中等收入者吞噬。

(二)外在问题

外部与本土相互交织,社会中的诸多文化要素、观念、习俗和惯例受到现代化和国际化及国内各种力量的影响与冲击,社会呈现出更为复杂、更为不确定的状态。

1. 国际性后发因素

随着若干对外自由贸易区的突破以及"一带一路"建设的推进,中国新一轮全方位开放新格局轮廓初显。空前的开放将给经济社会发展带来活力,也给未来的社会治理提出挑战。作为全国改革开放的前沿,广东面对的问题将更加突出,社会治理的压力将更大。从国际上看,广东可以发挥后发优势,借鉴发达国家的社会治理经验,但也不得不面对社会治理上的

---

① [英]亨利·梅因著:《古代法》,沈景一译,商务印书馆2010年版,第96~97页。

后发弱势。作为后发地区，既要在较短的时间内实现西方发达国家在较长的时间内所经历的社会现代化，又要在同一过程中消除现代化过程中所经历的现代化痛楚、发展性危机和社会风险。特别是西方发达国家在民主制度安排和游戏规则设置上的先发效应，造成后发地区的民主困境，使本土事务易于受到外部势力的牵制和干预。

2. 国内性先发因素

从国内来看，广东地处改革开放前沿，很多问题最先遇到，属于社会问题的先发区，可国内又没有现成的解决办法可以复制，很多东西都要先探索，先找办法，难度更大。

3. 国内外渗入因素

地处改革开放前沿，广东难免会成为国内外舆论的焦点，难免会遭遇社会卷入程度的加深。在全面开放的新阶段，外部各种力量可以轻易地渗入本土事务，使一些问题复杂化。以乌坎事件为例，本来是一个乡村土地问题，却由于外部媒体和力量的介入而演变成一个国际关注的敏感问题。另一个渗入因素是广东毗邻港澳地区，境外非政府组织异常活跃。大量的境外非政府组织活动加大了社会治理的复杂性。

（三）前进方向

习近平要求广东在营造共建共治共享社会治理格局上走在全国前列，这既是对广东既有社会治理工作的充分肯定，也为广东做好新时代社会治理工作指明了前进方向。

1. 以法治政府建设为重点，依法全面履行政府职能

一是用法治思维和法治方式履行政府职能，推动改革发展，建设现代政府。完善行政组织和行政程序法律制度，推进机构、职能、权限、程序、责任法定化。行政机关要坚持法定职责必须为、法无授权不可为。二是理顺政府与市场、社会的关系。政府是党在公共管理领域的实践者和执行者，必须坚持政府在社会治理中的主导地位，建立政府与社会之间新型的契约关系，推进社会治理体系现代化。首先要厘清政府职能的边界，把政府该管的事情管得更好，把政府该提供的公共服务做得更加充实有效；其次是将政府管不了、管不好的事情交给社会组织以及市场来做；最后是社会组织和个人自己能够自我管理、自我服务、自我发展的事情，政府一概放手。

2. 以善治社会建设为重点,创新社会治理体制机制

大力推进社会体制改革,进一步激发社会组织活力,加快形成政社分开、权责明确、依法自治的现代社会组织体制。一是大力推进去行政化、垄断化。采取切实有效措施,推进党政机关与社会组织在人员、机构、职能、财务、住所、责任上的分开,保障社会组织的民间性及独立性。二是向社会组织开放更多的公共资源和社会空间。加大向社会简政放权力度,加大政府购买服务力度,把能交给社会的交给社会,能推向市场的推向市场。三是加大对社会组织的财税政策支持,建立相应的税收减免和优惠机制。四是强化对社会组织的监管。通过加强引导、扶持、管理和监督,强化标准、资质审查和绩效评估,为社会组织提供社会服务创造良好的外部环境,促进社会组织健康有序发展。

落实基层群众自治制度,推进治理体制创新,发挥人民主体作用,促进基层民主发展,调动社会力量广泛参与基层社会治理。一是健全基层群众自治机制。充分发挥村(居)委会的自治功能,鼓励发展村(居)民议事会、理事会等多种自治形式,实现村(居)民事务自己议、自己定和自己管。二是提升基层服务管理能力。推进社区服务标准化和信息化建设,根据不同地区的实际情况,制定差异化的社区服务规范,提高服务的针对性和有效性。畅通业委会与居委会的沟通和合作渠道,推动居委会与业委会、物业公司共同协商议事、良性互动。三是拓宽基层参与渠道。不断强化居民对城乡社区的认知和认同,充分与社区居民协商、沟通,征求意见,发挥居民参与的主动性与积极性。探索推广网上论坛、民情恳谈会、社区居民聊天群、居民议事日程等方便居民参与的有效形式,保障社区居民的知情权和参与权。

以信用体系建设为突破口,强化社会规范对人们行为的规制和引导功能,通过制度设计和法治约束,辅以伦理引导和文化教化,逐步改变人们的观念和行为,从而建立起一种能够体现契约精神的社会秩序。一是建立信用体系。重点是逐步建立健全覆盖全社会的征信系统,努力创造诚实、自律、守信、互信的氛围和环境。健全公民和组织守法信用记录,完善守法诚信褒奖机制和违法失信行为惩戒机制,使尊法守法成为全体人民的共同追求和自觉行动。二是培育契约文化。加强公民道德建设,弘扬中华优秀传统文化,增强法治的道德底蕴,强化规则意识,倡导契约精神,弘扬公序良俗。发挥法治在解决道德领域突出问题中的作用,引导人们自觉履行法定义务、社会责任、家庭责任。

3. 以扩大中等收入群体为重点，构建合理开放的现代社会阶层结构

未来的发展战略，共享既要作为发展的出发点，也要作为发展的落脚点。一是在深化收入分配制度改革的基础上，综合运用就业政策、教育政策、新型城镇化政策、产业政策等多种政策手段，以提高低收入群体收入水平、促使其中部分人进入中等收入群体为重点，加快培育壮大中等收入群体，为最终形成稳定的橄榄型分配格局和社会结构创造条件。二是建立人人有机会的社会阶层秩序，用规则与制度创造公平发展的空间和共建共享的平台，建立一个人人肯努力、人人有机会、人人有希望的公平社会。

第十章 广东人口治理体制改革

改革开放立足于人民、服务于人民,共建共享的成果始终要落实到人民身上。人口治理作为社会体制改革中的关键一环,其核心是共治共享,人口治理体制的改革与发展决定着人民是否能享有更多获得感,同时也影响着社会的稳定与发展。

一、人口治理体制改革发展历程

广东作为改革开放的前沿阵地,在社会体制改革中始终秉承敢为人先的精神,大胆探索,敢于担当,为全国提供了不少广东经验,交出了许多广东答卷。作为人口大省、人口流入大省,广东人口服务承载压力大、担子重,实现服务供给全覆盖与均等化难度高,人口治理难度大。改革开放以来,广东在以经济建设为中心的同时,始终不忘社会民生领域的发展。党的十八大以来,中共广东省委、广东省人民政府以习近平对广东提出的殷切期望为指引,团结带领全省人民,解决了过往人口治理体制中许多长期想解决而没有解决的难题,办成了人口治理领域许多过去想办而没有办成的大事。

(一)探索:1978—1999年

改革开放以前,广东人口治理发展基本与全国同步,各领域的人口服务治理水平还比较低,人口治理体制处于形成过程之中,治理模式倾向于刚性管理,主要依据国家相关制度与指示作为体制的核心框架。改革开放以后到21世纪以前,是广东人口管理体制逐步转型,逐步形成独具特色的体制的探索阶段。

治理编

1. **改革开放前的人口管理体制**

改革开放前，受客观物质条件与制度等因素影响，广东的人口管理以刚性管理为主，还没有系统地形成一个刚柔相济的制度整体。当时的治安管理模式较为单一，缺乏有效的预防机制。为了制止农村人口盲目外流而设立的全国性的户籍制度，造成当时广东对于流动人口①的治理还只偏重于"管"，主要工作包括户口登记、暂住登记和收容遣送。改革开放以前受计划经济影响，广东主要实行统包统配的就业制度，对城镇劳动力进行统一计划、统一分配工作。那时的城镇公共住房制度也跟就业相似，实行"统一管理，统一分配，以租养房"的制度，城镇居民住房主要由所在单位进行住房建设，建设资金主要靠政府拨款，建成后以低租金分配给职工居住。而对农民的住房保障是与社会救济服务密不可分的，主要是为一些特困群众提供暂时的居住条件。

2. **人口管理体制的转型探索**

基本公共服务水平和质量低下、人口管理模式单一的状况在改革开放后开始发生了变化。

改革开放初期，广东经济建设如火如荼地进行，农村经济体制改革释放的巨大生产力改变了多年来城乡粮食供给紧张的局面，促使越来越多的农村劳动力进入珠三角地区谋生。1984年，国务院出台《关于农民进入集镇落户问题的通知》②，允许符合条件的农民到集镇落户，至此，广东大批的农村人口开始往城镇落户。1980年，为应对当时严峻的就业形势，国家提出实施劳动部门介绍就业、自愿组织起来就业和自谋职业相结合的"三结合"就业方针，广东国有企业招收新员工开始逐步实行劳动合同制，其他类型企业则按照市场经济原则自由招聘所需员工。由于劳务市场发展迅速，1983年，广东省人事部门率先成立全国首家人才流动服务机构，随后省内各市县的人事部门人才流动服务机构也相继成立，广东就业服务体系开始形成。为保障劳动合同制职工权益，1983年广东在全国率先推行劳动合同制职工养老保险制度，逐步将城镇集体经济单位、部分乡镇私营企业职工纳入社会养老保险范畴。从1984年开始，在国家的部署下，

---

① 本章的流动人口是指离开常住户口所在地进入本省和在本省行政区域内跨地级以上市居住的人员。

② 参见《国务院关于农民进入集镇落户问题的通知》，载《中华人民共和国国务院公报》1984年第26期。

广东省东莞市等全国多个地方开始试行退休人员退休费社会统筹，到 1986 年，包括广东在内全国实现了县、市一级的养老保险费社会统筹。1979 年，广州东湖新村商品住宅项目开工，撕开了中国住房商品化改革的一个小口。1980 年，国家正式提出实行住房商品化政策。此后，广东开始大量建造商品房，全省因分配住房制度导致的住房供给不足问题逐步得到解决。

3. 人口管理新体制的初步成形

1985 年，国家确立了暂住证和寄住证制度，打破了从外省流入本省或由本省户口所在地迁移到本省另一个城市的公民异地居留的一般性时间限制，广东大批由外省或省内其他城市流入珠三角城市打拼的流动人员的合法居留问题得到根本性解决。到 1995 年，为应对大量涌入广州、深圳等城市的流动人口的服务管理问题，广东省人民政府颁布《广东省流动人口管理规定》，规定暂住证为流动人员在暂住地合法居住的证明，还规定了暂住证申领程序，持证人在暂住地依法可享受的租赁、教育等公共服务，流动人口的日常服务工作由公安部门牵头，劳动、卫生等部门参与等一系列内容。与此同时，广东逐步创新就业住房保障方式，转变社会保险统筹模式。1986 年，广东开始建立就业扶贫制度，帮助粤北石灰岩地区的困难劳动力就业，后来范围逐渐扩展到粤东西北贫困地区。1988 年，广东确立了职业介绍制度。同样是在 20 世纪 80 年代末，广东牵头建立全国首个省际劳务合作组织，与多省合作，疏导省内农民工有序流动就业，推动就业服务与管理，成功化解了 20 世纪 80 年代末外来工流入潮和 90 年代末失业潮。为化解劳务纠纷，填补公民维权服务"真空"，1989 年，广东确立了劳动争议仲裁制度，劳动争议服务事业开始得到全面发展。1994 年，国务院下发了《关于深化城镇住房制度改革的决定》，广东根据文件精神提出建立以中低收入家庭为对象、具有社会保障性质的经济适用住房供应体系和以高收入家庭为对象的商品房供应体系，建立住房公积金制度，发展住房保险。

（二）发展：2000—2011 年

进入 21 世纪，广东人口管理不断补足制度上的短板，各领域制度得到完善，基本公共服务资源大量向农村基层倾斜，欠发达地区基本公共服务得到较大改善，全省人口服务管理整体水平得到较大提升。

1. 人口教育、卫生服务管理

2001年,广东率先对农村年人均纯收入低于1 500元的困难家庭义务教育阶段学生实行免收书本费和杂费("两免")制度。2005年后,又对已实行"两免"的学生给予生活费补助。2003年,《中华人民共和国民办教育促进法》出台,拓展了流动人口子女接受教育的路径。2004年,广东省人民政府发布具有里程碑意义的《广东省教育现代化建设纲要(2004—2020年)》,对普及九年义务教育和高中阶段教育、大力发展职业教育和职业培训、加快提升高等教育发展水平、积极促进民办教育发展、初步构建终身教育体系、建立和完善教育经费多元投入体制等都做了明确的规定。同年,中共广东省委、广东省人民政府决定从2005年起在扶贫开发重点县开展免除农村义务教育阶段学生杂费试点工作,同时实施农村义务教育学校学生生活设施改造工程。2006年,全省农村义务教育阶段开始免收学杂费。2009年,广东省人民政府印发《广东省基本公共服务均等化规划纲要(2009—2020年)》,提出到2011年广东要全面实现城乡免费义务教育,完善对农村贫困家庭子女义务教育阶段学生给予生活费补助制度,珠三角地区可先逐步实现普及学前到高中阶段教育,率先实现农村中等职业教育免费,到2020年全省要建立统一制度、统一地区标准、统一预算拨付、统一监管的公共教育体系。

2003年,广东省人民政府印发《广东省农村2001—2010年初级卫生保健发展规划》,要求各级政府以较低廉的费用为农村居民提供基本医疗卫生服务。2007年,广东省人民政府批转《广东省卫生发展"十一五"规划》,提出要有效降低药品价,解决群众看病难、看病贵问题。随着新一轮医药卫生体制改革的启动,2009年广东省人民政府印发《广东省基本公共服务均等化规划纲要(2009—2020年)》,里面明确提到,从2009年起广东将逐步在全省统一建立居民健康档案,定期为65周岁以上老年人做健康检查,为3周岁以下婴幼儿做生长发育检查,为孕产妇做产前检查和产后访视。到2011年,要建立三级医院两个半小时服务圈、二级医院一个半小时服务圈和基层卫生服务机构半小时服务圈,形成方便快捷的应急救治和转诊网络。2018—2020年要实现全省各地公共卫生服务提供、享有和效果大致相同,区域之间、城乡之间和人群之间公共卫生指标相近。

2. 人口体育、法治服务管理

根据广东"十五"和"十一五"两个时期的体育服务事业发展规划，从2001年起，广东不断健全基层体育服务网络，实施全民健身计划，全省体育场地设施大大增加，全民运动意识大幅增强。2009年，广东省人民政府印发《广东省基本公共服务均等化规划纲要（2009—2020年）》，提出到2011年，全省100%的社区要建有一个以上的健身点，符合条件的学校体育场地要100%向社会开放，各机关、企事业单位应建有体育健身设施，体育服务基本能满足城乡群众需求。

2001年，广东省人民政府颁布《〈广东省法律援助条例〉实施细则》，进一步明确了法律援助服务对象及认定细则。2004年，广东在全国率先建立信访督查专员制度。此后几年，广东通过立法进一步扩大了法律援助对象，完善了信访接待制度。为适应现实需要，从2003年起，广东多次修改《广东省流动人员管理条例》，不断完善对流动人口的服务管理，完善居住证制度，扩大流动人口享受的公共服务范围。2004年，广东启动户籍改革，陆续取消"农转非"计划指标，条件成熟的地区取消农业户口，完善落户制度。同年，深圳成为全国首个"无农村，无农民"的城市，此后省内许多地方相继取消了农业户口和非农业户口的二元户口性质划分，统称为居民户口。

3. 人口社保、就业服务管理

社保通常指社会保险，这里泛指包括社会保险在内的全部社会保障。2004年，广东省佛山市顺德区、东莞市等率先在省内实施城乡居民医疗保险制度。2008年，全省全面启动城镇居民医疗保险制度试点，并开始推进门诊医疗费用统筹，突破原来城镇职工单纯用个人账户解决普通门诊医疗待遇，农民医保和居民医保由"保大病、保住院"向"门诊、住院兼顾"转变。同年，广东省人民政府出台《广东基本养老保险关系省内转移接续暂行办法》，实现养老保险关系省内无障碍转移。2009年，广东提出，到2011年广东要全面开展新型农村社会养老保险试点，建立"个人缴费、集体补助、财政补贴"的新型农村社会养老保险制度，并将年人均收入低于1 500元的困难家庭全部纳入低保范围。此外，还要求做好医疗保险关系转移接续和异地就医结算服务，逐步建立覆盖城镇居民、农村居民以及外来劳务工（农民工）的城乡居民基本医疗保险制度和城乡一体的医疗救助制度；加快各类社会保险的城乡统筹，提高保障水平，逐步缩小人群、城乡与地区差别，逐步提高均等化程度。

2004年，广东在全国率先建立"零就业家庭"就业援助制度，为"零就业家庭"实施职业培训、就业安排等服务，后被写入党的十六届六中全会公报和党的十七大报告。同年，广东在全国率先提出构建省、市、区、街道四级公共就业服务机构网络。为进一步发展劳动争议调解服务，2007年，广东出台关于劳动争议仲裁费减免缓的相关实施办法，扩大劳动争议仲裁减免范围和标准，大幅降低了公民维权成本。2009年，广东省人民政府印发的《广东省基本公共服务均等化规划纲要（2009—2020年）》，规定到2011年，城镇登记失业率要控制在4%以内，要大力发展创业培训基地，推进创业带动就业，提高公共就业服务对象满意率。住房方面，要求省级财政重点支持欠发达地区廉租房保障工作，增加全省经济适用住房建设，以廉租房实物配租、租赁补贴等形式，解决低收入家庭住房困难问题，到2014年全面解决城镇户籍低收入家庭住房困难问题，逐步将非户籍常住人口中的低收入住房困难家庭纳入廉租房保障范围。

（三）完善：2012—2018年

党的十八大以来，许多长久性的体制壁垒得到了及时破除，许多深层次的制度矛盾得到了根本解决，人口治理各领域的短板得到了全面补足，城乡、地区、人群之间的基本公共服务差异得到很大程度改善。

1. 深化人口教育、卫生服务治理体制改革

2013年，广东省人民政府下发《广东省人民政府关于推进我省教育"创强争先建高地"的意见》，要求通过提高教育普及水平、抓好教育基础设施建设、提升农村教育发展水平，推进区域、城乡教育均衡协调发展来加快推进粤东西北地区教育创强。这对广东提升人口服务治理水平有重大意义。2017年1月，广东颁布《广东省教育发展"十三五"规划（2016—2020年）》，提出通过完善幼儿保教体系，推进城乡义务教育均衡发展，高水平高质量普及高中阶段教育，使高等教育普及化，来实现基本公共教育服务均等化，并明确了将要达到的相关指标要求。通过不断扩大优质教育资源总量，优化教育结构和资源配置，建成覆盖城乡、开放便捷，满足多层次、多样化学习需求的终身学习公共服务体系，来使教育供给更加优质多元。通过系统设计高等教育分类发展体系，大力推进高水平大学建设，引导部分普通本科高校向应用型转变，加快建设产教融合、校企合作的现代职业教育体系，来使全省高校的整体发展水平大幅度提升，教育创新与服务经济社会发展能力明显增强。这些部署为广东提升人口服务治理水平奠定了坚实的基础。

2012年12月，广东省人民政府印发《广东省"十二五"期间深化医药卫生体制改革实施方案》，提出推进全科医生签约服务和基层首诊试点，逐步推行家庭医生服务，推进大病保险试点，加大异地务工人员等重点人群医疗保险扩面，大力推进平价医疗服务建设等一系列新举措。2017年，广东颁布《广东省"十三五"深化医药卫生体制改革规划》，提出到2020年，实现人人享有基本医疗卫生服务，基本适应人民群众多层次的医疗卫生需求，普遍建立比较完善的公共卫生服务体系和整合型医疗服务体系、比较健全的医疗保障体系、比较规范的药品供应保障和综合监管体系，以及比较科学的医疗卫生机构管理体制和运行机制。

2. 深化人口社会保障服务治理体制改革

2015年，广东省人民政府正式印发《关于贯彻落实〈国务院关于机关事业单位工作人员养老保险制度改革的决定〉的实施办法》，按照"老人老办法、新人新制度、中人逐步过渡"的原则，对机关事业单位工作人员养老保险进行逐步并轨。2017年，广东颁布《广东省社会保障事业发展"十三五"规划》，提出要全面建立多层次的社会保障体系，探索建立城乡一体化的基本养老保险和基本医疗保险制度体系，推动实现城乡间、区域间、群体间的社会保险缴费负担差距合理缩小，保障水平稳步提高，服务体系更加健全，综合性社会救助制度更加健全，与经济社会发展水平相适应的底线民生保障体系更加完善。强调要进一步规范和完善养老保险省级统筹，对接基础养老金全国统筹，整合城镇职工基本医疗保险和城乡居民基本医疗保险制度，健全差别化、可浮动的工伤保险费率政策，巩固完善工伤保险市级统筹，加快推进省级统筹，完善工伤康复管理制度和标准体系，扩大失业保险基金支出范围试点，推进失业保险浮动费率试点，探索建立失业保险省级统筹制度，推动实现社会保险法定人员全覆盖；要推进城乡低保统筹发展，完善低保对象认定办法，开展资助低保家庭、特困供养人员购买商业保险试点，完善特困人员救助供养内容、标准、形式和办理程序，规范供养服务机构管理，完善以救灾工作分级负责制为基础、灾害应急救助机制为主体、社会动员机制相配套的灾害救助体系，构建省、市、县、乡四级救灾物资储备网络，推进综合减灾示范社区创建；

要完善流浪乞讨人员救助管理制度，建立健全市、县（区）、乡镇（街道）、村（居）四级救助网络，完善抚恤优待保障，全面提高、落实残疾人基本生活保障，推动各类社会保障待遇确定机制和正常调整机制不断健全，底线民生保障标准自然增长机制不断完善；要构建与社会保障需求相适应的管理服务网络，使社会服务组织进一步发展壮大，"互联网+社保"技术广泛运用，实现社会保障卡"一卡通"，形成布局更加合理、功能更加完善、服务效能明显提升、监管更加有效的社会保障管理服务体系。

3. 深化人口户籍、就业服务治理体制改革

为适应新时代人口服务与治理的发展，2015年，广东省人民政府颁布《关于进一步推进户籍制度改革的实施意见》，规定全面放开建制镇和小城市落户限制，有序放开部分地级市落户限制，逐步调整珠三角部分城市入户政策，严格控制超大城市人口规模。还提出要健全居住证积分管理制度，加强人口基础信息平台建设，加强人口信息管理应用。优先解决流动人口存量问题，放宽大专以上（含大专）学历毕业生及技能人才、特殊专业人才入户条件。

为有效化解户籍制度改革进程中的风险以及深化人口服务治理体制改革进程中的各种矛盾，广东采取了多方面的战略性举措。2014年，广东出台全国首部规范信访工作的地方性立法——《广东省信访条例》，在诉访分离、强化网络信访、建立重大信访问题倒查责任、重大公共利益事项听证等方面建立了一系列新的核心制度。2016年，广东对《广东省法律援助条例》进行修订，压缩法律援助的审查时限，扩大法律援助覆盖面，首次规定社会福利机构、公益诉讼可以申请法律援助，将追索劳动报酬、工伤待遇，追索赡养费、抚养费、扶养费的情形纳入免予提交经济困难申报材料申请人范围。

面对日益突出的人口就业住房问题，2017年，经过修编的《广东省基本公共服务均等化规划纲要（2009—2020年）》，对全省公共就业与住房服务的进一步发展提出了具体目标与要求。公共就业服务领域，文件提出要建立健全全省统一的基本公共就业创业服务制度和覆盖城乡的公共就业创业服务体系，实施更加积极的就业政策体系，推进公共就业服务机构和平台建设，完善大众创业万众创新公共服务平台建设，形成政府与市场有机协同、高效运作的创新公共服务体系；要落实高校毕业生就业促进和创业引领计划，带动青年就业创业，完善职业培训和技能评价体系，建立

健全城乡一体化的就业援助制度，建立健全劳动人事争议预防调解工作体系。住房保障领域，文件提出要加大保障性住房的供应，严格执行在普通新建商品住房和"三旧"改造①时配建公租房以及地方土地出让收益按一定比例用于保障性住房建设的规定，将解决人均住房建筑面积15平方米以下的城镇低收入困难家庭的住房问题列入住房保障目标责任，以满足新市民住房需求为主要出发点，建立购租并举的住房制度，逐步把公租房扩大到非户籍人口，实现公租房货币化，加大城镇棚户区和城乡危房改造力度，扶持不具备生产生活条件贫困村庄搬迁安置。

二、人口治理体制改革经验成效

改革开放40年以来，广东结合自身特点与发展实情，按照循序渐进、注重实效的改革方式，以促进城乡、区域、人群基本公共服务供给与均等化为主线，以各领域重点任务、保障工程为依托，搭建起了人口治理六大机制，即政府主导、社会参与的服务供给机制，标准统一、底线均等的服务清单机制，覆盖全省、均衡发展的公平共享机制，以人为本、问需于民的需求导向机制，强化效率、鼓励探索的工作创新机制，科学考评、明确责任的监督评估机制，建立起具有中国特色、广东特点，与经济社会发展、全面建成小康社会相适应，覆盖城乡、公平共享、保障完备、高效便捷的人口治理体制，公共教育、公共卫生健康、公共文化体育、法治、社会保障等领域的服务供给与均等化水平不断提高，人口综合治理能力显著增强，人口治理体制改革积累了宝贵的经验，取得巨大成就与丰硕成果。

（一）全面提高公共教育水平，卫生服务走向均等

教育和卫生健康是常住人口基本公共服务中起基础性作用的两个领域，其质量、均等化水平和普及程度关系着每一位公民的切身利益。

1. 人口学前教育、义务教育、高中教育均衡发展

经过40年的发展，到2018年，广东已经针对适龄人口全面建立起普惠性的学前教育体系，实现义务教育均衡化、高中阶段教育优质化。

全省全面普及了学前教育，基本建成以公办园和普惠性民办园为主体

---

① "三旧"改造是广东省特有的改造模式，指对旧城镇、旧厂房、旧村庄的改造。"三旧"，指旧城镇、旧厂房、旧村庄。

的学前教育服务网络,规范化幼儿园比率大幅提高,学前教育在园幼儿441.41万人①。高质量全面普及了九年义务教育,义务教育质量和水平较改革开放前有了质的飞跃,解决了"从无到有,从粗到精"的问题,基本实现均衡优质标准化发展。全省小学适龄儿童入学率保持在99.98%以上②,小学在读规模达941.96万人,初中在读为356.10万人③,义务教育标准化学校考核基本实现全省达标。义务教育均等化水平显著提升,各地级以上市相继出台了保障异地务工人员随迁子女平等接受义务教育权利以及接受义务教育后在当地参加升学考试的办法,妥善解决了一大批非户籍常住人口子女平等接受义务教育问题。高中阶段教育同样得到高质量、高水平普及,高中阶段教育毛入学率达到95%以上④,普通高中实现优质、多样、特色化发展。

2. 人口职业教育、高等教育、终身教育共同推进

全省实现职业技术教育体系化、高等教育普及化。建立起结构优化、发展协调、具有广东特色、充满生机活力的现代国民教育体系和终身教育体系,形成了满足人民群众多样化学习需求的学习型社会,教育发展整体水平居全国前列。

中等职业教育布局结构优化,规模稳定,实现内涵式优质化发展。高等教育质量不断提升,普通本专科在校生规模达192.58万人⑤。相继建成若干所跻身国内一流大学前列的高等学校,建成一批国内外一流学科,加快建设一批新的高水平大学、高水平理工科大学及理工类学科;打造了若干所全国一流高职院校,高等职业教育得到创新发展,技术技能人才培养质量和办学水平全面提高。

全省建立了继续教育、终身学习的"畅通"通道,设立个人学习账号

---

① 参见广东省统计局、国家统计局广东调查总队《2017年广东国民经济和社会发展统计公报》,载《南方日报》2018年3月2日第A08～A09版。

② 参见广东省教育厅《广东省教育发展"十三五"规划(2016—2020年)》,载《广东教育(综合版)》2017年第2期。

③ 参见广东省统计局、国家统计局广东调查总队《2017年广东国民经济和社会发展统计公报》,载《南方日报》2018年3月2日第A08～A09版。

④ 参见广东省教育厅《广东省教育发展"十三五"规划(2016—2020年)》,载《广东教育(综合版)》2017年第2期。

⑤ 参见广东省统计局、国家统计局广东调查总队《2017年广东国民经济和社会发展统计公报》,载《南方日报》2018年3月2日第A08～A09版。

和学分累计制度，拓宽学分认定转换渠道，通过探索建立了多种形式学习成果认定转换机制，打通了学历教育与非学历教育、校内教育与校外教育界限，成人本专科和网络本专科在读人数超过 76 万人①。建立并不断完善残疾人教育服务体系，目前全省地级以上市和 30 万人口以上的县（市、区）基本各建有一所特殊教育学校，建成了从学前教育到高中阶段教育的布局合理、学段衔接、普职融通、医教结合的区域特殊教育体系。

3. 人口医疗服务、卫生服务、健康服务逐步完善

2018 年，全省已普遍建立起比较完善的公共卫生服务体系和医疗服务体系、比较规范的药品供应保障体系和比较科学的医疗卫生机构管理与运行机制，形成多元化办医格局，基本能适应人民群众多层次的医疗卫生需求，人民群众健康达到较高水平；全面建成了以实有人口为对象，全省统一制度、统一地区标准、统一监管的计划生育服务体系，实现了服务水平优质化、服务对象全民化、服务标准统一化。

全省医疗卫生服务体系基本能与经济社会发展水平相适应，围绕着"与居民健康需求相匹配"这一最紧迫的现实需求，不断向着体系完整、层次分明、密切协作的医疗卫生服务体系整合。城乡家庭医生式服务制度得到普及和巩固，优质医疗资源下到基层，乡镇卫生院扩建工程、村卫生站"公建民营"建设得到稳步推进。基本医疗卫生制度覆盖城乡居民，基本实现公共卫生服务的功能、水平、质量在不同区域、城乡和人群之间，特别是在城市户籍常住人口与非户籍常住人口、一般性人口与弱势人群之间的均等化，区域、城乡和人群间公共卫生指标相近，健康水平不断趋于一致，健康指标进一步提升。

全省人口健康信息化建设切实得到加强，通过发展远程医疗服务应用，建成了省、市、县互联互通的人口健康信息平台，居民健康档案管理制度得到完善。

为构建生育友好型社会、改善出生人口素质和结构，多年来全省不断普及优生优育优教知识，强化出生缺陷综合防控，加强医疗卫生的妇幼健康服务水平和能力，构建起了省、市、县（市、区）三级孕产妇危重救治中心、新生儿危重救治中心、出生缺陷综合干预中心。育龄人群，包括非

---

① 参见广东省统计局、国家统计局广东调查总队《2017 年广东国民经济和社会发展统计公报》，载《南方日报》2018 年 3 月 2 日第 A08 ～ A09 版。

户籍常住人口,在不同区域、城乡之间,能均等享有免费、完备、优质、安全的计划生育和生殖保健服务,全面形成了城乡一体化、覆盖生命全周期的计划生育利益导向机制体系,有力应对人口老龄化挑战。

(二)发展繁荣体育、户籍服务,依法治理不断优化

体育是公民生活的重要领域,户籍是公民立足社会的凭证,依法治理又是公民享受许多权益的基础和重要保障,它们的发展影响着每一位公民生活的存在感与获得感。

1. 体育服务治理更加丰富

改革开放40年之际,广东已形成覆盖城乡、便捷高效、保基本、促公平的现代公共体育服务体系,全省农村建成"十里体育圈",全省城乡建成"十五分钟健身圈",全民健身得到不断推进,人民群众体育健身等权益得到充分保障,已初步建成全国公共体育建设示范区。

公共体育场地设施建设与服务切实得到保障,全省人均体育场地面积超过2平方米,市、县(市、区)基本建有体育场、全民健身中心和全民健身广场(公园),新建居住区和社区体育设施覆盖率、公共体育场地设施开放率、符合开放条件的公办学校体育场地设施向社会开放比例均大幅提升。经常参加体育锻炼的人数占常住人口的比例超过37%,城乡居民达到《国民体质测定标准》合格水平以上的比例超过93%,①绝大部分乡镇(街道)建有社会体育指导员指导站,城乡居民形成健康文明生活方式,国民体质水平排在全国前列。

残疾化体育服务日趋完善,创新并推广适合残疾人身心特点的体育健身方法和项目,并为基层残疾人体育活动场所和残疾人综合服务设施配置了一定数量的器材器械。

2. 户籍服务治理更加合理

全省已初步建立起与全面建成小康社会相适应,有效支撑社会管理和公共服务,依法保障公民权利,以人为本、科学高效、规范有序的新型户籍制度。户籍制度改革取得重要突破,建立了城乡统一的户口登记制度,全省范围内取消农业、非农业以及其他所有户口性质划分,统一登记为广

---

① 参见骆骁骅、陈小康《粤超九成居民体质达标》,载《南方日报》2015年7月19日第A03版。

东省居民户口。全面放开了建制镇和小城市落户限制,包括珠三角部分城市在内的地级市落户条件有所放宽,严格保证广州、深圳两个超大城市的落户工作透明公正,对达到规定标准条件的人员,允许在当地申请常住户口。居住登记和居住证制度日益完善,乡镇、街道承担流动人口服务管理工作的机构受公安机关委托,可为流动人口开展居住登记、居住证申领受理等服务,居住证持有人除能够在居住地依法享受劳动就业、参加社会保险、缴存和使用住房公积金的权利外,有关部门还会为其提供义务教育、卫生和计划生育等基本公共服务,以及按规定办理生育登记和其他计划生育证明材料、办理出入境证件、办理机动车登记、参加职业资格考试等便利。居住证积分管理制度逐步与现实相适应,建立了与居住年限、参加社会保险年限等条件相挂钩的基本公共服务提供机制,积分入户政策不断完善,通过多种方式解决了一大批重点流动人口的落户问题,流动人口的地位得到尊重、基本权益得到切实有效的保障。

3. 依法服务治理更加规范

全省建成了覆盖城乡的公共法律服务体系,公共法律服务实体和信息化平台网络全面覆盖全省城乡,法律服务行业服务资源有效增长。法律服务资源向基层和欠发达地区倾斜,村(社区)公共法律服务体系平台建设取得突出成效,一村(社区)一法律顾问等一批服务品牌得到广大老百姓认可,绝大多数困难群众的法律援助需求得到服务与应援,公民的公共法律服务需求和权益得到基本满足和实现。依法维权和矛盾纠纷预防化解机制不断健全,社会矛盾排查预警、利益表达、协调沟通、救济救助等机制不断完善。信访工作制度得到加强与改进,信访法治化建设稳步推进,形成了人民来访接待机制,普及了网上信访制度,创新信访事项依法终结制度,基层综治信访维稳中心建设得到扎实推进,不作为、乱作为、怠慢、敷衍上访群众的现象明显减少。

人民调解组织网络和保障机制不断发展,人民调解、行政调解、司法调解联动工作体系得到确立。建立了调解以及仲裁、行政裁决、行政复议、诉讼等方式有机衔接、相互协调的多元化纠纷解决机制,劳资纠纷排查预警工作得到加强,劳动保障监察执法服务力度得到提升,涉及民族、宗教等敏感因素的社会问题均得到服务与妥善处置。特殊群体的法律服务体系更加完善,未成年人轻微刑事案件实现前科封存,建成未成年人社区帮教体系,使犯罪未成年人重新走上正确的道路。社区矫正帮困扶助机制逐步健全，就业、生活有困难的社区矫正人员得到普遍救济，社区矫正人员接受监管率、教育矫正率均达到国家要求。

（三）切实改进社会保障服务，就业住房问题逐渐解决

社会保险、社会救助、住房安全等保障性服务是保障民生的兜底环节，能否实施好、执行好关系着每一位公民的基本生活。

1. 人口社会保险待遇和覆盖面大幅提高

全省建成符合广东省情、覆盖城乡全体居民、在全国处于较高水平、具有较高均等化程度的社会保障体系。建立起多层次的社会养老保障体系，城乡居民养老保险基本实现全覆盖并得到继续巩固，构建起不同类型养老保险制度之间的衔接机制，养老保险待遇水平逐步提高，人群、城乡与地区间的差别逐步缩小，均等化程度大幅提高。与人口老龄化进程相适应、与经济社会发展水平相协调，以居家为基础、社区为依托、机构为补充的社会养老服务体系基本成形。老年服务产业加快发展，绝大多数老年人能够在社会保障体系和服务体系支持下通过家庭照顾养老，其余的老年人也基本可由社区提供日间照料和托老服务或入住养老机构，全省每千老年人口养老床位数居于全国前列。

医疗保险制度不断健全，医疗保障均等化基本实现，建立城乡一体化的基本医疗保险制度、大病医保制度和医疗救助制度的大胆探索稳步推进，基本医疗保险法定人员全覆盖，至2016年10月，参保率为98%以上。各级财政对居民医保的补助标准进一步上升，医疗保险待遇水平稳步提高，职工和居民医保政策范围内住院费用支付比例分别达到较高水平，医保关系转移接续和异地就医结算机制不断完善，基本医疗保险和医疗救助有效衔接。医保就医"一卡通"服务成效显著，社会保障卡可应用于医疗保险登记、缴费、待遇发放以及医疗挂号、结算、电子病历等领域。工伤保险、失业保险、生育保险的覆盖面和待遇水平不断提升，至2016年10月，工伤保险参保人数超过3 123万人，构建起工伤预防与工伤康复长效机制，充分发挥工伤保险综合保障功能，至2016年10月，失业保险参保人数超过2 930万人，失业保险金标准达到不低于城市居民最低生活保

障的标准,同时,生育保险参保人数提高到3 082万人以上[①]。建立了与经济社会发展水平相适应的社会保险经办服务体系,实现异地业务有效协作、社会保险关系顺畅转移接续,社会保险"一站式"公共服务稳步推进,社会保险经办的标准化、专业化、信息化水平大幅提升,搭建起全面、完整、准确的社会保险基础数据库,基本实现全民参保登记和信息动态更新。

2. 人口社会救助体系更加完备

城乡居民最低生活保障制度得到确立并完善,目标人群全覆盖,城乡特困人员基本生活标准远高于全国平均水平。建成完善的残疾人社会保障体系和服务体系,残疾人的生活、医疗、教育等需求得到制度性保障,贫困残疾人生活津贴标准、重度残疾人护理补贴标准大幅提高。残疾人生产生活状况明显改善,生活质量持续提高,一大批有就业培训需求和个体创业需求的残疾人获得技能培训和创业扶持。

医疗救助、各类自然灾害救助制度得到确立与完善。城乡低保对象、特困供养人员及县级以上人民政府规定的其他特殊困难人员的医疗救助比例不断提高,对因灾急转移安置、无房可住、无生活来源、农房严重损坏、家属遇难等受灾人员,依照规定给予较高标准的经济、生活上的救助。

全省搭建起了孤儿、城市生活无着的流浪乞讨人员优抚安置保障体系,建立了孤儿基本生活最低养育标准自然增长机制,儿童福利机构建设工程成效显著,城市生活无着的流浪乞讨人员的救助管理制度不断完善,优抚安置保障制度有效落实,多数孤儿、城市生活无着的流浪乞讨人员生活得到切实保障,优抚安置对象权益得到保护。农村留守儿童、妇女、老年人关爱服务体系正在形成,多数街道、社区、行政村有专门部门或人员为关爱对象服务。

3. 人口就业住房更有保障

2018年,广东已基本建立起全省统一的基本公共就业创业服务制度和覆盖城乡的公共就业创业服务体系,公共就业创业服务供给模式更加多元,就业创业服务和职业培训不断发展,职工和企业合法权益得到切实维

---

① 参见田迪迪、苏力《2020年1亿人社保卡将"一卡通"》,载《南方日报》2016年11月14日第A03版。

护,初步实现区域间公共就业服务资源的均等化、城乡间公共就业服务体系的一体化和各类劳动者享受公共就业服务权利的公平化,实现了全省各类劳动者比较充分就业和高质量就业,劳动关系总体和谐稳定。

全省依托"互联网+"、大数据、云平台等信息技术手段,实现了社区就业创业服务平台信息全部联网,建成面向人人的公共就业创业服务信息平台,实现各类就业信息统一发布和信息监测。公共就业创业服务机构和公共就业创业服务信息共享机制不断完善,公共就业创业服务机构和平台建设经费逐步全部纳入财政预算,实现了省内通过人力资源市场信息网络可享受自助式公共就业创业服务。

职业培训体系更加健全,建成一批实训基地、培训基地,几年来年均开展各类职业技能培训超数百万人次,技能人才企业自主评价得到大力推广,各地参加企业技能人才评价人数占比逐步提升。建成城乡统一的人力资源市场,极大缩小了城乡、地区、行业差异,基本消除身份、户籍、性别歧视,劳动者有了公平就业、同工同酬的制度和市场环境。

全省就业规模持续扩大,就业结构更加合理、稳定性进一步增强,实现新增就业连续多年排名全国前列,2017年城镇登记失业率控制在2.5%以内。[①] 劳动关系工作体制进一步完善,劳动关系协调机制和矛盾调处机制更加健全,劳动人事争议效能和劳动保障监察执法能力进一步提升。2015年,企业劳动合同签订率达93%以上。[②] 基层劳动争议调解组织覆盖全省,劳动争议调解率居全国前列。

城乡一体化就业援助制度不断完善,实现了公益性岗位开发和管理的规范化,对就业困难人员实行实名制动态管理和分类帮扶,确保零就业家庭、最低生活保障家庭等困难家庭至少有一人就业。实现了有劳动能力和就业意愿的城乡残疾人按规定享有相应的就业服务、职业培训权益,为全部符合规定的就业困难残疾人提供就业援助、就业补助以及支持性就业和辅助性就业等服务。

住房保障领域,以公租房为供给主体、可持续、能循环的新型住房保障制度体系基本成形。全省严格执行在普通新建商品住房和"三旧"改造

---

① 参见苏力、何谐《去年粤城镇新增就业149万人》,载《南方日报》2018年2月6日第A02版。

② 参见骆骁骅、罗雪艳《上半年粤劳动合同签订率逾九成》,载《南方日报》2015年10月20日第A09版。

时配建不低于一定比例的公租房,以及地方土地出让收益按不低于一定比例的标准用于保障性住房建设和棚户区改造的相关规定,公共租赁住房保障基本覆盖人均住房建筑面积低于规定标准的城镇中低收入住房困难家庭。住房制度改革不断深化,购租并举的住房制度初步确立,公租房逐步扩大至非户籍常住人口,在广州、深圳等城市已实现租房就近入学,城镇中等偏下和低收入家庭住房困难问题得到基本解决,新就业无房职工住房困难问题得到有效缓解,异地务工人员居住条件明显改善。全面完成农村危房改造和棚户区住房改造,完成不具备生产生活条件村庄的搬迁安置,农村整个家庭均丧失劳动能力、无能力改造自住危房(含泥砖、茅草房)的老、孤、寡、残人群得到妥善安置。

三、人口治理体制改革未来前瞻

当前,全省在基本公共服务领域实现的均等化,还只是在承认地区、城乡、人群间存在一定差别的前提下,保障居民都享有一定标准之上基本公共服务的"粗糙的"均等化,发达地区和欠发达地区、城乡之间的基本公共服务供给水平存在一定差异,不同群体之间享受的基本公共服务不完全均衡,外来务工人员尚未全面享受基本公共服务。未来要建立覆盖全部人群,人人平等共享,高水平、多层次的现代人口治理体系,广东人口治理体制改革必须总结过去、着眼将来,不断破除现有的体制机制弊端,创新拉动滞后制度,提高人口治理的效率和质量,缩小城乡、区域和不同社会群体间基本公共服务的水平与标准,不断补足公共教育、公共卫生健康、公共文化体育、法治、社会保障等领域的短板,向着建立能够适应2020年,甚至是2035年、2049年的广东的人口治理体制积极进取、不断迈进。

(一)健全保障机制

保障机制是人口治理体制的重要支撑,以往人口治理政策在落实、执行中总会遇到这样或那样的问题,造成政策在实际执行中变形走样。为此,必须加强对人口治理的制度性保障,使之从政策到执行再到反馈形成良性循环。

1. 完善"六大机制",为人口治理有序开展提供强大动力

服务供给机制、服务清单机制、公平共享机制、需求导向机制、工作

治理编

创新机制和监督评估机制作为广东人口治理体制中的"六大机制"和重要支撑,在未来的人口治理体制改革中必须向着现实所迫、长久所需,不断健全、完善,创新突破制度壁垒。

服务供给机制。要不断探索基本公共服务多样化供给形式,将更多适合由社会组织提供的基本公共服务工作交由社会组织承担。要制定并公布政府向社会转移职能目录,依法将行业管理与协调、社会微观事务服务与管理、技术和市场服务等职能转移给具有资质条件的社会组织。创新政府人口治理投资体制,进一步放宽在基本公共服务领域投资的准入限制,形成政府主导、多方参与、竞争有序、充满活力的格局。

服务清单机制。要将更多涉及民生领域,人民反映强烈、需求强烈的基本公共服务纳入服务清单范围,如医疗保险异地使用、结算,流动人口"同城不同权"等群众关心的热点话题,进一步理清、明确各个服务项目包含的服务对象、服务指导标准、支出责任、牵头负责单位等构成要件,夯实主体责任,构建全面覆盖、务实高效、保障有力的服务清单机制。

公平共享机制。要加快城乡基本公共服务制度对接和标准统一进度,进一步整合各类资源促使基本公共服务向农村倾斜。搭建综合平台为农村居民提供一站式服务,提高农村公共服务的方便性和可及性。要继续推动基本公共服务逐步覆盖全部常住人口,重点关注残疾人、贫困人口、非户籍常住人员等人群享受基本公共服务的权利,确保全体居民共享经济社会发展成果。

需求导向机制。要着力于从满足群众的需求入手,解决影响和制约推进城乡基本公共服务供给和均等化的突出问题,加强与服务清单机制的对接,按照分类指导、突出重点、分阶段进行的原则,将各领域基本公共服务循序渐进地扩充到服务清单范围,让全体人民在共建共享发展中有更多获得感。

工作创新机制。要着力深化改革,大胆创新,优化公共资源配置,提高基本公共服务的效率和质量。如在事业单位改革中,逐步将有条件的事业单位转为企业或社会组织,建立现代事业单位管理体制和运行机制。探索管办分开的有效形式,完善法人治理结构,使事业单位真正转变为独立的事业单位法人和基本公共服务提供主体,降低基本公共服务成本。

监督评估机制。要着力于加强动态跟踪监测,推动全程监控和全域管理。进一步理清、夯实各级部门的监督管理责任,建立层次全面、主体多元，涵盖广泛的监督问责体系。建立更加科学、有效的评估机制，将考评结果作为选拔用人的重要依据。推动政务公开和政府信息公开，定期开展基本公共服务需求分析和社会满意度调查，及时妥善回应社会关切。

2. 加强组织领导与责任分工，协调人口治理各领域工作

加强组织领导与责任分工体系建设，就要切实加强组织领导和统筹协调，建立健全实施机制，要把人口治理工作摆在重要的位置，精心谋划，周密部署，明确分工，落实责任。要进一步完善综合协调机制，解决规划实施中跨县区、跨部门、跨行业的重大问题。同时，各地各部门在实施过程中，也注意研究新情况，解决新问题，总结新经验。省有关部门按照职责分工，做好人口治理各领域的发展规划、专项建设规划与核心规划纲要的衔接，明确工作责任和进度安排，推动各自领域建设目标、工作措施和清单项目的有效落实。各地级以上市人民政府要结合本地实际，制订市级人口治理各领域行动计划或服务清单，明确本地区服务管理内容，加大财政统筹力度，保证本级财政承担的投入分年、足额落实到位。各县级人民政府切实推进服务清单及区域内均等化政策措施的有效落实，并及时向上级人民政府和有关部门报告进展情况。行业主管部门要依法会同省标准化行政管理部门等，分别制定实施人口治理各领域设施建设、设备配置、人员配备、经费投入、服务规范和流程等具体标准，推动城乡、区域之间标准衔接。

3. 增强财政保障建设，为人口治理提供充足财力支持

要进一步细分各级人民政府人口公共服务事权与支出责任，推进财政事权和支出责任划分改革。按照依法依规、受益范围、成本效率、基层优先的原则，逐步理顺事权关系，建立健全事权和支出责任相适应的制度，合理界定各级人民政府的人口服务事权和支出责任。按照事权与支出责任相适应的原则，科学配置各级政府的事权与财力，不断提高欠发达地区市县财力保障水平。

要在保证人口服务支出持续稳定增长的前提下，通过加大转移支付力度推动实现区域人均公共人口服务支出均等化的目标。继续加大省级财政对欠发达地区特别是原中央苏区、重点革命老区的财政转移支付力度，帮助欠发达地区基本人口服务支出增长率适当高于珠三角地区。压减专项转移支付、扩大一般性转移支付，将部分现行属于地方事权且信息复杂程度较高、适合地方管理的专项转移支付项目审批和资金分配工作下放地方，

转入一般性转移支付补助范围,增强地方发展公共人口服务的财政保障能力。完善省级财政一般性转移支付政策,按照"保基本"和"强激励"相结合的原则,实行财政增量返还和协调发展奖励政策挂钩,建立健全科学规范的省对市县一般性转移支付体系,不断激励地方加快推进人口服务均等化。探索建立横向转移支付制度,逐步把符合条件的农业转移人口转为城镇居民,构建财政转移支付同农业转移人口市民化挂钩机制,实现区域间基本公共服务水平差距缩小。清理、整合、规范专项转移支付,完善资金管理办法,提高项目管理水平。

要加快建立稳定规范的县以下政权组织运转和各项社会事业发展的基本财力保障机制,把更多的财力、物力投向基层,把更多的人才、技术引向基层,切实加强基层人口服务机构的设施和能力建设。简化财政管理层级,完善省对省直管县财政管理方式,推进镇级财政管理方式改革,建立不同类型镇级财政管理模式;推进"村财镇代管""村财委托第三方管理"等模式的村级财务管理方式改革。加强对资金使用的监督管理,提高资金使用效益。

(二) 统筹内部机制

教育、卫生、健康、体育是与公民关系最直接、最密切的人口治理领域,公民在教育、卫生、健康、体育领域中所享受的服务与体验直接影响着社会的和谐与稳定。为此,必须改进以往在教育、卫生、健康、体育领域中的服务管理模式,扩大教育、卫生、健康、体育基本公共服务的普及面和覆盖面,提高服务水平、缩小区域人群间服务差距,让改革惠及更多公民。

1. 完善公共教育体制,打造南方教育高地

要高水平、高质量普及学前到高中阶段教育,加强普通教育与职业教育、中等职业教育与高等职业教育以及各类高等教育之间的衔接,深化推进继续教育,形成布局合理、定位准确、结构优化、衔接顺畅、发展协调的国民教育体系和终身教育体系。

逐步完善县、乡、村学前教育网络,重点保障粤东西北地区农村适龄儿童、异地务工人员随迁儿童和全面实施二孩政策城镇新增适龄儿童入园需求,完善学前教育办园体制,对政府和事业单位举办的幼儿园依规进行事业单位登记管理,建设以公办园和普惠性民办园为主体的学前教育服务网络,探索婴幼儿早期启蒙教育。

要深入推进义务教育均衡优质标准化发展,全面实现县(市、区)域内城乡统一的中小学教师编制标准和工资待遇"两相当"①。重点支持粤东西北农村贫困地区学校建设,完善城乡义务教育学校的资源共建共享和对口交流支援制度。完善异地务工人员随迁子女平等接受义务教育政策,落实并完善随迁子女在粤参加中考、高考升学机制。

改善粤东西北地区普通高中学校办学条件,推进办学体制多元化。要深化普通高中课程改革,逐步建立充分体现素质教育要求的质量监测评价与公布制度,率先对建档立卡的家庭经济困难学生实施普通高中免除学杂费,探索普通高中生均定额拨款机制。大力发展中等职业教育(含技工教育),完善校企合作机制,实施职业学校对接产业园工程。全面推行职业教育工学结合、校企合作的人才培养模式,探索推行"校企双制、工学一体"办学模式。加强中等职业学校"双师型"教师②队伍建设,逐步分类推进中等职业教育免除学杂费。

加快推进高等教育分类体系建设,粤东西北地区着力建设若干所应用型本科院校,珠三角地区试点本科层次特色学院建设。提高高等教育创新能力,创新高校人才培养模式和科研体制机制,加快推进政校分开,建立现代学校制度。加快现代职业教育体系建设,推进产教融合、校企合作,创建现代职业教育综合改革试点省。探索多种培养模式,扩大现代学徒制试点,建立和完善本科、研究生层次的职业教育,引导一批本科院校向应用技术类型院校转型发展,实现职业教育与普通高等教育的有效衔接。

要推进学历教育和非学历教育协调发展、职业教育和普通教育相互沟通、职前教育和职后教育有效衔接。建设学分银行和学习成果认定公共服务平台,记录、存储学习者在不同学校、通过不同渠道获得的学习成果及学分,供相关高校根据学分认定和转换办法,为学习者提供学分认定服务。积极推进省社区教育实验区建设,扎实开展全民终身学习活动周工作,构建完备终身教育体系。

要健全特殊教育体系,推动残疾学生15年免费教育,大力推进标准

---

① "两相当",即县域内教师平均工资水平与当地公务员平均工资水平大体相当,县域内农村教师平均工资水平与城镇教师平均工资水平大体相当。

② "双师型"教师,一般指同时具备教师资格和职业资格,从事职业教育工作的教师。

化特殊教育学校建设、残疾人中高等职业教育基地建设。要加强教育精准扶贫，精准资助建档立卡贫困户子女，实现家庭经济困难学生资助全覆盖。

完善教育督导体制，推进教育管办评分离，建立健全与同级教育行政管理部门级别相对应、相对独立的各级教育督导机构。强化督导结果的运用，建立教育督导部门归口管理的评估监测机制，推动实施第三方评估。

2. 健全公共卫生体制，确保服务公平共享

要进一步健全覆盖城乡居民的基本医疗和公共卫生制度，保障基本医疗和公共卫生服务的公平性、可及性与可持续性，全面实现人人平等地享有较高水平的基本医疗卫生服务，全面实现人口和卫生计生基本公共服务均等化。

优先支持基层医疗卫生机构建设，打造30分钟基层医疗服务圈。引导优质医疗资源下沉，以提升粤东西北地区基本医疗卫生服务能力为重点，全面加强基层医疗卫生服务能力建设。支持县级医院关键医疗设备配置、专科特设岗位和住院医师规范化培训，支持乡镇卫生院业务用房改扩建，推进村卫生站"公建民营"规范化建设，改善县域医疗卫生服务。加快完善分级诊疗制度，提高县域内住院率。推进医师合理流动，鼓励医师到基层、边远地区、医疗资源稀缺地区和其他有需求的医疗机构多点执业，完善城市医疗卫生人才对口支援农村制度。

全面普及、巩固和深化城乡家庭医生式服务工作，推进建立目标明确、内容清晰、服务规范、流程合理的家庭医生式服务基本框架和服务理念。可在基层医疗卫生机构全科团队的基础上，优化建立以全科医生为核心、护士等其他卫生人员为成员的服务团队，由家庭医生负责对服务团队成员进行任务分配、管理和考核，以点带面逐步引导所有基层医疗机构转变服务模式，全面建立结构合理、覆盖城乡、发展均衡的医疗卫生服务体系。

要继续深化医药卫生体制改革，明确公立医院公益属性，统筹推进公立医院综合改革。进一步推进医药价格改革，破除以药养医，推进公立医院实施按病种、按服务单元收费等模式。逐步理顺医疗服务价格比价关系，实施财政、医保、价格联动机制，建立科学合理的补偿机制。建立医疗责任保险机制，依法化解医患矛盾。探索跨区域统筹设置医疗卫生机构，提高资源共享率和利用效率。鼓励社会办医，优化社会办医政策环

境，促进非公立医疗机构与公立医疗机构享有同等待遇。

要完善卫生应急、疾病预防控制、妇幼保健、精神疾病等方面的公共卫生服务网络，加强一批重大疾病、疑难杂症的综合防治和医治能力，加强卫生计生服务监督能力建设。

3. 改革健康、体育体制，统筹城乡发展

要稳步推进健康广东建设，加强卫生计生知识教育，普及健康生活方式，大力发展健康产业。全省要以全民健康保障信息化工程为基础，统筹建设人口健康信息平台，扩大居民电子健康档案应用，发展预防、治疗、康复和健康管理一体化电子健康服务。全面加强人口信息化建设，建立健全部门间人口信息共享机制。建立覆盖全体公民全生命周期的全员人口数据库，加快建设全面健康信息服务体系，着力构建覆盖公共卫生、医疗服务、医疗保障、药品供应、计划生育以及综合管理业务的医疗健康管理和服务大数据应用体系。

不断调整人口政策，优化人口结构，提高人口素质。推进计划生育服务管理改革创新，促进农村和欠发达地区的计划生育公共服务建设，推动流动人口平等享有城镇计划生育服务。加强儿童医院和综合性医院儿科以及妇幼健康服务机构建设，开发推广服务优生优育、妇幼健康的新技术、新产品、新服务，进一步巩固和提升人口与计划生育公共服务体系建设水平，构建生育友好型社会，积极稳妥有力应对老龄化挑战。

继续加快推进城乡体育场地建设，统筹规划体育设施建设，盘活存量资源，建设一批便民利民的体育场馆和社区体育设施。进一步开展全民健身活动，丰富和完善全民健身活动体系，不断增强人民体质。积极拓展体育业态、多样化的各类体育赛事，打造一批有吸引力的品牌，推动形成内涵丰富的体育服务市场和消费市场。

（三）重视关键领域

法治和社会保障是人口治理的关键领域，也是公民基本权利的核心要素。为此，必须抓好这两个关键领域，做好法治服务管理和社会保障领域的相关规划，协调推进法治和各类保障性服务健康发展，让改革的成果满足更多公民需求。

1. 深化法治服务管理建设，保障公民合法权益

要进一步统筹全省户籍制度改革，逐步实现城乡人口管理一体化，尽

快建立与全面建成小康社会相适应，有效支撑社会管理和公共服务，依法保障公民权利，以人为本、科学高效、规范有序的新型户籍制度。

坚持积极稳妥、以人为本，尊重居民自主定居意愿，稳步推进农业转移人口落户城镇。坚持分类管理、有序迁移，合理调整城乡之间、各类城市之间人口结构。坚持统筹规划、全面布局，着力完善相关配套制度和政策。坚持因地制宜、分类指导，统筹考虑地区经济社会发展和城市综合承载能力，实施差别化户籍政策。

要实行城乡户籍"一元化"登记管理，真实体现户籍制度的人口登记管理功能。加快建立与统一城乡户口登记制度相适应的教育、卫生、就业、住房、社会保障、土地及人口统计规划等社会服务制度，实现户籍制度改革相关工作紧密结合，整体推进。

进一步放宽集体户口设置条件，允许符合条件的人员向已在本地落户的亲友搭户，通过多种方式解决流动人员落户问题。继续研究放宽高校毕业生及技能人才、特殊专业人才的落户政策，不得以退出土地承包经营权、宅基地使用权、集体收益分配权作为农民进城落户的条件。积极拓展居住证的社会应用功能，不断扩大居住证持有人享受公共服务范围。

要建立完善覆盖全省实际居住人口，以人口基础信息为基准的全省人口基础信息库，建立省级人口综合信息服务管理平台，分类完善劳动就业、教育、收入、社会保障、房屋产权、信用、卫生、税务、婚姻、民族等信息系统，逐步实现跨层级、跨部门、跨地区信息整合和共享。建立健全实际居住人口登记制度，完善人口动态采集更新机制，为政府决策提供参考依据。

全省要进一步推进法律服务体系建设，推进公共法律服务体系覆盖城乡，加强村（社区）公共法律服务体系平台建设。要重点加强民生领域法律服务，鼓励和引导社会参与，增加法律服务资源供给，促进法律服务资源均衡配置。继续引导法律服务资源向基层和欠发达地区倾斜，扩大一村（社区）一法律顾问等一批工作品牌的影响力，不断完善、加强一村（社区）一法律顾问等制度的相关工作意见，注重提高服务质量和效率，切实发挥法律顾问作用。

要一步加强和规范律师管理，完善法律援助制度，健全司法救助体系，切实加强对律师、公证、司法鉴定等法律服务行业的政策扶持和监督管理。加强涉外法律服务，探索建立统一开放、竞争有序的法律服务市场体系和监管规划，打造更具优势的发展竞争环境。

继续推进依法维权和矛盾纠纷预防化解机制的建设，建立健全社会矛盾排查预警、利益表达、协调沟通、救济救助等机制。将完善信访工作制度，建立信访事项依法终结制度，推进信访法治化作为保障公民依法维权和救济救助权利的头等大事，进一步健全人民来访接待机制和网上信访制度，加快推进基层综治信访维稳中心建设。

要不断健全人民调解组织网络和保障机制，完善人民调解、行政调解、司法调解联动工作体系，健全调解以及仲裁、行政裁决、行政复议、诉讼等方式有机衔接、相互协调的多元化纠纷解决机制。完善劳资纠纷排查预警机制，增强劳动保障监察力度，扩大监察范围。

2. 推进社会保障制度改革，健全覆盖城乡民生之网

要建立更加公平、可持续的社会保障服务制度，实现社会保障服务城乡并轨，完善社会保险关系跨区域转移接续政策，促进城乡、区域、行业和群体间保障标准水平衔接平衡，尽快实现社会保险法定人员全覆盖，进一步提高社会保障水平，真正实现人人公平享有较高水准的社会保障及相关服务。

进一步完善多层次的社会养老保障与服务体系。巩固和完善养老保险省级统筹，并与基础养老金全国统筹对接，实现社会保障管理信息系统全国联网，推行网上认证、网上办理转续模式，推进城乡基本养老保险制度有序衔接。坚持职工养老保险个人账户精算平衡，健全多缴多得激励机制，落实机关事业单位养老保险制度改革举措，建立健全企业退休人员基本养老金与社会平均工资增长和物价上涨等因素挂钩的正常调整机制，鼓励企业通过建立企业年金提高职工养老保障水平。大力发展社会养老，全面建设以居家为基础、社区为依托、机构为补充的覆盖城乡的多层次养老服务体系。探索建立长期护理保险制度，推广虚拟养老等多种服务模式。加强农村养老服务体系建设，促进基本养老服务均衡发展，推动医疗卫生服务和养老服务相结合。

要建立健全城乡一体化的基本医疗保险制度、大病医保制度，不断健全医疗保险稳定可持续筹资和报销比例调整机制，扩大基本医疗保险保障范围，提高医疗保险保障水平。进一步巩固、扩大基本医疗保险参保率，稳步提高居民医保补助标准，建立完善政府和个人合理分担的筹资机制。进一步完善居民医保门诊统筹保障机制，实现居民医保政策范围内住院费用报销比例持续保持在合理水平以上并逐步提高,深化医保支付制度改革,健全定点医药机构协议管理,完善支付标准动态调整机制和"结余留用,超支分担"的激励约束机制。建立异地就医结算机制,健全覆盖全省、互联互通的异地就医联网结算系统,全面实行省内异地医疗费用直接结算,推进跨省医疗费用异地即时结算工作,推进医保关系转移接续工作。扩大大病保险保障范围,推动大病保险覆盖全体参保人。

进一步扩大失业保险、工伤保险覆盖面,稳步推进生育保险与医疗保险合并进程,提升省内失业保险、工伤保险参保人数。继续完善预防、补偿、康复三位一体的工伤保险制度,推动失业、工伤保险逐步实现省级统筹,统筹考虑社会平均工资和物价变动等因素,稳步提升各类社会保险待遇水平。

要继续完善城乡居民最低生活保障制度,健全主动发现和动态管理制度,实行城乡统筹。继续提高县(市、区)城乡低保标准、人均低保补差水平以及城乡特困人员基本生活标准,加强低保政策和精准扶贫政策衔接,合理确定新的相对贫困人口规模和脱贫标准,对贫困人口应保尽保。

进一步提高社会救助水平。完善临时救助制度,规范流浪乞讨人员救助管理服务的全流程,对城市生活无着的流浪乞讨人员实行标准化管理。推进建立普惠型儿童福利制度,提高孤儿基本生活保障水平,完善孤儿基本生活最低养育标准自然增长机制。健全自然灾害应急救助体系,逐步提高对受灾群众的应急期、过渡期和冬春生活救助标准,以及因灾"全倒户"重建家园救助补助标准。健全扶残助残服务体系,进一步完善残疾人管理和服务的各项制度,完善残疾人服务机构,加强专业人才培养,为不同等级、不同类别残疾人提供规范化的照料和医疗卫生服务,全面提升残疾人生活水平和生活质量。

要继续完善优抚安置制度,健全扶持城乡退役士兵创业就业优惠政策,将对自谋职业城镇退役士兵的扶持创业就业优惠政策扩大到所有自主创业就业的退役士兵,稳妥推进国家保障与社会化服务相结合的军休干部服务管理模式,完善服务管理保障措施。

3. 完善就业与住房保障,实现民有所居、人有活干

要进一步健全公共就业创业服务体系,全面提升服务标准和水平,让人人都能享受更加全面、便捷、高效的公共就业创业服务。全省要继续创造更多就业岗位,着力解决结构性就业矛盾,完善城乡均等的公共就业创业服务体系，推动形成政府激励创业、社会支持创业、劳动者勇于创业的新机制。加快健全创业带动就业机制，完善促进创业的政策体系，优化创业环境。重点扶持智力型、技能型创业，建设创业孵化基地、留学回国人员创业园、大学生创业园等。促进家庭服务业专业化、规模化和网络化发展，实施与家庭服务业特点相适应的培训就业补贴机制。

要构建覆盖城乡全体劳动者、贯穿劳动者学习工作终身、适应劳动者和市场需求的职业培训制度，完善市场配置资源、劳动者自主选择、政府购买服务和依法监管的职业培训工作机制，开展多种形式的就业技能培训、岗位技能提升培训和创业培训，全方位提升人力资本质量和劳动者就业创业能力。

加快公共就业服务机构和平台建设，定期发布就业创业相关信息，推进就业服务规范化、标准化和信息化发展，加强就业信息监测平台建设。推动社区就业服务平台信息联网，保障基层开展就业创业服务，改善异地务工人员就业服务方式。加快全省公共创业服务信息网和业务管理系统建设，实现就业创业服务和补贴申领发放全程信息化管理。加快推进知识产权服务、第三方检测认证等机构体系和服务网络建设，建立健全覆盖整个创新链的公共服务平台。

要全面落实劳动合同制度，加快推行集体合同制度，健全最低工资标准增长机制和工资支付保障长效机制。不断完善劳动关系协调机制，以街道（乡镇）劳动争议调解组织为重点，搭建多层次、多渠道、广覆盖的调解服务网络，建立劳动保障监察举报投诉案件省级联动处理机制，加强劳动仲裁与劳动保障监察的联动衔接，畅通职工表达合理诉求渠道，构建和谐劳动关系。要不断完善城乡一体化就业援助制度，促进就业困难人员稳定就业，创新高校毕业生、农村转移劳动力和退役军人等重点群体的就业扶持政策。

全省要继续健全住房保障体系，进一步提高保障范围和保障水平，使城乡居民的居住条件显著改善，尽快实现全省居民住有所居、居有所乐。围绕城乡困难居民基本住房需求问题，要优化保障性住房规划布局、建设模式和供应结构，鼓励民间资本参与建设和管理，构建以政府为主提供基本保障、以市场为主满足多层次需求的基本住房供应体系。实行实物保障与货币补贴并举制度，多渠道筹集公共租赁住房房源，逐步加大租赁补贴发放力度，进一步扩大公共租赁住房的覆盖范围，降低分配门槛。对无力购买住房的居民特别是非户籍人口,支持其租房居住,对其中符合条件的困难家庭给予货币化租金补助。

进一步深化住房制度改革,以满足新市民住房需求为主要出发点,建立健全购租并举的住房制度,把公租房扩大到非户籍人口。稳步发展住房租赁市场,鼓励自然人和各类机构投资者购买库存商品房,成为租赁市场的房源提供者,鼓励以住房租赁为主营业务的专业化企业发展。要不断健全保障性住房投资运营和准入退出机制,建立科学、合理、严格的投资运营准入机制,加大对保障房分配、销售、运营和管理等环节的监督力度。健全住房保障的居住准入和退出机制,城镇保障性住房不得出租、转借、闲置,已享受城镇住房保障的家庭,再购买商品住房的,必须办理住房保障退出手续。要着力解决农村困难群众住房安全问题,加大农村危房改造资金投入,及早扶持不具备生产生活条件贫困村庄搬迁安置,争取早日解决全省农村困难群众住房安全问题。

第十一章 广东社会安全体制改革

党的十九大报告指出,人民美好生活需要日益广泛,不仅对物质文化生活提出了更高要求,而且在民主、法治、公平、正义、安全、环境等方面的要求日益增长。安全是人民美好生活需要的重要方面。社会安全既事关每个社会成员的切身利益,也事关国家经济社会发展和社会安全稳定。维护社会安全秩序、国家长治久安和人民安居乐业,具有重要意义。本章关于社会安全的概念,主要是相对于经济安全和政治安全而言。为了与中央有关文件提法衔接,"社会安全"往往与"公共安全"互用。具体来讲,社会安全是指社会公众享有安全和谐的生活和工作环境以及良好的社会秩序,公众的生命财产、身心健康、民主权利和自我发展有安全的保障[1],包括食品药品安全、生产安全、减灾救灾防灾、应急管理、社会治安等内容。

一、社会安全体制改革发展历程

改革开放以来,广东与全国一样,社会安全体系建设经历了一个从无到有、从分散到综合的探索过程。

(一) 社会安全体制改革总体历程概说

综合来说,社会安全体制改革或公共安全体系建设大致经历以下3个发展阶段。

---

[1] 参见刘静《社会安全与政治安全、经济安全关系辨析》,载《滨州学院学报》2010年第2期。

1. 单灾种管理体制阶段（1978—2003年）

中国安全体系建设起步比较晚，2003年以前，基本上没有现代意义上的公共安全体系。改革开放初期，中国仍然沿用改革开放前门类较齐全的按灾种划分灾害分类管理体系，包括气象部门、地震部门、水务部门、消防部门、公安部门、交通部门、减灾部门等机构。这种管理体系基本涵盖了防灾减灾的各个领域，对防止灾害的发生和降低灾害的损失发挥了重大作用。单灾种管理时期形成的专业应急体系为在新形势下构筑公共安全管理体系积累了宝贵的经验，但单灾种管理体制也存在着诸如响应迟缓、多头管理、效能低下、资源浪费等种种弊端。①

在这个阶段，人们对于安全的理解，更多是局限于维护社会治安。从1977年到1982年，中国出现"文化大革命"后第一次犯罪高峰期。这次犯罪高峰与知识青年返城有着密切的联系。由于城市就业岗位有限，难以保障大批返城知识青年就业务工，导致此次刑事犯罪中尤以青少年违法犯罪为多。为此，1983年，中央先后下发了《关于严惩严重危害社会治安的犯罪分子的决定》和《关于迅速审判严重危害社会治安的犯罪分子的程序的决定》，组织开展严厉打击违法犯罪活动。1981年，中共中央正式把"综合治理"作为解决社会治安问题、实现长治久安的基本方针。1991年，中共中央、国务院和全国人大常委会分别做出《关于加强社会治安综合治理的决定》。这一年，从中央到地方普遍成立了综治工作机构，加强组织领导。1997年，党的十五大报告提出了"社会综合治理"的指导思想。2001年9月，中共中央、国务院下发《关于进一步加强社会治安综合治理的意见》指出，社会治安不仅是一个重大的社会问题，也是一个重大的政治问题。加强社会治安综合治理关系到党和政府在人民群众心目中的形象，关系到改革发展稳定的大局，关系到国家的长治久安，关系到党的执政地位的巩固，首次将社会治安提到了国家长治久安和党的执政地位巩固的高度。②

2. 公共安全体系萌芽阶段（2004—2010年）

2003年非典事件暴发后，中共中央、国务院做出了全面加强应急管

---

① 参见刘星《中国公共安全管理机制：问题与对策》，载《经济社会体制比较》2009年第5期。

② 参见董慧萍、张涛《改革开放以来我国社会管理思想的发展脉络及评述》，载《西安航空学院学报》2014年第6期。

理工作的重大决策。在党的十六届三中、四中、五中、六中全会上都对全面加强应急管理工作、提高保障公共安全和处置突发事件的能力做出部署、提出要求。2006年3月颁发的《中华人民共和国国民经济和社会发展第十一个五年规划纲要》明确提出要加强公共安全建设，强化全社会公共安全意识，加强公共安全保障能力建设，提高公共安全保障水平，维护人民生命财产安全，确保社会稳定。经过几年的努力，中国公共安全管理领域的各项工作取得了重大进展，应急预案体系全面建立，公共安全管理体系不断健全。[①]

可以看到，中国现代意义上的公共安全体系是伴随着非典事件而发生发展的。抗击非典让人们认识到各级政府必须更加重视履行社会管理和公共服务职能，有效处置突发公共事件。中共中央、国务院在深刻总结历史经验、科学分析公共安全形势的基础上，审时度势，做出了全面加强应急管理工作的重大决策。2003年非典之后，国家开始了全国应急体系建设。当年，国务院办公厅成立了应急预案工作小组。2005年1月，《国家突发公共事件总体应急预案》经国务院常务会议讨论通过，年末成立了国务院应急管理办公室。2007年8月，全国人大常委会通过《中华人民共和国突发事件应对法》。与此同时，各级政府、各个行业加强了关于突发公共事件应急预案体系建设。全国共制订各级各类应急预案130多万件，基本覆盖了各地常见的各类突发事件，形成了"统一领导、综合协调、分级负责、属地管理为主"的应急管理体制。由于公共安全体系建设是重大危机事件推动的，因此，中国公共安全管理体系是随着全国应急管理体系同步建设的。在这个阶段，公共安全体系建设的重点就在应急管理体系建设。

3. 公共安全体系形成发展阶段（2011—2018年）

随着经济社会的快速转型和发展，公共安全的重要性不断提升，并成为党中央社会治理的重要内容。2011年2月19日，胡锦涛在省部级主要领导干部社会管理及其创新专题研讨班开班式上讲话强调进一步加强和完善公共安全体系，健全食品药品安全监管机制，建立健全安全生产监管体制，完善社会治安防控体系，完善应急管理体制。这是中央领导第一次正式提出公共安全体系的概念，并把公共安全分为食品药品安全、生产安

---

① 参见刘星《中国公共安全管理机制：问题与对策》，载《经济社会体制比较》2009年第5期。

全、社会治安、应急管理4个方面。2011年3月发布的《中华人民共和国国民经济和社会发展第十二个五年规划纲要》指出,保障食药品安全、严格安全生产管理、健全突发事件应急体系、完善社会治安防控体系是公共安全体系建设的重要任务。公共安全战略体系的基本内容一般包括食药品安全、生产安全、突发事件应急以及社会治安防控4个方面。[①] 2013年,党的十八届三中全会决议明确提出健全公共安全体系,要完善统一权威的食品药品安全监管机构,建立最严格的覆盖全过程的监管制度,建立食品原产地可追溯制度和质量标识制度,保障食品药品安全;深化安全生产管理体制改革,建立隐患排查治理体系和安全预防控制体系,遏制重特大安全事故;健全防灾减灾救灾体制;加强社会治安综合治理,创新立体化社会治安防控体系,依法严密防范和惩治各类违法犯罪活动。在原有4个领域的基础上,党的十八届三中全会又新增加了防灾减灾救灾。2016年,《中华人民共和国国民经济和社会发展第十三个五年规划纲要》提出,要牢固树立安全发展观念,全面提高安全生产水平,提升防灾减灾救灾能力,创新社会治安防控体系,强化突发事件应急体系建设,推进平安中国建设,代表了国家层面对未来一段时期公共安全战略管理的总体要求。2017年,党的十九大报告进一步指出,树立安全发展理念,弘扬生命至上、安全第一的思想,健全公共安全体系,完善安全生产责任制,坚决遏制重特大安全事故,提升防灾减灾救灾能力;加快社会治安防控体系建设,依法打击和惩治黄赌毒黑拐骗等违法犯罪活动,保护人民人身权、财产权、人格权。

尽管在不同时间不同文件有关公共安全体系的表述有所差异,但在内容上基本都涵盖食品药品安全、生产安全、防灾减灾救灾、应急管理、社会治安等重大领域。换言之,目前中国公共安全管理主要是从食品药品安全、安全生产、应急管理、防灾减灾救灾、社会治安等方面实行分类监督、协调和控制。以下就重点介绍广东在这些领域中的改革历程。

(二) 生产安全、应急管理体制改革历程

为本著作分类叙述方便,这里的生产安全,既包括作为生产成品食品药品的安全,也包括生产过程中各类生产的安全。下面分食品药品安全、

---

① 参见钟开斌《我国公共安全的沿革与发展》,载《中国减灾》2016年第1期。

安全生产、应急管理3个方面分述生产安全、应急管理体制改革的进程。

1. 食品药品安全

食品药品安全是关系到每一个人身体健康、生命安全的基本民生问题。改革开放以来，随着经济的快速发展和生活水平的提高，人们在解决了基本的温饱问题之后，对食品的要求也更加严格、更加苛刻。从全国来说，食品药品安全监管体制改革大致可以划分为3个阶段。

食品卫生"单一部门"监管阶段（1978—2004年）。2004年以前，中国的食品安全监管是以"食品卫生"为概念、以卫生行政部门负责的"单一部门"监管体制。这种体制初现于1953年。中华人民共和国成立初期，中国政府对食品的关注主要是充足的粮食供应问题，对食品安全的关注则主要源于由卫生问题引发的疾病和中毒事件。1953年，政务院第167次政务会议决定成立与行政区划相一致的省、地、县三级卫生防疫站。1965年，国务院批转《食品卫生管理试行条例》，规定卫生部门应当负责食品卫生的监督工作和技术指导。2004年，《国务院关于进一步加强食品安全工作的决定》第一次在国家级规范性文件中使用"食品安全"概念。

"多部门"共管阶段（2005—2012年）。2009年颁布的《中华人民共和国食品安全法》是中国食品安全监管的一个里程碑，对监管进行了调整，确定了统一的监管标准，引入了风险监测和评估制度，建立食品召回制度，并成立食品安全委员会协调各监管部门的监管工作。同时明确了各级地方政府的监管职责，并鼓励社会公众参与监督。由此形成了全国统一领导、地方政府负责、部门指导协调、各方联合行动的管理体制。[①] 这种体制对于预防和解决食品安全问题起到了重要的作用，但是在实践中也暴露出了诸多问题，如食品安全监管机关的权限交叉、业务协调不畅以及食品安全监管资源不足等。

食品药品统一监管阶段（2013—2018年）。2013年，新的食品药品监督管理局挂牌成立。新机构成立后，整合原食品办、药监、质监、工商等部门的食品药品监管职责，对食品药品生产、流通、消费等环节进行统一监管。[②] 相对集中统一的食品安全监管体制，有利于避免协调监管体制下

[①] 参见邵培、白雨、吴勉《我国食品安全监管的机构改革与政策变迁研究》，载《商情》2014年第33期。

[②] 参见邵培、白雨、吴勉《我国食品安全监管的机构改革与政策变迁研究》，载《商情》2014年第33期。

不同食品安全监管机关之间相互推诿、相互扯皮的问题，可以集中有限的监管资源，有效地开展食品安全监管，真正做到对食品的全方位管理，从而有利于提高食品安全水平，保障食品安全。

在40年的改革发展历程中，广东食品药品安全监管基本上与全国同步，但有不少自己的特色和亮点。

一是监管模式创新先行一步。改革开放以来，广东在食品药品安全监管方面的许多探索都走在了全国前列。"十一五"期间，广东率先在全国试点实施药品生产质量受权人制度，增强药品生产企业质量管理意识；率先在全国探索建立特殊药品监管网，有效防止特殊药品流入非法渠道；率先在全国推进地级以上市药品审评认证工作，审评认证工作总量较"十五"时期增长一倍，药品的《药品生产质量管理规范》《药品经营质量管理规范》认证总量位居全国第一，药品认证检查质量进一步提高；率先在全国建立药品不良反应在线监测技术平台，药品不良反应报告收集数位居全国前列；率先在全国构建由"省药检所—市级药检所（药品检测车）—县级快检室（快检箱、快筛试剂盒）"组成的稽查打假技术支撑系统，完善药品注册申报人制度，药品注册程序和药品注册操作体系逐步规范。

二是技术支撑体系走在前列。广东一直十分重视技术支撑体系建设，到"十一五"时期，已经建成全省统一技术标准、统一网络、统一组织架构、统一用户、统一权限、统一安全认证的药品监管协同工作平台。先后开发实施疫苗监管、医疗器械监管等业务监管系统，探索对药品研制、生产、流通和使用全过程的电子化监管。广东省药品检验所率先在全国开发应用全流程的实验室管理系统，自主研发的系列化学快筛方法处于国际领先水平，在应对重大药品安全突发事件中展示出较强的技术支撑能力。广东省医疗器械质量监督检验所成为全国医疗器械检测中心之一，广泛参与全国性重大标准制定（修订），检测认可项目的数量和技术水平位居全国前列。广东省药品不良反应监测中心积极开展药品安全监测、风险控制和应急处理等工作，监测水平和技术服务能力明显提升。

三是出台全国首部专门、系统和综合性的食品安全地方性法规。非典事件之后的几年里，国内食品行业发生多次安全事故，从苏丹红、有毒大米、含瘦肉精的猪肉、劣质奶粉、红心蛋，再到三聚氰胺事件，都从不同侧面反映了中国食品安全监管和生产者责任感方面存在较大问题。各地也想方设法加强监管,广东在这方面先行一步。2008年1月1日《广东省食品安全条例》正式实施。这是广东省第一部地方性食品安全法规,也是全国首部专门、系统和综合性的食品安全地方性法规,同时也是首次在法律层面提出食品召回制度的地方性法规。① 通过该条例的贯彻实施,强化源头治理和全程监控,实施严格的市场准入和责任追究制度,增强食品安全的可控性,提高食品质量安全水平,从而提高广东省食品市场竞争力。

四是建设广东省食品药品安全监管先行区。2012年,广东启动食品药品安全监管先行区建设。根据国家食品药品监督管理局(现国家市场监督管理总局)的批复,同意广东省食品药品监督管理局按照规定对广东行政区域内的新药技术转让、药品生产技术转让和部分跨省药品委托生产业务进行技术审评和行政审批。按照此次批复,广东省先行先试药品审评审批机制改革主要安排在3个方面。第一,国家食品药品监督管理局与广东省共建药品审评机构,充分利用广东省药品审评工作资源,为不断深入推进药品审评审批机制改革提供新鲜经验。第二,授权广东省组织新药技术转让和药品生产技术转让申请的技术审评和行政审批。上述授权涵盖形式审查、研制现场核查、生产现场检查、注册检验、技术审评、行政审批等工作内容。第三,授权广东省审批受托方为广东省内企业的药品委托生产。国家食品药品监督管理局将除生物制品和中药注射剂之外的跨省药品委托生产授权给广东省审批。

五是广东医药联合打假,政企共编监管"互联网"。作为中国医药经济的领头羊,广东省在监管合作、共同打假方面不断创新,并在国内率先推进城市社区药品安全监管工作由"单一监管"向"监管为主、社区协同、公众参与、企业自律、专业服务"的社区共建模式转变。与此同时,针对制假活动呈现出跨行业、跨区域、高科技、国际化等新特点,广东加强政企合作,各医药企业加强与食品药品监管部门的沟通联系,及时将假冒药品线索提供给监管部门,并大力协助侦破案件,有效打击制售假药违法犯罪行为。通过开展打假协作论坛,食品药品监管部门与相关部门之间、监管部门与医药企业之间的联系更加紧密,合作更有成效。各地食品药品监管部门加强与公安等职能部门的沟通联系,建立定期交流机制。云

---

① 参见欧志葵《一号文件信号:食品安全法有望今年出台》,载《南方日报》2009年2月3日第B02版。

浮、江门等地食品药品监管部门与当地检察院、公安部门相继出台行政执法与刑事司法衔接工作制度，促进了涉嫌犯罪案件的移送工作。合作打假取得了可喜的成绩。

六是率先建设"智慧食药监"。2015年，广东省率先在全国发布《"互联网+食品药品监管"行动计划方案（2015—2017年）》，布局"互联网+"行动，计划通过3年时间，打造"智慧食药监"，大力推动"互联网+"新技术、新模式、新理念与监管工作深度融合，广泛应用移动互联网、物联网、云计算、大数据、智能终端等新一代互联网技术，建成省级食品药品监管数据中心，以及覆盖省、市、县（市、区）、乡镇（街道）四级食品药品监管部门的统一信息网络，形成互联互通、信息共享、业务协同、统一高效的信息化系统，创新监管模式，提高监管效能，保障人民群众饮食用药安全。按照行动方案，"智慧食药监"重点建设"一三四五八"系统工程，即一个中心（食品药品监管数据中心）、三大支撑（信息标准和安全保障体系、应用支撑平台体系、人员及配套保障体系）、四级应用（省、市、县、乡镇四级应用）、五类覆盖（"四品一械"五大品类全部覆盖）、八大系统（日常监管、行政执法、检验检测、食药追溯、公共服务、监管辅助、应急管理、决策支持）。依托"智慧食药监"日常监管信息系统，按照食品药品生产经营风险分级分类管理规定，分别确定省、市、县（市、区）直接监管企业，并划定监管网格，建立"下沉两级"网格监管团队，构建起横向到边、纵向到底、权责明确、上下协调、运转高效、监管有力的新机制。至2016年年底，全省已划分各级各类网格7 960个，网格监管团队7 365人，覆盖全省100多万家食品药品生产经营企业。①

2. 安全生产

安全生产关乎经济社会发展大局，更关乎人民生命财产安全。党和政府历来都高度重视保护劳动者的安全健康。改革开放以来，中国安全生产监督管理体制改革大致可以分为3个阶段。

恢复阶段（1978—2001年）。1978年12月召开的党的十一届三中全会确立了改革开放的方针。随着思想上的拨乱反正和生产秩序的逐步恢

---

① 参见皮泽红《广东以"智慧食药监"创新供给侧改革》，载《中国经济导报》2017年2月10日第B03版。

复,安全生产工作迎来了第二个春天。为加强安全生产创造较好的宏观环境,国家和各级政府陆续制定并颁布了一系列安全生产法规,包括《中华人民共和国矿山安全法》《中华人民共和国劳动法》,以及工伤保险、重特大伤亡事故报告调查、重特大事故隐患管理等多项法律法规。成立了全国安全生产委员会,随后又组建了国家安全生产监督管理局。为发挥企业的市场经济主体作用,1993年国务院决定实行"企业负责、行业管理、国家监察、群众监督"的安全生产管理体制。在这个阶段,国家确定了"安全第一,预防为主"的方针,初步建立了安全生产法规体系、安全监察体系和检测检验体系,安全生产责任制得以逐步落实,安全生产的科研、教育工作也得到长足发展。

突破阶段(2002—2011年)。经过10多年的实践,安全生产领域的诸多关系逐渐理顺,安全生产监管监察体制基本建立,安全生产法制建设不断加快,安全生产责任体系不断健全。2002年11月1日,《中华人民共和国安全生产法》正式实施。这是全面规范中国安全生产工作的一部综合性大法,标志着中国安全生产真正走向法制化轨道。该法在总结中国安全生产管理经验的基础上,将"安全第一,预防为主"确定为中国安全生产工作的基本方针。2005年2月,国家安全生产监督管理局升格为正部级的国家安全生产监督管理总局,政府安全生产监督管理的权威性和严肃性得到进一步提高。2005年10月,党的十六届五中全会将安全生产纳入"十一五"规划目标体系,并提出了"安全发展"的指导原则。党的十六届五中全会通过的《中共中央关于制定国民经济和社会发展第十一个五年规划的建议》,提出坚持节约发展、清洁发展、安全发展,实现可持续发展,把"安全发展"作为一个重要理念纳入中国社会主义现代化建设的总体战略。在这个阶段,中国安全生产法制、体制建设取得了长足进展,安全生产法律体系初步形成,安全监管体制初步建立并逐步完善。

提升阶段(2012—2018年)。党的十八大以来,党中央、国务院高度重视安全生产,把安全生产作为治国理政的民生大事,纳入全面建成小康社会的重要内容之中,摆在前所未有的突出位置,有力推动了安全生产形势持续稳定好转。随着中国安全生产事业的不断发展,严守安全底线、严格依法监管、保障人民权益、生命安全至上已成为全社会共识。习近平多次强调,人命关天,发展决不能以牺牲安全为代价,这必须作为一条不可逾越的红线。这条红线是生命线、高压线、发展的保障线,是指导中国安全生产工作改革发展的大方向、大逻辑,必须牢牢坚守,丝毫动摇不得。2016年12月,《中共中央 国务院关于推进安全生产领域改革发展的意见》印发实施,这是历史上第一个以中共中央、国务院名义印发的安全生产文件,标志着中国安全生产领域改革发展迎来了一个新的春天。该意见以习近平总书记系列重要讲话特别是关于安全生产的重要论述为指导,顺应全面建成小康社会发展大势,总结实践经验,吸收创新成果,坚持目标和问题导向,科学谋划安全生产领域改革发展蓝图,是今后一个时期全国安全生产工作的行动纲领。

广东安全生产管理体制改革大致与全国同步,主要突出6个方面。

一是安全生产体制机制逐步完善。改革开放以来,广东十分注重安全生产体制机制的探索和完善。到"十一五"时期,广东安全生产体制机制建设取得明显成效。①法律法规逐步健全。修订和出台了《广东省安全生产条例》《广东省建设项目安全设施监督管理办法》等一批地方性法规和规章。②机构逐步完善。完成了全省市、县两级安全监管机构的设置,增配了省、市、县三级安全生产监管机构安全监管人员;建立健全了安全生产责任考核制度,建立了覆盖全省的安全生产控制指标管理体系;完善了防范重特大事故工作会议制度和安全生产行政许可、检查督查、联合执法、事故责任追究等制度。③重点行业(领域)监管得到强化。实现了煤矿和烟花爆竹生产行业的市场退出;矿山、危险化学品和烟花爆竹的安全监管逐步走上制度化、规范化轨道;道路交通、消防(火灾)、建筑施工、民用爆炸物品、特种设备、铁路运输、水上交通、农业机械、渔业船舶等重点行业(领域)的安全监管工作得到进一步加强;建立健全了省、市、县三级重大危险源动态监管及监控预警体系;企业安全生产标准化建设全面推进。④执法监察体系全面构建。省、市、县三级安全生产执法监察机构全部组建;委托乡镇(街道)执法工作全面铺开;全省投入执法监察装备建设资金为县级以上执法监察机构配备了基本的专用执法监察装备。

二是安全生产应急救援体系建设实现新突破。"十一五"时期,广东成立了省、市、县三级安全生产应急管理机构,同时开展安全生产应急管理综合试点工作的部署,实现了"六个突破":①安全生产应急管理机构建设取得突破。省安全生产应急救援指挥中心挂牌成立,初步形成上下贯通的省、市、县三级安全生产应急管理体系。②安全生产应急机制建设取得突破。探索建立快速响应机制、部门联动机制、资源共享机制、区域协作机制四大机制。③安全生产应急预案管理取得突破。广东省人民政府批准实施《广东省安全生产事故灾难应急预案》等19个事故灾难类专项预案，已编制发布省级部门安全生产预案68个，全省21个地级以上市和121个县（市、区）政府100%制订发布了安全生产专项应急预案，一些地方的镇（街道）、社区等基层单位也制订了安全生产应急预案；全省高危行业企业及重点骨干企业应急预案覆盖率达100%。④安全生产应急技术支撑体系建设取得突破。加强规划指导和建设，制定了《广东省安全生产应急救援指挥平台建设技术指引》，建立完善基础数据库，互联互通的安全生产应急管理指挥系统日臻完善。⑤安全生产应急管理法制建设取得突破。加快制定应急管理地方性法规和规范性文件，先后制定下发《关于加强安全生产应急管理工作的意见》等一批政策文件。⑥安全生产应急保障能力取得突破。制订了《广东省矿山应急救援基地和队伍建设方案》，先后组建5支矿山救护队，基本覆盖全省矿区救援服务；建了8个骨干危化应急救援队伍；等等。①

三是出台首个省级"十二五"安全生产规划。2011年6月，广东省出台了《广东省安全生产"十二五"规划》。这是中国首个省级"十二五"安全生产规划。把安全生产规划纳入省重点专项规划，体现了中共广东省委、广东省人民政府对安全生产工作的高度重视，提升了安全生产工作在国民经济与社会发展中的地位和作用，也在政策、项目、资金等方面为广东省安全生产"十二五"规划的顺利实施提供了坚实保障。该规划不仅明确了"十二五"时期安全生产的目标要求，同时也提出了强化重点行业（领域）管理、加强职业危害监督管理、完善应急救援体系建设、促进企业落实主体责任、提升监管监察执法能力、大力实施科技兴安战略、扎实推进安全文化建设等主要任务和监管监察执法能力建设工程、技术支撑体系建设工程、应急救援体系建设工程、事故隐患治理工程、职业危害防控中心建设工程、安全文化与教育培训建设工程、省海上搜救指挥平台与基地建设工程等重点工程。

四是率先全面实行党政领导干部安全生产"一岗双责"制度。广东省在全国率先全面实行党政领导干部安全生产"一岗双责"制度，相关经验

---

① 参见刘建清《广东大力推进安全生产应急管理与发展新战略》，载《南方日报》2010年4月2日第A05版。

受到国家推广。早在2011年,广东省就提出了地方党政领导干部安全生产"一岗双责",并对"一岗双责"工作做出全面部署。随后,中共广东省委、广东省人民政府印发了《关于进一步加强安全生产工作的意见》等多个文件,对全面加强安全生产工作,落实党政领导干部安全生产"一岗双责"制度提出了明确的要求,并印发配套文件《广东省党政领导班子和领导干部安全生产责任制考核办法》。2012年,安全生产"一岗双责"制度在全省全面推行。这一制度第一次明确安全生产"一岗双责"是党政领导干部的职责所在,第一次提出分管安全生产工作负责人原则上由同级党委常委、政府常务副职兼任。中共广东省委、广东省人民政府每两年组织一次安全生产责任制考核。通过全面推行党政领导干部安全生产"一岗双责"制度,目前,广东全省各级党政组织"一把手"已经站到安全生产第一线,形成共识,高度关注安全生产,对进一步加强安全生产工作,推动安全生产形势根本好转发挥了重要指导作用。

五是率先启动安全生产领域改革试点。改革开放40年来,作为排头兵、先行地、实验区,广东省总是得风气之先。安全生产领域深化改革,广东省再次试水。2014年7月,广东省被国务院安全生产委员会列为全国8个开展全面深化安全生产领域改革试点地区之一。9月,国务院安全生产委员会办公室正式复函,同意通过《广东省全面深化安全生产领域改革试点方案》,标志着广东省安全生产领域改革试点工作全面启动,在深化行政审批制度改革、健全完善安全监管体系和工作机制、督促企业落实主体责任等方面大刀阔斧地推进。在该方案中,广东省明确提出此轮改革的目标为推进行政审批制度改革,转变政府职能,并要求确保政府在转变职能、简政放权的情况下,既实现依法严格准入、加强事前预防,又强化事中、事后的监督监察,督促企业落实安全生产主体责任,有效预防和减少生产安全事故发生,同时明确了省安全生产委员会成员单位及相关部门以及各地安委会的改革任务和具体职责。① 针对一些重点领域、重要环节,该方案构建了三大沟通协调机制,即安全生产重大问题部门联席会议机制、安全生产联合执法机制、重大安全风险评估预警机制。②

---

① 参见黄雄、唐丽丽《广东启动安全生产领域改革试点》,载《中国安全生产报》2014年10月9日第1版。

② 参见黄雄、唐丽丽《激活主体活力 释放改革红利——广东省深化安全生产领域改革侧记》,载《中国安全生产报》2015年2月14日第1版。

六是安全生产行政审批制度改革走在全国前列。广东省安全生产行政审批制度改革一直走在全国前列。2017年,《广东省全面深化安全生产领域改革试点方案》更进一步明确提出,今后广东省将继续全面深化安全生产行政审批制度改革。①按照行政审批制度改革目标,分期分批完成各年度改革任务,做到"三个一律"(凡是市场主体能够自主决定的事项一律坚决取消政府管制,凡是市场主体能够自律管理的事项一律坚决转移给社会组织,凡是市场机制能够有效调节的事项一律坚决取消审批),编制安全生产权责清单,切实转变职能,充分发挥市场作用,完善安全生产工作机制。②取消和下放行政审批事项后,切实加强监管,依法严格准入,强化事中、事后的监督监察。③建立企业安全生产诚信制度,推动将企业安全生产违法信息与项目核准、证券融资、银行贷款挂钩等工作。④建立和运用安全生产责任险制度,构建政府、社会、市场三位一体的安全生产体系。

3. 应急管理

应急管理体系建设是伴随着一系列危机事件逐步发展的,特别是2003年的非典事件加快了中国应急管理体系的建设步伐。2003年春,广东省首先遭遇传染性非典型肺炎疫情。面对这场突如其来的重大灾难,在中共中央和国务院的正确领导下,中共广东省委、广东省人民政府沉着应对,广大人民群众团结一心,共同奋斗,创造了世界上治愈率最高、死亡率最低的佳绩,为国内外抗击非典提供了宝贵的经验。抗击非典让人们认识到各级政府必须更加重视履行社会管理和公共服务职能,有效处置突发公共事件。抗击非典斗争取得胜利后,中国开始全面加强应急管理工作,国务院办公厅成立了应急预案工作小组。2005年1月,《国家突发公共事件总体应急预案》经国务院常务会议讨论通过,年末成立了国务院应急管理办公室;2006年1月发布并实施该预案。2007年8月,全国人大常委会通过《中华人民共和国突发事件应对法》。

2008年1月春运期间,另一场天灾再度降临。南方地区连续4次暴降雨雪,历史罕见。冰冻将电线压垮,以电气化机车为主的京广大动脉瘫痪了。国务院办公厅连续发出加强鲜活农产品运输销售、煤炭生产供应、雨雪天气交通保障、电力需求管理4个紧急通知,各地各部门按照国务院统一部署,及时采取了一系列有力措施,控制事态进一步发展。从保障通信畅通到为受阻群众提供免费食宿,各种应急机制纷纷启动后,灾情和灾情导致的负面影响得到了有效控制。

自2003年非典疫情和南方雪灾发生后,在中共中央、国务院的正确领导下,中国应急管理工作得到全面加强,应急体制机制基本建立,应急体系建设不断完善,防范和处置突发事件的能力有了较大提高。随后又有效应对了汶川、玉树特大地震和甘肃舟曲特大山洪泥石流等自然灾害,山西王家岭煤矿特大透水、松花江水污染等事故灾难,禽流感、甲型H1N1流感等公共卫生事件,以及拉萨"3·14"、乌鲁木齐"7·5"等社会安全事件。从应对非典、禽流感、雪灾到地震等,中国公共危机应急体系由创建到发展,在一次次考验中得到磨炼,在一次次教训总结中不断完善。①

非典和雪灾这两场天灾,恰巧最先发生在南粤大地。因此,广东也是全国最早探索建设应急体系的省份。在这一系列的考验中,广东的公共安全应急管理工作取得了飞速的发展。此后,广东的公共安全应急管理工作走在全国的前列。2008年,国务院办公厅在应急管理权威杂志——《中国应急管理》刊发题为《先行先试全力打造应急管理"广东模式"》的文章,推广应急管理工作广东经验。这是国务院办公厅首次全面、系统地介绍地方应急管理工作经验。文章中指出,广东省近年来按照中共中央、国务院的决策部署,在国务院应急办的有力指导下,在中共广东省委、广东省人民政府的坚强领导下,树立"起步就要与先进同步"的理念,开拓创新,先行先试,认真探索应急管理工作规律,注重总结提升,全力打造了应急管理广东模式。

综合来说,广东省应急管理体制机制建设具有5个特点。

一是应急管理体制比较完善。2007年,广东省成立了省应急管理委员会,并成立不同专业的指挥部,省应急管理委员会在省政府办公厅设立副厅级的办事机构(即省政府应急管理办公室)。各专业指挥部以相关厅局作为办公室,军队、武警有关单位为相关应急指挥机构的成员单位。随后,广东省全部地级以上市、县(市、区)均成立了应急管理领导机构、办事机构和工作机构。在亚运会、残运会等重大活动中,广东省及举办赛事的市、区均成立了突发事件应对处置的专门机构。

二是应对突发事件的运行机制较为健全。各级应急管理委员会按区域

---

① 参见刘刚、李柯勇、刘健《在抗灾中成长:从非典到雪灾看我国应急体系建设》,见《中国突发公共事件防范与快速处置2008优秀成果选编》,2008年版,第125页。

统筹部署自然灾害、事故灾难、公共卫生、社会安全突发事件的防范和应急处置工作。在特大突发事件发生后，根据需要，可由党委主要负责同志任总指挥、政府主要负责同志任一线总指挥。在重大突发事件发生后，由政府主要负责同志或分管负责同志任总指挥。指挥机构启动后，政府有关职能部门、应急办以及党委宣传部门作为成员单位，在指挥部的统一领导下开展应对处置工作，应急办主要承担与各方面联络沟通，发挥运转枢纽作用。单一灾种的处置由相应专业指挥机构负责，军地各成员单位参与，应急办主要是负责信息报告、跟踪事态和综合协调。有的地方对一般突发公共事件，特别是对影响范围和处置责任边界不清晰的突发公共事件，交由应急办协调处置。

三是基层应急管理工作得到加强。广东省各地在街道办事处（乡镇）建立起由党委政府统一领导、一专多能的应急工作机构和运行机制，有机整合了应急、综治、维稳、信访（群众）工作等职能。例如，深圳市南山区桃源街道办事处设立了综治、信访、维稳、各类突发事件应急指挥为一体的工作机制，通过加强基层党组织的工作，发动群众参与防范突发事件和社会管理，把应急管理与日常的社会管理进行了有机融合。该区各街道还设立了由社区保安组成的应急小分队，集中住宿，半军事化管理，确保一旦发生突发事件能及时调动赶赴现场，进行先期处置。同时，全省各区县建立了以公安消防队伍为依托的综合性应急救援队伍，并推动加强防汛抗旱、地质灾害、森林防火、公共卫生等基层专业应急救援队伍的建设。

四是进行了应急管理体制机制改革试点。深圳市在机构改革试点中，整合原应急指挥中心、安全生产监督管理局、民防办、地震局，组建了深圳市应急管理办公室（加挂安全管理委员会办公室、安全生产监督管理局、民防委员会办公室、地震局的牌子），由深圳市人民政府办公厅归口联系，形成了"大应急"管理格局。改革后，资源得到整合，原来分散的人员力量得到有效集中和加强；机制更加完善，随着机构职能覆盖面的扩大和内设机构及人员的调整，宣传培训教育、监测预警预防、应急救援保障等机制得到完善；协调更加顺畅，机构改革中深圳市精简政府工作部门，使应急管理涉及的部门和事项相对集中，日常协调事项，特别是应急救援工作中的协调更加顺畅。此外，广州、深圳海关把应急管理与海关业务风险、打击走私、口岸监管相结合，设立风险管理运行控制中心，实行合署办公。

五是社会力量参与应急管理有新的探索。广东各地根据需要探索了一些动员社会各方面力量参与应急管理工作的做法。全省各地都以不同形式建立了基层信息员队伍。深圳市组建了公安消防、红十字会、海上搜救和山地应急救援4支应急志愿者队伍。深圳市南山区建立了从直属部门推荐，经组织部门考核，由正科级干部组成的应急预备突击队，并作为干部提拔使用的锻炼平台。广东省成立了应急管理学会，推动应急管理产、学、研一体化，促进应急管理科技成果转化为生产力。

（三）灾害治理、社会治安体制改革历程

灾害治理指防灾减灾救灾管理，社会治安主要指公安等领域的综合治理。下面分3个方面探讨灾害治理社会治安体制改革历程。

1. 全国灾害治理改革一般历程

中国是世界上自然灾害最为严重的国家之一，灾害种类多，分布地域广，发生频率高，造成损失重。为此，中国也是世界上最早倡导综合减灾的国家之一，其经验在联合国举办的3次世界减灾大会上都受到了世界各国的关注。改革开放以来，中国不断探索，确立了以防为主、防抗救相结合的工作方针，国家综合防灾减灾救灾能力得到全面提升。纵观中国防灾减灾救灾管理体制改革历程，大致可以分为3个阶段。

分级管理探索阶段（1978—2006年）。1994年第十次全国民政工作会议，救灾工作分级管理被作为建立与经济发展水平相适应的社会保障制度的重要措施提出。分级负责的救灾管理体制明确规定了救灾款分级负担的问题，在自然灾害频发高发地区，建立以省为主的救济基金，由省级财政划拨专门资金留作灾害救助专项资金。各级政府按照省、地（市）、县的行政级别，列支救灾经费，以备灾害发生时，及时的调动启用这部分救灾资金来进行灾后救助。同时，各级民政部门要结合本地实际情况，积极推行灾害分级管理的新政策。1998年4月29日，国务院颁布《中华人民共和国减灾规划（1998—2010年）》，确定了世纪之交中国政府的减灾任务和基本目标。该规划是在总结中国多年的减灾经验基础上制定的第一部国家减灾工作规划，是政府今后一个时期内减灾管理的重要法律法规依据。其中体现的灾害管理思想主要包括：实行减灾分级管理和分区管理；工程性减灾措施与非工程性减灾措施并重；加强减灾管理的法制化建设；统筹兼顾和突出重点相结合；加强灾害管理的科学研究工作，加快科技成果转

化的速度，推广高新技术的使用，推动遥感、卫星、地理信息系统等技术在减灾管理中的应用；提高自然灾害的减灾管理水平，促进和加快减灾管理的科学化、现代化进程；加强国际领域的减灾合作，提高全社会的防灾减灾意识等，推动中国灾害管理迈向新的发展时期。

综合减灾探索阶段（2007—2011年）。2003年的非典危机暴露了中国在应对突发公共事件中的缺陷，尤其重要的是，中国缺少一个包括应急预警、应急处置、固定的法定程序在内的管理体系。这对政府处理突发公共事件提出了严峻的考验。抗击非典斗争取得胜利后，中国政府开始全面加强应急管理工作，中共中央、国务院将"一案三制"建设提上日程，应急预案编制工作和应急管理体制、机制、法制建设逐步向前推进。可以说，非典事件是中国开展应急管理和危机管理领域研究的催化剂，加快了中国应急管理体系建设的步伐。2007年8月，中国出台了《国家综合减灾"十一五"规划》，提出要统筹考虑自然灾害和减灾工作的方方面面，发挥有关部门与社会方面的合力，同时结合科技、法律、市场等相关手段，推进减灾工作由减轻灾害损失向降低灾害风险转变，注重灾害的监测预警建设、防灾备灾建设、应急处置建设和灾害救助能力建设，将保障人民群众的生命财产安全作为减灾工作的宗旨和目的。2011年11月，国务院办公厅印发《国家综合防灾减灾规划（2011—2015年）》，在总结以往防灾减灾的基础上，针对中国当前的灾害管理工作形势和存在的主要问题，明确了未来中国防灾减灾工作的总体目标和发展方向，强调预防为主重点加强自然灾害的早期预防、鼓励倡导全民参与、提升综合防灾减灾能力建设、强调救援时效性。

全面提升阶段（2012—2018年）。2016年7月，在唐山抗震救灾和新唐山建设40年之际，习近平到唐山调研考察时指出，同自然灾害抗争是人类生存发展的永恒课题，要更加自觉地处理好人和自然的关系，正确处理防灾减灾救灾和经济社会发展的关系，不断从抵御各种自然灾害的实践中总结经验，落实责任、完善体系、整合资源、统筹力量，提高全民防灾抗灾意识，全面提高国家综合防灾减灾救灾能力。习近平进一步强调，防灾减灾救灾事关人民生命财产安全，事关社会和谐稳定，是衡量执政党领导力、检验政府执行力、评判国家动员力、体现民族凝聚力的一个重要方面。当前和今后一个时期，要着力从加强组织领导、健全体制、完善法律法规、推进重大防灾减灾工程建设、加强灾害监测预警和风险防范能力建设、提高城市建筑和基础设施抗灾能力、提高农村住房设防水平和抗灾能力、加大灾害管理培训力度、建立防灾减灾救灾宣传教育长效机制、引导社会力量有序参与等方面进行努力。2017年1月10日,《中共中央　国务院关于推进防灾减灾救灾体制机制改革的意见》公布,该意见提出,中国将着力从3个方面推进防灾减灾救灾体制机制改革。一是健全统筹协调体制。总体要求是统筹灾害管理和综合减灾。其中,尤其是要加强各种自然灾害管理全过程的综合协调,强化资源统筹和工作协调。充分发挥国家减灾委员会等有关部门和军队、武警部队的职能作用。同时,要牢固树立灾害风险管理理念,转变重救灾轻减灾思想,将防灾减灾纳入国民教育计划。二是健全属地管理体制。要强化地方应急救灾主体责任,健全灾后恢复重建工作制度,完善军地协调联动制度。对达到国家启动响应等级的自然灾害,中央发挥统筹指导和支持作用,地方党委和政府在灾害应对中发挥主体作用,承担主体责任。同时,要健全军队和武警部队参与抢险救灾的应急协调机制,提升军地应急救援协助水平。三是完善社会力量和市场参与机制。一方面,要研究制定和完善社会力量参与防灾减灾救灾的相关制度,完善政府与社会力量协同救灾联动机制,落实支持措施;另一方面,要鼓励支持社会力量全方位参与,构建多方参与的社会化防灾减灾救灾格局,如加快巨灾保险制度建设、积极推进农业保险和农村住房保险工作等。①

2. 全国社会治安改革一般历程

改革开放以来,中国对外交流空前活跃,经济持续快速发展。与此同时,人民的生活水平显著提高,人们的思想观念和社会追求都发生了深刻的变化,既逐步认识到具有中国特色的社会主义的优越性,也对增进社会的安全感提出了新的更高的要求。在社会转型的新形势下,违法犯罪猛增,大中城市青年犯罪问题尤其突出。计划经济时代形成和确立的社会治安管理工作体制和方法已不能完全适应转型社会初期的治安工作需要,如何扭转日益严峻的社会治安问题成为20世纪80年代初全社会关注的问题。为此,中央开始着力于探索有效治理社会治安新问题的方略。

---

① 参见罗争光、崔静《推动三大体制机制升级提升防灾减灾救灾能力——民政部相关负责人解读〈中共中央　国务院关于推进防灾减灾救灾体制机制改革的意见〉》,载《当代农村财经》2017年第3期。

纵观改革开放40年，中国社会治安综合治理体制改革大致经历了3个发展阶段。

探索社会治安综合治理（1978—2004年）。尽管严厉打击刑事犯罪活动（当时简称"严打"），但改革开放初期犯罪活动仍处于高发的态势，国家意识到运动式的治理方法不是长久之计，于是提出了社会治安综合治理（通常简称"综治"）的治本之策，在探讨中得以逐步实施。1991年1月，全国社会治安综合治理工作会议在回顾总结过去10年综治工作的同时，深入研究了综治工作的任务、范围、原则、领导体制等重大问题。1991年，中共中央、国务院和全国人大常委会分别做出《关于加强社会治安综合治理的决定》。这一年，从中央到地方普遍成立了综治工作机构，加强组织领导。1992年，党的十四大把"加强社会治安综合治理，保持社会稳定"写进了党章，作为全党在新时期的一项重点工作加以明确。

深入推进平安建设（2005—2011年）。开展平安建设，是中央落实科学发展观的一项重大决策，是构建社会主义和谐社会的保障工程、民心工程和基础工程，是社会治安综合治理工作的深化和发展。2003年，各地陆续开展平安建设。2005年12月，中共中央办公厅、国务院办公厅转发了《中央政法委员会、中央社会治安综合治理委员会关于深入开展平安建设的意见》，提出了平安建设的指导思想、目标任务、工作重点和主要措施，强调平安建设作为新形势下加强社会治安综合治理工作的新举措，是构建社会主义和谐社会、促进经济社会协调发展的保障工程，是维护广大人民群众根本利益、为人民群众所期盼的民心工程，提高党的执政能力、巩固党的执政地位的基础工程。随后，平安建设在全国各城市内全面铺开。

现代化治理模式探索阶段（2012—2018年）。2012年党的十八大提出，深化平安建设，完善立体化社会治安防控体系，强化司法基本保障，依法防范和惩治违法犯罪活动，保障人民生命财产安全。由此，社会治安防控体系建设已经上升为国家治安治理的基本策略，成为推进国家治理体系和治理能力现代化的标志性工程。党的十八大以来，各地围绕中央的总体布局、战略布局和国家治理体系、治理能力现代化要求，运用法治思维和法治方式，不断强化社会治安治理，诸多方面实现了突破。2013年党的十八届三中全会指出，加强社会治安综合治理，创新立体化社会治安防控体系，依法严密防范和惩治各类违法犯罪活动。2017年党的十九大报告指出，加快社会治安防控体系建设，依法打击和惩治黄赌毒黑拐骗等违法犯罪活动，保护人民人身权、财产权、人格权。

3. 灾害治理社会治安广东特点

广东防灾减灾救灾工作一方面保持与全国同步，另一方面又有自己的探索和特色。综合来说，主要做了6个方面的工作。

一是防灾减灾救灾体制机制初步形成。政府统一领导、部门分工负责、社会共同参与、灾害分级管理、属地管理为主的灾害应急管理体制初步建立，省级及绝大部分市、县成立减灾委员会，多部门救灾应急联动机制、灾情会商和信息共享机制进一步完善，防灾减灾救灾工作效能显著提升。

二是防灾减灾救灾法规体系不断完善。深入推进防灾减灾法治化进程，广东省人民政府出台关于重大气象信息和重要汛情报告、突发事件应急管理、海洋环境保护、消防安全管理、气象灾害防御、人工影响天气管理、森林防火、地质灾害防治等多个法规规章和规范性文件。各有关部门制定或修订自然灾害救助、抗震救灾、森林防火、农业灾害应对、卫生应急、海洋灾害防御、交通运输突发事件处置、地质灾害应急等应急预案，制定消防安全、应急物资储备、专项资金管理、校舍安全、市场保障、应急测绘、应急专业队伍建设、信息报送等规章制度。公安消防、地质、气象、地震、海洋与渔业等领域制定一批行业或地方性标准。

三是自然灾害监测预警预报能力显著提高。初步建成由地基、空基、天基相结合覆盖全省的综合气象观测系统和极端天气气候事件监测系统，建成省、市、县三级突发事件预警信息发布平台，研发并建立广东中小河流水文监测预警预报服务系统、地质灾害预警预报系统、山洪灾害监测预警系统、地震监测预报基础数据库系统和震后趋势快速研判系统、海洋灾害应急指挥辅助决策系统、海洋渔业专题服务保障系统、重点渔港视频监控系统。建成田间数据采集系统、森林防火监测预警系统以及近岸海洋观测浮标等自动化观测系统。

四是自然灾害应急处置有力有序有效。初步建成民政、地质环境、防汛抗旱、交通运输、农业、林业、卫生、测绘、气象、地震、海洋等防灾减灾应急指挥系统，防灾减灾信息化、自动化水平显著提升。建立重要生活必需品和成品粮油应急保供机制，加强自然灾害救助应急演练，灾害救援队伍的专业水平和处置能力不断增强。

五是科技对防灾减灾救灾的支撑作用明显增强。防震减灾应用技术研发和推广应用走在全国前列，地震数据实时自动处理软件广泛应用在国家台网和各省台网以及多个援外台网。全力推进信息接收保障系统建设，实现了视频会商、督导检查和预报、预警、部署信息实时发布接收。积极推进气象科技创新体系建设，成立区域数值天气预报重点实验室，开展了数值模式预报、精细格点化预报等核心技术研究。建立基于中国自主研发的全球区域天气预报系统的华南精细、短临和台风数值预报模式，并驱动海洋和环境预报等专业模式。组建灾后农业恢复生产专家指导组，利用农业重大病虫害防治、农作物防灾避灾综合栽培、移动互联网等先进技术，显著提升了农业防灾减灾能力。

六是基层防灾减灾救灾能力进一步提升。"十二五"时期，广东共创建783个全国综合减灾示范社区、177个应急避难（护）场所，全省建有各级救灾物资储备仓库281个，仓储总面积达6.74万平方米，实现灾情发生后5～8小时内将救灾物资运送至灾区。组建2.6万人的灾害信息员队伍，实现省、市、县、镇、村（居）五级全覆盖。成功创建深圳、阳江2个首批国家级防震减灾示范城市，创建86个国家级防震减灾示范社区和159个省级防震减灾示范社区。全省已建成地质灾害防治高标准"十有县"21个。[①]

广东不仅在改革开放、发展经济上是全国的排头兵，在社会治安综合治理工作上更是走在全国前列。广东保持与中央一致，同时又有自己的探索和创新。

一是全力维护社会和谐稳定。广东是中国流动人口第一大省，来自国内外的流动人口众多，逾4 000万人，[②] 各类社会治安要素错综复杂。为此，广东以保稳定、促发展为第一责任，围绕各类不稳定因素尤其是经济领域、特殊群体、重点人员等引发的不稳定因素，组织各级公安机关深入开展排查不稳定因素，建立每日研判、每周综判、每月向中共广东省委、广东省人民政府主要领导报告制度，为中共广东省委、广东省人民政府科学决策、有效应对提供及时准确的依据，着力将各类不稳定因素化解在基

[①] 参见向雪妮、莫冠婷、陈石强《省"十三五"防灾减灾规划公布》，载《南方都市报》2018年1月12日第AA12版。

[②] 参见赵杨、汤凯峰、李强等《社会治理格局：走出共建共治共享新路》，载《南方日报》2018年6月7日第A06版。

层和萌芽状态。同时,积极协助党委、政府妥善应对处置各类突发性、群体性事件,全省群体性事件呈现逐年下降的趋势。

二是严厉打击整治各类突出犯罪。把群众安全感和满意度作为衡量和检验公安工作的根本标准,按照老百姓最痛恨什么犯罪就打击什么犯罪、老百姓反映什么治安问题最强烈就整治什么问题的原则,以"平安亚运""破案会战""清网""夏秋破案新攻势""雷霆扫毒"等重大安保行动和专项行动为抓手,始终保持对各类严重暴力犯罪和多发性犯罪的高压态势。特别是重点组织开展专项行动,对涉毒、涉黄赌、涉食药假、涉电信诈骗及银行卡、涉车、涉枪违法等重大犯罪进行强力打击整治,取得良好效果。①

三是完善立体化社会治安防控体系。广东一直高度重视立体化社会治安防控体系建设,以确保公共安全、提升人民群众安全感和满意度为目标,以突出社会治安问题为导向,以信息化为引领,以体制机制创新为动力,以基础建设为支撑,努力构建具有广东特色的动态、创新、发展的社会治安防控体系。广东始终坚持人防、技防、物防相结合,着力构建全方位、立体化的治安防控体系,力保社会面治安的安全有序。推行弹性布警制度,在警情多发的重点地段、时段,实行多警联动、军警联勤、警民联防的防控模式,全力压缩犯罪时间和空间。提升科技防范能力,推进全省视频监控系统的统一联网和治安卡口缉查布控系统建设,基本实现"一点布控、全网响应"。加强环粤公安检查站建设,实行跨省联查联控联处,构建拱卫广东的安全防线。推进"平安细胞"建设工程,广泛发动人民群众和各个行业、各类社会组织,以及各种治安辅助力量参与平安村居、平安社区、平安家庭等建设工作,以基层平安确保全省平安。经过长期的不懈努力,初步建立起了符合广东实际的立体化、科技化、全覆盖的社会治安防控体系。

四是加强治安要素源头管控。自觉遵循寓管理于服务的原则,着力通过高效便捷的管理服务来加强治安要素的源头管控。大力实施流动人口居住证"一证通"制度,"以证服务+以屋服务+以业服务"的立体服务管理模式不断健全,有效提升了流动人口服务管理水平。大力强化道路交通

---

① 参见梁理文、刘小敏《广东社会发展安全问题研究》,见《广东发展蓝皮书2015》,广东经济出版社2015年版,第247页。

安全管理,深入开展道路隐患排查治理、校车隐患排查等专项行动,加大对酒驾、疲劳驾驶、违法停车、逾期不检等交通违法行为的整治力度,从源头压减道路交通事故的发生。大力强化消防安全管理,全面推进街道乡镇消防安全网格化管理和重点单位户籍化管理,努力从源头消除各类消防安全隐患。

五是全面提升反恐工作水平。面对反恐工作极其复杂严峻的形势,广东公安机关在公安部和中共广东省委、广东省人民政府的坚强领导下,着力整合资源发动群众、强化情报工作、完善信息采集、突破大要案件、加强巡逻防控、提高处突能力,各项反恐工作得到全面加强。广东省公安厅及全省各地公安机关都组建了专项行动领导机构,并成立专案指挥部,强力推进严厉打击暴力恐怖活动专项行动。广东省公安厅对在侦的重大涉恐专案予以挂牌督办,涉案所在地公安局主要领导为第一责任人,切实加大对涉恐专案的侦办力度。广东各重点地市均已建立较完备的立体化巡逻防控体系。为进一步提高对暴恐活动的快速处置能力,广东各地警方制订完善应急处突预案,建立健全应急指挥机制,实行扁平化指挥。一旦发生突发暴恐事件,由公安机关指挥中心统一调度指挥各警种和武警力量,及时高效应对处置。为补足反恐情报信息工作短板,广东省专门出台了加强反恐怖情报信息工作的意见,按照"摸清底数、充分整合、统一归口、精度研判"的基本思路,加快推进全省反恐情报信息平台建设,建立健全信息资源交流机制,实现社会资源数据平台与业务信息系统的有效对接。①

六是提升信息化引领警务工作效能。2015年以来,广东省公安机关以"共享、安全、服务实战"为核心,狠抓顶层设计规划,扎实推进基础信息化建设,着力开展信息系统的整合工作,逐步形成以警务综合平台整合业务流程、以信息资源服务平台整合数据和服务资源、以县级公安机关网上综合作战平台支撑基层作战、以"警民通"云平台整合移动设备服务资源、以"情报云+"支撑跨省共享的应用格局。同时,还开展了全省警务云规划设计,全面整合各类数据,实现全省共享应用。大数据、云计算等技术手段正加快应用于警务实战,在防范打击违法犯罪中发挥出重要作用。①推进信息化基础设施大升级。顺利完成了全省二级传输网络升级扩

---

① 参见李喆、粤公宣《广东六大举措全面提升反恐工作水平》,载《人民公安报》2014年6月12日第1版。

容工程,全面建成二、三级高清视频会议系统。②推进信息化数据资源大整合。③推进信息化反哺基层的大应用。④创新信息化实战应用机制,充分利用云计算等新技术,对各类信息精耕细作,创新出"非接触式"侦查工作机制、"可视化"指挥作战机制、"合成化"基层作战机制、"智能分析"的大情报作战机制以及可疑人车查控模式。

二、社会安全体制改革经验成效

广东公共安全体系建设经历了一个从无到有、从分散到综合的探索过程。总的来看,正是由于坚持共建共治共享,高度重视公共安全方方面面的工作,广东的社会大局才能保持和谐稳定。到2017年,广东全省信访总量持续下降,群体性事件明显减少;刑事案件立案数量比2013年下降30.4%,社会治安状况持续向好;安全生产形势稳定好转,人民群众安全感明显增强。① 下面分3个方面阐述广东40年社会安全体制改革的经验与成效。

(一)治安状况、社会大局总体稳定和谐

改革开放以来,广东加强社会治安综合治理,完善立体化社会治安防控体系,坚决打击暴力恐怖活动,坚决遏制严重刑事犯罪高发态势,创造了更加安定的社会环境,社会大局总体上稳定和谐。

1. 社会治安综合治理卓有成效

改革开放以后,广东加强社会治安综合治理,有效遏制黄、赌、毒等社会丑恶现象,有效预防、严厉打击各类犯罪,依法强化各项治安行政管理,确保社会稳定和经济发展。特别是2003年非典事件之后,广东从应急管理入手,加强社会安全治理探索,社会安全管理体系逐步建立和完善。近年来,广东围绕推进国家治理体系和治理能力现代化的新要求,坚持党对社会安全工作的绝对领导,坚持以人民为中心的发展思想,坚持安全发展理念,以"创建平安广东"为抓手,强化政府责任,坚持预防第一,推动建立主动防控与应急处置相结合、传统方法与现代手段相结合的

---

① 参见胡春华《深入贯彻习近平总书记治国理政新理念新思想新战略 努力在全面建成小康社会 加快建设社会主义现代化新征程上走在前列——在中国共产党广东省第十二次代表大会上的报告》,载《南方日报》2017年5月31日第A02~A03版。

公共安全体系，有效维护了全省社会大局和社会治安的和谐稳定，为广东深化改革开放，加快转型升级，保持经济平稳较快增长创造了良好的社会环境。2014年，广东在全国率先将公共安全纳入基本公共服务范畴，《广东省基本公共服务均等化规划纲要（2009—2020年）》（修编版）把公共安全作为全省基本公共服务均等化的10项重要内容之一，更好地满足了人民的安全需求，提高了人民群众的安全感和获得感。

2. 立体化治安防控体系建立健全

改革开放以来，广东坚持打防结合、预防为主，实行群防群治，大力创新完善立体化社会治安防控体系，运用先进科学技术健全完善公共安全视频、信息网络等治安防控网络，完善社会治安防控运行机制，加强公共安全基层基础建设。深化打黑除恶、治爆缉枪、禁毒扫黄、打击电信网络诈骗和侵犯公民个人信息犯罪等专项行动。加强海防与打私工作，严厉打击严重危害社会安全的各种违法犯罪活动。着眼预测预警预防，完善重大决策社会稳定风险评估机制，将风险评估工作纳入法治化、规范化、制度化轨道，从源头上预防和减少社会不稳定问题，把各种矛盾纠纷化解在基层，解决在萌芽状态。健全社会舆情汇集分析机制，构建社会安全信息资源采集、更新共享平台。加大重点领域和重大社会矛盾化解力度，加强重点领域矛盾纠纷专项治理，坚持在法治框架下化解矛盾。完善网络问政和信访工作机制，畅通群众利益诉求和权益保障渠道，积极预防和妥善处置各类群体性事件。健全人民来访接待机制，着重解决信访突出问题，扎实推进基层综治信访维稳中心建设。

3. 恐怖主义与网络犯罪得到了有效遏制

近年来，广东深入开展反恐斗争，在党委、政府领导下，形成部门负责、社会协同、公众参与、专群结合的工作格局，最大限度地把暴力恐怖活动消灭在行动之前；加快推进全省反恐情报信息平台建设，强化"反恐人民战争"举措，充分发动群众举报涉恐线索，推动了反恐工作由被动向主动的转变。不断加强网络安全管理，充分运用法律武器，打击整治网络违法犯罪，健全网上网下相结合的综合防控体系。深入推进防范网络犯罪专项治理工作，落实网络运营、服务主体法律责任，提高对网络违法犯罪的发现、打击能力，加大对网络违法犯罪产业链打击力度。

（二）应急管理、灾害治理能力不断提升

非典事件以后，广东逐步健全对自然灾害、事故灾难、公共卫生、社会安全、重大环境污染等各类突发公共事件的预防预警和应急处置体系，健全网络突发事件处置机制，不断提高政府应对公共突发事件和灾害治理的能力。

1. 应急管理"广东模式"闻名全国

近年来，广东树立"起步就要与先进同步"的理念，努力争当全国应急管理工作排头兵，开拓创新，先行先试，认真探索应急管理工作规律，注重总结提升，形成了应急管理"广东模式"。这一模式获得了国务院办公厅的充分肯定和大力推广。概括起来，应急管理"广东模式"包括8个特点。一是通过强化预案管理、强化基层、强化法制，打造应急管理体系。在全国率先出台了《广东省突发事件应急预案管理办法》，规范应急预案编制、审批、发布、备案、修订、宣教培训和演练等各个环节，强化了预案管理措施，使"死预案"变成"活预案"，"纸预案"变成"实预案"；在全国率先要求县级人民政府成立专门应急管理办事机构，截至2008年年底，全省21个地级以上市、121个县（市、区）均成立了应急管理领导机构、办事机构、工作机构，强化了应急管理组织体系建设，各级政府之间、各级政府与省有关单位及中直驻粤有关单位之间、军地之间应急联动更加有序有效；及时研究起草《广东省突发事件应对条例（草案）》，在突发事件应对法基本原则框架下，充实了操作性强的细则制度，努力推进广东省应急管理法制建设。二是着眼布局、着眼实战、着眼多元，打造应急管理保障体系。广东在全国率先出台《关于进一步加强应急物资储备工作的意见》，提出建立规模适度、结构合理、管理科学、运行高效的应急物资储备体系；全力推动综合性应急救援队伍建设，组建广东特色的应急志愿者队伍，有效发挥了应急志愿者辅助作用；在全国率先探索以募集应急管理基金等方式多渠道筹集应急管理资金。三是依托学会、专家、研究中心，打造应急管理科技支撑体系。广东在全国率先推动成立应急管理学会，以应急管理学会为平台，推动应急管理产、学、研一体化，促进应急管理科学技术成果转化为生产力，推动应急产业的发展；在全国率先建立省级突发事件应急管理专家库，成立省级突发事件应急管理专家组，以应急管理专家为抓手，健全行政专家和业内专家相结合的科学

决策机制；在全国率先建设省级突发事件应急技术研究中心，以应急技术研究中心为纽带，组织省应急管理专家承担应急管理课题研究，加强对应急管理相关理论和技术的攻关，提高应急管理工作的科技水平。四是利用网站、标志、学院，打造应急管理宣教培训体系。广东利用专门网站拓展宣教培训模式，借助征集应急管理标志和口号营造宣传氛围，建设应急管理学院开展应急管理人才培养和干部培训。五是从省内、省际、国际3个层面，打造应急管理区域合作体系。广东省坚持外合内联，打造了省内、省际、国际3个层面的应急管理区域合作。六是从信息发布、队伍建设、信息工作考核同步推进，打造应急值守和信息报送工作体系。广东省千方百计提高应急值守能力和信息报送效率，从信息发布、队伍建设、信息工作考核同步推进应急值守和信息报送工作。七是标准一致、规划一致、进度一致，打造应急平台建设体系。广东应急管理做到了步调一致，统筹布局，适度超前，高标准要求。八是推进基层开展试点工程，推进基层做好各项工作，推进基层做到防患于未然。①

2. 灾害治理体系建设成效显著

改革开放以来，广东积极探索防灾减灾体系现代化建设，提高防灾减灾和灾害治理能力。加强宣传教育和应急演练，提高公众自救、互救和应对各类突发公共事件的综合能力。加强气象灾害、地震、地质灾害等灾害监测预报工作，完善重大灾害监测预警和应急服务体系。加强人口和产业密集地区防灾减灾设施建设，强化救灾物资储备仓库和灾害救援队伍建设，提高应急物资保障水平。推广自然灾害风险评估，科学布局生产生活设施。加强消防基础设施建设。加快海堤防灾、海上应急搜救等涉海基础设施体系建设，提升海洋观测监测、预报应急、海上船舶安全保障、海洋基础信息、海域使用动态监管等海洋公共服务能力。

3. 灾害治理能力水平不断提高

以气象灾害预防为例，广东依托现代化成果，在推进更高水平气象现代化的路上疾行，为提高广东综合防灾减灾能力注入新的气象力量。首先是从注重灾后救助向注重灾前预防转变，将气象灾害预防和应急管理关口前移，防患于未然。从2015年开始，建设突发事件预警信息发布体系、

---

① 参见纪家琪《先行先试　全力打造应急管理"广东模式"》，载《中国应急管理》2010年第3期。

防雷安全监管等工作纳入了全省安全生产专项整治考核内容,考核分值不断提升,这无形中为灾害防御增加了砝码。其次是从应对单一灾种向综合防灾减灾转变,将分散的信息和力量集约起来,让孤岛化作堡垒。广东省优先推动本地多发的台风、暴雨、雷电等灾害的综合防御,雷电监测预报预警、雷电灾害风险区划、雷电灾害调查等业务,与台风、暴雨等气象灾害一样纳入气象业务"大家族"。广东还提出了建设突发事件预警信息发布中心的 3 种模式——充分集约型("一模")、适度集约型("二模")、整合集约型("三模"),并出台地方标准,统一规范全省突发事件预警发布中心的平台构建、岗位设置和业务运行、预警信息发布与传播等。再次是从减少灾害损失向减轻灾害风险转变,将危机根源切断,掌握主动权。为了掌握主动权,广东以气象大数据做支撑,给灾害等级判定"拿主意",为巨灾指数保险落地、有效转移巨灾风险提供依据;将实景反馈等"利器"引入本已充分集约的防灾减灾"一张图",为预判风险撑起腰杆;积极融入政府部门主导的"多评合一"工作,让面向灾害敏感型企业的安全风险评估更高效、更全面;笃信做得对比做得多更重要,为用户量身划分灾害风险等级,让风险感知更敏锐;开展自救互救能力认证,让公众的风险识别与应对达到"知行合一"。[①]

(三) 生产安全、食品药品安全不断强化

生产安全、食品药品安全均与人民群众的人身安全休戚相关。广东对生产安全和食品药品安全一直都高度重视,而且取得了一定的成效。

1. 安全生产水平逐步提升

在安全生产方面,广东抓好重点、突破难点、做出亮点,突出抓好落实安全责任、健全安全制度、完善安全体系、加大安全投入、强化安全基础、建立长效机制,扎扎实实抓好"双基"工作,广泛动员群众合力打好安全生产人民战争,不断探索和创新安全监管的方式方法。为了更好更有效地落实安全生产责任制,广东创造性地推进安全生产"三个必须":管行业必须管安全、管业务必须管安全、管生产经营必须管安全。全省各地按照"三个必须"的原则,督促负有安全生产监管职责的部门制定安全生

---

① 参见苗艳丽、贾静淅、杨群娜、董永春《广东探索综合防灾减灾的知与行》,载《中国气象报》2017 年 5 月 25 日第 1 版。

产监管权力清单和责任清单，推动各部门制订安全生产监管年度工作计划。针对安全生产责任制落实不到位的情况，广东进一步检视和织密安全生产责任网，消除盲区、堵塞漏洞，明确职责边界，落实各自的安全生产责任，按照"三个必须"的要求，督促相关行业主管部门制定安全生产监管责权清单，迅速出台各部门的安全生产监管年度工作计划，并将落实情况列为各部门履行安全生产责任的考核内容，通过强化和发挥安全生产责任制考核的导向作用，加大责任制落实和日常工作实绩的考核权重，力求有效推动安全生产责任落实。

2. 食品药品安全管理体系日趋完善

广东加强监管机制、应急体系、追溯系统、检验能力、信息系统等的探索和建设，食品质量水平稳步提高，食品安全状况不断改善，食品生产经营秩序明显改善，有力地维护了人民生命安全健康。一是监管机构不断完善。2004年，广东省食品药品监督管理局正式挂牌成立。新局成立给广东的食品药品监管工作带来进步，并有利于具有广东特色的食品药品监管新局面的形成。此后，广东食品药品监管机构不断完善。二是落实各方监管责任。推动地方政府落实对食品安全负总责，由省政府与各地市签订《广东省食品安全目标责任书》，监督企业落实食品安全主体责任，引导企业推行先进质量管理模式，督促企业健全食品安全管理体系和良好操作规范，落实对企业的飞行检查制度、"黑名单"制度等监管措施。落实各部门的监管责任，积极转变监管理念，创新监管方式，强化监管制度和能力建设，切实履职尽责，积极推进构建社会共治格局，成立了多个专家委员会，发挥社会各方面的监督作用，加强与新闻媒体的互动联系，发挥了行业协会的桥梁纽带作用。广东省食品药品监督管理局成立了食品药品专家委员会，建立全省系统应急工作联络网，明确了省局各处室、直属单位和各地市应急工作联络人及其职责。各地、各部门通过加强舆情监测，强化协同配合，加强信息管理和宣传引导力度，有序、稳妥地处置了问题鱼翅、镉超标大米、"魔爽烟"等一大批热点敏感事件。通过采取专项排查、市场抽检、舆论引导、权威信息发布等措施，及时遏制了负面信息发酵扩散，维护了社会稳定。三是加强追溯体系建设。建立食品药品质量追溯制度，形成来源可追溯、去向可查证、责任可追究的安全责任链。2016年出台了《广东省加快推进重要产品追溯体系建设实施方案》，方案提出，以落实企业追溯管理责任为基础，以信息化追溯为支撑，坚持政府引导与市场化运作相结合,加强统筹规划,强化标准体系建设,推动新老系统融合共建和各平台互联互通,加快建设覆盖全省、先进适用的重要产品追溯体系,推进产品供给侧改革,促进监管方式创新,提升产品质量水平,保障消费安全和公共安全,更好地满足人民群众生活和经济社会发展需要。广东重要产品追溯体系建设的目标是,到2018年,初步建成在全国领先的重要产品追溯体系,追溯系统与社会管理系统、企业服务系统、民生服务系统逐步对接。到2020年,全省来源可查、去向可追、责任可究的重要产品追溯体系基本建立,追溯管理机制和管理平台不断完善,追溯网络不断扩大,追溯体系社会影响力逐步提升,初步实现跨部门、跨区域、跨环节的全过程追溯信息互联互通,食用农产品、食品、药品、主要农业生产资料、特种设备、危险品、稀土产品等重要产品追溯水平居全国前列。

3. 食品药品安全信息化建设不断加强

推进信息化数据大集中,首先是建成开通了全省统一的监管人员协同办公平台。在该平台上先后开发实施了食品药品安全数据中心、公文管理、行政审批、电子监察、日常监管、稽查打假、药品及植入性医疗器械电子监管品种追溯系统、视频会议、餐饮卫生许可、食品药品审评认证等应用系统,基本实现了药品依法监管、过程可控、结果可信、信息共享、电子监管、科学发展的药品安全信息化建设目标,食品信息化监管模式也逐渐有效推进。其次是建成企业网上办事平台系统及网上办事大厅。通过在省局协同工作平台上的企业网上办事平台,把企业与监管部门有机地组合在一起,认证企业用户只要单点登录就能完成自身档案查询维护、业务申报及进度查询、业务咨询、接收通知、数据报备等事项。这些事项准确、及时、可信对监管部门履行职能非常重要,同时也是企业健康发展的基础,一些企业正在积极地把企业工作台与ERP系统整合,进一步密切与省局平台的信息关联。

三、社会安全体制改革未来前瞻

40年前,中共中央选择了广东,让广东在改革开放中先走一步。在社会安全体制改革方面,广东进行了大量探索,取得了良好成效。40年后,中国改革开放再出发,广东又肩负走在全国前列的历史使命。当然,前进道路上不可避免地面临各种挑战和困难,但相信广东能够克服困难,以敢想敢干的精神大胆开拓,在营造共建共治共享社会治理格局上走在全国前列，奋力把广东建设成为向世界展示践行习近平新时代中国特色社会主义思想的重要"窗口"和"示范区"、向世界展示中国改革开放成就的重要窗口和国际社会观察中国改革开放的重要窗口。

（一）内在需求

中国特色社会主义进入新时代，公共安全形势必然呈现出新的特点。与此相对应，社会安全工作的内在需求也在不断增强。

1. 人民对美好生活的需要日益增长

党的十九大报告指出，中国特色社会主义进入新时代，中国社会主要矛盾已经转化为人民日益增长的美好生活需要和不平衡不充分的发展之间的矛盾。中国稳定解决了十几亿人的温饱问题，总体上实现小康，不久将全面建成小康社会，人民美好生活需要日益广泛，不仅对物质文化生活提出了更高要求，而且在民主、法治、公平、正义、安全、环境等方面的要求日益增长。中共中央做出了中国社会主要矛盾已经转化的重大政治判断，这说明人民群众对美好生活需要的内涵日益丰富，要求日益提高，系统性日益增强。

2. 公众对社会安全的期望快速提升

安全已经成为人民美好生活需要的重要方面。人民日益增长的美好生活需要对公共安全体系构建提出了更多、更高的新要求、新挑战、新趋势。随着经济社会的快速发展，人们的生活水平不断提高，人们的社会安全期望也会快速提升。社会发展的一个显著规律是，随着经济持续快速发展和福利水准的提高，民众追求更高福利的期望也快速提升。无论政府多么努力去改进居民福利，满意度与期望值之间的差距始终难以缩小，甚至会随着政府的努力而"递进推升"。因此，随着经济社会的迅速发展，特别是建成小康社会人们的温饱问题得到解决之后，安全需求的不断升级将成为发展进程中的一种新常态。这对政府公共安全治理能力将是一个极大的考验。如何进一步提升地方政府公共安全能力，满足人民群众日益增长的公共安全需求，将是下一步综合改革的重点之一。

3. 善治型主体的治理能力仍待增强

与社会局势的复杂性相比，目前善治型主体的社会治理能力和治理理念还明显滞后。政府、市场、社会三者尚未达到良性运行和协同合作状态，不同社会治理主体之间的职能定位问题、主体内部的职能分工问题和主体自身的职能协调问题尚未理顺,在治理实践中错位、越位、缺位的现象时有发生。传统的社会管理体制和机制还不能完全从政府行为中退去,很多时候一些地方政府继续使用管控的理念和手段实施社会管理,导致了大量的新社会问题不能得到有效、顺利的解决,甚至引发新的社会问题。有的地方干部对社会稳定的认识有所偏差,认为稳定就是不出事,甚至认为"搞定就是稳定、摆平就是水平",对群众正常的维权表达过度敏感,堵塞民众的参与渠道,形成社会矛盾的"堰塞湖"。有的地方干部运用法治思维和法治方式化解社会矛盾,应对社会冲突的能力不够,在协调社会关系、分配社会资源、化解社会矛盾时存在有法不依、有法难依、执法不严、违法不究的现象,甚至出现以言代法、以权压法、徇私枉法等严重违法行为,导致公民的合法权利受到侵害,社会不公平感和相对被剥夺感加剧,衍生出社会泄愤和社会抗争等负能量,加剧社会矛盾和社会风险。

(二) 外部挑战

在社会安全内在需求不断增强的同时,社会安全面临的外部挑战也日益严峻。

1. 社会进入高风险时代

随着现代化进程的加快,中国已经步入一个高风险的社会,面临的社会风险日益增多。快速的社会转型是中国现阶段许多问题产生的根源,也是社会风险形成的重要诱因。亨廷顿指出,高度传统的社会和高度现代化的社会都是稳定的,恰恰是处在现代化过程中的社会最容易发生动乱。国际发展经验显示,许多正处在现代化转型进程中的国家,社会骚乱、暴力冲突、军事政变等屡见不鲜,社会发展呈现出紊乱无序的态势。从阿拉伯剧变,到巴西全国性反政府示威活动,再到泰国、乌克兰社会动荡,都表明现代化进程充满了不稳定性。广东经济社会发展速度快,人流、物流、车流、资金流广泛汇聚,人、屋、车、场、网、组织等治安要素量大面广,维护社会发展安全面临的形势比全国其他地方更加严峻复杂。广东近几年的刑事发案数都在高位徘徊,而且重特大恶性案件时有发生,尤其是杀人、抢劫等8类严重暴力犯罪和涉毒犯罪仍然比较突出,制售有毒有害食品、药品犯罪和涉众型经济犯罪日益多发,有些重点地区的治安混乱状况没有根本改观。总体上看,短期内广东的刑事案件发案形势仍难以彻底改观。与此同时,广东作为全国反恐怖重点地区之一,一直是新疆"三股势力"（民族分裂势力、宗教极端势力、暴力恐怖势力）藏匿、中转、募资、非法出境的重点地区。广州"5·6"火车站持刀砍人案件的发生，标志着广东已经从恐怖活动的现实威胁地变为恐怖活动的实施地，继续发生恐怖袭击案件的可能性很大，其手段、范围、危害、影响升级的可能性很大。

2. 现实社会矛盾更复杂

随着社会转型速度加快，广东进入社会矛盾凸显期，社会局势更加复杂。当前社会矛盾的突出特点，一是社会矛盾爆发的领域增加。社会转型时期，社会矛盾呈现多发态势，从劳资冲突到征地纠纷，从生态环境到拆迁安置，从贫富矛盾到本地外地族群冲突等，各种领域引发的社会矛盾和利益冲突加剧。就广东的情况而言，土地问题、劳资纠纷问题、环保问题等是不稳定事件多发频发领域。由人口问题引申出来的本地外地族群之间的矛盾冲突也比较突出，近年来发生的中山沙溪事件、广州新塘事件、潮州古巷事件等都是本地人和外地人矛盾长期积压后的大爆发。二是社会矛盾的对抗性加剧。这种社会矛盾突出地表现为不同群体的利益冲突，甚至出现各阶层间的对立和紧张现象。社会矛盾的互动方式往往采取激化、尖锐，甚至恶性冲突的方式。

3. 虚拟社会情绪更多元

现实社会问题与虚拟社会情绪相互刺激。伴随网民数量急剧增加，网络舆情正逐渐成为民意的"晴雨表"、社会的"风向标"，很多时候，也是大众负面情绪的"泄压阀"。传播社会心理学研究表明，负面话题具有天然的吸引力。负面舆情压倒正面舆情几乎成为当前网络社会舆情的中心主题。在网络社会传播中，还会出现一种"沉默的螺旋"现象：一些情绪极端者会不断受到鼓励，声音越来越大、势力越来越强。有些小问题往往被无限放大甚至扭曲，在社会上引起轩然大波。广东网站和网民数量均居全国第一，互联网社情民意聚集地和舆论放大器的效应越来越凸显，虚拟社会与现实社会的相互作用，加大了社会治理的复杂性。

（三）对策建议

中国特色社会主义进入新时代，对做好公共安全与应急管理工作提出了新要求。站在新的历史起点上，必须以党的十九大精神特别是习近平新时代中国特色社会主义思想为指导，深入贯彻落实中共中央、国务院决策部署,全面提升公共安全与应急管理水平,不断满足人民群众在安全等方面日益增长的要求,更好地服务经济社会持续健康发展。

1. 创新社会治理模式,有效化解社会矛盾

畅通群众诉求表达渠道。完善领导干部联系群众工作机制,推广党代表工作室制度,开展人民代表、政协委员工作室试点,及时收集、办理、反馈群众反映的问题和诉求。积极利用微博等新兴媒体收集民情、解惑释疑,促使网络问政常态化、制度化、规范化。完善诉讼、仲裁、行政复议等法定诉求表达机制,畅通群众诉求表达渠道。依托政府部门、群众组织和行业协会,在土地房屋征收、劳动关系、社会保障、医患纠纷等矛盾多发领域搭建平等协商平台,建立健全对话、协商、谈判机制,重点健全工资集体协商、工资正常增长和工资支付保障等机制。建立和完善利益补偿机制,对因政府决策和行政管理失当造成的群众利益受损问题,及时合理予以补偿。

加大矛盾纠纷排查调处力度。落实矛盾纠纷排查和分级调处工作制度,提高准确预警、有效调处能力。建立健全矛盾纠纷排查调处相关法规、制度,规范人民调解、行政调解、司法调解等活动,坚持调判结合、调解优先,创新诉调、检调、公调、访调对接机制,健全大调解工作体系。完善第三方调处机制,探索调解队伍职业化、专业化途径,发展行业性人民调解组织。在省、市、县(市、区)建立健全劳动争议、医患矛盾、交通事故、山林土地纠纷等调解组织。加强律师参与调处工作,探索建立以县(市、区)司法局为主导的律师挂钩村(居)制度。

全面推行社会稳定风险评估。在省、市、县(市、区)推行重大决策社会风险评估,作为重大政策、重大项目、重大改革实施的前置条件和必经程序,确保相关决策事项合法合理和可行可控。实行重大决策事项听取意见、听证、专家论证、合法性审查、社会公示等制度。制定土地房屋征收、重大工程建设、企业改制、环境保护等社会矛盾纠纷多发领域的风险评估实施细则和工作规范。建立社会稳定风险评估专家库,探索培育第三方专业评估记过。把社会稳定风险评估纳入各级党政领导干部履行综治维稳职责的实绩档案。

2. 严厉打击刑事犯罪,确保人民安居乐业

扎实做好防恐怖工作。当前,反恐怖斗争已经到了极其严峻复杂的新阶段。要强力推进打击暴力恐怖活动专项行动,以零容忍的态度和举措严厉打击、严厉惩处，坚决打掉暴力恐怖分子的嚣张气焰。加大情报信息搜集、研判力度，充分整合、共享情报信息资源，坚决把暴力恐怖活动摧毁在行动之前。严密社会面动态巡逻防范，加强对重点地区、部位、人员和边境口岸的管控，坚决打击、有效震慑暴力恐怖犯罪活动，切实稳定人心、安定社会秩序。完善反恐体制机制建设，加强基础防范、重点防范措施和快速反应能力建设。完善恐怖事件引发社会次生事件的处置预案，确保个别案件不引发大规模的次生社会事件。

对突出治安问题进行集中整治。对涉枪涉暴犯罪、黑恶势力犯罪、严重暴力犯罪、食品药品安全犯罪、环境污染犯罪等严重影响人民群众生命健康的犯罪活动，要毫不动摇地坚持依法严打方针，适时开展打击整治行动，不断增强人民群众的安全感。对暴力恐怖犯罪的挑头者、黑恶势力犯罪的组织者和其他犯罪集团的首要分子，要坚决依法予以严惩，达到震慑犯罪的目的。

着力提升治安防控能力。要注重运用科技手段，加强情报指挥、视频网络等系统建设，统筹人防、技防、物防设施建设，健全打防管控运行一体化机制。重点推进平安细胞、立体化社会治安防控体系和互联网管理机制3项建设，从整体上提升防控能力。以能破案、多破案、破大案为标准，不断提升破案能力和打击刑事犯罪的效能。

全面推广网格化服务管理模式。科学划分基础网格，把基础信息采集、治安防范、流动人口和特殊人群服务管理、社情民意收集等任务落实到网格中，增强网格管理力量，实现城乡社区的全方位、精细化管理。

3. 优化生产生活环境，切实维护人民利益

当前，广东应主动适应公共安全新形势，强化政府责任，坚持预防第一，推动建立健全公共安全体系，切实增强风险意识和总体安全意识，增强人民群众安全感和满意度。

保障食品药品安全。实施食品安全战略，形成严密高效、社会共治的食品安全治理体系。加强食品药品安全监管，加快建立最严格的覆盖全过程的监管制度、食品原产地可追溯制度和质量标识制度；完善产地准出、市场准入、问题食品药品召回制度。健全食品药品安全管理"零容忍"机制，强化质量抽检和检测，落实地方政府监管责任，完善考核评价机制，严惩制假、贩假等违法犯罪行为，切实保证食品药品质量和安全，维护人民生命安全健康。

治理编

提高安全生产水平。深化安全生产管理体制改革，建立健全"党政同责、一岗双责、失职追责"的安全生产责任体系，落实属地监管责任，厘清市县安全生产监管部门职责。落实企业安全生产主体责任。完善安全生产监管体制机制，及时排查和消除安全隐患，防止和减少生产安全事故，遏制重特大生产安全事故发生。

提升应急和防灾减灾能力。健全对自然灾害、事故灾难、公共卫生、社会安全、重大环境污染等各类突发公共事件的预防预警和应急处置体系，健全网络突发事件处置机制，提高政府应对公共突发事件能力。

加强社会治安综合治理。创新完善立体化社会治安防控体系，运用先进科学技术健全完善公共安全视频、信息网络等治安防控网络，完善社会治安防控运行机制，加强公共安全基层基础建设。加大重点领域和重大社会矛盾化解力度，加强重点领域矛盾纠纷专项治理，坚持在法治框架下化解矛盾。完善网络问政和信访工作机制，畅通群众利益诉求和权益保障渠道，积极预防和妥善处置各类群体性事件。

推进法律规范、行业自律、技术保障、公众监督、社会教育相结合的信息网络管理体系建设。分级建立互联网服务和舆情导控综合平台，实现对网上社情民意的实时掌控、网上治安秩序的有效管控、网上重要案事件的及时预警、涉网违法犯罪的快速处置。加强网上主流舆论阵地建设，培育发展健康向上的网络文化，完善虚拟人口、虚拟社区信息库，健全专兼职网络评论队伍，有效引导网络舆情。培育网络行业中介组织，推动虚拟社会自律管理。

第十二章　广东社会稳定体制改革

改革开放要正确处理好改革、发展、稳定三者之间的关系,而稳定是一切工作顺利开展的前提,因此,维护社会稳定(实际工作中通常简称"维稳")是党和政府的重要任务。在维稳工作中,一方面要全力维护和保证社会稳定,为改革、发展创造好的环境;另一方面要通过深化改革,解决影响稳定的深层次问题。① 作为改革开放的排头兵,广东不仅在经济方面引领全国,而且在预防和化解社会矛盾纠纷、维护社会稳定方面也先行先试,大胆探索,提供了具有地方特色的"广东经验"。

一、社会稳定体制改革发展历程

40年的改革发展历程中,广东省在改革社会稳定体制、维护社会稳定方面做了大量的探索。纵观40年的改革历程,广东社会稳定体制改革大致经历了3个发展阶段。

(一)奠基:1978—1999年

改革开放初期,社会治安情况相当严峻,各种违法犯罪案件猛增,刑事犯罪、卖淫嫖娼、传播淫秽物品、拐卖妇女儿童、吸毒贩毒、聚众赌博、走私犯罪等大量发生,严重扰乱社会秩序,威胁人民群众的健康安全。广东在全国改革开放中先行一步,各种问题也表现得更加突出。因此,在这个阶段,广东省维护社会稳定的重点主要放在维护社会治安方面,早期主要以"严打"为主。随着"严打"的深入,犯罪形势仍处于高发的态势,有关方面意识到运动式的治理方法不是长久之计,于是改变

---

① 参见侯圣鑫《我国维稳工作机制探析》,载《新疆社科论坛》2013年第1期。

"严打"思路,转向社会治安综合治理。社会治安综合治理强调政府各部门通力协作,系统性地防范社会不稳定事件。1981年,中共中央召开京津沪穗汉五大城市治安座谈会以后,广东省便启动了社会治安综合治理探索,但正式全面开展社会治安综合治理工作始于1991年。广东先后颁布了《广东省社会治安综合治理五年规划(1991—1995)》《广东省社会治安综合治理领导责任制实施办法》等一系列文件,逐步建立和完善社会治安综合治理的各项规章制度,全面落实社会治安综合治理各项措施。①1995年发布的《关于加强社会治安综合治理的决定》,是广东省社会治安综合治理工作的一个里程碑。

1. 反黑行动

1989年,全国开展除"六害"(卖淫嫖娼,制作、贩卖、传播淫秽物品,拐卖妇女儿童,私种、吸食、贩卖毒品,聚众赌博,利用封建迷信违法犯罪)统一行动。广东根据本省的实际情况提出了除"七害"统一行动,比全国的除"六害"多了一项"打黑"的内容。"黑"就是指黑社会组织和带黑社会性质的犯罪团伙。广东地处东南沿海,毗邻港澳地区,与台湾一水之隔,特殊的地理位置和改革开放先行先试的环境,使之成为最早受到港澳台黑社会组织进行渗透犯罪的地区之一。随着港澳台黑社会组织对广东渗透的范围不断扩大、数量不断增加,广东也不断加大对黑恶势力的打击力度,尤其是开展打击港澳台黑社会组织渗透的专项行动,显示了广东省公安机关反境外黑社会渗透犯罪的决心和能力。

早在1981年,深圳沙头角就发现有香港的黑社会组织"14K""水房""和胜和""新义安""老东"等组织的成员进行活动。珠海警方于1982年在拱北口岸最先发现有境外黑社会组织进行渗透活动,并逐步扩大至香洲、湾仔、前山、南屏、唐家和斗门等地。20世纪80年代中后期,港澳台黑社会渗透犯罪逐渐波及珠三角的广州、惠州、东莞、江门、中山、佛山以及沿海的汕头、汕尾、湛江等地。台湾黑社会组织对广东的渗透主要始于20世纪80年代末两岸关系缓和之后,并随着两岸交往的密切而日益猖獗,部分犯罪集团无恶不作。

1998年6月,为严厉打击港澳黑社会对广东的渗透破坏活动,广东省

---

① 参见宋小明《90年代以来广东省社会治安综合治理的成效与基本经验》,载《犯罪与改造研究》2002年第5期。

公安厅统一组织珠海、中山、江门和佛山4市公安机关开展了集中打击澳门黑社会组织的"S"行动。1999年4月,全省公安机关在珠三角和全省部分地区先后开展了打击境外黑社会的"F1""F2""F3""F4"和"猎狐"专项行动。

粤港澳三地联合打击港澳台黑社会犯罪的力度也不断加强。2000年8月,粤港澳警方首次举行了三方刑侦部门联系工作会晤,相互通报了港澳回归后黑社会组织的情况,并约定条件成熟时实施三地联合统一行动打击跨境犯罪。10月,京、沪、闽、粤、港、澳反黑工作高层会议在上海召开,会议对开展反黑工作共同行动达成共识。2000年11月,广东省公安厅在汕头召开专门会议,粤港澳三地警方联合实施了"猎狐"行动,打击港澳台黑社会犯罪。2001年7月,广东警方与港澳警方商定,联合开展"猎狐2"统一行动,以破大案、打团伙和遣返黑社会组织成员、移交通缉在逃犯为主题,营造了粤港澳三地合力反黑的氛围,震慑了港澳台地区的黑社会组织。

2. "严打"战役

针对社会治安出现的非正常状况,1983年8月,中共中央、全国人大常委会做出了关于严惩严重危害社会治安的犯罪分子的决定。广东公安机关按照中央关于"依法从重从快"的方针和"三年为期,打三个战役"的部署,在各级党委、政府的领导下,实行全党动员,高度集中警力,广泛发动群众,开展了声势浩大的严打斗争。3年内,组织开展了3个战役、10次打击行动,共逮捕刑事犯罪分子7万多名,劳教、少管1.6万多名,破获刑事案件9万多起,缴获各种枪支5 000多支。① 在此期间,针对广东社会治安的突出问题,还先后开展了反盗窃、打击流窜犯罪、追捕在逃犯等专项斗争,加强治安管理,有效地遏制了刑事犯罪活动增多的势头。② 2001年4月5日,中共中央召开全国社会治安工作会议,部署开展为期两年的严打整治斗争。广东省各级党委、政府深入贯彻会议精神,精心组织,在南粤大地展开了一场场声势浩大的打击整治行动。一宗宗重特大案件得以攻破,一个个重特大犯罪团伙被摧毁,一大批犯罪分子被依法惩

---

① 参见广东省地方史志编纂委员会编《广东省志·公安志》,广东人民出版社2001年版,第106页。

② 参见广东省地方史志编纂委员会编《广东省志·公安志》,广东人民出版社2001年版,第108页。

处，一些治安重点地区得到明显改观，群众参与、支持和配合严打的热情高涨，全省社会治安更加稳定。

3. 扫除黄赌毒等行动

20世纪80年代初期，嫖娼卖淫、赌博、吸毒贩毒等社会丑恶现象在广东重新出现。随后，这类社会丑恶现象在一些地方迅速发展蔓延，严重危害治安，毒化社会风气。[①] 对此，广东公安机关从一开始就进行了坚决的斗争。在加强经常性的查禁工作的同时，持续开展集中打击取缔行动。1989年、1990年接连开展全省除"七害"行动；1991年、1992年和1995年开展全省性的禁毒斗争，大张旗鼓地进行禁毒宣传教育，严惩制造、贩卖毒品的犯罪分子，并把吸毒人员收容起来强制戒毒；1994年，全省开展扫除黄赌毒统一行动，重点打击搞黄赌毒活动的策划者、保护伞、经营单位负责人和为首分子；省、市公安机关相继成立了除"七害"专业队，并频频出动，端掉了一个个黄赌毒的窝点。[②] 20世纪90年代后期，结合严打整治斗争和打黑除恶斗争，广东进行了多次全省性的扫除黄赌毒和整顿公共娱乐场所的统一行动，有效遏制了黄赌毒等社会丑恶现象的发展蔓延。

（二）探索：2000—2011年

进入21世纪以来，随着改革的进一步深入，社会体制面临着深刻的调整，社会矛盾变得复杂而多样化。为了营造社会稳定运行的良性环境，作为改革开放前沿的广东，针对矛盾先发多发的情况，在全国率先摸索社会治安综合治理新思路，形成了以综治维稳平台为核心的广东模式。

1. 推动信访形势持续好转

信访是人民群众反映情况、表达意见、提出诉求或呼吁解决问题的制度化渠道。社会主义市场经济体制的建立带来了整个社会的巨大经济变革和利益的重大调整，各类社会矛盾和利益冲突加剧，引发群众信访的各种因素增多，一些问题久拖不决，导致群众信访尤其是集体越级上访频繁发生。如何扎实有效地推进信访问题治理工作，成为维稳工作的重要内容。

---

① 参见广东省地方史志编纂委员会编《广东省志·公安志》，广东人民出版社2001年版，第118页。

② 参见广东省地方史志编纂委员会编《广东省志·公安志》，广东人民出版社2001年版，第261页。

2003年被认为是信访洪峰年，潮水般的信访人群对社会稳定造成巨大的影响。为此，广东推出了一系列令人耳目一新的举措。在此后的5年中，广东非正常上访人次逐年下降，信访秩序明显好转。①

建立领导包案责任制处理信访大要案。早在1998年，广东省就开始实行领导包案责任制处理信访大要案。领导包案责任制主要包括3个方面的内容：一是做到有案必包。凡排查出来的不稳定因素，党委、政府要根据领导包片和工作分工，落实包案领导并明确相关责任，重大问题主要领导直接包案。二是领导包案分工。领导包案，原则上以领导分管工作和包扶联系点为依据，落实包案责任制。领导接访的案件，实行谁接访谁包案。三是领导包案处理。凡重大信访案件，领导接到信访案件后要及时对涉案单位、涉案人员进行调查了解，帮助研究解决处理办法，对重大疑难案件要亲自出面协调，并跟踪督办，直到问题彻底解决。对因不负责任、工作失职、处置失当而诱发大规模群众集体上访，造成严重后果的，要追究有关领导的责任。

畅通渠道群众见领导机会越来越多。广东通过拓宽信访渠道为群众提供方便的诉求表达平台。一方面，党政领导和上访群众的距离越来越近，群众面见领导的机会越来越多。省、市、县各级领导更是率先垂范，亲自接待上访群众。从2004年在全国率先建立信访督查专员制度开始，至2007年7月前，中共广东省委、广东省人民政府每年召开10多次省委常委会议、省政府常务会议，确定督查督办重点，先后派出200多个工作组，由厅级以上领导带队，深入基层，直接协调解决了328宗重大信访问题。另一方面，电话信访和网络信访作为新渠道开始发挥重大作用。广东省通过"民声热线""市长热线"等"政风行风热线"，开辟了各部门"一把手"带头督查信访工作的窗口，让群众有了更多与领导互动的机会。广东还有一个规定，省直机关新提拔的副厅级领导干部必须到省信访局任信访督查专员3个月，代表中共广东省委、广东省人民政府履行信访督查职能。②

强化信访事项办理责任主体的责任。根据国家2005年出台的《信访

---

① 参见雷辉、岳信《广东信访创举，可以说个没完》，载《南方日报》2010年5月29日第A04版。

② 参见国信宣《在破解信仿难题上下功夫——广东省建立信访督查专员制度的调查》，载《人民日报》2007年7月24日第9版。

条例》的精神,广东强化了信访事项办理责任主体的责任,对责任单位处理结果不符合要求的,信访部门有权要求他们重新处理。信访部门没有行政权力,群众反映的问题最终还需政府职能部门解决。过去,对于信访工作,普遍存在责任界限不明晰的现象,为此,广东细化职能部门在信访工作中的主体责任,使职能部门在信访工作中各尽其责,未尽到信访责任的将追究责任。

加强督查督办工作推动解决信访难题。为了推动信访问题得到化解,广东不仅率先建立信访督查专员制度,而且通过建立信访督查专员制度,整合督查资源,突出督查重点,妥善解决群众的合理诉求,推动了全省信访形势持续好转,有力地维护了社会和谐稳定。广东省还建立了省、市、县、镇领导逐级定点挂钩督查及分管领导分工负责的双重责任制,挂钩督查的领导负责督促检查联系点的信访工作,分管领导负责督查督办分管系统信访突出问题的专项治理,形成了督导有力、指导及时、一抓到底的领导督查网络。对跨地区、跨部门的重大、复杂、疑难信访问题,各职能部门进行联合督查。广东省把督查工作的重点放在涉及人数多、解决难度大、社会反响强烈的突出问题上,坚持抓重点问题突破带动一般问题解决。广东省有120多万名水库移民,仅到省进京大规模集体上访就达上百次。省领导先后20多人次深入移民点督办,促进财政投入18亿元专项资金,落实了有关政策,水库移民基本息诉罢访。①

2. 全面建立社会稳定风险评估制度

在社会转型时期,利益关系和利益诉求日趋复杂敏感,各种社会矛盾大量增加。在重大工程项目建设和重大政策制定之前,对其可能发生或者可能带来的危害社会稳定的各种因素进行风险评估,有针对性地实施风险管理,增强风险意识,采取必要的措施,防范、降低、化解不稳定因素,对于从源头上预防和减少社会矛盾,具有重要意义。广东提出社会稳定风险评估制度,就是要改革涉及民生问题重大事项决策机制,加强矛盾源头治理。该制度要求对涉及民生的重大政策、重大改革措施、政府重点工程项目等,未经评估不进行决策,只有经评估才能决策实施。② 事关民生的

---

① 参见肖文峰《广东加强督察督办工作推动解决信访难题》,载《中国社会报》2008年3月3日。
② 参见杨丹娜《广东治理创新实践巡礼与思考》,载《广东经济》2012年第7期。

决策"牵一发而动全身",一旦出现失误,不仅会造成重大损失,而且会造成党群关系紧张,危及社会稳定。而建立重大事项稳定评估机制,就是通过扎实细致的工作,妥善解决重大事项实施中的不稳定问题,最大限度地增加和谐因素、减少不和谐因素,推进事项平稳实施。①

为了从源头上防范因决策失误或者政策失误引发的不稳定因素,从2008年开始,广东先后在广州、深圳等城市试点实施重大事项社会风险评估制度。该制度要求凡是绝大多数群众反对、影响社会稳定的事项都将被暂停或者是叫停。②

经过广州等市的先行探索,2011年,中共广东省委、广东省人民政府办公厅联合下发《关于对重大事项进行社会稳定风险评估的实施意见》,并召开全省社会稳定风险评估工作会议,标志着广东开启了社会稳定风险评估工作。③ 这对于全省从源头上预防和减少社会矛盾的发生,有效避免和妥善化解群体性事件,推进科学决策、民主决策、依法决策,保障经济社会又好又快发展,具有深远意义。广东省对一批涉及民生问题、可能引发社会矛盾的重大事项,分别提交了修改、暂缓、停止等评估意见,提高了科学决策水平,防止了一批行政侵权扰民等问题项目及政策的实施。④ 中共广东省委维稳办于2011年两次组织督导检查组推动这项制度的实施。

广东省直部门选取维稳任务较重、风险评估需求迫切的重点单位、重点区域和重点项目、重点业务开展试点示范工作,全面推进重大事项社会稳定风险评估工作。如肇庆选取市交通运输局、市城市综合管理局为试点单位;江门选取市中级人民法院、国土资源局、环保局、城乡规划局等作为第一批先行先试单位;河源、梅州、湛江、云浮等地则直接全面铺开。⑤ 广东各地根据各自职责任务,结合实际,制定细则,明确了风险评估的主体、内容、程序以及评估结果和评估责任等内容,具有较强的可操作性;

---

① 参见李永超《健全完善重大事项社会稳定风险评估长效机制的思考》,载《辽宁行政学院学报》2012年第2期。
② 参见杨广丽、李登峰《借助新兴媒体 纾解社会矛盾——切实提高虚拟社会管理水平》,载《广东经济》2012年第5期。
③ 参见杨丹娜《广东治理创新实践巡礼与思考》,载《广东经济》2012年第7期。
④ 参见吴冰《广东全面建立社会稳定风险评估制度》,载《人民日报》2011年12月20日第A4版。
⑤ 参见吴冰《广东全面建立社会稳定风险评估制度》,载《人民日报》2011年12月20日第A4版。

对拟实施事项可能引发的矛盾冲突以及所涉及的人员数量、范围和激烈程度做出评估预测,并提出解决的措施与建议。①

2011年广东共有766个重大决策或重大工程项目进行风险评估,其中90个因为有一定社会风险,被评为暂缓实施(包括化解问题后准予实施),而有15个因有重大社会稳定风险而不准实施。类似的种种探索,最终在2012年被明确总结成广东维稳思路的"四个转变":由"头痛医头、脚痛医脚"的被动维稳向"标本兼治、综合治理"的主动创稳转变;由注重"事后控制"的静态维稳向注重"源头治理"的动态维稳转变;由"管控打压"为主的刚性维稳向"服务管理"为主的韧性维稳转变;由"扬汤止沸"的运动式维稳向"釜底抽薪"的制度性维稳转变。广东这"四个转变"背后,是近年来每年高达数千起的群体性事件,处于社会矛盾的火山口上,政府维稳手段捉襟见肘,政策调整顺理成章。②

党的十八届三中全会强调健全重大决策社会稳定风险评估机制。党的十八届四中全会指出风险评估是实现政府决策法治化的法定程序之一,也是实现重大决策科学化的主要路径。实践证明,广东在建立社会稳定风险评估制度方面,走在了全国的前面,也为其他各省市提供了宝贵的经验。

3. 创立三级综治工作平台

社会治理的重点在基层,重心也在基层。广东社会矛盾90%以上在镇街及以下基层发生,而原来的镇街综治工作中心,进入实体运作的只占60%左右。这些综治中心少的一两个人,多的也就是三四个人。其他有关机构力量分散,在很多情况下往往是单打独斗、各自为战,难以形成合力。一些镇街党政领导存在"重发展、轻维稳"的思想,履行"维稳第一责任"还不够到位,因而导致对群众诉求"领导批来批去、部门推来推去、问题转来转去、群众跑来跑去",使一些小问题演变成大问题、个体问题演变成群体问题。③

2009年,广东出台《关于进一步加强镇街综治信访维稳中心建设的意见》,做出以加强镇街和县级综治信访维稳中心建设为抓手,以"强综治、创平安、促发展"为综治工作目标的重要部署。通过建立县(市、

---

① 参见张玉磊、徐贵权《重大事项社会稳定风险评估制度研究——"淮安模式"的经验与启示》,载《中国人民公安大学学报》(社会科学版)2010年第3期。
② 参见王婧《维稳的广东弹性》,载《新世纪周刊》2012年第24期。
③ 参见樊勇斌《夯实基层基础创新社会管理》,载《特区实践与理论》2013年第5期。

区)、镇(街道)、村(社区)三级平台信息系统,实行了上下结合、互联互动和整体作战。三级平台由综治办牵头,以综治、维稳、信访、司法行政部门人员为基本力量,其他相关部门协调联动,实行人民调解、行政调解、司法调解有效衔接,推进"六联"(矛盾联调、治安联防、工作联勤、问题联治、平安联创、人口联管)。三级平台按照"一个窗口服务群众,一个平台受理反馈,一个流程调解到底,一个机制监督落实"的"四个一"进行规范运作,落实"重在加强领导、重在整合资源、重在健全机制、重在增强素质、重在解决问题"的"五个重在"要求,实现各职能部门"一体化运作"、接待群众"一条龙服务"、解决问题"一竿子到底",真正成为解决问题的"终点站"。

作为社会管理创新的突破口,县(市、区)、镇(街道)、村(社区)三级综治信访维稳中心的建设是广东省加强综治基层基础工作的重大举措。广东各地在实践中已逐步形成区县、镇街、村居联动的立体综治维稳网络,小事不出村、大事不出镇、难事县终结正在成为现实。至 2011 年年初,全省已全部建好 121 个县(市、区)综治信访维稳中心、1 603 个镇街(含 19 个农场、管理区)综治信访维稳中心、31 362 个村(居)综治信访维稳工作站和 2 375 个规模企业工作站。①

综治信访维稳中心在化解治安隐患和社会矛盾等方面发挥出日益明显的作用,普遍出现"一高三少":矛盾纠纷调解成功率提高,群体性事件、民转刑案件、越级上访案件减少。2010 年 5 月 25 日至 26 日,全国省(区、市)综治办主任座谈会在深圳召开,会议重点研究推广广东镇街综治信访维稳中心建设经验。

(三)发展:2012—2018 年

随着改革进入深水区,利益结构的深刻调整使得社会结构和社会矛盾更加错综复杂。广东维稳工作及时调整思路,在继续完善综治维稳三级平台的基础上,全面推进平安广东建设,强化系统治理,从源头上、根本上预防社会矛盾,化解社会风险,维护社会稳定。

---

① 参见赵杨、陈建中、武栋《三级信访平台化解基层矛盾》,载《南方日报》2011 年 1 月 9 日第 A07 版。

1. 全面加快推进创建平安广东

在经济社会转型的关键时期,广东社会治理任务重、压力大,社会矛盾和社会问题早发多发,面临的环境和形势更加复杂。2012年,广东制定了《关于全面创建平安广东的意见》和《创建平安广东行动计划》,全面部署创建平安广东工作。创建平安广东工作总体目标是"一强二升三降"目标:"一强",即群众的安全感不断增强;"二升",即破案率、起诉率、审结率、调解率上升,人民群众对政法工作的满意度上升;"三降",即重大刑事案件下降、重大群体性事件下降、重大安全事故下降。

平安广东建设行动计划包括十大工程,即法治建设工程、民生保障工程、群众权益保障工程、社会矛盾化解工程、公共安全防控工程、人口服务管理工程、"两新"组织建设工程、信息网络服务保障工程、基层基础建设工程和平安文化建设工程,内容涵盖了社会建设的主要领域。很显然,这是一个全面系统治理的一揽子方案。可以说,创建平安广东是新形势下加强和创新社会治理,增强人民群众幸福感、安全感、获得感,实现社会长治久安的民心工程。

为顺利推进平安广东创建工作,建设方案还专门建立了两个考评机制:一是组织对各地市综治考评和平安创建考评,二是组织对省直成员单位创建平安广东工作考评。考评以群众满意为基本要求,以"一强二升三降"为主要标准,以加强和创新社会管理为工作导向,推动实现社会可持续稳定。

2. 提高依法解决群众信访问题的能力和水平

法治是维护社会稳定的根本保障,社会矛盾最终要在法治的平台上解决,也只有纳入法治的轨道,才能形成解决问题的长效机制。为了更好地维护信访人的合法权益,广东在运用法治思维和法治方式开展信访工作方面进行发力,引导信访人依法按程序提出信访事项,逐级走访,分级受理,依法规范了信访秩序。

实施《广东省信访条例》。2014年7月,新的《广东省信访条例》正式实施。条例主要从诉访分离制度、畅通信访渠道、规范接访行为、强化信访工作责任与监督、维护信访秩序、建立有效预防和化解社会矛盾机制等方面做了规范。这一信访条例的最大亮点是完善了诉访分离制度。按照涉法涉诉信访工作机制改革的总体要求,为严格实行诉讼与信访分离,把涉法涉诉信访纳入法制轨道解决,建立涉法涉诉信访依法终结制度,条例从 4 个方面做了规定：一是明确界定信访事项的内涵和外延，让信访制度的功能回归本原；二是明确了按照诉访分离制度应当纳入法定途径解决的事项；三是明确了涉法涉诉信访依法终结制度，避免终结后的涉法涉诉事项重新流入信访；四是明确各国家机关的信访受理范围，引导信访事项分流提出。以前，面对涉法涉诉案件，信访局虽然也会接访，但随后的主要工作还是向访民进行解释和劝导，让他们通过法律诉讼渠道解决问题。在诉访分离之后，信访工作变得更加规范，各个部门的职责也更加明晰。从更深的层面来讲，诉访分离的意义在于树立了法律的权威地位，这对于建设法治社会是十分必要的。

按法定途径分类处理信访投诉。一段时期以来，"信访不信法"的观念在群众中广泛存在，解决问题上访多，使用法定途径少，该现象在国土资源领域表现尤为突出，给国土资源信访工作带来巨大压力，更不利于群众诉求的有效解决。结合国家和省信访工作部门关于推进"法治信访"工作的部署，2015 年，广东省国土资源厅开展通过法定途径分类处理信访投诉请求工作，让群众明白遇到问题该找谁、怎么办。为此，广东省国土资源厅明确，今后对于法定途径明确的事项，不纳入信访事项办理范围；对于法定途径不明确的事项，涉及国土资源部门职责的，仍然按照《信访条例》和《广东省信访条例》的规定，积极发挥信访工作机构和相关业务工作机构作用，协调配合，推动矛盾纠纷化解，维护群众权益。通过对全省国土资源信访领域投诉请求情况进行全面摸底调查，形成《广东省国土资源领域通过法定途径分类处理的信访投诉请求清单及主要法律法规政策依据》，为全省国土资源系统信访工作提供参考，同时通过广东省国土资源厅门户网站、来访接待场所、新闻媒体等渠道向社会进行了公开，接受社会监督。

以制度创新保障督办效果。《广东省信访条例》明确规定，县级以上国家机关的信访工作机构应当加强信访事项的督查工作。督查可以采取阅卷审查、听取汇报、约见信访人、召开听取意见座谈会、问卷调查、走访调研等方式进行。事实上，相关试点已经开始了对督办方式的探索。2014 年，惠州市惠城区作为新的《广东省信访条例》试点单位之一，重点在畅通信访渠道、推进诉访分离、强化责任落实、维护信访秩序 4 个方面进行探索。其中，社区党员责任岗制度等特色举措成为该区拿得出、叫得响的

治理编

改革亮点。① 与相关的制度建设相比,加强实地督办正在成为近年来广东省加强信访督办的重要举措,也正在逐渐走向常态化。2015年8月的实地督查,是广东省信访局首次开展全面公开的督办。在广东省此次重点信访事项的实地督办中,由于不少都是信访积案,督查组的到来,既给当地的相关部门带来了一定的压力,也给他们带来了动力。根据规定,督查活动中,督查组需要完成5个基本的规定动作,即听汇报、审查案卷、看涉案现场、见信访当事人和利益相关人、向地方反馈督查整改建议,而且在督办之后,相关督办过程还将在媒体上进行公开,甚至还将邀请全国人大代表、政协委员参与督查。

3. 引导群众依法表达诉求并参与化解矛盾

在这方面最早行动的惠州市,早在2009年就开始探索和推行村(居)委聘任法制副主任制度,推动法治惠民和基层民主法治建设,进一步提高农村(社区)依法治理和民主自治水平。所谓村(居)委聘任法制副主任制度,是指在党委统揽下,动员各方力量,整合法治资源,鼓励基层村(居)委会以自主自愿为前提,聘任法制宣传志愿者为其村(居)委会副主任,开展法制宣传,培育法治精神,解决基层法律问题,推动基层依法治理的一项工作制度。法制副主任制度直接对接村民委员会、居民委员会等基层群众自治性组织,其虽然借用了村(居)委会副主任名称,工作地点设在村(居)委会机构内,但实行的是聘任制、签合同,并非选举产生,也不介入原有的村(居)民自治,而只是提供法律咨询和法律服务,与相关村委会、居委会组织法的规定并行不悖。2009年4月,惠城区、惠阳区探索出律师等法律专业人士担任村(居)委法制副主任、农村法律顾问制度。在取得试点经验的基础上,2012年5月,中共惠州市委办公室、市政府办公室印发了《惠州市推行村(居)委"法制副主任"工作制度方案》,强化队伍建设,落实经费保障,并在2012年年底实现全市1 265个农村、社区和林场办事处全覆盖。法制副主任制度形成了一套以惠民利民为目的的新型基层治理模式,创新了基层社会管理的思维模式,增强了基层组织和两委干部的法治思维方式,满足了基层人民群众的法律需求,畅通了基层矛盾纠纷的化解渠道,是探索建立基层治理体系、推进基层治

---

① 参见任生《肖志恒率工作组到广州市海珠区考察信访工作》,载《人民之声》2014年第8期。

理能力现代化的一种有益尝试。

光靠党委、政府的力量化解社会矛盾,已经无法适应社会发展需要。只有把党委、政府力量和社会力量结合起来,才能更好地化解社会矛盾。广东鼓励支持社会组织积极参与化解社会矛盾纠纷。截至2014年9月,全省共建立基层人民调解组织2.6万多个,医患纠纷调解委、交通事故纠纷调解委等各类行业性、专业性调解组织5 800多个。中山市在各镇区成立医疗纠纷人民调解委员会,配备和统一培训了180多名人民调解员,专业调处医疗纠纷,畅通医疗纠纷依法调处的渠道。肇庆市广宁县建立"138"[①]化解矛盾工作网络,通过整合多方力量柔性化解社会矛盾。[②]

二、社会稳定体制改革经验成效

改革开放40年来,广东在社会稳定体制改革方面的探索,经历了从计划时代的严控模式,到以综治维稳三级平台为核心的社会治安综治维稳模式,再到以创建平安广东为核心的全面系统治理模式的过程,体现了广东在社会稳定体制方面的改革不断深化,思路不断成熟,机制不断完善,经验不断丰富,成效不断提升。

(一)形成了党政主导协同善治的维稳格局

广东社会稳定体制改革的最大成效就在于形成了党政主导、协同善治的维稳格局。主要表现在以下3个方面。

1. 民本治理夯实了维稳基石

"办好广东的事情,必须注重民生,让发展成果惠及全省人民。"这是广东发展经验的深刻总结,也是践行党的执政宗旨的需要。广东省坚持民生优先,努力增进民生福祉,让人民群众共享改革发展成果。例如,扎实办好十件民生实事,解决了一批关系群众切身利益的热点难点问题;城乡低保、农村五保、残疾人和孤儿生活保障等底线民生保障水平进入全国前列;推动企业全员足额参保,实施全民参保登记计划,完善灵活就业人员参加职工养老保险政策;调整提高城乡居民基础养老金、企业退休人员基

---

① "138"指"一老"(离退休老同志)、"三类人物"(党代表、人大代表、政协委员)、"八方力量"(工会、共青团、妇联、工商联、残联、个体劳动者协会、民间组织、乡贤能人)。

② 参见陈捷生、林润祥《广东将社会矛盾化解纳入法治轨道》,载《南方日报》2014年10月22日第A03版。

本养老金、城乡居民医保财政补助标准、职工和居民医保年度最高支付限额；启动医保城乡一体化改革试点，大病保险向困难群体倾斜，覆盖范围延伸至职工参保人群，全面实现省内异地就医直接结算；启动精准扶贫精准脱贫攻坚战，完成对扶贫对象的精准识别、建档立卡，统筹实施产业发展、劳动力就业等帮扶工程，取得了不错的成效。这些成效既是经济社会发展的结果，也是社会治理以民生为本的结果。正是这些成效夯实了广东维护社会稳定的基石。

2. 党政主导挺起了维稳脊梁

改革开放以来，广东在维稳工作中一直坚持党委领导、政府负责或政府主导。特别是党的十八大以来，广东始终坚持以党对社会稳定工作的领导为根本原则，各级党委、政府采取了一系列有力措施。广东各级维稳机构的设立和加强完善，各级维稳工作责任制、风险评估机制的建立健全，相关制度文件的陆续出台等，都说明在中共广东省委、广东省人民政府的领导下，广东各级党政机关及其工作部门均对维稳工作高度重视，花了大力气，下了大功夫。可以说，正是因为始终坚持党政主导，广东才得以挺起维护社会稳定工作的脊梁。

3. 协同善治增强了维稳合力

党的十八大以来，广东在坚持党委领导、政府负责的同时，一直在努力激发多元主体的活力，在社会组织的培育、扶持、发展以及引导其参与社会治理等方面采取了一系列的改革措施，使广大社会组织成为广东社会治理的主力军和生力军。正因为如此，广东才得以统筹协调各方力量参与到社会治理中来，努力营造共建共治共享的社会治理格局。同时，广东还始终坚持以人民为中心的发展思想，发扬基层民主，充分调动广大人民群众在城乡基层自治中的主动性、积极性和创造性。党的十八大以来，广东的社会组织发展迅速，在全国名列前茅；广东的基层民主治理也如火如荼，特别是全民创安、群防群治等在广东遍地开花结果。这些因素对维护社会稳定发挥了极其重要的作用。正因为如此，广东才会多维度地增强维稳合力，特别是城乡基层的维稳活力。

（二）解决了损害权益刑事犯罪的维稳难题

如果从维稳主体上说，广东维护社会稳定体制改革的成效是形成了党政主导、协同善治的维稳格局，那么，从维稳内容上说，广东维护社会稳定体制改革的成效便主要表现在逐步解决了损害权益刑事犯罪的维稳难题上。主要表现在以下3个方面。

1. 源头治理抓住了维稳根本

党的十八届三中全会强调坚持源头治理，标本兼治、重在治本，及时反映和协调人民群众各方面各层次利益诉求。从源头上预防和减少社会矛盾是社会治理的重点。近年来，广东强调社会治理的前瞻性、主动性、针对性和实效性，坚持关口前移，源头治理，主动地根据经济社会发展形势预先对矛盾、问题进行合理的分析，在矛盾或事件发生前及时介入、主动作为，通过事前的民生改善、民意沟通、协商对话等多种方法主动化解风险源，真正从源头上解决问题隐患。首先是建立了全省社会稳定形势分析研判机制。由于地处改革开放前沿，经济社会发展先行一步，社会矛盾早发多发，广东突出问题导向，抓住重点矛盾，分类施策，集中攻坚。如2014年，中共广东省委部署开展了"社会矛盾化解年"工作，开展以涉农问题、涉劳资纠纷、涉环保问题、涉医患纠纷和信访积案五大领域为重点的专项治理。通过主动排查化解社会矛盾纠纷，集中开展基层突出问题专项治理，发挥法治的引领规范作用，严厉打击刑事犯罪，广东社会大局保持和谐稳定，全省信访总量持续下降，群体性事件明显减少，社会治安状况持续向好，安全生产形势稳定好转，人民群众安全感明显增强。同时，研究出台政策措施，推动矛盾问题政策性批量消解。对一些共性矛盾和重点难点问题，积极研究出台政策措施。如针对涉农涉土、劳资纠纷、涉环境等矛盾问题比较集中的领域，分别修订完善了征收农村集体土地留用地安置管理工作的意见，建立完善建设领域工资分账管理制度、工资保证金制度和应急周转金制度，制定加强生活垃圾无害化处理设施建设和运营管理的意见等。通过建立健全一系列制度规范，从源头上预防了矛盾问题发生。

2. 依法治理树起了维稳标尺

党的十八届三中全会强调要坚持依法治理，加强法治保障，运用法治思维和法治方式化解社会矛盾。党的十八届四中全会进一步强调推进多层次多领域依法治理，提高社会治理法治化水平。坚持依法治理，就是要善于用法治精神引领社会治理，用法治思维谋划社会治理，用法治方式破解社会治理难题，把社会治理纳入法制轨道。改革开放以来，广东在依法治理方面进行了大量探索，取得良好成效。特别是党的十八大以来，广东更加注重坚持用法治思维和法治方式预防化解矛盾,强化法律在维护群众权益、化解社会矛盾中的权威地位,引导和支持人民群众理性表达诉求、依法律按程序维护权益,对于维护社会和谐稳定、实现国家长治久安具有重要意义。在依法治理的实践中,广东注意充分发挥律师(法律顾问)的作用,律师不再只是事后"救火者",更多的是在政府决策的事前、事中介入,协助政府处理突发事件和疑难案件,参与行政决策、执法监督等。[①]通过运用法治思维和法治方式调整利益关系、规范社会行为,不断提升社会治理科学化、现代化水平,确保了广东社会在深刻变革中既生机勃勃又井然有序。

3. 专项治理强化了维稳震慑

2017年,广东公安机关刑事立案数57.1万起,同比下降12.7%。其中"飓风2017"专项行动成效显著,广东警方全年共组织发起49次"飓风"集群战役,辗转全国各地,抓获犯罪嫌疑人1.5万余人,为人民群众挽回经济损失近30亿元。一是打击电信网络诈骗犯罪:在国内国外两个战场发起16次"飓风"集群战役,全年共立电信网络诈骗案件数同比下降1.4%,群众财产损失同比下降9.2%,破案数同比上升50.1%;刑拘人数同比上升10.1%,实现"两降两升"目标;省市两级反诈中心累计劝阻疑似被骗事主17.4万人,避免经济损失超过24.7亿元,累计止付赃款超过7.3亿元,返还冻结涉案资金超过9 667万元。二是打击金融领域突出犯罪:发起14次"飓风"集群战役,全年共破金融领域突出犯罪案件数同比上升79.2%;在公安部组织开展的"猎狐行动"中,广东警方从27个国家和地区抓获或劝返外逃经济犯罪嫌疑人137名,缉捕数连续4年位居全国前列。三是打击"两抢一盗"(抢劫、抢夺、盗窃)犯罪:发起12次"飓风"集群战役,全年共立盗抢案件数同比大幅下降24.9%,破案数同比基本持平;在公安部专项行动中,广东破案数、抓获犯罪嫌疑人数和追缴赃款赃物数等主要执法指标均稳居全国前三。四是打击黑恶势力犯罪:发起4次"飓风"集群战役,全年共破涉黑涉恶类案件数同比上升44%;在全省村居"两委"换届选举期间,打掉干扰破坏换届选举、侵害农村基层政权稳定的黑恶团伙8个,逮捕团伙成员31名,查处涉换

---

① 参见邓新建、章宁旦《广东律师成社会治理重要力量》,载《法制日报》2015年11月9日第1版。

届选举的治安案件102起，行政处罚违法人员167名。五是打击涉毒违法犯罪：全年缴获各类毒品16.4吨，广东制毒发案数占全国比重大幅度下降，新发现吸毒人员数及发现率分别下降了33.6%和7%，全国破获源头指向广东的毒品案件数连续3年同比下降超过30%。六是打击黄赌、涉电力犯罪：全年刑拘涉黄案件犯罪嫌疑人数同比上升62.4%，刑拘涉赌案件犯罪嫌疑人数同比上升39.4%，逮捕涉电力犯罪嫌疑人147名。七是集中追逃战役：为降低在逃人员对社会治安带来的隐患，发起3次"飓风"集中追逃战役，通过运用大数据分析等新技术、新手段，抓获692名历年重大逃犯，其中潜逃时间超过10年的命案逃犯有30余名。①

（三）拓展了维稳路径

从维稳方式上说，广东维护社会稳定体制改革的成效是拓展了继往开来与时俱进的维稳路径。主要表现在以下3个方面。

1. 综合治理提供了维稳支撑

所谓综合治理，就是要强化道德约束，规范社会行为，调节利益关系，协调社会关系，解决社会问题。在维护社会稳定工作中，综合治理是解决社会治安问题的战略方针，也是预防和治理青少年犯罪的正确有效路径。改革开放以来，特别是党的十八大以来，广东在各级党委、政府领导下，以政法机关为骨干，依靠社会各方面力量和广大人民群众，分工合作，综合运用法律、道德、行政、教育、经济、政治、文化等各种手段，惩罚犯罪，改造罪犯，教育拯救失足者，预防犯罪，对维护社会稳定发挥了极其重要的作用。如中山市开展全民修身行动、东莞市设立文明行为积分卡、惠州市评选孝子打造好人之城等，都是广东在维稳过程中重视综合治理的典型案例。总的来说，综合治理为广东维稳提供了多方面的支撑，特别是思想道德和精神文化方面的有力支撑。

2. 专业治理提升了维稳水平

党的十九大明确提出要提高社会治理专业化水平。改革开放以来，特别是党的十八大以来，由于在快速工业化城镇化进程中基层利益主体多元诉求多样、问题复杂，粗放式、唯经验的集中型社会管理模式难以适应时

---

① 参见陈子垤《广东警方"飓风2017"专项行动成效显著，2.14亿假币无一流入社会》，载《信息时报》2018年1月17日第A08版。

代需要，因此，广东越来越重视按照专业化标准综合运用专业化手段进行社会治理，从而达到有效维护社会稳定的目的。例如，广东探索专业化服务，注重发挥社会工作者在化解家庭、社区、社会矛盾中的作用；探索定量化管理，对外来流动人口实行积分入户，对其子女实行积分入学管理；探索标准化治理，注重量化且权重合理的指标体系建设和考核评价机制建设；探索精细化治理，注重网格化治理，注重发挥各种类别的专家学者的作用，甚至设立社会建设专家咨询委员会（如中山市古镇镇现在就设有这样的委员会）；等等。这些都是广东维护社会稳定过程中专业化精神以及工匠精神的体现。

3. 智能治理优化了维稳效能

习近平指出，要更加注重科技创新，提高社会治理智能化水平，提高预测预警预防各类风险的能力。近年来，广东结合制定实施"十三五"规划和"智慧城市"建设，充分发挥现代科技优势，推进大数据、信息化建设，建立完善犯罪人员数据库、指纹数据库、大情报信息平台、视频监控和视频门禁系统等，实现从以户籍管理为主的静态管理模式向以实有人口、实有房屋为对象的动态管理模式转变，社会治理的智能化水平明显提升。① 过去几年里，广东公安坚持深化改革，以"数据文化"理念为导向，以体制机制、手段方式改革创新为动力，构建具有广东特色的社会治安防控体系。"飓风2016"专项行动中，警方借助大数据平台强大的筛选分析和运算处理能力，快速形成作战指令，指导一线警务实战，极大提高了办案效率。同时，广东公安还鼓励基层民警结合工作实际进行微发明、微创新并应用到实战，创新项目在各专项打击行动中形成现实战斗力，在社会维稳、抢险救灾、服务民生等多个领域有效提升了工作效率；"粤警创新大赛"得到公安部充分肯定，成为全国公安系统样板。

三、社会稳定体制改革未来前瞻

回顾过去，广东在社会稳定体制改革方面进行了很多探索，取得了良好成效。展望未来，前进道路上将会充满挑战和困难。相信广东能够攻坚克难，砥砺奋进，以敢想敢干的精神大胆开拓，再造辉煌。

---

① 参见祁雷、粤政宣《创新社会治理，建设更高水平的平安广东》，载《南方日报》2016年12月2日第A01、A08版。

(一) 显性挑战

中国特色社会主义进入新时代,中国社会主要矛盾已经转化为人民日益增长的美好生活需要和不平衡不充分的发展之间的矛盾。社会主要的变化必然带来社会稳定形势的变化。加上广东处于改革开放和对敌斗争前沿,受历史和现实各种因素影响,在经济社会发展取得举世瞩目成就的同时,积累的矛盾问题也不少,面临的风险和挑战复杂多样。

1. 流动人口多是治理难点

广东是人口大省,常住人口总量居全国首位,流动人口总量也居全国首位。从每年的相关研究报告来看,广东的流动人口总量约占全国1/3,其中珠三角地区占九成以上,外来人口与本地户籍人口普遍形成倒挂,人口膨胀导致交通拥挤、房价高涨、看病难看病贵、上学难、环境污染严重等城市病更加突出。同时,人口流动加剧,使社会治理要素更为复杂。

2. 电信诈骗案正逐年上升

信息技术迅猛发展,网络安全风险等非传统安全风险日益显现。网络社交媒体的普及使得人们在瞬间大规模动员、集合起来成为可能,加剧了爆发突发性群体性事件的风险。信息技术与其他新技术的融合,在催生出许多新业态、不断满足群众新需求的同时,也衍生出许多新的犯罪形态,极大地增加了管控难度。一方面,群众表达利益诉求、参与社会治理的渠道得到极大拓展,社会舆论、社会情绪甚至社会行为以新的机制形成;另一方面,由网络引发的各类社会问题层出不穷,网上违法犯罪日益凸显。目前,广东网站、网民数量、网络用户、手机用户、微信用户等均居全国首位。因此,广东是电信诈骗的重灾区,电信诈骗案件逐年上升。

3. 社会矛盾纠纷高发多发

当前广东经济正处在由高速增长转向高质量发展的阶段,传统的涉农、涉土、劳资、房地产等领域矛盾问题仍然多发,因新时代社会主要矛盾新变化带来的问题增多,经济金融风险、环保"邻避"引发的涉稳问题尤其突出。此类问题触点多、燃点低,对抗性、传染性、反复性强,一旦发生,往往会对社会稳定造成较大冲击。特别是群体性事件增多,组织化程度提高,如集体上访、越级上访、突袭上访。部分群众法治意识不强,相信"不闹不解决、小闹小解决、大闹大解决""信访不信法",闹访、缠访时有发生。有的群众不管理由正当与否,每逢敏感节点就扬言上访以要挟党委和政府的情况，在一些地方渐成风气。

（二）隐性制约

显性挑战是外在因素，但更为重要的是广东还存在来自治理者自身的隐性制约。不在消弭隐性制约上做好文章，上述显性挑战必将更加严峻，维护社会稳定的历史使命就有可能功亏一篑。只有自强不息，才能通向成功的彼岸。隐性制约主要有以下3个方面。

1. 个别基层组织软弱涣散

个别基层组织建设薄弱。一些基层党组织软弱涣散，有的甚至沦为黑恶势力的保护伞。群众自治制度不够落实，有的村（居）集体"三资"监管缺位，有的村（居）务管理混乱，有的村干部不依法办事、侵犯群众权益，引发大量矛盾纠纷甚至酿成群体性事件。一些农村宗族势力干预基层治理的情况依然存在。

2. 个别基层干部思想守旧

个别基层干部依法治理能力有待提高。有的基层干部为了追求局部利益和眼前利益，依法行政意识不强，存在规避法律甚至突破法律规定的现象和行为。尤其是在处置矛盾纠纷时，个别基层干部把维权和维稳对立起来，运用法治思维和法治方式处理问题的能力不强，奉行"搞定就是稳定、摆平就是水平"，对群众提出的诉求有的随意乱开口子，这反过来又助长了部分群众"不闹白不闹，闹了不白闹"的心理，弱化了人们的法律意识。有的基层干部对民众的利益表达则采取压制的方式，一些群体或个人就只能采用体制外的方式表达不满，导致社会矛盾越加激烈。

3. 个别基层干部不敢担当

党的十八大以来，随着全面从严治党的深入推进，干部乱作为的问题得到了有效遏制，但也有个别干部又出现了不敢担当或慢作为、少作为的问题。有的庸政懒政怠政，改革勇气锐气弱化，守土责任意识淡薄，甚至互相推诿，虚与委蛇。这些因素对广东维护社会稳定工作确保走在全国前列具有极大的负面作用，必须引起高度重视。如果放任自流，后果将不堪设想。

（三）努力方向

展望未来，广东应紧紧围绕国家治理体系和治理能力现代化的总要求,准确把握新时代社会主要矛盾新变化,创新社会治理体制,改进社会治理方式,维护社会稳定,保障人民安居乐业,使人民群众的获得感、幸福感、安全感更加充实、更有保障、更可持续。

1. 创新基层治理,加强人口治理

推动社会治理重心向基层下移,进一步发挥乡镇、街道和村居在社会治理中的基础作用,把社会治理重心落到城乡社区,充分利用城乡网格化综合管理平台,尽可能将资源、服务和管理放到基层,理顺条块关系,加强综合保障,更好地为群众提供精准有效的服务和管理。一是加强社区治理体系建设。在社区治理改革中,必须加强和改善基层党组织的领导,以推进社区党组织标准化建设为目标,以社区党群服务中心为依托,以区域化党建为纽带,发挥基层党组织凝聚群众、攻坚克难的核心作用。二是推动网格化规范发展。按照中央统一部署,推进网格化服务管理中心与同级综治中心一体运行。以综治网格为主体,全面整合其他专业网格,推动网格管理内容从城市管理、社区安全、街面治安等领域逐步向社区服务、食品药品监管、安全生产、质量技术监督等领域延伸,实行统一编码管理和一个网格管到底。三是推动基层党建与基层社会治理更紧密结合。坚持基层党建引领基层治理,推动基层党组织引领各类组织制度化,健全党组织领导下的村(居)民自治机制、民主协商机制、群团带动机制、社会参与机制,完善党建带群建制度,引领各类组织和广大群众参与到社会治理中来,构建以基层党组织为核心、自治组织为基础、其他各类组织和广大群众参与的一核多元社会治理格局。

进一步深化户籍制度改革,破解异地务工人员融入难题,健全流动人口服务管理体系。一是加快推进基本公共服务向常住人口全覆盖。切实提升异地务工人员服务管理水平,进一步完善与积分制相协调的配套政策,逐步将异地务工人员纳入基本公共服务均等化范畴。进一步健全积分享受基本公共服务制度,将异地务工人员及其家属在卫生防疫、计划生育、法律服务、公共交通、文化娱乐、就业服务等方面的需求纳入城镇基本公共服务体系,健全异地务工人员子女教育、住房保障、城乡社会保险制度衔接等方面的配套政策,实现公办学校普遍向随迁子女开放,将符合条件的常住人口纳入公积金制度覆盖范围。二是拓展异地务工人员参与社会治理的途径和方式。吸收异地务工人员参与当地社会治理,适当增加异地务工人员代表在党代表、人大代表、政协委员中的名额和比例;提高优秀异地务工人员在职代会、团代会、妇代会和基层社区以及综合治理、文明创建、居民文体等组织中的参选比例；鼓励异地务工人员参加基层工会选举及担任基层工会领导职务；继续推行选聘优秀农民工担任劳动争议调解员工作。

2. 化解社会矛盾，打击刑事犯罪

加强预防和化解社会矛盾机制建设，正确处理人民内部矛盾。一是健全落实矛盾纠纷源头预防机制。畅通群众诉求表达渠道，完善领导干部联系群众工作机制，推广党代表工作室制度，开展人民代表、政协委员工作室试点，及时收集、办理、反馈群众反映的问题和诉求。健全重大决策社会稳定风险评估机制，及时对政府重大行政决策进行社会稳定风险评估，促进稳评工作法制化、规范化。二是完善矛盾纠纷多元化解机制。建立健全矛盾纠纷排查调处相关法规、制度，规范人民调解、行政调解、司法调解等活动，坚持调判结合、调解优先，创新诉调、检调、公调、访调对接机制，健全大调解工作体系。推进人民调解工作规范化建设，大力加强专业性、行业性调解组织建设，建立调解员专家库。加强阳光信访、责任信访、法治信访建设，依法查处信访活动中的违法行为，推动信访秩序持续好转。三是开展突出涉稳问题集中攻坚。围绕当前影响社会稳定比较突出问题，持续深入开展专项治理，严防转化为社会稳定风险甚至政治风险。

对突出治安问题进行集中整治，严厉打击刑事犯罪。对涉枪涉暴犯罪、黑恶势力犯罪、严重暴力犯罪、食品药品安全犯罪、环境污染犯罪等严重影响人民群众生命健康的犯罪活动，要毫不动摇地坚持依法严打方针，适时开展打击整治行动，不断增强人民群众的安全感。对暴力恐怖犯罪的挑头者、黑恶势力犯罪的组织者和其他犯罪集团的首要分子，要坚决依法予以严惩，达到震慑犯罪的目的。着力提升治安防控能力。要注重运用科技手段，加强情报指挥、视频网络等系统建设，统筹人防技防物防设施建设，健全打防管控运行一体化机制。继续推进平安细胞、立体化社会治安防控体系和互联网管理机制建设，从整体上提升防控能力。以能破案、多破案、破大案为标准，不断提升破案能力和打击刑事犯罪的效能。

3. 提高综合素质，强化网络治理

切实加强基层组织建设和队伍建设。以提升组织力为重点，突出政治功能，健全基层组织，优化组织设置，理顺隶属关系，创新活动方式，推动基层组织全面进步、全面过硬。着力培养高素质干部队伍。要激励干部

认真学习习近平新时代中国特色社会主义思想，把政治建设摆在首位，把维护国家安全、维护社会稳定的历史责任扛在肩上，做到信念坚定、为民服务、勤政务实、勇于担当、清正廉洁。

加强系统规划，整合各种资源，进一步完善综治维稳科技支撑体系，运用大数据手段大力提升社会治理智能化、精细化水平，推动形成精准治理、多方协作的社会治理新模式。完善网络综合治理工作格局。坚持依法治理、综合治理，建立部门协调、属地监管、企业履责、行业自律、社会监督相结合的网络综合治理格局。强化多主体参与，完善政府依法监管、网站自净、社会监督、网民自律的网络社会治理模式。推进法律规范、行业自律、技术保障、公众监督、社会教育相结合的信息网络管理体系建设。严密防范、严厉打击各类涉网违法犯罪。加强网上主流舆论阵地建设，培育发展健康向上的网络文化，完善虚拟人口、虚拟社区信息库，健全专兼职网络评论队伍，有效引导网络舆情。培育网络行业中介组织，推动虚拟社会自律管理。严防敌对势力的渗透、破坏、颠覆活动，坚持不懈地打击恐怖主义，为祖国守好南大门，构筑起维护广东社会稳定的护城河、防火墙。

后　记

　　今年是改革开放40周年。广东作为改革开放的先行地区，在党中央的正确领导下，改革开放和社会主义现代化建设一直走在全国前列。为系统总结广东改革开放的成就和经验，为进一步全面深化改革和扩大开放提供理论和实践指导，中共广东省委宣传部策划了"广东改革开放40年研究丛书"，《广东社会体制改革40年》就是该套丛书14部著作中的一本。

　　《广东社会体制改革40年》分为总论编、民生编和治理编。全书以广东1978年12月至2018年社会体制改革的历史进程为主线，从总体上和民生保障、社会治理的各个具体领域回顾分析了广东在党中央领导下在社会体制改革方面所取得的历史性进展和巨大成就，并对未来进行了前瞻。总论编包括第一章至第三章，共3章。改革开放40年来，广东不辜负中国特色社会主义道路指引、理论指导、制度安排，社会体制改革从破冰开局到转型重构再到全面深化，总体上成就显著、经验宝贵、贡献重大。为给未来广东以及全国全面深化社会体制改革提供借鉴，这3章按照为什么、是什么、怎么样的行文逻辑，从总体上分析广东社会体制改革40年的环境以揭示其成因，回眸广东社会体制改革40年的历程以彰显其亮点，评说广东社会体制改革40年的成效以探究其启迪。民生编包括第四章至第八章，共5章。本编系统梳理了广东在民生保障各领域的改革历程，总结了民生保障各领域实践过程中的经验与启示，分析了当前民生保障各领域改革过程中面临的困难和挑战，提出了民生保障各领域未来改革的方向和目标。其中，第四章反映了广东充分运用中央给予的特殊政策和灵活措施，结合广东实际，率先改革企业招工用工制度，建立市场化的用工机制，完善劳动力市场管理机制和权益保障机制，大力推进城乡统筹就业和实施积极的就业政策的实践和经验；第五章反映了广东大胆破除传统计划经济体制下平均主义的分配方式，积极探索符合国情和省情的收入分配制度改革的历程；第六章反映了广东省在社会保障事业方面所做出的努力；第七章反映了广东率先实现绝对贫困人口全部脱贫的历程、经验，以及未来扶贫攻坚体制改革的方向；第八章梳理了广东健康卫生体制改革的历程，展示了广东围绕解决"看病难""看病贵"等难题，所走过的具有地方特色且富有成效的改革道路。治理编为第九章至第十二章，共4章。与民生编的行文逻辑类似，在梳理改革历程、总结经验的同时，也分析了当前面临的挑战，并对将来的改革提出了建议。其中，第九章反映了广东如何通过一系列的调整和变革，从社会管理逐渐向社会治理转变的历程，在此基础上总结经验，直面挑战，展望未来；第十章反映了广东在面对流动人口日益增多的时代背景下如何实现有序治理的改革历程、经验、挑战和未来的出路；第十一章反映了广东改革开放40年在社会结构日益复杂、多元背景下为维护社会安全所进行的有益探索，并总结了其经验；第十二章反映了广东在化解社会矛盾、维护社会稳定方面所进行的一系列有益的探索。

《广东社会体制改革40年》由广东省社会科学院负责写作，为集体合作之成果，写作分工如下。前言：刘小敏、梁理文、张桂金；第一章、第二章、第三章：刘小敏；第四章：张桂金；第五章：蔡思茹；第六章：何叶；第七章、第十章：徐耀东；第八章：冯逸杰；第九章、第十一章：梁理文；第十二章：王兆伟。除负责各自承担的写作任务外，刘小敏、梁理文拟定了全书写作框架和写作提纲，由刘小敏、梁理文、张桂金统稿，最后由刘小敏定稿，张桂金还负责文字、格式、引文方面的校对和修改，并承担了组织协调、装订打印资料等大量工作。本书作者刘小敏系广东省社会科学院副院长、研究员，梁理文系广东省社会科学院社会学与人口学研究所副所长、研究员，张桂金系广东省社会科学院社会学与人口学研究所助理研究员、中山大学社会学博士。因本著作为集体合作之成果，除统稿定稿时改动的内容由统稿定稿人负责外，各章均由作者文责自负。在本著作写作过程中，我们参考了一些专家学者的论文论著及其他相关文献，文中均有标注，在此一并致以衷心的感谢；在写作过程中还得到中共广东省委宣传部、广东省社会科学院相关领导和相关职能部门的精心指导和大力

后　记

支持，得到了相关评审专家和中山大学出版社相关编辑的精心指导和大力支持，在此亦表示衷心的感谢。由于作者水平有限，本书难免会遗漏一些资料或存在总结不到位等缺点错误，恳请广大读者批评指正。

作　者

2018 年 11 月